O Direito na Sociedade da Informação IV

O Direito na Sociedade da Informação IV

MOVIMENTOS SOCIAIS, TECNOLOGIA E A ATUAÇÃO DO ESTADO

2020

Coordenador
Roberto Senise Lisboa

ALMEDINA

O DIREITO NA SOCIEDADE DA INFORMAÇÃO IV
MOVIMENTOS SOCIAIS, TECNOLOGIA E A ATUAÇÃO DO ESTADO

COORDENADOR: Roberto Senise Lisboa
DIAGRAMAÇÃO: Almedina
DESIGN DE CAPA: Roberta Bassanetto
ISBN: 9788584936182

Dados Internacionais de Catalogação na Publicação (CIP)
(Câmara Brasileira do Livro, SP, Brasil)

O Direito na sociedade da informação IV:
movimentos sociais, tecnologia e a atuação do
Estado / coordenador Roberto Senise Lisboa.
São Paulo: Almedina, 2020.
Vários autores.

Bibliografia.
ISBN 978-85-8493-618-2

1. Estado 2. Movimentos sociais 3. Sociedade da
informação 4. Sociedade da informação – Aspectos
jurídicos 5. Tecnologia e direito I. Lisboa,

Roberto Senise.

20-33069 CDU-34:007

Índices para catálogo sistemático:

1. Sociedade da informação e direito 34:007

Cibele Maria Dias – Bibliotecária – CRB-8/9427

Este livro segue as regras do novo Acordo Ortográfico da Língua Portuguesa (1990).

Abril, 2020

EDITORA: Almedina Brasil
Rua José Maria Lisboa, 860, Conj. 131 e 132, Jardim Paulista | 01423-001 São Paulo | Brasil
editora@almedina.com.br
www.almedina.com.br

NOTA EXPLICATIVA

Direito na Sociedade da Informação é uma série de obras em coautoria idealizada pelos professores do programa de Mestrado em Direito do Centro Universitário das Faculdades Metropolitanas Unidas – FMU, que tem área de concentração sobre o tema, estudado em duas grandes linhas de pesquisa: teoria da relação jurídica na sociedade da informação e decisão jurídica e o monopólio do Estado.

Os três volumes inaugurais foram organizados pela Professora Doutora Liliana Minardi Paesani, incumbindo a este signatário a organização dos presentes volumes 4 e 5, ora apresentados ao público.

A Professora Doutora Liliana Minardi Paesani deixou a docência prematuramente, por conta de enfermidade que a separou, nas lides terrenas, de seus familiares e amigos, porém muitos dos seus ensinos foram eternizados em suas obras. Bacharel em Direito pela Universidade de São Paulo, Mestre em Direito das Relações Econômicas Internacionais pela Pontifícia Universidade Católica de São Paulo (1995) e Doutora em Direito Civil pela Pontifícia Universidade Católica de São Paulo (1999), foi pesquisadora, professora e orientadora do Programa de Mestrado em Direito da Sociedade da Informação do Centro Universitário das Faculdades Metropolitanas Unidas. Tive a oportunidade de conhecer a estimada amiga por ocasião da defesa de sua tese de doutoramento, sobre o Contrato eletrônico, e voltamos a nos encontrar em seu ingresso ao corpo docente das Faculdades Metropolitanas Unidas. Sua afabilidade no trato pessoal com alunos, professores e demais colaboradores, assim como a sua competência reconhecida tornaram-se marca de um dos grandes nomes ítalo-brasileiros do direito eletrônico.

Com a participação especial de professores de renome nacional e internacional, as obras ora lançadas ao público tratam dos seguintes temas globais: Volume 4 – Movimentos sociais, tecnologia e a atuação do Estado e Volume 5 – Movimentos sociais, tecnologia e a proteção das pessoas.

A continuação da série *Direito na Sociedade da Informação* faz parte da atuação da Rede de Pesquisa em Direitos Humanos e Políticas Públicas na Sociedade da Informação, articulada pelos programas de pós-graduação *stricto sensu*: de Mestrado em Direito da Sociedade da Informação, do Centro Universitário das Faculdades Metropolitanas Unidas – FMU; de Mestrado em Direitos Humanos do Centro Universitário Ritter do Reis – UniRitter; e do Mestrado em Direito, Governança e Políticas Públicas da Universidade de Salvador – Unifacs. Houve, por fim, a necessária articulação e apoio de pesquisas pela FAPERGS – Fundação de Amparo à Pesquisa do Estado do Rio Grande do Sul e CNPq – Conselho Nacional de Desenvolvimento Científico e Tecnológico.

Meus sinceros agradecimentos a todos os autores desses excelentes volumes 4 e 5, que demonstram a importância da pesquisa sobre a sociedade da informação e os impactos jurídicos que a tecnologia vem trazendo à sociedade contemporânea.

São Paulo, 7 de setembro de 2019.

ROBERTO SENISE LISBOA
Coordenador do Mestrado em Direito do Centro Universitário
das Faculdades Metropolitanas Unidas

SOBRE O COORDENADOR

Roberto Senise Lisboa
Livre-Docente, Doutor em Direito Civil e Bacharel em Direito pela USP. Professor de Direito Internacional da PUC-SP. Titular da cadeira 67 da Academia Paulista de Direito – APD (patrono Silvio Romero). Co-fundador da Comunidade dos Juristas da Língua Portuguesa – CJLP. Graduado em Direito pela USP – Universidade de São Paulo. Aprovado nos concursos de Professor Titular em Direito Civil da USP. Foi Coordenador do programa de Mestrado em Direito da Sociedade da Informação do Centro Universitário da FMU (2008-2009 e 2018-2019). Foi Diretor do Núcleo de Ciências Jurídicas e Sociais do Centro Universitário da FMU (2012-2016). Foi Coordenador da Graduação em Direito do Centro Universitário da FMU (2012-2017). Professor Emérito de Direito Civil da FMU (1990-2019). Pesquisador em Sociedade da Informação, Direito Digital, Solidarismo e Função Social do Direito.

SOBRE OS AUTORES

Aires José Rover
Doutor em Direito. Professor da UFSC – Universidade Federal de Santa Catarina.

Alessia Magliacane
Centre Georg Simmel – Ecole des Hautes Etudes en Sciences Sociales de Paris.

Cláudio Finkelstein
Master of Laws (LL.M.) pela *University of Miami* – EUA. Livre-Docente e Doutor em Direito pela PUC-SP. Professor Coordenador da Pós-Graduação em Direito da PUC-SP. Professor convidado da *SouthWestern University* – Argentina e da *University of Miami* – EUA. Advogado. Árbitro.

Claudio Joel Brito Lóssio
Doutorando e mestrando em Ciências Jurídicas pela UAL – Universidade Autônoma de Lisboa – Portugal. Mestrando em Engenharia de Segurança Informática pelo Instituto Politécnico de Beja – Portugal. Pós-graduado em Direito Digital e *Compliance* pela Damásio Educacional. Pós-graduado em Direito Penal e Criminologia pela URCA – Universidade Regional do Cariri. Pós-graduado em Direito Notarial e Registral pela Damásio Educacional. Pós-graduado *MBA Executive* em Gestão de TI pela FACEAR – Faculdade Educacional Araucária. Pós-graduando em Engenharia de Software pela PUC-MG. Advogado.

Coriolano Aurélio Almeida Camargo Santos
Doutor em Direito com certificado internacional em Direito Digital pela *Caldwell Community College and Technical Institute*. Mestre em Direito da Sociedade da Informação e certificação internacional da *The High Technology Crime Investigation Association (HTCIA)*. Diretor Titular Adjunto do Departamento Jurídico da FIESP. Professor e coordenador nacional do programa de pós-graduação em Direito Digital e *Compliance* da Damásio Educacional. Professor convidado dos cursos de pós-graduação da USP/PECE, Fundação Instituto de Administração, Universidade Presbiteriana Mackenzie, Escola Fazendária do Governo do Estado de São Paulo Fazesp, Acadepol-SP e EMAG. Juiz do Tribunal de Impostos e Taxas – SP. Advogado.

Daniel Francisco Nagao Menezes
Pós-Doutor em Direito pela USP. Doutor e Mestre em Direito Político e Econômico pela Universidade Presbiteriana Mackenzie. Especializações em Direito Constitucional e Direito Processual Civil pela PUC-Campinas. Especialização em Didática e Prática Pedagógica no Ensino Superior pelo Centro Universitário Padre Anchieta. Graduação em Direito pela PUC – Campinas. Professor do Programa de Pós-Graduação em Direito Político

e Econômico da Faculdade de Direito da Universidade Presbiteriana Mackenzie.

Daniela Pellin

Doutora em Direito Público pela UNISINOS com bolsa CAPES/PROEX. *Visiting Scholar* na *Università Degli Studi di Padova*/Itália. Mestre em Direito da Sociedade da Informação pela FMU. Especialista em Direito Empresarial pela FMU. Advogada.

Emerson Penha Malheiro

Pós-Doutor em Direitos Humanos pela Universidade de Salamanca – Espanha. Doutor e Mestre em Direito pela Universidade Metropolitana de Santos. Especialista em Direito da Comunicação Digital e em Direito Penal pela FMU e em Direitos Humanos pela Universidade Cândido Mendes. Bacharel em Direito pela FMU. Bacharel em Marketing pela Universidade Paulista. Graduando em Filosofia pela USP. Professor Doutor de Direito da Sociedade da Informação, Direito Internacional, Direitos Humanos e Filosofia do Direito da FMU. Advogado.

Felipe Barcarollo

Doutorando em Direito Público e Mestre em Direito Público pela UNISINOS. Especialista em Direito Tributário pelo Instituto Brasileiro de Estudos Tributários – IBET. Procurador da UNISINOS. Advogado.

Felipe Chiarello de Souza Pinto

Doutor e Mestre em Direito pela PUC-SP. Bolsista Produtividade 2 do CNPq – Brasil. Foi membro do Conselho Técnico Científico, do Conselho Superior e do Comitê da Área do Direito da CAPES-MEC. Diretor da Faculdade de Direito da Universidade Presbiteriana Mackenzie. Professor do Programa de Mestrado e Doutorado em Direito Político e Econômico da mesma instituição.
Membro do Comitê da Área do Direito no Programa SciELO/ FAPESP. Membro Titular da Academia Paulista de Letras Jurídicas e da Academia Mackenzista de Letras.

Fernando Maluf

Mestrando em Direito pela PUC-SP. Professor do Ibmec. Professor Convidado da Universidade Presbiteriana Mackenzie de São Paulo. Advogado.

Germano Schwartz
Post-Doc der Rechtswissenschaften (University of Reading). Doktor der Rechtswissenschaften (Unisinos) mit Forschungsaufenthalt an der Université Paris X-Nanterre. Dozent des Masterstudiengangs für soziales Gedächtnis und Kulturgüter (Unilasalle). Leiter des Masterstudiengangs für Jura an der Universität Unilasalle, wo er auch als Mitarbeiter im Masterstudiengang für Gesundheit und Humane Entwicklung lehrt. Dozent für Jura im Bachelorstudiengang an der Faculdade da Serra Gaúcha. Zweiter Vice-President des ABRASD – Associação Brasileira dos Pesquisadores em Sociologia do Direito. Sekretär des Research Committee on Sociology of Law (RCSL-ISA).

Greice Patrícia Fuller
Pós-Doutora em Direito pela Universidad de Navarra-Espanha. Doutora e Mestre em Direito pela PUC-SP. Especialista em Direito Espanhol para Juristas estrangeiros pela Universidad de Alcalá – Madrid. Professora dos Cursos de Graduação das Faculdades de Direito e Pós-Graduação *Lato Sensu de* Direito da PUC/SP. Professora do Programa de Mestrado em Direito da Sociedade da Informação e da Graduação da FMU.

Gustavo Venturi Junior
Doutor em Ciência Política pela USP. Professor do Departamento de Sociologia da Faculdade de Filosofia, Letras e Ciências Humanas da USP. Coordenador-adjunto do Consórcio de Informações Sociais (CIS, fruto de convênio USP/Anpocs) e tutor do Programa de Educação Tutorial (PET) do MEC nas Ciências Sociais da USP.

Irineu Francisco Barreto Junior
Pós Doutorando em Sociologia pela Faculdade de Filosofia, Letras e Ciências Humanas da USP. Doutor em Ciências Sociais pela PUC-SP. Professor do Programa de Mestrado em Direito da FMU-SP. Docente Convidado da Escola Superior da Advocacia da OAB-SP e do Instituto de Direito Público de São Paulo. Analista de Pesquisas da Fundação Seade-SP.

João Victor Rozatti Longhi
Pós-Doutorando em Direito pela Universidade Estadual do Norte do Paraná. Doutor em Direito pela USP. Mestre em Direito pela UERJ.

Bacharel em Direito pela UNESP. Professor convidado em programas de pós graduação lato sensu, como o da Escola da Magistratura do Estado do Paraná. Defensor Público.

José Francisco Siqueira Neto
Doutor em Direito pela USP. Mestre em Direito PUC-SP. Diretor da Faculdade de Direito da Universidade Presbiteriana Mackenzie de São Paulo (2013-2016). Advogado.

José Luis Bátiz López
Doctor en Derecho por la Universidad de Navarra, e Investigador del Consorcio Mundial de Investigación para México (PROFMEX) con sede en la Universidad de California, Los Ángeles – USA.

Juliana Leandra Maria Nakamura Guillen Desgualdo
Doutora em Direito pela PUC-SP. Professora da FMU. Advogada.

Marcelo Guerra Martins
Doutor em Direito do Estado pela USP. Mestre em Direito Civil pela USP. Bacharel em Direito pela USP. Professor da Graduação e do Mestrado em Direito da FMU. Juiz Federal.

Paula Marques Rodrigues
Pós-graduada em Direito Civil e Processo Civil pela EPD. Pós-graduada em Direito e Tecnologia da Informação pela Escola Politécnica da USP. Advogada.

Renato Opice Blum
Mestre pela *Florida Christian University*. Professor coordenador dos cursos de Proteção de Dados e Direito Digital do INSPER e do curso "Direito 4.0" da FAAP. Juiz do Inclusive Innovation Challenge do MIT – *Massachusetts Institute of Technology*. Advogado.

Ricardo Cotrim Chaccur
Mestre em Direito Político e Econômico e Especialista em Direito Civil pela Universidade Presbiteriana Mackenzie. Professor de Direito Internacional, Direitos Humanos e Direitos Fundamentais na FMU. Advogado.

Rubens Beçak

Livre-Docente, Doutor e Mestre em Direito Constitucional pela USP. Professor e Secretário Geral da USP. Coordenador acadêmico e administrativo e professor da Escola Paulista de Direito – EPD. Membro do CONPEDI – Conselho Nacional de Pesquisa. Advogado.

Ruth Carolina Rodrigues Sgrignolli

Doutoranda e Mestre em Direito Político e Econômico pela Universidade Presbiteriana Mackenzie. Professora do Curso de Pós-graduação do Direito do Trabalho e Processo do Trabalho do Ensino à Distância da Universidade Presbiteriana Mackenzie.

Wilson Engelmann

Pós-Doutor em Direito Público-Direitos Humanos pelo Centro de *Seguridad da Facultad de Derecho da Universidade de Santiago de Compostela* – Espanha. Coordenador Executivo do Mestrado Profissional em Direito da Empresa e dos Negócios da UNISINOS. Professor e Pesquisador do Programa de Pós-Graduação em Direito – Mestrado e Doutorado – da UNISINOS.

APRESENTAÇÃO

Com muito prazer apresentamos esta obra, em dois volumes, à comunicada acadêmica e aos demais estudiosos dos mais diversos meandros das questões da sociedade da informação, os quais terão esse material como referência obrigatória. Essa referência decorre das temáticas abordadas, além da alta qualidade em termos informativos e principalmente analíticos deste feito.

Os avanços na circulação da informação desde os tipos móveis, criados por Johannes Gutenberg, que revolucionaram o mundo com a possibilidade de impressão em larga escala de material gráfico, foram notáveis. A revolução tecnológica decorrente dessa invenção que ampliou o acesso à informação foi responsável por uma completa alteração na história da humanidade. Já o surgimento da internet com a sua paternidade atribuível a personalidades como Robert Kahn e Vint Cerf trouxe um avanço ainda maior no acesso à informação mas trouxe também novos conceitos muito mais revolucionários do que a invenção de Gutenberg. Como, por exemplo, o de *second life*, que faz com que experiências de uma vida em um outro mundo, o virtual, sejam plenamente possíveis e que gerem reflexos na sociedade. E de outros que são identificados como disseminadores de notícias e informações falsas, as chamadas *fake news,* que geraram e gerarão vários efeitos na sociedade sendo acusados, até mesmo, de afetar resultados de sufrágios. Fazendo com que a demanda da reflexão e de habilidades analíticas do receptor da mensagem sejam ainda mais desafiados do que no passado, como pontua muito bem um dos papas da internet, Vint: "Pensamento crítico é a habilidade mais importante que você pode ter. Não apenas porque há várias informações erradas na rede. Há informações erradas em todo o lugar".

Todas as inovações inclusive as mencionadas trouxeram diversos desafios, inclusive jurídicos, os quais devem ser aludidos e regulamentados pelo Direito.

Esta obra se propõe a justamente a perscrutar várias das muitas minudências do Direito da Sociedade da Informação (tema este o cerce do projeto). Para tanto, os preclaros autores e autoras se debruçaram sobre instigantes formas de estudo. Desde o Direito Comparado, com o estudo da abordagem estrangeira e também com a colaboração de colegas de outros Estados, como também, passando por avanços tecnológicos (a inteligência artificial e a nanotecnologia são exemplos disso), econômicos, de políticas públicas, de liberdades coletivas e individuais e do papel do judiciário. Ressaindo pontos cruciais em tempos contemporâneos como privacidade, censura, direito de acesso à informação e ainda questões criminais de primeira ordem como os são os cibercrimes, todos esses, em meu ponto de vista, de especial incitamento.

Por fim, o conjunto deste estudo é vasto como vasto é o desafio de compreensão de tantos aspectos que podem ser investigados no Direito da Sociedade da Informação e esse desafio foi enfrentado com tarimba pelos autores e autoras, parabenizo estes pela construção de algo notável.

MANUEL NABAIS DA FURRIELA
Reitor do Centro Universitário das Faculdades Metropolitanas Unidas

SUMÁRIO

1. Direito da Sociedade da Informação: A Contribuição Japonesa

Roberto Senise Lisboa

1. Sociedade internacional e a ocupação do Japão no pós-guerra

Sabe-se que a sociedade internacional buscou superar a insuficiência da *Societé des Nations* mesmo enquanto a II Guerra mundial tinha suas ações em curso. Evidência disso foi a reunião de 26 Estados que promulgaram, em 1.1.1942, a Declaração das Nações Unidas contra as ações de guerra praticadas pelos integrantes do Eixo. Outro fato a demonstrar tal afirmação ocorreu em 26.6.1945, quando 50 Estados subscreveram a Carta de São Francisco[1], que reafirma a prevalência de soluções pacificas, a autodeterminação dos povos (sua base é o valor da liberdade), a igualdade de direitos e o solidarismo internacional, na cooperação socioeconômica que favoreça:

a) níveis mais altos de vida, trabalho efetivo e condições de progresso e desenvolvimento econômico e social;
b) a solução dos problemas internacionais econômicos, sociais, sanitários e conexos; a cooperação internacional, de caráter cultural e educacional; e
c) o respeito universal e efetivo dos direitos humanos e das liberdades fundamentais para todos, sem distinção de raça, sexo, língua ou religião[2].

[1] A Polônia aderiu aos termos da Carta de São Francisco, em outubro do mesmo ano. A Carta de São Francisco tornou-se norma jurídica interna brasileira, com a promulgação do Decreto n. 19.841, de 22.10.1945.

[2] Artigos 55 e 56 da Carta de São Francisco.

Paradoxalmente, em 6.8.1945, foi lançada a primeira bomba atômica sobre Hiroshima, porque o Japão não havia aceitado os termos de rendição incondicional exigidos pelo presidente estadunidense Truman. Passados três dias sem a manifestação expressa do imperador Hirohito, a outra bomba atômica foi lançada sobre Nagasaki. A rendição incondicional foi noticiada pelo governo japonês e a II Guerra mundial chegou ao seu desfecho.

O Japão teve várias de suas cidades praticamente destruídas, restando aos sobreviventes se valerem das pouquíssimas infraestruturas que se mantiveram conservadas. Os problemas sociais e econômicos foram extremamente agravados com a indigência praticamente absoluta. Quase um terço do parque industrial arruinado, milhões de desempregados e o crescimento da pobreza tornaram-se questões cruciais a serem enfrentadas[3].

Era caótica a situação da população japonesa. A escassez de água e comida foi ainda maior durante o primeiro ano de ocupação do território pelo comando supremo das forças aliadas. Os soldados sobreviventes buscaram retornar às suas famílias e, quando as encontravam, deparavam-se com o problema do desemprego. A informalidade do trabalho foi a solução ou mesmo o deslocamento da urbe para o campo, a fim de obter alguma atividade na agricultura[4].

Em 28.8.1945, cento e cinquenta especialistas e engenheiros encaminhados pelos Estados Unidos da América, desembarcaram na Base Aérea de Atsugi, próxima de Tóquio, escoltados por trinta e oito soldados. Nessa data, iniciou-se a ocupação do Japão, que passou a ser comandado pelo General MacArthur, que ali chegou dois dias depois.

Os termos da rendição incondicional foram assinados, enfim, em 2.9.1945, a bordo no USS Missouri, na Baía de Tóquio. Muito embora o corpo administrativo que passou a comandar ao Japão fosse constituído de representantes de mais de 30 Estados e o Conselho Aliado fosse integrado por representantes dos Estados Unidos, União Soviética, China e Grã-Bretanha, coube aos estadunidenses efetivamente exercer o poder,

[3] Mais de um milhão de civis e mais de dois milhões e meio de soldados foram vítimas fatais da guerra apenas no território japonês (Curtis Andressen, *A short history of Japan – From Samurai to Sony*, p. 118; e Kenishi Ohno, *The economic development of Japan*, p. 144-146).

[4] Kenishi Ohno, *The economic development of Japan*, p. 146.

já que o General MacArthur havia sido nomeado o Comandante Supremo Aliado do Pacífico[5].

A ocupação aliada do território japonês procurou vocacionar o país a uma política econômica que enfatizasse os benefícios sociais, diante do quadro assolador descrito, que se contrapunha ao pensamento esculpido na carta internacional referida.

Pouco mais de um mês após a rendição incondicional, o Comando Supremo divulgou as mudanças a serem impostas ao modelo educacional (*The Education Policy for the construction of a new Japan*), abandonando-se o ultranacionalismo e o militarismo fortemente incentivado pelo império[6].

No Japão do período entre guerras mundiais, o governo estimulava uma relação estratégica de cooperação entre as universidades e as indústrias. Foram instituídas fundações, que passaram a receber contribuições de grandes empresas, para a realização de atividades de pesquisa. Outro rumo, no entanto, seria tomado graças à ocupação aliada.

O planejamento econômico levou a uma proximidade com as pesquisas realizadas pelo ocidente, deixando de ser prioridade uma relaçao de proximidade entre as empresas e universidades japonesas. Os Estados Unidos começaram a promover avanços tecnológicos graduais, que não se limitaram aos fins militares, nem aos governamentais, mas alcançaram também as empresas e a coletividade[7].

[5] As primeiras providências adotadas foram: o desmantelamento da indústria da guerra existente em território japonês e o fornecimento de arroz a população. Destacam-se ainda as seguintes medidas tomadas pela ocupação, dentre outras: o chamado do banqueiro Joseph Dodge, de Detroit, para propor e executar um plano econômico de recuperação do país, que atingiu resultados adequados na década de 1950; o desmantelamento da polícia secreta; a liberação dos presos políticos; o afastamento das funções de mais de 200 mil políticos e burocratas; a despedida de mais de cem mil professores, para substituição do currículo educacional e a contratação dos que viessem a buscar e obter o emprego; e, enfim, foi dado o direito de voto às mulheres (Curtis Andressen, *A short history of Japan – From Samurai to Sony*, p. 118-122).

[6] Desde 22.10.1945, todos os livros suprimiram comentários militares, especialmente referentes aos tempos de Guerra (*blackening-out*), inclusive referências à divindade do imperador (Yang, 92-93).

[7] Para Lazlo Karvalicz, 1961 seria o ano a ser considerado como o início da sociedade da informação norte-americana, pois nesse período os indicadores econômicos foram elevados e o protótipo do computador network e outras formas tecnológicas de informação foram inventadas ou disponibilizadas. Além disso, a era espacial teve iniciou, o que possibilitou a

Os efeitos trazidos pela política econômica implementada durante o período da ocupação aliada do território japonês contribuíram para o desenvolvimento de grandes empresas, que passaram a atuar com tecnologia de ponta, como foi o caso da Honda e da Sony. Mesmo as empresas de menor porte que, historicamente, constituíam a "espinha dorsal" da economia japonesa, puderam desenvolver satisfatoriamente as suas atividades[8].

Atento às diretrizes da sociedade internacional, o comando supremo passou a observar dois documentos internacionais elaborados: a Carta de São Francisco de 1945, elaborada antes mesmo da rendição incondicional japonesa[9]; e a Conferência da Assembleia Geral de 14.12.1946, que reconheceu o *direito humano à liberdade de informação*, podendo a pessoa reunir, transmitir e publicar notícias em qualquer lugar, com o esforço sério de promoção da paz e do progresso mundial[10].

Foi promulgada, então, a Constituição do Japão de 1947, cujo artigo 11 preceitua: *as pessoas não podem ser impedidas de exercer os direitos humanos fundamentais. Estes direitos humanos fundamentais são garantidos ao povo por esta Constituição, às pessoas desta e das futuras gerações, como direitos absolutos e invioláveis.*

Coube à Assembleia Geral das Nações Unidas, reunida em Paris, em 10.12.1948, promulgar a Resolução 217 A (III), que estabelece a Declaração Universal dos Direitos Humanos. Em seus trinta artigos, ela

transmissão via satélites (p.18). De fato, os anos 1960 evidenciaram uma liderança mundial do uso da tecnologia da informação extremamente favorável aos Estados Unidos: telefonia, rádio, televisão (idem, p. 32-33 e 36). No entanto, Harry J. Skornia, que liderou o Comitê de Comunicação de Massa da Comissão Nacional dos Estados Unidos para a UNESCO, reconhece, nesse período, *a superioridade da qualidade dos sistemas de informação e comunicação japonesa por televisão e rádio* (*Television, radio and fils: a survey*, p 5-6).

[8] Tanto na década de 1950 e na seguinte, as estatísticas revelam que a maioria absoluta dos empregados formais japoneses estavam desenvolvendo suas atividades nas empresas de médio e pequeno porte (Curtis Andressen, *A short history of Japan – From Samurai to Sony*, p. 132-134).

[9] E antes mesmo do início formal das atividades da Organização das Nações Unidas, que se deu em 24.10.1945.

[10] A Resolução 59 estabeleceu que o Conselho Econômico e o Social deveriam incluir o conceito de liberdade da informação ao se tratar de direitos, obrigações e práticas; e, ainda, envolver pessoas engajadas com os meios de comunicação em massa, visando à propagação da informação.

reitera a preocupação que a Carta de São Francisco explicitou sobre a proteção da dignidade da pessoa humana. Além disso, indica, em rol não taxativo, os *direitos humanos*, evidenciando a preocupação de proporcionar o desenvolvimento socioeconômico, por meio da cooperação.

A política econômica que o comando supremo se propôs a instaurar resultou, entre outras medidas, na elaboração de um livro de fomentos (livro branco)[11], que também tratou de investimento tecnológicos em prol da indústria japonesa. A propósito, a Comissão Acadêmica dos Estados Unidos sugeriu: a inscrição ativa da academia japonesa na transferência de tecnologia; o estabelecimento de padrões e normas; o aprimoramento do controle de qualidade e o desenvolvimento de tecnologia de avaliação e instrumentos de medição; o apoio técnico às pequenas e médias empresas, que representavam a maioria da indústria japonesa, levando-se em conta a quantidade de estabelecimentos e empregados; e, ainda, o tratamento de uma nova tecnologia de maneira mais abrangente[12].

Dentre os termos da rendição incondicional, o Japão transferiu o poder no território coreano, a fim de que um conselho preparasse a independência daquele país.

Com a eclosão da guerra entre o Japão e a Coreia, em junho de 1950, houve uma profunda mudança da estrutura da economia japonesa. Buscando impedir a invasão repentina dos coreanos do norte sobre o território do sul, o Comando Supremo obteve êxito em empréstimos internacionais de cerca de 4 bilhões de dólares às empresas japonesas, denominadas *aquisições especiais* (*tokuju*) para estabelecerem a indústria automobilística, a eletrônica e o setor de vestuário. Com tais investimentos, os rendimentos do setor produtivo japonês praticamente voltaram aos níveis do período que antecedeu a guerra mundial[13].

[11] Foi trabalho que contou com *trinta e um delegados de diferentes divisões do Ministério do Comércio e Indústria (MCI), o Escritório de Patentes, a Agência de Pequenas e Médias Empresas, os Laboratórios Nacionais Experimentais e o Ministério dos Transportes, com o apoio do Departamento Industrial. Agência de Tecnologia*. Ouvida a Comissão Acadêmica dos Estados Unidos, ela se manifestou afirmando que *o Japão é forçado a melhorar seu nível tecnológico importando dos EUA e Europa durante o período de lançamento, mas o Japão teria excesso de tecnologia para exportar se fizesse o esforço para sair do pós-guerra*" (Yuko Horayama, *Japanese technology policy: history and a new perspective*, p. 3-4).

[12] Yuko Horayama, *Japanese technology policy: history and a new perspective*, p. 3-4.

[13] Curtis Andressen, *A short history of Japan – From Samurai to Sony*, p. 124-125.

A intervenção aliada no território japonês, exercida pelo Supremo Comando, cessou em 28.4.1952, nos termos do Tratado da Paz de São Francisco, de 8 de setembro de 1951. A partir de então, a sociedade japonesa passou a debater quais rumos adotar, mantendo-se ou não, parcial ou integralmente, as medidas até então adotadas, para os fins de projeção do seu porvir. O antagonismo dos grupos sociais ressurgiu, porém a estabilidade e o crescimento econômico e social eram pautas consideradas indispensáveis naquele período.

À época, os Estados Unidos e o Japão mantinham o *Tratado de Cooperação e Segurança Mútua*, que muito contribuiu para a retomada do desenvolvimento econômico japonês que, por sua vez, concedeu locais estratégicos para a instalação de bases militares norte-americanas[14].

2. O "milagre econômico" japonês: a cooperação entre a pesquisa acadêmica e a indústria

Com a saída das forças aliadas do território japonês, manteve-se uma relação de transferência de *know-how* entre as universidades e as empresas do ocidente e as japonesas, fazendo-se necessária a implementação de política que não comprometesse isso e ao mesmo tempo contemplasse um retorno às relações de cooperação interna[15].

Durante a década de 1950, o Japão logrou êxito em dar efetividade aos investimentos tecnológicos, não apenas importando *know-how*, como também aperfeiçoando o controle de qualidade no processo de produção.

O governo japonês criou o *Instituto Nacional de Pesquisa de Metais*, em 1956, que tinham por objetivo o desenvolvimento tecnológico a partir de pesquisas de: produção e processamento de materiais metalúrgicos e de metais apropriados aos recursos naturais japoneses; de materiais metálicos para desenvolvimento das tecnologias aeronáutica e nuclear; de produção de metais puros; e testes em materiais de instalação em grande escala.

Em 1957, foi aprovado o *Novo plano de longo alcance*, cujo objetivo era apoiar a atividade empresarial mediante a concessão de empréstimos com baixas taxas de juros, diversificando-se de maneira planejada os beneficiários, através do incentivo em exercício de atividades inovadoras

[14] Yang, 96.

[15] Hashimoto Takehiko, *Historical Essays on japanese technology*, p. 190-191.

(*sunrise*). Isso favoreceu que muitas empresas japonesas continuassem e outras passassem a procurar as empresas ocidentais norte-americanas e europeias, a fim de conhecer a tecnologia delas. Com o *know-how* adquirido, obtiveram a melhoria do seu desempenho e, ainda, conseguiram a nova mão-de-obra qualificada, oriunda do meio acadêmico, que passou a analisar criticamente os dados obtidos[16].

A agricultura japonesa passou, igualmente, por uma grande reforma tecnológica, adequando-se aos mais elevados padrões de qualidade então existentes, o que resultou num crescimento de sua produção.

Os setores agrícola e industrial reconheceram a necessidade de fomento à pesquisa acadêmica, para a obtenção de tecnologias próprias.

Os resultados obtidos com a atuação do *Instituto Nacional de Pesquisa de Metais* foram positivos e contribuíram para que a indústria japonesa do ferro e do aço se tornasse competitiva internacionalmente. Por isso, como estratégia de disputa de mercados, as empresas estrangeiras elevaram os preços dos contratos de transferência ou de importação de tecnologia, onerando os custos empresariais japoneses. A fim de evitar uma retração desse setor econômico, o governo japonês acelerou o estímulo de reaproximação dos pesquisadores acadêmicos japoneses com a indústria japonesa. A pesquisa interna foi fortemente subsidiada e houve a redução paulatina da dependência da transferência de tecnologia estrangeira.

As universidades japonesas foram estimuladas a aperfeiçoar os seus currículos, contemplando a educação tecnológica e científica de maneira compatível para a pesquisa capacitada às necessidades da concorrência empresarial[17], que se tornou ainda mais acirrada internacionalmente com a corrida espacial e o *Sputnik*, que trouxe esperanças de avanço tecnológico para a pesquisa e a educação nos Estados Unidos.

A iniciativa privativa japonesa montou os laboratórios de pesquisa corporativa, imprescindíveis para o avanço tecnológico alcançado em

[16] Curtis Andressen, *A short history of Japan – From Samurai to Sony*, p. 133-135.

[17] O Ministro da Educação do Japão defendeu fortemente a cooperação entre as universidades e as indústrias, afirmando que as universidades deveriam se engajar em *cooperação mais estreita com a indústria, levando em conta as solicitações dela e enviando alunos para as fábricas*, promovendo-se a capacitação dos engenheiros qua ali já trabalham (Hashimoto, p. 182-183).

pouco anos[18], como o que aconteceu com a indústria naval[19]. E o Japão passou a *exportar* tecnologia.

Em 1961, foi promulgada a *Law on Industrial Technology Research Association* (Lei 81, de 1961). Dois anos depois, o *Industrial Structure Research Committee* recomendou que o Ministério da Indústria e Comércio implementasse projetos de pesquisa baseados na cooperação entre o Estado, a indústria e a universidade, objetivando o desenvolvimento de tecnologias inovadoras.

Os avanços econômicos significativos não proporcionaram, de imediato, o desenvolvimento social necessário.

3. A questão social japonesa e a gênese da sociedade da informação

A celeridade imposta pelo crescimento econômico não contou com o anterior planejamento de políticas de urbanização, razão pela qual evidenciou-se um enorme déficit da infraestrutura então existente e danos ambientais consideráveis, resultantes do processo de industrialização crescente. Vias públicas congestionadas, precariedade sanitária, insuficiência dos espaços públicos de lazer, crise habitacional, foram alguns dos fatores que precisaram ser devidamente enfrentados. O reaquecimento da economia proporcionou, ainda, um aumento descontrolado dos valores do metro quadrado de áreas construídas, comerciais e residenciais, inviabilizando-se o acesso à propriedade imóvel[20].

Além disso, a dificuldade de acesso ao emprego e de acesso aos bens, mesmo aqueles de qualidade apenas razoável, eram notórias. Tal situação foi objeto de profundas críticas nos meios políticos e nas universidades. A crise social foi objeto do debate público, inclusive pelos meios de comunicação em massa até então existentes (o rádio e a televisão). A discussão se fundava em um ponto nuclear, qual seja, buscar propostas de políticas públicas para a melhoria do acesso da população aos recursos.

[18] Em 1959 e 1960, tais laboratórios de pesquisa foram montados em Fuji Seitetsu, Yawata Seitetsu, Sumitomo Kinzoku, Nihon Kokan e Kobe Seikojo (Hashimoto, p. 182-183).

[19] A indústria naval japonesa apenas se desenvolveu de maneira competitiva com o mercado internacional a partir da pesquisa cooperativa. Em 1955, um supertanque de 45.000 toneladas foi construído pela Mitsubishi, e as empresas de construção naval receberam pedidos para petroleiros ainda maiores (Hashimoto, p. 182-183).

[20] Curtis Andressen, *A short history of Japan – From Samurai to Sony*, p. 140-141.

A gênese e a rápida consolidação da expressão *sociedade da informação* está intrinsecamente ligada ao Japão e aos estudos das ciências sociais, em meio aos debates públicos citados[21]. Dentre outros acadêmicos e artistas envolvidos nos debates, podem ser lembrados: o antropólogo e historiador Tadeo Umesao; os arquitetos Kenzo Tange, Kisho Kurokawa e Kiyonori Kikutake; o filósofo Jun'ichi Murata; o artista Toro Okamoto; o escritor Sakyo Komatsu; o compositor Toru Takemitsu; e os diretores de filmes Kon Ishikawa e Koreya Senda.

Coube ao antropólogo e historiador Tadao Umesao, da Universidade de Kyoto, defender que a sociedade industrial estava sendo superada pela *indústria da informação*, fenômeno que se tornava marcante nas comunicações, nas artes e na ética. Para ele, a indústria da informação deveria ser considerada um quarto setor da economia. Afinal, o próprio desenvolvimento histórico de aproximação da pesquisa acadêmica com a indústria havia conduzido ao "milagre econômico" e, assim, também deveria ser o condutor ao desenvolvimento social desejado.

A sociedade industrial necessitava cada vez mais de investimentos em pesquisa para o desenvolvimento tecnológico e todos os setores da economia tinham como ponto comum a valoração econômica da informação. A sociedade industrial, dependente da informação para a maior competitividade de mercados e o desenvolvimento tecnológico, passava a se tornar a *sociedade da informação* (caraterizada por *joho shakai, johoka shakai*)[22].

[21] Evidentemente, não se está desconsiderando a importância de outros trabalhos, como o célebre estudo feito pelo economista Fritz Machlup, a respeito da teoria econômica da informação (*The Production and Distribution of Knowledge in the United States*, New Jersey: Princeton University Press, 1962); e a obra imprescindível de Claude Elwood Shannon (*A Mathematical Theory of Communication*, in: The Bell System Technical Journal, Vol. 27, pp. 379–423, 623–656, July, October, 1948). Demonstra-se, no entanto, a importância da contribuição da academia japonesa para a elaboração da teoria da sociedade da informação, que foi pioneira em elaborar o programa de política pública com essa denominação (vide o tópico seguinte).

[22] Além do livro *Information Industry Theory: Dawn of the Coming Era of the Ectodermal Industry*, 1963, de Tadao Umesao, sem prejuízo de inúmeros textos publicados em japonês a respeito, devem ser destacados: *Sociology of information societies*, em 1964; Yoneji Masuda e Konichi Kohyma, *Joho Shakai Nyumon – Introduction to na Information Society*, 1968; Yujiro Hayashi, *Joho Shakai: hado no shakai kara sofuto no shakai e*, 1969 (Laszlo Z. Karvalics, *Information Society dimensions*, p. 8).

Tadao Umesao propôs a *teoria da informação como fenômeno social*. Tendo por premissa que a sociedade industrial havia sido superada por uma nova era, a qual designou *indústria da informação* ou *sociedade da informação*[23], o professor de Kyoto afirma que a sociedade da informação é um *sistema social coerente* e, portanto, deve ser tratado como *teoria civilizatória*[24], modificadora da relação interpessoal e da coletividade pela utilização de tecnologia fundamentada no *compartilhamento de dados*.

Isso pressupõe uma mudança de paradigma a ser adotado: se na guerra, é normal o segredo e o buscar incessante do que se conhece sobre o seu inimigo, a sociedade da informação pressupõe a paz e a concorrência leal. Nesse ambiente, o compartilhamento da informação possibilita a redução espacial e de tempo para que as interações sociais possam ocorrer em maior quantidade e, preferencialmente, com melhor qualidade.

O compartilhamento de informações é fenômeno social estimulado, primeiramente, pelos Estados do pós-guerra, que decidiram fomentar a pesquisa e intermediar a ampla cooperação entre a universidade e a indústria. As teorias da informação, como as do matemático Claude Elwood Shannon e do economista Fritz Machulp, podem ser apontadas como as bases teóricas para a comunicação e o processamento de dados por computadores.

Para melhor compreender aquele período, deve-se observar que *o armazenamento e o processamento de dados já era objeto dos debates públicos sobre os destinos da sociedade japonesa*, anos antes.

[23] Tadao Umesao comparou a era agrícola e a era industrial, reduzindo-se o raciocínio por ele apresentado, nos seguintes termos: a era agrícola equivale ao estágio endodérmico estudado pela embriologia, no qual o sistema digestivo está formado. A era industrial apresenta outro nível, com o sistema circulatório, ossos e músculos. Numa sociedade da informação, *a informação será o fator econômico*, equivalente ao estágio da embriologia onde há cérebro, sistema nervoso e órgãos em funcionamento (*Information Industry Theory: Dawn of the Coming Era of the Ectodermal Industry*, 1963).

[24] Depois das primeiras publicações sobre sociedade da informação, tanto nos Estados Unidos como no Japão, assim como a apresentação do projeto nipônico *sociedade da informação*, que importavam em alterações econômicas importantes, outros Estados acabaram por seguir esse caminho (Laszlo Z. Karvalics, *Information Society dimensions*, p. 19 e 24-25). O autor, em outro trabalho, afirma que os trabalhos de Tadao Umesao são fortemente conhecidos, apesar do acesso aos textos ser muito difícil, porém este antropólogo e historiador é, sem dúvida, o criador e o primeiro teórico real da *sociedade da informação* (*1961 – The Birth of the Information Society in the United States*, p. 195).

Desde 1951, mesmo sob ocupação aliada, o Japão se envolveu em debates com a sociedade internacional, promovidos pela UNESCO, que redundaram no Tratado de Paris, celebrado em novembro do mesmo ano. Nele, tratou-se da criação do *International Computation Centre*, com instalação provisória em Roma, cujo objetivo era desenvolver um plano para instalar um computador mundial em larga escala, em virtude dos alto custos, a ser compartilhado por todas as nações do mundo.

Hideo Yamashita, que representou o governo japonês com o Ministro do Exterior Tohru Hagiwara, despertou o interesse da academia científica em congresso internacional, o que estimulou a Universidade de Tokyo a lançar, em 1952, o projeto *Tokyo Automatic Computer*, a primeira tentativa de desenvolvimento de um computador digital eletrônico no país.

Em agosto de 1957, foi criado pelo governo o *Japan Information Center of Science and Technology*, com recursos públicos e privados, entidade que tinha por objetivo promover o desenvolvimento de sistemas de recuperação de informações em várias áreas da economia japonesa, inclusive na prática para a pesquisa de literatura metalúrgica[25].

Em junho de 1959, Hideo Yamashita novamente representou o Japão, dessa vez na Conferência Internacional de Processamento de Dados de Paris[26]. No ano seguinte, 12 Estados (entre eles, o Japão) criaram a *International Federation for information processing* – IFIP[27], organização internacional que tem por objetivo o desenvolvimento socialmente responsável das tecnologias de informação e comunicação.

Nesse mesmo ano, 1960, foi constituída *Information Processing Society of Japan – IPSJ*, para o desenvolvimento da ciência, da cultura e da indústria,

[25] Esse instituto foi extinto em setembro de 1996, sucedido pelo *Japan Science and Technology Corporation*.

[26] Em 1940, Hideo Yamashita foi um dos responsáveis pela invenção de máquina de cálculo baseada na lógica binária, que se utilizava de relés elétricos. Com a ocupação aliada no território japonês, houve novamente acesso a materiais e peças, o que proporcionou o pleno desenvolvimento do aparelho em 1948, passando a ser utilizada, então, para cálculos estatísticos do governo. Em 1951, a NEC e a Fujitsu começaram a produzir essa máquina.

[27] Sobre a *International Federation for information processing* – IFIP, que atualmente conta com entidades de tecnologia da informação de mais de 40 Estados, https://www.ifip.org/. É entidade parceira da Unesco: https://en.unesco.org/partnerships/non-governmental-organizations/international-federation-information-processing.

através do processamento da informação e da comunicação por meio de computadores[28].

Portanto, absolutamente natural que a academia japonesa discutisse a *teoria da informação* no início da década de 1960, e que Tadao Umesao, numa análise visionária, propusesse a superação da sociedade industrial pela sociedade da informação. Para ele, a modernização do Japão tornava-se imprescindível, adotando-se o pensamento ocidental em tudo o que pudesse ser considerado útil, pois a sociedade da informação fomentaria os contratos de prestação de serviços, os esportes, a cultura e o lazer como nunca antes, tal como a sociedade industrial se fundou na produção em massa de bens materiais e na compra e venda de bens de consumo.

A disseminação dos computadores era considerada fundamental para a efetividade da cooperação consubstanciada no compartilhamento de informações e, por consequência, proporcionaria o acesso público à informação, na busca da melhor qualidade de vida.

A busca da melhor qualidade de vida, ademais, foi o objetivo delineado pelos acadêmicos que discutiram a sociedade da informação japonesa da década de 1960.

Kenzo Tange liderou o movimento pós-moderno da arquitetura, propondo a reordenação dos espaços e uma nova estética, que proporcionasse a maior interação social e transformasse a cidade, preparando-a para os novos tempos que a sociedade da informação poderia trazer.

Um dos mais aclamados orientandos de Kenzo Tange foi o arquiteto e filósofo Kisho Kurokawa, que priorizava a comunicação com profissionais de outras áreas para o intercâmbio do conhecimento e a obtenção de ideias voltadas para o bem comum. Em 1958, ele já afirmava que a humanidade estava numa fase de transição entre a era das máquinas industriais e a *era da vida*[29], sendo necessária a melhoria da qualidade da vida, o que se tornaria possível mediante a adoção dos princípios do metabolismo e da simbiose[30].

[28] Hideo Yamashita foi o seu primeiro presidente. Sobre essa entidade, vide https://www.ipsj.or.jp

[29] Para Kisho Kurokawa, *a transformação da era das máquinas para a era da vida é uma transformação simultânea da sociedade industrial para a sociedade da informação* (*Each one a hero*, p. 26).

[30] Kisho Kurokawa diz: "Eu conscientemente selecionei os termos e conceitos-chave do metabolismo, metamorfose, porque eles eram o vocabulário dos princípios da vida. As

Para isso, Kurokawa entendia que era importante dar espiritualidade ao material e, sob essa premissa, ele trouxe para a arquitetura as noções de lacuna, intermediário e vazio, oriundas do budismo, que deveriam ser efetivadas como um pensamento universal. Dessa maneira, seriam mantidas as tradições japonesas e se tornaria possível a adaptação ao pensamento ocidental. A *teoria do metabolismo* decorre do princípio da vida e a *simbiose* permite uma paridade de distâncias entre as diversas culturas, assim como a mudança de uma perspectiva internacionalista para o interculturalismo, num sentido de multiculturalismo[31].

Nesse contexto, a propalada sociedade da informação deveria se preocupar com as cidades que permitissem a maior interação pessoal, o que não se confunde com a simples cooperação, pois essa interação é de fato um tipo de simbiose, que inclui oposição e competição, é frequentemente observada no reino animal e significa bem mais do que coexistência, harmonia ou paz[32]. O *compartilhamento de informações deve, nesse contexto, ressignificar, isto é, dar um novo sentido à dignidade da pessoa humana*[33].

máquinas não crescem, mudam ou fazem acordos. "Metabolismo" foi de fato uma excelente escolha para uma palavra-chave para anunciar o início da era da vida. A surpreendente pluralidade da vida está em nítido contraste com conceitos da era da máquina, como a homogeneidade e a universalidade. Como resultado da combinação de células individuais e da informação genética transmitida pelas configurações espirais do DNA, cada vida individual é única" (*Each one a hero*, p. 10-11).

[31] Kisho Kurokawa atua espacialmente sobre a fragmentação de volumes e de elementos tradicionais da arquitetura, em espaços semi-abertos, buscando novos arranjos de unidades homogêneas, admitindo espaços multifuncionais e com semi-publicidade.

[32] Para Kisho Kurokawa, a sociedade contemporânea declarou a morte de Deus e dos ideais, mas ainda subsistiu o ícone da sociedade que busca continuamente o progresso, o que nos reaproxima do ideal humano, dos heróis e das estrelas. E pontifica: a sociedade ocidental e sua cultura continuaram a ser o ideal e o objetivo (*Each one a hero*, p. 4).

[33] Observa Kisho Kurokawa que a sociedade oferece uma grande oportunidade para cada um de nós enfatizar nossa individualidade e criar uma identidade única. E prossegue: Chamar de nossa *sociedade espelho* é outra maneira de dizer que é uma sociedade em que confirmamos nossa própria identidade observando os outros, abrindo a possibilidade de aumentar a diversificação. Nós demos o primeiro passo para uma era de discriminação, que valoriza sinais, símbolos e aquele fator extra. A possibilidade de que muitos indivíduos únicos possam florescer em simbiose, que possamos ver o nascimento de uma *sociedade simbiótica que respeite toda e qualquer esfera cultural diferente*, também está no horizonte (*Each one a hero*, p. 5).

A complementação das teorias preconizadas por Tadeo Umesao e Kisho Kurokawa é surpreendente e bastante lembrada nos estudos da sociedade da informação.

A era das máquinas foi superada pela era da vida, na qual a sociedade da informação se estabelece com um novo sentido à liberdade, à igualdade e à solidariedade social, decretando-se a superação cabal do individualismo e a ressignificação da dignidade da pessoa humana, numa perspectiva solidária ou, como diria Kurokawa, simbiótica (o que, para ele, supera o solidarismo, pois oposição e competição não ensejariam solidariedade).

A *sociedade da informação* discorre sobre a era da vida a qual Kurokawa se refere, já que nela a pluralidade é rica e isso possui um valor infinitamente superior. A diversidade da vida e das espécies está relacionada à diversidade de culturas, línguas, tradições e artes. Por isso, a universalidade deve ser entendida como a *simbiose da diversidade das culturas.* E isso exige um repensar do desenvolvimento socioeconômico internacional, nacional, regional e local[34].

4. Projeto Sociedade da Informação e Computópolis, a cidade do futuro

Os debates públicos protagonizados pelos políticos, antropólogos, historiadores, arquitetos, filósofos, artistas, etc. tiveram resultados positivos de conscientização da coletividade. Disseminou-se, então, o uso da expressão *sociedade da informação* no território japonês durante a década de 1960, constituindo-se a base do projeto de poder socioeconômico, que surgiu no início dos anos 1970.

Em 1965, o Conselho de Estrutura Industrial japonês, reconhecendo a importância da tecnologia como fator determinante do desenvolvimento econômico, apresentou o conceito de *Big Project*, como investimento de longo prazo de pesquisa e engenharia, para desenvolver novas tecnologias e novos produtos a serem incorporados no setor privado. A seleção das empresas interessadas levaria em conta a capacidade de pesquisa e seu potencial para o mercado e deveria necessariamente envolver as universidades, os laboratórios de pesquisa nacional e as empresas[35].

34 *Each one a hero*, p. 12.

35 Yuko Harayama, *Japanese technology policy: history and a new perspective*, p. 5-6.

Caso o setor privado não se interessasse em determinada tecnologia que fosse estrategicamente importante para o Estado, por conta da presença de alto risco ou de custos elevados, caberia ao governo avaliar a sua conveniência.

No ano seguinte, foi promulgado o *Large Scale Industrial Research and Development System*, para incentivar a pesquisa de custo elevado e longo prazo, nos casos de alto risco para obtenção de resultados satisfatórios, que contariam com a intervenção governamental de fomento, acompanhamento de etapas e aprovação. Esses dois projetos governamentais foram indispensáveis para o aperfeiçoamento das boas práticas de pesquisa e controle de qualidade do desenvolvimento tecnológico e, ainda, impulsionaram o país para a elaboração do projeto mais ousado a se propor: o *projeto sociedade da informação.*

A aprovação dos projetos de pesquisa pressupunha o atendimento das necessidades sociais à época existentes, incluindo-se as soluções contra a poluição e a escassez de água. A mobilidade urbana era outro grande desafio.

O fomento às pesquisas foi decisivo para que as empresas japonesas passassem a ser competitivas, superando-se uma lacuna tecnológica existente entre elas e as empresas estadunidenses e europeias.

A política de expansão e melhoria do setor empresarial japonês pode ser caracterizada sob os seguintes aspectos[36]: a adoção de políticas públicas de desenvolvimento econômico e social, o aumento das exportações e a geração contínua de pesquisas tecnológicas.

A atuação planejada do Estado japonês foi eficiente, estabelecendo-se a prioridade de se restaurar a proximidade ou estreitar ainda mais os vínculos entre as universidades e as empresas japonesas, para a realização de pesquisas que efetivamente contribuíssem com o desenvolvimento econômico e social. Para tanto, optou-se pela elaboração de pauta conjunta com as empresas, definindo-se quais seriam as estratégias aprovadas e como se desenvolveria tecnologicamente cada setor da economia.

A metodologia adotada foi a *não intervenção na gestão privada*, mas o acompanhamento dessa gestão e o estímulo financeiro para as pesquisas que fossem consideradas de interesse público e de interesse social pelo governo.

[36] Tom Forester, *High-tech society: the story of the information technology revolution*, p. 14-15.

A pretensão estatal de estimular o crescimento econômico se deu mediante política que buscava não inibir as boas práticas decorrentes das pesquisas junto às empresas e universidades estadunidenses e europeias, porém fomentar a conjugação interna de forças das universidades japonesas e das empresas nacionais, conferindo-se assim *know-how* compatível para alinhamento do chamado *estágio da arte* com outros Estados e empresas transnacionais, viabilizando-se a concorrência internacional.

Havia grande preocupação em fazer com que a pesquisa japonesa tivesse, ainda, a virtude de antever o desenvolvimento tecnológico interno e, por questões de concorrência, externo.

O êxito dos programas elaborados pela adequação das pesquisas levou o Japão a aumentar consideravelmente a sua exportação, adotando-se a estratégia de redução drástica de preços e de produção em massa de produtos, o que proporcionou o crescimento dos setores eletrônicos e de motocicletas, máquinas, ferramentas e câmeras.

Um dos programas de pesquisa que merece ser exemplificado contribuiu para a elaboração do *chip* para a calculadora eletrônica, pela empresa japonesa Busicom. Tal fato, aliás, impressionou positivamente o engenheiro norte-americano Marcian "Ted" Hoff, da então modesta Intel. Ele conseguiu improvisar e adaptar, dois anos depois, o modelo desenhado pela empresa japonesa, colocando toda a unidade central de processamento de um computador em único chip, o *microprocessador*, proporcionando ao usuário maior comodidade, além da redução de custos e um produto de melhor qualidade[37].

Outro ponto a se destacar é que o Japão encontrou meios de incrementar a biotecnologia, através de contínuas pesquisas. Desde 1971, o governo tem oferecido uma quantidade expressiva de projetos de pesquisa, através de sua agência de ciência industrial e tecnologia, órgão integrante do Ministério de Indústria e Comércio Internacional[38].

Valendo-se da reaproximação da pesquisa das universidades com as empresas e dos resultados da economia, o governo japonês, através do *Japan*

[37] Tom Forester, *High-tech society: the story of the information technology revolution,* p. 20-21 e 27.

[38] Tom Forester afirma que inúmeras pesquisas foram ofertadas para elaboração de cerâmicas para biotecnologia (p. 15).

Computers Usage Development Institute, elaborou o *Plan for an Information Society – a national goal toward year 2000.* Para ele, a sociedade da informação tornou-se a nova meta nacional, cuja realização seria complexa e decorrente da criatividade. Superou-se, assim, as metas tradicionais da sociedade industrial, voltada para o consumo de produtos; e passou-se a reconhecer a necessidade da mudança dos velhos conceitos da industrialização pelos novos conceitos da informação[39].

O relatório final do plano, publicado em maio de 1972, demonstra a forte preocupação na expansão da informação em proveito da sociedade em geral, superando-se a ideia de informação como dado restrito de defesa estratégica do Estado. O compartilhamento máximo da informação deve ser utilizado em prol dos interesses sociais, descontruindo-se as práticas características da sociedade industrial, de consumismo exacerbado e de poluição do meio ambiente. Deve, ainda, proporcionar mecanismos de melhoria da qualidade de vida da população, nas áreas da saúde, da educação, do transporte e do trabalho, tanto nos centros urbanos como em localidades remotas e de baixa densidade demográfica, mediante o acesso universal à informação, em benefício também de crianças, adolescentes e idosos.

A infraestrutura indispensável para a referida metamorfose socioeconômica, sem dúvida bem menos poluidora, foi implementada com a montagem de computadores aptos a promover a concentração máxima de dados compartilhados.

Ao adotar um projeto que deveria ser irreversível quanto à busca dos objetivos delineados, reconheceu-se a importância fundamental dos computadores na sociedade e no estágio civilizatório que se pretendia, à época, atingir. A sociedade da informação deveria superar a sociedade industrial e promover um quarto setor da economia, descontinuando, ainda, os efeitos nocivos decorrentes da poluição industrial. Um projeto arrojado e que supera as questões locais e regionais, num espírito de globalização por meio de sistemas abertos de acesso aos dados e networks transparentes[40].

[39] *Plan for an Information Society – a national goal toward year 2000*, p. 14.

[40] Andrew Targowski afirma que a sociedade da informação propõe a transformação do *homo sapiens* pelo *homo intelligens*, cabendo ao Japão em qualquer tempo ou lugar promover o acesso rápido e mais fácil da informação, a baixo custo (p. 312).

Os pré-requisitos fixados pelo Comitê que elaborou o relatório final foram razoavelmente alcançados até o ano de 1985, conforme planejado, a saber: o crescimento da computação da informação social japonesa durante a década de 1970; o crescimento sustentado na indústria da informação, ou seja, a indústria intensiva de inteligência (inovação); o estabelecimento de uma política governamental integrada; e o investimento na criatividade, como instrumento de desenvolvimento socioeconômico[41].

O *Plan for an Information Society – a national goal toward year 2000* possui as seguintes caraterísticas principais: a valoração econômica e social da informação, preferindo-se as ações informacionais e preterindo-se as ações industriais; a melhoria da capacidade e da qualidade dos *softwares*, permitindo-se a reorganização máxima dos sistemas sociais mais variados, integrando-os aos subsistemas sociais decorrentes; investimentos razoavelmente proporcionais aos resultados esperados, conforme o cronograma do projeto e a combinação de etapas a serem superadas a médio e a longo prazo[42].

Tantas são as modificações introduzidas na sociedade da informação, que se fizeram necessárias as promulgações de normas jurídicas que pudessem prever as relações que passaram a existir e adaptar as relações até então existentes.

O plano japonês de 1972 tratou dos seguintes temas:

a) *sistema de banco de dados da administração pública*, para os fins de armazenamento e compartilhamento de dados entre as entidades governamentais, a recuperação de dados e o estabelecimento de programas de políticas públicas a partir do histórico de dados coletados sobre determinado tema;
b) *sistema de integração da cidade (computópolis)*, viabilizando-se a melhoria da qualidade de vida pelo uso de computadores, com ênfase para essas situações: o controle computadorizado do sistema de circulação de veículos; a disponibilização de *transportes públicos* mais eficientes, levando-se em consideração o deslocamento de pessoas e os dias e horários de maior e menor tráfego; a melhoria do *controle de saúde* local e *home cares*; a disponibilização de

[41] *Plan for an Information Society – a national goal toward year 2000*, p. 22-30.
[42] *Plan for an Information Society – a national goal toward year 2000*, p. 19-20.

aparelhos de ar-condicionado; o acesso aos produtos vendidos em *supermercados por automação* (sistemas de compra a distância); e as operações proporcionadas pela TV por assinatura (além de filmes e noticiários, a possibilidade de consulta médica, de assistência à educação virtual, shopping virtual e uso do sistema para chamadas de emergência);

c) *sistema médico de controle remoto regional*, com a automatização em hospitais, a implantação de um sistema informatizado de pronto-socorro e de atendimento de sistema médico remoto, políticas preventivas e reparadoras de saúde regional, com ênfase na precaução de doenças do idoso;
d) *sistema educacional com o uso de computadores*, com a implantação de centros de pesquisa de educação à distância, a adoção de estratégias de racionalização e otimização de trabalhos escolares, a implantação de um sistema de guia educacional individual, e, ainda, o sistema de computação voltado ao ensino;
e) *sistema preventivo e reparativo de danos ambientais*, com a implantação de um centro de pesquisa de prevenção ou controle da poluição e, ainda, de centros regionais de controle da poluição;
f) *sistema de estímulo das pequenas e médias empresas à informação* para o exercício de suas atividades respectivas, podendo-se valer de eventuais benefícios fiscais decorrentes; e
g) *sistema educacional de aperfeiçoamento de pesquisa e profissional.*

O governo se propôs a modificar a sua política básica para promover o *desenvolvimento da indústria da informação*, fundamentado na acessibilidade universal do computador, permitindo-se a maior interação entre o ser humano e a máquina, de maneira a melhorar o nível de criatividade.

Tornou-se imperativa a transformação da natureza da base de um sistema de computação comercial para um sistema de computação social, que contemplasse não apenas as universidades, o governo e o comércio, mas a coletividade de maneira geral, introduzindo-se o computador familiar ou individual. Tal alargamento da infraestrutura permitiria o desenvolvimento socioeconômico sustentado naquilo que o plano denominava *indústria do conhecimento*[43].

[43] Plan for an Information Society, p. 169.

Ciente de que não seriam eficientes planos de curto prazo, o Japão adotou políticas públicas de Estado e de longa duração, destacando-se, além do projeto da sociedade da informação: *Information Network System (INS)*, *Human Frontiers* e *Technopolis* (programa de criação de áreas de alta tecnologia para o desenvolvimento econômico regional)[44].

5. *Plan for an Information Society* e os planos quinquenais

A nova fase de desenvolvimento da sociedade da informação japonesa já estava em pleno andamento desde 1995, ano no qual foi promulgada a *Science and Technology Basic Law* (Lei n. 130, de 15.11.1995), que trata: das disposições gerais (art. 1-8), do plano básico de ciência e tecnologia (art. 9), da promoção da pesquisa e o desenvolvimento (art. 10-17), da promoção de intercâmbios internacionais (art. 18), e da promoção do aprendizado em ciências e tecnologia (art. 19).

Nos termos da Lei n. 130, de 15.11.1995, o objetivo da norma jurídica é promover *um padrão mais alto de ciência e tecnologia*, contribuindo para o desenvolvimento da economia e da sociedade no Japão e para a melhoria do bem-estar da nação, do progresso mundial e o *desenvolvimento sustentável da sociedade humana*.

A lei japonesa prevê que a ciência e a tecnologia fornecem a base para o desenvolvimento futuro do Japão e da sociedade humana, tornando-se ativo intelectual comum a toda a humanidade (portanto, um *ativo intelectual universal*).

A política nacional de ciência e tecnologia deverá promover a pesquisa básica, desenvolvendo-a harmonicamente com os institutos, universidades e a iniciativa privada, cabendo ao governo a adoção de medidas legais, fiscais, financeiras e outras necessárias ao fomento (art. 7 da Lei n. 130, de 15.11.1995).

A partir de então, o governo japonês passou a divulgar planos quinquenais de desenvolvimento da sociedade da informação, denominados pela mencionada lei como *planos básicos de ciência e tecnologia*.

O Conselho de Ciência, Tecnologia e Inovação do Japão lançou, no ano seguinte, o *First Science and Technology Basic Plan*, cujo princípio geral é a promoção concorrencial para o diagnóstico das necessidades econômicas e sociais, fundada na pesquisa e apoio à criatividade. Para tanto,

[44] Tom Forester, *High-tech society: the story of the information technology revolution*, p. 14-15.

novamente a fórmula. Adotada foi a da *maximização de harmonização dos interesses entre o governo, as universidades e a indústria.*

O primeiro plano básico de ciência e tecnologia foi adotado para melhorar drasticamente a situação obtida com o *plan for an Information Society*, fortalecendo a capacidade de pesquisa e desenvolvimento e buscando estratégias de reversão dos resultados obtidos em favor da sociedade. Além disso, o governo tinha por alvo a melhoria da competitividade industrial, fazendo-se imprescindível reforçar as tecnologias industriais, restaurando-se a competitividade internacional[45].

Quando o *Plan for an Information Society – a national goal toward year 2000* quase chegou ao seu termo, foram promulgadas leis específicas para a nova fase do desenvolvimento da sociedade da informação, considerando-se a evolução tecnológica então existente e o *First Science and Technology Basic Plan*, de 1996, dentre elas:

a) o *Unauthorized computer access Act*, de 1999;
b) o *Information Society Formation Act*, de 2000;
c) o *Basic Act on Formation of an Advanced Information and Communication Network Society*, de 2000; e
d) o *Eletronic Signatures and Certification Business Act*, de 2000[46].

Em 30.3.2001, o Japão apresentou o *Second Science and Technology Basic Plan*, em meio a uma estagnação da economia daquele país. Portanto, seu primeiro propósito era se prestar a superar a crise à época existente. Mesmo com os problemas que estava atravessando, o Estado optou pela estratégia da promoção da pesquisa básica e pela priorização da pesquisa para o desenvolvimento socioeconômico. A confiança do governo na harmonização das atividades entre a universidade e a indústria gerou um ciclo de confiança entre os diversos parceiros, ainda mais diante das reformas dos sistemas de ciência e tecnologia propostas pelo plano,

[45] À época, foi promulgada a Lei de 1998, que estabelecia a transferência de recursos às universidades, para os fins de pesquisa voltada aos interesses públicos e sociais, conforme ajustado com o governo e as indústrias (*Law for Promoting University-Industry Technology Transfer*).

[46] Munenori Kitahara, p. 8-10.

com a duplicação dos investimentos aos fundos de pesquisa de melhor competitividade.

O segundo plano centralizou as ações na valorização econômica do conhecimento a partir da utilização dos resultados das pesquisas acadêmicas da mais alta qualidade, que fossem competitivas para o desenvolvimento da indústria no cenário internacional[47], com prioridade à saúde, infraestrutura da informação e telecomunicações, energia, proteção ambiental e nanotecnologia.

Por isso, o plano afirma que o Japão é uma nação que está contribuindo para o mundo pela criação e utilização do conhecimento científico, com competitividade internacional e habilidade para promover o desenvolvimento sustentável, outorgando segurança social e qualidade de vida às pessoas.

Nesse período, dentre as leis promulgadas a respeito do plano, destacam-se:

a) o *Combined Communications and Broadcasting Act*, de 2001;
b) o *Revised Communications Business Act*, de 2001;
c) o *Eletronic Consumer Act*, de 2001; e
d) o *Revised Criminal Act*, de 2001[48].

Foi concedida uma maior *autonomia universitária*, para os fins de educação e pesquisa, em 2004 (*National University Corporation Law*).

O *Third Science and Technology Basic Plan* é de 28.3.2006. Nele, foram revisados e reiterados os conteúdos dos dois planos anteriores. Ousado, o projeto propõe aquilo que denomina de *mega-competição do conhecimento*, indicando que a globalização trouxe uma competição internacional cada vez maior entre os Estados e as empresas de diferentes origens, que apenas poderá trazer resultados satisfatórios para o Japão se houver o aprimoramento das relações entre o governo, a academia e a indústria, fundamentado na *regra de ouro do conhecimento*.

Tendo o objetivo de aprimorar o grau de competitividade internacional, o plano busca: aplicar os resultados da ciência e tecnologia em prol da sociedade; elevar o nível da ciência japonesa, criando novos *ativos*

[47] A ênfase do plano está na criação do conhecimento, na vitalidade do conhecimento e, ainda, na sofisticação social pelo conhecimento.
[48] Munenori Kitahara, p. 8-10.

intelectuais e novos valores culturais; criar *novos valores socioeconômicos* a partir da pesquisa; promover os recursos pessoais existentes na academia; fortalecer a imagem do país como inovador perante a sociedade internacional; promover a saúde e a vitalidade da população; promover a segurança pública pelo uso da tecnologia da informação avançada.

Em 19.8.2011, o governo japonês lançou seu *Fourth Science and Technology Basic Plan,* insistindo a contínua busca de ativos do conhecimento que proporcionem elevado grau de competitividade internacional, adotando cinco objetivos: a *harmonização do crescimento sustentável com o desenvolvimento social,* buscando a recuperação e a restauração de áreas atingidas por fenômenos naturais[49]; a concessão de meios que permitam *uma alta qualidade de vida segura*; a busca de *soluções dos problemas globais,* incluindo os desastres naturais em larga escala; o *aperfeiçoamento da qualidade do sistema de ciência e tecnologia, permitindo-se a sustentabilidade nacional*; a contínua *criação de ativos do conhecimento* a partir da promoção da pesquisa.

6. *Society* 5.0: além da *internet of things*

Considerando que a sociedade da informação teve muitos objetivos alcançados desde a sua concepção, dentre eles a democratização mediante a universalização do acesso à rede, o governo japonês resolveu implantar outro projeto que propõe uma interação ainda maior entre a máquina e o ser humano, capacitando a inteligência artificial a melhorar ainda mais a qualidade de vida das pessoas.

O *Fifth Science and Technology Basic Plan,* elaborado pelo Conselho de Ciência, Tecnologia e Inovação do Japão, conhecido como *Society 5.0,* é um programa global de inovação fundamentada na ciência e tecnologia, que propõe estabelecer a cultura de uma sociedade super inteligente, na qual a tecnologia é utilizada diariamente para resolver tanto as questões domésticas aparentemente menos complexas como, até mesmo, problemas de dimensões internacionais[50].

Pode-se dizer que *a globalização está progredindo cada vez mais, e várias atividades sociais estão se expandindo além das fronteiras internacionais. À medida que as empresas lutam ativamente para expandir suas atividades, até mesmo*

[49] O documento prevê especificamente a recuperação e a restauração de áreas atingidas por terremotos.

[50] *Fifth Science and Technology Basic Plan,* p. 1.

antecipando mudanças nos mercados globais, elas estão cada vez mais expostas a difíceis condições de competição internacional.

A dinâmica econômica e social contemporânea é resultado da maior aproximação das diversas culturas e a complexidade das múltiplas relações civis, empresariais, trabalhistas, de consumo, de meio ambiente e públicas existentes enseja a intensificação de atividades inovadoras constantes, o que contribui decisivamente para a valorização da pesquisa científica e a aproximação da academia científica com a vida diária da coletividade.

Como afirma o relatório final *Society 5.0, as redes estão se expandindo rapidamente em escala global e têm o potencial de derrubar as regras convencionais da sociedade e os valores das pessoas. Por esse motivo, tornou-se essencial criar novas regras para proteger informações pessoais e estabelecer códigos de conduta para lidar com ramificações de segurança. Voltando à Internet das Coisas (IoT), robôs, inteligência artificial (AI), medicina regenerativa e neurociência, é claro que os desenvolvimentos nessas novas ciências e medicina regenerativa e neurociência, é claro que os desenvolvimentos nessas novas ciências es tecnologias terão um grande impacto não apenas no estilo de vida humano, mas também na própria existência humana. Isso exigirá repensar a relação entre sociedade e ciência e tecnologia*[51].

Society 5.0 atua com a fusão avançada do espaço físico com o ciberespaço, almejando a harmonização dos avanços econômicos com a resolução de problemas sociais, propondo uma sociedade centrada no ser humano. Nela, a *internet of things* conectará pessoas e coisas e todas as informações e conhecimento poderão ser compartilhados de maneira mais eficiente. Além disso, a inteligência artificial desonerará o ser humano de tarefas repetitivas e colaborará na realização de tarefas pesadas.

Os objetivos do plano são: o crescimento sustentável e o desenvolvimento regional auto-sustentável; a garantia de segurança de proteção mediante a outorga de meios para que as pessoas tenham um estilo de vida de alta qualidade; contribuir para o desenvolvimento global; e promover a criação sustentável a propriedade intelectual.

As metas desenvolvidas pelo programa *Society 5.0* bem demonstram a criatividade e a melhor qualidade de vida que se deseja viabilizar, inclusive para beneficiar as pessoas de idade avançada e que mantém domicílio de lugares remotos e de baixa densidade demográfica. As propostas da sociedade inteligente que se destacam são essas:

[51] *Fifth Science and Technology Basic Plan*, p. 3.

a) Entrega 24 horas de encomendas e acompanhamento de obras e vistorias por drones;
b) Eletrodomésticos com inteligência artificial avançada e voz, capacitados a travas diálogos mais aprimorados com as pessoas que com eles interagem;
c) Gestão pessoal de dados e de compromissos, em grandes nuvens individuais;
d) Deslocamento pessoal por meio de veículos autômatos de transporte;
e) Utilização de tratores autônomos, previamente programados para serem acionados em dias, horários e percursos determinados;
f) Utilização de robôs para acompanhamento da safra e dos animais no campo;
g) Utilização de robôs domésticos para a limpeza e outras tarefas pesadas.

7. O Direito da Sociedade da Informação no Japão

O Direito da Sociedade da Informação japonês pode ser sistematizado, levando-se em consideração o direito objetivo ali existente, a partir dos planos e das experiências positivas obtidas com as medidas tomadas durante as etapas do seu desenvolvimento (*Information Society*, 1972-1985 e 1986-2000; e os planos quinquenais *Science and Technology Basic*, a partir de 1996 até a *Society 5.0*).

Sem dúvida, a lei fundamental que trata da sociedade da informação japonesa é o *Basic Act on the Formation of an Advanced Information and Telecommunications Network Society* (Act n. 144, de 6.12.2000), com modificações posteriores. O texto legal se divide nos seguintes capítulos: Disposições gerais (art. 1-15), Da política básica sobre o desenvolvimento das estratégias (art. 16-24); Das estratégias de promoção de uma informação avançada e da sociedade de telecomunicações (Art. 25-35); Dos programas de políticas prioritárias na formação de uma informação avançada e da sociedade de telecomunicações (art. 36).

Nos termos da lei, uma sociedade avançada de redes de informação e telecomunicações é aquela que desenvolve a criatividade contínua em todos os setores, *obtendo, compartilhando ou transmitindo* globalmente informações ou conhecimento de maneira gratuita e segura (art. 2.).

Alguns pontos devem ser destacados, que estão previstos pelo *Basic Act on the Formation of an Advanced Information and Telecommunications Network Society*:

a) o direito que toda a pessoa tem de *utilizar, com facilidade e independência*, a internet e outros meios de informação avançada ou de telecomunicação (art. 3.);
b) a lei deverá *promover o comércio eletrônico* e as demais atividades econômicas por meio da informação avançada e das telecomunicações, assim como estimulando-se a criação de novos negócios e oportunidades de trabalho (art. 4.);
c) a sociedade da informação deverá contribuir à criação de melhor qualidade de vida para as comunidades locais, criando novas oportunidades de trabalho através do uso das tecnologias da informação e da telecomunicação (art. 6º);
d) a *busca da redução das desigualdades* do uso das tecnologias da informação e das telecomunicações, por conta de localização, idade, deficiência física, etc (art. 8º);
e) a *responsabilidade do governo japonês pelo desenvolvimento e execução de estratégias* em conformidade com os princípios básicos sobre a formação de uma sociedade de informação avançada e de telecomunicações (art. 10), cabendo às entidades públicas locais a responsabilidade pelo desenvolvimento e execução de estratégias autônomas que se relacionem aos princípios gerais da lei e às normas vigentes (art. 11);
f) a *cooperação entre o governo japonês e os governos locais* para execução das estratégias necessárias à sociedade (art. 12);
g) o governo deverá implementar medidas financeiras e legislativas, além de outras necessárias para a execução das estratégias compatíveis para que os objetivos da sociedade da informação avançada e das telecomunicações possam ser atingidos, valendo-se de todos os meios apropriados para tanto (art.13 e 14); e
h) o *direito à informação* de todo o cidadão sobre a sociedade da informação avançada e das telecomunicações e os seus respectivos avanços, por ações publicitárias e outros meios de comunicação pública (art. 15).

Ao regular a política básica sobre o desenvolvimento das estratégias, a lei consigna a *necessidade de enriquecimento das informações em textos, áudios e materiais visuais*, devendo-se promover a aproximação máxima possível entre eles, a fim de se viabilizar o compartilhamento desses dados da mais ampla maneira, promovendo-se o aprendizado e as capacitações indispensáveis para tanto e a criatividade humana, bem como o acesso à rede, a preços baixos (art. 16-18).

A promoção do comércio eletrônico levará em consideração a adoção das medidas necessárias para a sua mais ampla disseminação social, inclusive através da promulgação de novas leis que sejam elaboradas sob o *princípio da proteção apropriada do consumidor e sobre o uso dos direitos de propriedade intelectual* (art. 19):

> *No desenvolvimento de estratégias para formar uma sociedade avançada de redes de informações e telecomunicações, devem ser tomadas as medidas necessárias para promover o comércio eletrônico etc., incluindo emendas regulatórias, o desenvolvimento de novas regras, a proteção e o uso adequados dos direitos de propriedade intelectual e a defesa do consumidor.*

A administração pública deverá realizar suas atividades sob o primado de uma sociedade da informação avançada e das telecomunicações, para praticar condutas pautadas pela *simplicidade* e *transparência*, com *eficiência* (art. 20).

Refirma-se no Act n. 144, de 6.12.2000, dessa feita como conduta a ser pautada, a imprescindível cooperação entre a pesquisa acadêmica, através das universidades e centro de pesquisa, e as empresas, incentivada pelo governo a quem competirá o acompanhamento com liberdade de iniciativa privada, estratégia que serve de exemplo para os Estados que pretenderem se tornar mais competitivos internacionalmente, tendo em vista os excelentes resultados históricos trazidos à sociedade japonesa e com repercussão extremamente positiva perante a sociedade internacional.

Estabelece o art. 23 do Act 144:

> *No desenvolvimento de estratégias para formar uma sociedade avançada de redes de informação e telecomunicações, as medidas necessárias devem ser tomadas para buscar a pesquisa criativa e o desenvolvimento de tecnologias de informação e telecomunicações em estreita coordenação mútua entre o governo do Japão, entidades*

públicas locais, universidades, operadores de negócios e outras partes, considerando que a rápida inovação tecnológica é a base da futura expansão da sociedade avançada da rede de informações e telecomunicações e uma fonte de reforço da competitividade industrial internacional do Japão.

Para fins meramente didáticos, pode-se afirmar que diversas leis foram promulgadas após a entrada em vigor da referida norma, que podem ser indicadas pelas seguintes modalidades:

o Direito e-Gov e e-Gov locais; o Direito de Comunicação da Informação; o Direito Processual Administrativo *on line*; o Direito e-Doc; o Direito de Circulação da Informação; o Direito de Propriedade da Informação; o Direito dos Contratos Eletrônicos; o Direito de Liberdade da Informação; o Direito de Proteção da Informação pessoal; o Direito de Preservação da Proteção da Informação; o Direito de Proteção do usuário jovem da internet; e o Direito Criminal da Informação.

Referências

ANDRESSEN, Curtis. *A short history of Japan – From Samurai to Sony*. Crows Nest: Allen & Unwin, 2002.

FARHADY, Maryam; e NAM, Jeehyun. *Comparison of In-between Concepts by Aldo Van Eyck and Kisho Kurokawa*. In: *Journal of Asian Architecture and Building Engineering* (2009), p. 17-23.

FORESTER, Tom. *High-tech society: the story of the information technology revolution*. 3a edição, 1990.

FUCHS, Christian. *Internet and society – social theory in the information Age*. New York e London: Routledge, 2008.

HARAYAMA, Yuko. *Japanese technology policy: history and a new perspective*. Tokyo: The Research Institute of Economy, Trade and Industry, 2001.

HASHIMOTO, Takehiko. *Historical essays on Japanese technology*. Tokyo: UTCP, 2009.

KARVALICZ, Laszlo Z. *1961 – The birth of Information Society in the United States*.

KARVALICZ, Laszlo Z. *Information Society dimensions*. Zeged, 2009.

KITAHARA, Munenori. *The information society Law in Japan*. In: http://icil.gr/download.php?f=years/2010/downloads/papers/kitahara_munenori_full.pdf., ultimo acesso 20.7.2019.

KITAHARA, Munenori. *The information society Law: the fusion of Law and information technology*. https://conferences.ionio.gr/icil2012/download.php?f=papers/147-kitahara-full_text-en-v001.pdf. Acesso em 20.77.2019.

KUKIER, Joanna. *The elderly in the information society. E-learning as an opportunity to counteract the digital marginalization of seniors.* In: Ciência do conhecimento e mídia na educação, (2018) n. 2, p. 99-108.

KUMON, Shumpei. *Towards co-emulation: Japan and United States in the information Age.* In: *Whole Earth Review* (1990), p. 54-63.

KUROKAWA, Kisho. *Each one a hero – the philosophy of symbiosis.*

OHNO, Kenishi. *The economic development of Japan.*

SALGUES, Bruno. *Société 5.0 – industrie du futur, technologies, méthodes et outils.* Londres: Iste Editions, 2018.

SHANNON, C. E. *A Mathematical Theory of Communication.* In: The Bell System Technical Journal, Vol. 27, p. 379–423, 623–656, July-October, 1948.

SKORNIA, Harry J. *Television, radio and films: a survey.* Temple University: Communications Research Seminar, 1965.

SUGITA, Yoneyuki. *Is the "Cyberspace Revolution" Really a Revolution? A Case Study: Healthcare and Modern Scientific Thought.* The Japanese Journal of American Studies, No. 13 (2002), p. 107-129.

TAKEHITO, Hashimoto. *Historical Essays on japanese technology.*

TARGOWSKI, Andrew. *Information Technology and societal development.* New York: Information Science Reference, 2009.

THOMPSON, Kyle. *Technics and dialetics of the information society: Japanese origins of information society theory.* Burnaby: Simon Fraser University Library, 2011.

UMESAO, Tadao. *Information Industry Theory: Dawn of the Coming* Era of the Ectodermal Industry, 1963.

UMESAO, Tadao. Keynote Address: Information and Communication in the Comparative Study of Civilizations. In: Senri Ethnological Studies 52 (2000), p. 1-12.

YANG, Timothy M. *The Japanese history textbook controversy and the legacy of the textbook reform of the Allied Occupation.* In: Asia Cultural Studies, Special Issue 14 (2005), p. 87-104.

2. L'émancipation de l'Homo Juridicus entre l'anthropologie de la Nation et la Technologie de la Constitution

Alessia Magliacane

Il y a bien évidemment des «croyances fondatrices» qui sont au principe de la conception occidentale du droit (même lorsqu'elles sont méconnues ou considérées comme dépassées).[1]

Pour Alain Supiot, par exemple, toute société doit lier d'une manière ou d'une autre les dimensions *biologiques* et *symboliques* constitutives de l'être humain.[2]

«A la suite d'un long transfert», selon l'auteur, l'Occident a organisé cette «fonction anthropologique» à travers le droit alors que dans d'autres civilisations la religion accomplissait cette «hominisation».[3]

L'idée que l'être humain est à «instituer» fait écho par ailleurs aux thèses de Pierre Legendre. Instituer l'humain comme tel (*vitam instituere*), c'est le faire tenir debout, l'inscrire dans une communauté de sens qui

[1] En fait, une tradition récente tend à reconstituer les «traditions constitutionnelles communes» et l' «héritage commun de l'humanité» au cœur de la vision contemporaine des droits fondamentaux, tentant une soudure problématique entre le positivisme et le naturalisme juridique, la morale et le droit, la constitution étatique et les conditions éthique fondamentales. Exemplaires sont les recherches d'Otfried Höffe.
Mais la version la plus aboutie est à notre avis proposée par Martha C. Nussbaum, qui arrive jusqu'à substituer la notion de «droits» par celle de «capacités».

[2] Supiot, *Homo juridicus* [2005: 10].

[3] Supiot, *Homo juridicus* [2005: 30].

le lie à ses semblables et lui permette d'occuper sa place dans le genre humain.[4]

Homo Juridicus s'entendrait donc de ce qui organise (au-dessus du sans-fond) la mesure occidentale de l'humain.[5]

[4] Alain Supiot fait partie des auteurs qui ne voient pas dans l'individu une substance possédant par nature les ressources pour se développer en harmonie avec ses semblables. Sa pensée croise donc – pour en rester aux auteurs récents – celles de Régis Debray ou de Cornelius Castoriadis.

Il faut ajouter que l'auteur résout de manière critique la question du symbolisme. L'homme est voué à la signification et au sens, mais sur ce chemin deux mauvais infinis le guettent: le solipsisme monadique qui rapporte tout sens à soi et l'incontrôlable prolifération du sens. C'est entre ces deux excès que l'humain a dû être gagné. Il a fallu jeter un pont entre l'infini qui nous habite et autrui, pour instituer la raison et organiser un sens commun. Or, cette mesure ou référence commune est de l'ordre du dogmatique. Elle est condition de possibilité de l'humain mais sa nécessité est de fonction et non de vérité. Autrement dit, toute question portant sur la vérité d'un «montage anthropologique» reste naïve, puisqu'elle ne fait que reconduire les gestes inauguraux qui l'ont posée. On pourra donc parler de «Dieu» ou de «personne humaine», à la condition de savoir qu'il ne s'agit pas de choses mais d'objets de pensée construits, par lesquels on peut organiser un monde et échapper au chaos.

[5] Voir Supiot, *Homo juridicus. Essai sur la fonction anthropologique du droit* [2005], et *Tisser le lien social* [2004], ainsi que, à ce sujet, Courtois, *L'institution du lien social* [2007].

Nous dirions plutôt – avec le grand paléontologue nord-américain Stephen Jay Gould – que la «mal-mesure de l'homme» était une entité séparée et quantifiable par la dépendance et la subordination. Voir Gould, *La mal-mesure de l'homme* [*1981*, 1983].

C'est la raison pour laquelle dans le cadre de notre étude critique à la «conjoncture du *continuum* juridico-constitutionnel» et parmi les auteurs «discontinuistes», nous avons considéré d'importance majeure l'auteur de la théorie de l' «équilibre ponctué». Car la constitution (entendue également comme fait historique constitutionnel) pourrait émerger comme une formation d'exception tendanciellement instable et productrice de ruptures. Contre une articulation «à trois temps» de la dynamique constitutionnelle: rupture (révolutionnaire) – transition – constitution –, ce qui correspond à l'équivoque du *continuum* et à ses corollaires, il en dérive l'exigence théorique de considérer la transition et la constitution comme *coextensives* (la transition est, en d'autres termes, *déjà* constitution, et la constitution est *toujours* de transition) ainsi que d'introduire un autre terme qui caractérise la phase historique de la transition, ce qui est justement la Résistance. Le *fait résistanciel* échappe à la constitutionnalisation, et impose à cette dernière un caractère *nécessaire* transitoire.

Il s'agit donc de procéder à la construction du paradigme de la *transition résistancielle* (pour un aperçu: Magliacane, *Continuité de la Résistance, rupture de l'histoire* [2017]), qui trouve sa conclusion dans l'hypothèse du «premier homme» (Mauss) et de l'*homme nouveau* de la Résistance, ce qui, sur le plan historiographique, est le sujet collectif et *national*

Nos «croyances fondatrices» renvoient à l'homme comme *imago dei.* Il ne s'agit pas de n'importe quel Dieu, mais de celui que l'on pense en Occident comme une personne omnisciente et omnipotente.[6]

Ce qui nous intéresse de cette position culturelle et que cette «dogmatique» est à l'origine des trois attributs sous lesquels le droit occidental met l'homme en scène:

1. l'individu unique et identique;
2. le sujet souverain (même dans la version dialectique qui le veut «assujetti»);
3. et la personne, esprit incarné.

On trouvera sous la plume de l'auteur une suggestive mise au point du lien entre la «personnalité juridique» des juristes et la notion de «personne divine» des théologiens qui lui permet de confirmer et renouveler l'étude de Marcel Mauss[7] dans une version décidément heideggérienne[8].

La notion d'individu est présentée en d'autres termes selon une généalogie semblable et, sur ce point aussi, une dialectique s'ouvre dans une façon éminemment oppositive.

(précisément, les Comités de libération). Nous avons analysé ce nouveau sujet dans sa double dimension: tantôt constitutionnelle (*la problématique des nouvelles habilitations*) tantôt par rapport au projet de l'*Etat révolutionnaire* (de type, par exemple, insurrectionnel ou léniniste-avant-gardiste) dans les CLN italiens, et à la forme de l'*Etat clandestin* (de type continuiste-républicain avec participation socialiste et communiste) dans les CLN français, dans les sept volumes qui constituent notre recherche sur *Transitions constitutionnelles et Résistance.* Nous renvoyons, en particulier, aux deux premiers tomes: Magliacane, *Continuum, continuités, cycles* [2016] et *Le temps non linaire de la Résistance* [2016].

6 Voir Supiot, *Homo juridicus* [2005: 48].

7 Mauss, *Une catégorie de l'esprit humain, la notion de personne, celle de moi* [2001]. Dans un sens plus vaste, Bruno Karsenti a problématisé cette analyse d'origine maussienne dans son Karsenti, *L'homme total* [2011].

8 L'auteur prolonge ici l'interprétation heideggérienne des Temps Modernes où l'on voit l'homme revendiquer pour lui les deux attributs divins de l'omnipotence et l'omniscience. Alain Supiot montre le lien de ce thème avec l'idée que la connaissance divine ne passant plus seulement par le canal étroit de la Révélation ouvre à l'homme tout le champ de la nature. Le développement technoscientifique occidental trouve ici son origine. «L'arraisonnement de la nature par la technique n'est plus comme dans les autres cultures un bricolage efficace, mais la mise en œuvre de la connaissance scientifique que les hommes ont acquises des lois de l'univers».

D'une part, le sujet du droit, l'*homo juridicus*, pour qui la vie et la nature sont à interpréter dans les termes d'une répétition constitutive (normative, plus et davantage que juridique) parle avec *autrui* et sa *parole* «fait loi».

De l'autre, ce type d'opposition entre la répétition normative et la différence révolutionnaire, renvoie tant à l'idée d'un performatif divin qui n'appartient pas au seul christianisme, d'un *ordre* à garder, protéger, soutenir et défendre; qu'à une dialectique progressive dont la révolution et la constitution sont les deux volets fondamentaux et constituants.[9]

1. Partisan et berger: le résistant entre deux cultures

Ces diverses catégories dessinent la figure que le Référent occidental donne à l'homme. Elles ont partie liée avec les modes relationnels propres au droit: la loi, le contrat, la technique de l'interdit et le contrôle des pouvoirs.[10]

Ce qui nous intéresse cette fois-ci est la manière sous laquelle le relativisme politique et culturel s'insinue au cœur du discours sur la transformation sociale (constitutionnelle ou révolutionnaire).[11]

[9] Incidemment, dirons que dans ce cas aussi la morale religieuse compte, car «est propre à l'Occident chrétien l'idée selon laquelle Dieu a posé ses lois *dans* la nature» (Supiot même le relève dans Supiot, *Homo juridicus* [2005: 55]).

[10] Dans le chapitre deux de Supiot, *Homo juridicus* [2005], l'auteur montre que le droit est «la manière dont l'Occident met en système les règles que s'imposent les hommes», alors que dans le suivant, il s'interroge sur «le privilège du thème du contrat dans l'idéologie occidentale». Le chapitre quatre met «au cœur du droit» la technique de l'interdit et le suivant s'interroge sur la notion d'autorité légitime. Bien évidemment, nous ne partageons pas cette vision, mais elle est importante à notre avis car elle nous permette de dépister les modalités par lesquelles la théorie constitutionnelle occidentale se *totalise*.

[11] Le chapitre deux s'ouvre par exemple par une discussion des thèses de Granet et Needham sur la pensée chinoise. Elle permet en principe de relativiser l'importance que notre culture accorde à la loi. En Chine le thème de la loi impérative est second par rapport à celui des rites.

Plus récemment, le parti communiste sous la direction de Hu Jintao a relancé l'idée et la pratique que le «bon monarque» n'est pas celui qui commande souverainement mais celui qui dispose les choses de telle manière que l'ordre se met en place sans (presque) aucun heurt: c'est la société «harmonieuse».

François Jullien a remarquablement développé cette thématique: Jullien, *Traité de l'efficacité* [1996]. Voir aussi Saïd, *L'Orientalisme* [1978, 2003].

La traduction actuelle de «lois de la nature» est «loi spontanée», énoncé qui conserve rigoureusement «l'ancien refus taoïste d'un Dieu personnel».[12]

Haudricourt pourrait être ici convoqué pour rendre compte de cette différence Chine/Occident.[13]

Mais son explication renvoie les deux symbolismes à la différence entre l'agriculteur (qui se contente de favoriser les rythmes naturels) et le pasteur (qui domestique les animaux). Il lui a été reproché qu'elle rabat, à la manière marxiste, le symbolique sur le techno-économique. Mais cette dichotomie de l'agriculteur et du pasteur se révèle dramatiquement actuelle au jour de la nouvelle figure du «terroriste» qui entre sur la scène de la mondialisation capitaliste avec tout le poids (imaginaire, symbolique, obsessionnel) de la tradition anti-impérialiste et de l'évidence (certes, trompeuse, ça va sans dire) de la rébellion spontanée.

Le pasteur *et* le berger se réunissant après le 11 septembre de New York dans un seul homme, habitant les montagnes et maîtrisant les technologies informatiques et militaires, se présentant au monde uniquement, religieusement donc, par ses *actes* et ses *discours*, et non par sa puissance.

Sa nature juridique – entièrement postmoderne, ce qui échappe souvent – vient de l'image d'une vie entièrement réglementée par des normes, jusqu'à donner l'impression (certes, trompeuse, ça va sans dire) que les aspects personnels de l'existence résultent comme insignifiants par rapport à l'ordre, à l'organisation, à la règle, à la parole de dieu.[14]

2. Vivre! La double dimension de l'anthropologie et de la technologie

En observant la terre sur laquelle les «rebelles» se trouvent à habiter, à *vivre*, tel que récitait le titre d'un célèbre roman de Yu Hua, on découvre la matrice de la Révolution chinoise, les conditionnements qui en ont accompagné le développement, les adversaires contre lesquels s'est battue ainsi que les forces qui l'ont portée lentement à la victoire, toute

[12] Supiot, *Homo juridicus* [2005: 96].

[13] Pour une version marxiste de la «société harmonieuse» et de l'interaction homme / nature (tout en restant sur le plan juridique), voir une étude pionnière: Haudricourt, *Domestication des animaux, culture des plantes et traitement d'autrui* [1962: 40-50].

[14] De ce point de vue, le processus de construction de l'État islamique (Is) est opposé au processus de légitimation d'Al Qaeda, Djihad se colloquant sur une dimension intermédiaire (sécularisée *et* islamique dans le même temps) mais beaucoup moins efficace.

révolution possédant un cadre objectif dans lequel devra être inséré le travail de l'homme, tout comme y a été insérée sa lutte.

Derrière les révolutions chinoises, il y a la terre, l'histoire de la Chine. Dans aucun autre pays la terre est liée à l'histoire des hommes telle comme en Chine.[15] Et cela pour la raison que la terre elle-même est surtout le produit du travail du peuple chinois, de l'action qui a transformé la nature d'une manière capillaire en la rendant apte à donner ses fruits pour la vie des hommes. La Chine, la civilisation chinoise, mais aussi son immensité même, pas seulement en tant qu'expression géographique-économique, sont nées du travail collectif des hommes de la vallée du Fleuve jaune: repoussant les forêts ou le désert ou les marais, en rendant utilisables les montagnes mêmes. Aux origines il y a donc la «collectivité» des hommes qui se consacrent ensemble à une activité agricole systématique. Comme il a été remarqué par la sinologue italienne marxienne, écrivant en pleine révolution culturelle de l'histoire de la Révolution chinoise, en 1972, Enrica Collotti Pischel, dès que le «peuple» apparaît dans l'histoire chinoise, il y apparaît déjà avec des caractéristiques saillantes qu'il ne perdra pas: d'abord la «choralité» de l'agrégat social: un homme seul n'a aucun pouvoir face à la puissance de la nature. Cette choralité n'est pas le fait aléatoire d'êtres vivants ensemble, mais elle présuppose une conception commune des rapports que les hommes ont parmi eux et que la collective humaine a avec la nature.[16] Ce n'est pas seulement que l'esprit d'aventure du pionnier est chose fragile par rapport à la poussée continue et ininterrompue d'une collectivité de paysans, mais cette unité de la société chinoise archaïque n'a rien à voir avec la cité grecque ni avec le module médiéval de la communauté des croyants. La base de l'unité de la civilisation chinoise n'est par conséquent pas ni la compétition de la raison, ni la communauté de l'âme, mais plutôt la collectivité du travail.

[15] La double dimension anthropologique et technologique émerge dans le chapitre 6 (sur la Chine moderne) du volume de Jessica Harrison-Hall: *Chine, A history in objets* [2017]. Aussi Samarani, *Cina, ventunesimo secolo* [2010].

[16] Tout cela implique des normes aptes à garantir le maintien de l'unité entre les hommes qui travaillent, sans devoir faire recours comme solution «normale» à la force ou bien à la répression, étant toujours une dispersion d'énergies soustraites au travail. «Pratiche sociali e pratiche tecniche, norme morali e precetti d'azione quotidiana, modi di pensare e modi di comportarsi: ecco gli elementi propri e distintivi della civiltà cinese, il fattore di continuità in una storia di millenni». Collotti Pischel, *Storia della rivoluzione cinese* [*1972,* 2005: 19].

Le travail qui, d'ailleurs, n'est pas une application brute et casuelle de la force physique aux choses: il est emploi systématique de techniques – même si primitives – en tant qu'élaboration de l'expérience accumulée des générations passées. «Fu una marcia continua» écrit Collotti Pischel, et la même grande Muraille ne fut jamais – d'ailleurs n'aurait pas pu l'être – un bastion militaire – en effet, toutes les invasions barbares sur la Chine dépassèrent aisément cette barrière –, car elle fut plutôt conçue et bâtie comme une limite physique voulue pour diviser les terres cultivées des steppes, les champs cultivés des paysans des vastes étendues des populations nomades. L'unité du peuple chinois a été construite par ce processus historique d'assimilation des groupes humains habitant les régions qui venaient «ouvertes» à l'agriculture, fusionnés dans un agrégat humain unique, assimilés à la communauté des paysans faisant retenir les forêts et contenir les rivières chaque année.[17]

[17] Comme souligne Collotti Pischel, «se il popolo cinese è oggi il più numeroso della terra, ciò non si deve ad un meccanismo demografico quantitativo, cioè alla moltiplicazione di un solo 'ceppo' biologico, bensì ad un fenomeno culturale-sociale qualitativo: la comunità umana cinese nel corso della sua storia seppe accogliere, plasmare, adattare, assorbire le genti arretrate con le quali veniva in contatto, trasformandole in genti cinesi». Collotti Pischel, *Storia della Rivoluzione cinese* [*1972*, 2005: 20].
Cela dit, on ne veut pas méconnaître l'existence de «minorités nationales» à l'intérieur du territoire de la République populaire chinoise; leur importance, cependant, dérive plutôt qu'elles sont présentes dans des régions immenses, peu peuplées. Ainsi, là où la terre a été rendue cultivable, les différentes populations ont été graduellement intégrées dans le contexte social de la population majoritaire qui porte le nom de Han; là où les conditions naturelles ont rendu plus difficile le développement d'une agriculture plus ou moins intensive, les mêmes conditions de l'assimilation et de l'unification des gens en communautés unitaires fondées sur le travail étaient plus ardues.
Dans ce contexte il est possible indiquer que les conditions concrètes ont donné lieu à deux types de minorités: celle formées par des petits groupes, vivant isolés dans les régions habitées par le Han et celles formées par gens consacrés à l'élevage de moutons nomade, capables d'évoluer en véritable civilisations opposée à celle des Han. Or, la plupart des populations minoritaires fait partie du premier groupe et constitue un problème relativement facile pour un gouvernement qui ne se propose pas d'exploiter leur état arriéré mais de le dépasser. Les peu de millions appartenant aux autres minorités ethniques (tibétaines et mongoles) ou religieuse (Hui – musulmans – et Uighur) représentent en revanche un problème politique, car il s'agit dans ce cas de briser l'apparat d'exploitation constitué par la classe dirigeante de la minorité (moines tibétaines, moines et feudataires mongoles, notables) par les masses elles-mêmes. Celle-ci a été la route suivie par le régime populaire chinois, et pour comprendre les difficultés il suffit considérer que la classe

L'on comprend aisément comment une société de ce type, au fur et à mesure des processus de différenciations qui caractérisent le développement d'une civilisation dépassant le stade primitif, engendrait une classe dirigeante dont la tâche était de coordonner, d'organiser, de systématiser le travail de la communauté des paysans. Il s'agissait donc et avant tout d'une classe d'administrateurs, d'organisateurs, de techniciens.[18] Cette classe, qui deviendra puis la classe dirigeante bureaucratique de l'Etat chinois[19], se trouvait donc dans une relation particulière avec la collectivité des paysans, car pour assurer sa propre position, elle devait obtenir le «consensus» des paysans, qui devaient considérer comme utiles et nécessaires les choix accomplis par la classe dirigeante même; qui devait considérer comme convenable la contribution que la collectivité versait en la maintenant dans une position privilégiée. Le consensus étant l'instrument le plus efficace et économique de maintien de l'ordre social, il était indispensable pour la classe dirigeante de montrer que de tels choix étaient conformes à la tradition comme patrimoine commun des expériences du passé qui s'étaient révélées positives. La classe dirigeante se trouvait ainsi conditionnée et avantagées en même temps par la tradition.[20] Alors que le souverain, dans cette machinerie, avait une

dirigeante de minorités avait développé une fonction de premier plan, collaborant avec les puissances impérialistes qui avaient frappé la Chine.

[18] Pour comprendre le rapport entre la classe dirigeante et le développement de la civilisation en Chine, il faut souligner que les communautés de paysans, travaillant collectivement pour transformer les conditions naturelles et les rendre aptes à l'agriculture, n'étaient pas comme des esclaves: «La coesione comunitaria dei contadini ed il loro lavoro non erano imposti da un 'padrone': erano una necessità per assicurare la vita in quelle condizioni specifiche. Di qui il concetto di 'consenso' che percorre tutta la storia cinese». Collotti Pischel, *Storia della Rivoluzione cinese* [*1972*, 2005: 22].

[19] C'est la fonction d'alliance avec l'élite par la classe populaire ou des capitalistes, pour la configuration de l'hégémonie structurelle que le philosophe français Jacques Bidet analyse dans son intervention au séminaire organisé en novembre 2015 par la Fudan University of Shanghai et maintenant publiée dans Bidet, *Le Néolibéralisme* [2016].

[20] Comme le note Collotti Pischel: «Condizionata in quanto il suo potere non doveva essere 'arbitrario', non aveva legittimità se si limitava ad operare ad esclusivo e scoperto vantaggio dei gruppi privilegiati (...). Avvantaggiati in quanto poteva utilizzare queste norme sancite dall'esperienza della comunità umana per invocare il mantenimento dell'ordine ed il compito di opere collettive che aumentavano i suoi privilegi». Collotti Pischel, *Storia della Rivoluzione cinese* [*1972*, 2005: 23].

place bien précise: propitiatoire du Ciel et de la Terre, il devait garantir un type d'ordre particulier au sein de la société humaine, à savoir des conditions générales objectives pour la rentabilité de l'activité agricole. Il était le garant de la régularité de la Nature. Il ne s'agissait pas de pouvoir divin, éternel et indépendant des circonstances, bien au contraire, il dépendait des résultats effectifs. La conception politique traditionnelle de la Chine ne prévoyait pas de droits pour le peuple, et pourtant le souverain avait-il de devoirs allant bien au-delà du respect des lois ou de la Constitution, car son devoir primaire était ce de garantir la paix et la prospérité au peuple chinois, la coordination nécessaire entre les forces de la nature et les exigences de la collectivité humaine.

3. Une hybridation de la loi et du contrat

Il s'agit de voir alors comment les paradigmes des sciences sociales actuelles dissolvent-ils l'autorité de la loi positive en prétendant de l'expliquer par des systèmes de règles plus profondes.

Cette critique vaut particulièrement pour Bourdieu d'une part et le mouvement *Law and Economics* de l'autre. Critique classique pourra-t-on dire, mais elle prend un relief accru chez nombre de commentateurs dans une pensée comme celle de Supiot où la figure de l'humain est suspendue à l'existence de référents juridiques, posés dogmatiquement.[21]

La force obligatoire de la parole s'ouvre par une mise en perspective comparative, en vue de relativiser l'évidence morale et juridique que ce thème possède dans notre culture.

Henry Sumner Maine et l'éthique japonaise sont sollicités par Supiot dans le but de produire un «regard éloigné» sur cette culture du contrat. On dira peut-être que l'auteur sape ainsi, comme les sciences humaines qu'il critique, l'autorité du droit. Mais ce n'est pas le cas. Il défend deux idées à la fois:

a. Il n'y a pas d'humanisation véritable sans une dogmatique culturelle et/ou juridique, mais en même temps

[21] Considérant la place que prend le darwinisme social et le nouveau naturalisme génétique, Supiot écrit: «La seule façon de ne pas déraper sur de telles idées consiste à prendre la mesure de la fonction anthropologique des lois humaines, c'est-à-dire à reconnaître la place propre du droit dans la *construction* des identités individuelles et collectives». Supiot, *Homo Juridicus* [2005: 128].

b. les principes architectoniques d'une culture n'ont pas d'emblée une valeur universelle (ceci provient du fait qu'ils sont «posés» et non déduits d'une réalité vénérable ou d'une nature des choses).

La discussion de Supiot se poursuit par une histoire raisonnée du contrat qui lui permet d'éclairer la «contractualisation» qui semble gagner aujourd'hui toutes les branches du droit. Il montre que ce processus s'analyse plutôt comme une «hybridation de la loi et du contrat», doublée d'une réactivation des manières féodales de tisser le lien social.[22]

4. Eversifs, terroristes, rebelles, insurgés

Alors que, *via* le constitutionnalisme, parfois renforcé par la vision politique-juridique[23], le concept de constitution ne saurait s'imposer qu'en termes de *contrat fondamental*, de préférence écrit, portant sur le programme politique des acteurs institutionnels, laissant donc au seul

[22] Supiot, *Homo Juridicus* [2005: 172].

[23] Le cas de Georges Sorel en «conservateur révolutionnaire» et «père de Mussolini et de Lénine» est exemplaire. «La majeure partie de la littérature politique et scientifique consacrée à Sorel depuis 1945 défend la thèse selon laquelle le fascisme/national-socialisme serait la conséquence nécessaire de la tendance antirationaliste et antidémocratique de la philosophie de la violence [qui] fait de Sorel un précurseur intellectuel, sinon conscient, tout ou moins inconscient, du totalitarisme», stigmatisait Michael Buckmiller dans les *Cahiers Sorel* dans les années 1980: Buckmiller, *Georges Sorel et le «conservatisme révolutionnaire» en Allemagne* [1985: 51]. Voir aussi Julliard – Sand, *Georges Sorel en son temps* [dir., 1985].
Au sujet de cette ambivalence, dans une intéressante vision des cycles révolutionnaires et des crises du capitalisme, Karl Korsch avait lucidement observé: «pour cette attitude, toute la question de la nécessité ou de *l'évitabilité* objectives des crises capitalistes reste *une question vide de sens à ce niveau de généralité*, par rapport à la visée pratique d'une théorie de la révolution prolétarienne. Elle coïncide avec la vision du critique révolutionnaire de Marx, Georges Sorel, qui refusait de tenir encore pour une prévision scientifique la tendance générale du capitalisme, présentée par Marx dans un langage 'dialectique' fortement teinté d'idéalisme, à aboutir à une catastrophe déclenchée par un soulèvement de la classe ouvrière, et qui y voit seulement un 'mythe', dont toute la signification se limite à orienter l'action *présente* de la classe ouvrière». Korsch, *Marxisme et contre-révolution* [1975: 173].
Voici, enfin, une inquiétante 'assonance' schmittienne. «Le mécanisme de la production créé par l'époque capitaliste obéit par lui-même à des lois rationnelles. On peut sans doute tirer d'un mythe le courage de le détruire. Mais, s'il doit être remis en place, si la production doit encore se développer, ce que naturellement souhaite aussi Sorel, alors le prolétariat devra abandonner son mythe.» Schmitt, *Die geistesgeschichtliche Lage des heutigen Parlamentarismus* [1923, 1991: 73].

constitutionnalisme la primauté sur le domaine du nouvel ordre constitutionnel. Ce qui définit un nouvel ordre constitutionnel serait concrètement le constitutionnalisme, qui, par fonction, ne peut pas être anticonstitutionnel (et donc ne saurait être révolutionnaire, en aucun cas).[24] Un cas à part, mais très illustratif, serait donc celui d'une «exception arabe»,

[24] C'est parfois en raison de cette évidence qu'on a parlé jusqu'aux années 1960 d'une cyclicité révolutionnaire, opposée à la récurrence constante des constitutions (à l'époque la théorie des cycles constitutionnels n'était pas encore formalisée). Voir par exemple, parmi les peu nombreux dans la lignée de George Lefevbre et Louis Jacob, et pour un cas limité à l'Europe, Trénard, *La crise révolutionnaire* [1961].
Pour les révoltes arabes et «l'avenir incertain du nouveau cycle révolutionnaire arabe», comme titre son paragraphe, voir Corm, *Le Proche-Orient éclaté 1956-2012* [*2012*, 2014], qui est l'un de peu qui s'interroge ainsi: «Les révolutions arabes seront-elles récupérées par une alliance des forces conservatrices arabes et des Etats occidentaux? (...). La vague révolutionnaire ne risque-t-elle pas, éventuellement, d'affaiblir le peu de résistance encore opposée à l'hégémonie des Etats-Unis, de l'Europe et de leurs alliés voisins des monarchies? L'axe constitué par l'Iran, la Syrie et le Hezbollah, qui dérange tant les diplomaties américaine et européenne, ainsi que ses nombreux alliés des régimes arabes toujours en place et d'une partie des élites des différents pays du Machrek arabe, ne risque-t-elle pas cette fois de chanceler, notamment, avec la rupture du chaînon que constitue le régime syrien?» Ou bien «Est-ce un retour au premier cycle révolutionnaire qui avait fait sérieusement reculer l'influence et les intérêts de l'Occident dans la région et qui aujourd'hui pourrait, à terme, mettre en danger l'existence d'Israël?» (Corm, 2014: 1164, 1167). Or, si en l'absence de tout sentiment national panarabe ou local, qui assurerait la cohésion de la société, les partis islamistes, qui prennent leur essor sur les décombres du nassérisme et du nationalisme arabe, s'appuient depuis des décennies à la puissance de l'Arabie Saoudite (qui gouverne les télévisions panarabes), il est aussi vrai, comme le souligne l'auteur, qu'«aucun effort n'est fait pour tenter d'établir des liens qui pourraient exister avec la grande période révolutionnaire des années 1950 à 1980 dans le monde arabe, oblitérant ce faisant la spécificité de l'histoire propre au monde arabe et sa dynamique. «Il est vrai que ce cycle révolutionnaire était anti-impérialiste et anti-israélien et qu'il a permis la liquidation de la domination directe de l'Europe sur ses colonies arabes, mais aussi le rejet d'une hégémonie américaine qui viendrait se substituer à cette domination: autant de mauvais souvenirs dans la mémoire collective des dirigeants occidentaux». Bien plus, «les nouveaux régimes issus de cette période ont été plus proches de l'URSS qui leur a fourni des aides substantielles» (Corm, 2014: 1150). Il s'agit donc plus d'une redécouverte de la jeune génération arabe des valeurs que le cycle révolutionnaire socialisant et panarabiste avait entraîné (la renaissance des arts et des lettres arabes dite *Nahada*), la lutte contre le colonialisme et la demande de liberté politique et d'élections libres, que des valeurs emportées des démocraties occidentales. D'ailleurs, l'accent mis sur les nouvelles technologies de communication par le discours occidental fait également oublier que ce

et non pas islamique en l'absence de «constitution implicite de l'islam» dans la construction de la constitutionnalité sunnite.

> Cette constitutionnalité, c'est tout à la fois l'absence d'Etat, de constitutionnalisme, de citoyenneté, mais c'est également, à partir de l'obsession de l'unité de l'*umma*, le rejet de toute dispute, de toute opposition, de tout pluralisme, de tout débat.[25]

qui a fait le succès des révoltes arabes, au moins dans sa phase initiale, a été la mobilisation populaire des couches pauvres, rurales et urbaines.
D'ailleurs, il suffit de lire les premières pages du livre d'Alain Gresh, ayant pour titre «Où le lecteur découvre...» (Gresh, *De quoi la Palestine est-elle le nom?* [2010], pour comprendre le tournant qu'allaient constituer les «lois socialistes» de 1961 et 1962 pour la vie des jeunes arabes de l'époque.

[25] Voir Huntzinger, *Il était une fois la Méditerranée* [*2010*, 2014: 232]. «Le pouvoir sunnite, pour se légitimer face à la contestation chiite, va avoir besoin de bâtir un second pouvoir, le pouvoir normatif, lequel sera attribué aux hommes de la religion, les oulémas» (Huntzinger, 2014: 245). Ainsi s'établit «une sorte de séparation des pouvoirs» entre le politique et le normatif religieux: au prince l'espace du pouvoir politique, aux religieux l'espace des mœurs et du droit, du *fiqh* à partir de la *charia*.
Comme l'a analysé Abdou Filiali-Ansary, il s'établit un «triangle politique» entre le politique – compétence du calife –, le normatif – compétence du légiste religieux – et la religion qui habille et habite l'ensemble. La religion, garant et fondement du système, prend la place de l'Etat. Un domaine d'autonomie existait face au pouvoir politique, l'ordre social fondé sur des normes religieuses mais développé par les pratiques sociales. Voir Filiali-Ansari, *L'islam est-il hostile à la laïcité* [2002], ainsi que *Réformer l'islam* [2003]. Un certain dualisme a donc émergé au moment où les califes abbassides ont cherché à compenser leur monarchie absolue par l'octroi d'un certain pouvoir normatif au corps sacralisé des oulémas.
Bertand Badie a relevé que, face à la dissociation intervenue rapidement entre le schéma idéal du pouvoir généré par la «constitution de Médine» et le pouvoir réel installé par la dynastie abbasside, trois types de comportements se sont dessinés: 1. l'appui au pouvoir du calife, qui sera un appui intéressé de la part de l'élite militaire en charge de la défense de l'Empire et de l'élite religieuse en charge du respect de la loi et de son application, et un appui résigné et passif de la part de l'orthodoxie de masse; 2. un appel à l'innovation par recours à la raison (i.e. le «mutazilisme» qui se veut une «théologie de la liberté, exprimant un «islam humaniste et libéral», d'un Coran créé, c'est-à-dire expression d'une parole humaine. Pour une analyse, Chebel, *L'Islam et la Raison* [2005]); 3. la volonté de dépassement de la contradiction entre l'idéel et le réel, soit sous la forme de la contestation et de la révolte, soit par une réflexion fondamentaliste menée notamment par Ibn Taymiyya et al-Mawdudi entre le XIe et le XIIIe siècles, et qui nourrira par la suite l'Islam politique.
Sur la première constitution – la *califa* – dont se dote la première communauté religieuse de Médine, qui donne jour à une confédération des tribus sous l'autorité du Prophète, voir

Ce système despotique particulier qu'on va appeler de khaldounien[26], bien éloigné de *l'idéal* médinois, cette «dérive» que constitue la

Lewis, *Islam* [2005], et sur l'Islam comme une religion actuellement en plein réforme, qui s'adapte à la modernité dans les soubresauts et la violence, Aslan, *No god but God* [2005]. Cette première constitution fonde l'*umma* – la communauté des croyants – qui concilie le respect des coutumes de chaque tribu avec l'institution de l'autorité politique de Mahomet. Sur la construction en deux temps, l'un religieux et l'autre politique de l'islam par le Prophète, voir l'étude du théologien juriste Ali Abderraziq: Abderraziq, *L'islam et les fondements du pouvoir* [1994].
Sur la tradition ésotérique et mystique chiite contre l'islam sunnite, étatique, de l'envahisseur arabe, voir évidemment les reportages de Michel Foucault pour le quotidien italien *Corriere della Sera* pendant la Révolution en Iran, et particulier lors de sa rencontre avec l'ayatollah Chariat Madari, le 28 septembre 1978: «Dans le clergé chiite, l'autorité religieuse n'est pas déterminée par une hiérarchie. On ne suit que celui qu'on veut bien entendre. Les grands ayatollahs du moment, ceux qui, en face du roi, de sa police et de l'armée, viennent de faire descendre dans la rue tout un peuple, nul ne les intronisés: on les a *écoutés*». Foucault, *Téhéran: la foi contre le chah* [*1978*, 2001: 683].
«N'embellissons pas les choses. Le clergé chiite n'est pas une force révolutionnaire (...). Mais cela ne veut pas dire que la religion chiite n'a à opposer au gouvernement et à la modernisation abhorrée que le poids de l'inertie. (...) Elle est aujourd'hui ce qu'elle a été plusieurs fois dans le passé; la forme que prend la lutte politique dès lors que celle-ci mobilise les couches populaires. Elle fait, de milliers de mécontentements, de haines, de misères, de désespoirs, une *force*. Et elle en fait une force, parce qu'elle est une forme d'expression, un mode de relations sociales, une organisation élémentaire souple, et largement acceptée, une manière d'être ensemble, une façon de parler et d'écouter, quelque chose qui permet de se faire entendre des autres et de vouloir avec eux, en même temps qu'eux» (Foucault, 2001: 688).
Sur l'Islam politique de la fin du XXe siècle, en tant que principale force de contestation de la révolution socialiste des Etats arabes nationalistes des années 1970, lesquels, par ailleurs, puiseront une légitimation supplémentaire au nom de la lutte contre l'«islam radical», voir les analyses de Kepel, *Fitna: guerre au cœur de l'islam* [2004]; Etienne, *L'islamisme radical* [1987]; et notamment Carré, *L'utopie islamique* [1991].

[26] Voir Carré, *Le nationalisme arabe* [2004] et *L'islam et l'Etat dans le monde d'aujourd'hui* [1982]. Aux yeux du grand historien comparatiste d'origine tunisien, Ibn Khaldoun, qui part des analyses des sociétés maghrébines du XIVe siècle pour bâtir une théorie fondée sur le principe de l'*asabiyya* dont il considère qu'il s'applique à toutes les structures fondamentales des sociétés arabo-musulmanes, en relevant les différences entre ce modèle et celui de la cité-Etat grecque ainsi que des cités marchandes européennes, ce type de pouvoir construit par la dynastie abbasside et perfectionné par les suivantes, n'a évidemment plus rien à voir avec l'idéal de la communauté médinoise, et n'a plus vraiment besoin d'une réelle légitimation religieuse, puisque, celle-ci est remplacée par une légitimation sociale et politique: le soutien des clientèles à l'*assabiya* dominante. L'Etat khaldounien, issu du

«constitution sunnite» sera acceptée, ou mieux intériorisée par la société, laquelle consolidera «l'orthodoxie sunnite de la masse». De là, et c'est l'originalité de l'analyse du juriste tunisien Yadh Ben Achour, la soumission de la société va générer fort logiquement son contraire, la révolte. Le devoir d'obéissance engendre le devoir de désobéissance fondé sur le caractère «injuste» du comportement du calife.[27] Et la révolution sera bâtie une fois de plus sur le rêve du retour à l'âge d'or, et donc à la «constitution de Médine».[28]

religieux, s'en affranchit par le politique, par le fonctionnement du système des *asabiyyas*, cette solidarité de groupe, d'abord présente dans les groupes ruraux provenant des tribus, ensuite des groupes sociaux urbains ainsi que militaires. Et ces cohésions sociales de groupe donneront naissance à un pouvoir «patrimonial».

[27] Ben Achour, *Aux fondements de l'orthodoxie sunnite* [2008], ainsi que «Structure de la pensée politique islamique classique», in *Pouvoir*, 12, 1983. Nous y lisons que le pouvoir doit être «juste» mais le pouvoir n'a rien de «légal»: le principe de la «violence réinstauratrice» répondra à la violence «désinstauratrice» pratiquée par le calife. Cette violence réinstauratrice sera régulièrement convoquée dans l'histoire de l'Islam, des kharidjites aux islamistes radicaux contemporaines. C'est la doctrine du «prince juste» réaffirmée au XIXe siècle par Mohamed Abdou et Rachid Rida, qui se démarque totalement du «prince démocrate» occidental légitimé par le peuple souverain dans l'élection et révocable par le peuple au terme de son mandat.
Sur le «paradoxe originel» dès les premiers siècles de l'Empire islamique – un nouveau monde s'est établi dans un siècle, entre 640 et 740, issu des tribus bédouines de la région de la Mecque et de Médine, a bouleversé l'histoire de l'humanité et le paysage de la Méditerranée par la mise en place foudroyante d'une «religion civilisation», qui a très vite fondé un empire reposant sur les concepts de l'*umma* et du califat, dont les frontières ont dépassées toutes celles des empires précédents, mais dont la voie est ouverte d'entrée de jeu à la contestation du prince, à la dispute –, paradoxe inhérent à sa constitution originaire, à l'absence d'un principe de légitimité politique, d'un système de dévolution du pouvoir, voir Djaït, *La grande discorde. Religion et politique dans l'islam des origines* [1989].
Dans l'efficace synthèse de Foucault: «Etonnant destin de la Perse. A l'aurore de l'histoire, elle a inventé l'Etat et l'administration: elle en a confié les recettes à l'Islam et ses administrateurs ont servi de cadres à l'empire arabe. Mais de ce même Islam elle a fait dériver une religion qui n'a pas cessé, à travers les siècles, de donner une force irréductible à tout ce qui, du fond d'un peuple, peut s'opposer au pouvoir de l'Etat». Foucault, *Téhéran: la foi contre le chah* [*1978*, 2001: 688].

[28] C'est bien ce qui fera, de toute Révolution islamique, «une contradiction incarnée», dont les paradoxes ont été pris dans leurs instantanés par les reportages de Michel Foucault en tant que correspondant du journal italien *Corriere della sera*. Revenir à cet islam, à ce «gouvernement islamique», c'est là le mouvement religieux qui a fini par absorber toute l'opposition politique dans l'Iran de 1978. «On comprend l'embarras des hommes politiques.

5. Le paradoxe «révolutionnaire» du terrorisme

Le caractère transitoire, associé à l'exercice de la violence, fait que la communauté est habitée par les éversives, les terroristes, les rebelles, les insurgés, les révolutionnaires, les clandestins, les résistants. En fait le terrorisme – quelle que soit sa définition – contient un paradoxe, ou du moins c'est l'interprétation du terrorisme qui le démontre.

L'objet indiscriminé de l'acte terroriste, par exemple, suggère que la vision morale que le terrorisme sous tend est profondément différente de celle de son objet et des victimes.[29] Cela faisant, le terrorisme se déclare

Ils échafaudent des solutions; elles sont plus faciles à trouver qu'on ne le dit; elles vont du régime militaire pur et simple à une transformation constitutionnelle qui conduirait de la régence à la république. Toutes passent par l'élimination du chah. Que veut donc le peuple? Ne désire-t-il au fond rien de plus? Tout le monde sait bien justement qu'il veut tout autre chose. C'est pourquoi on hésite tellement à ne lui proposer que cela, voilà pourquoi on est dans l'impasse. En effet quelle place peut-on faire, dans les calculs de la politique, à un mouvement comme celui-là? A un mouvement qui ne se laisse pas disperser dans des choix politiques, un mouvement traversé par le souffle d'une religion qui parle moins de l'au-delà que de la transfiguration de ce monde ci.» Foucault, *Le chef mythique de la révolte en Iran* [*1978*, 2001: 716].

[29] Si l'objet de l'attaque terroriste est le complexe architectonique de la finance internationale dénommé «Twin Towers», cela implique que la vision morale du terroriste est *contraire* à celle incarnée par les Twin Towers. Si les victimes d'un acte terroriste sont des travailleurs dans les Twin Towers, cela implique que les terroristes *combattent* les opérateurs et les travailleurs qui servent la vision morale opposée.
Voici une observation très articulée d'Alain Gresh au sujet de la Palestine et de l'Afrique du Sud. «Qu'en est-il de l'usage de la violence? La violence de l'oppresseur provoque toujours celle de l'opprimé et légitime son droit de résister, y compris par les armes, à l'occupation. Le rêve des conquérants est de trouver des 'occupés' acceptant de collaborer. Et toujours la violence de l'occupé qui refuse son tort est qualifiée de 'terroriste'. Mais ce droit à user de la violence doit être subordonné à l'efficacité recherchée et doit donc rester en phase avec l'objectif à atteindre.» Voir Gresh, *De quoi la Palestine est-elle le nom?* [2010: 172]. L'auteur compare donc les stratégies résistantes de l'ANC et de l'OLP.
«Quand l'ANC décida de recourir à la violence au début des années 1960, il disposait, selon ses dirigeants, de trois options: le sabotage, le terrorisme et la guérilla. Cette dernière option était irréaliste et la deuxième allait à l'encontre de son objectif, qui était de gagner une partie des Blancs à sa cause. Le choix du sabotage fut finalement retenu. La lutte armée engagée par l'OLP dans les années 1960 et 1970 lui a permis de rallier les masses palestiniennes, en particulier celles de camps de réfugiés, mais elle n'a jamais prouvé son efficacité militaire. Le terrorisme à l'extérieur des frontières d'Israël, utilisé au début des années 1970, a vite été abandonné, ses effets négatifs sur l'opinion publique mondiale

ouvertement engagé à contraster et combattre une vision morale constituée comme opposée par les terroristes.

Mais deux questions s'imposent dramatiquement.

a. Est-ce que le terrorisme, en luttant contre une vision morale, lutte également contre ses institutions et contre les pouvoirs constitués qui la soutiennent?
b. Est-ce que le terrorisme, en proposant une vision morale bien déterminée, fait de la 'simple' propagande violente?

Si la première question porte sur la nature révolutionnaire du terrorisme, que cependant il n'a pas du tout[30], la deuxième définit la nature du terrorisme, mais l'ancrerait à une vision morale déterminée, dans laquelle les actes terroristes ne sont pas, évidemment, bannis.[31]

6. L'interprétation, l'interdit, les interdictions – une discussion à partir de Bataille et Legendre

Le droit est une des premières techniques immatérielles dont se soit doté en propre l'Occident chrétien, en faisant sien, à partir du XIe siècle, l'héritage du droit romain.[32]

ayant terni la cause palestinienne. Pourtant la rhétorique de la lutte armée a survécu à ces échecs et a même repris de la vigueur depuis le déclenchement de la seconde Intifada, en septembre 2000, avec le recours aux attentats suicides. Ces actions présentent un double écueil: d'une part, les attaques contre des civils sont difficilement acceptables, même si l'on considère que la violence israélienne s'exerce aussi et surtout contre des civils; d'autre part, elles ont un impact désastreux, non seulement parce qu'elle aliènent nombre de sympathies internationales à la cause palestinienne, mais aussi parce qu'elles soudent encore plus les Juifs israéliens autour de leur gouvernement.» Gresh, *De quoi la Palestine est-elle le nom?* [2010: 173].
En conclusion: «il n'est donc pas étonnant que les mouvements de citoyens, palestiniens et israéliens, mobilisés contre l'édification du mur ou la confiscation de terres palestiniennes s'inscrivent dans des stratégies non violentes; tentative difficile compte tenu de la brutalité de la répression israélienne et du désir de vengeance qu'elle suscite, mais aussi du désespoir crée par l'absence de toute perspective politique ou diplomatique». Gresh, *De quoi la Palestine est-elle le nom?* [2010: 174].

30 On ne fait pas une révolution en faisant de la simple (quoique violente) iconoclastie!

31 Perelman, *Cinq leçons sur la justice* [1966, 2012].

32 Legendre, *La pénétration du droit romain dans le droit canonique classique* [1964]; Berman, *Law and revolution, The Formation of the Western Legal tradition* [1983] et *Droit et Révolution* [2002].

A la différence de la Loi juive ou musulmane, ce droit n'exprime pas directement une vérité transcendante.[33]

Son interprétation n'est pas enfermée dans la lettre sacralisée des textes mais seulement ouverte à leur esprit supposé. D'où sa capacité à servir des fins diverses et changeantes, aussi bien dans l'histoire des systèmes politiques que dans celle des sciences et des techniques.

L'observation de Supiot est ici intéressante, bien que partielle et incomplète. Le droit appartient à l'univers des techniques, mais il est aussi l'infrastructure par quoi elles sont contrôlables: il est une technique de l'interdit.

L'histoire du droit du travail nous montre que la technique juridique est venue borner l'asservissement de l'être humain aux forces productives et aux rapports sociaux issus du machinisme industriel. Supiot voit dans ce contrôle une manifestation de l'essence de la juridicité. Le droit protège l'homme des fantasmes de la toute-puissance. Il s'interpose entre l'Homme et ses représentations ou ses productions. «Le Droit remplit une fonction dogmatique – d'interposition et d'interdit». Cette fonction lui confère une place singulière dans le monde de l'action: celle d'une «technique d'humanisation de la technique».[34]

En effet, seulement avec Bataille une articulation entre les questions économiques, anthropologiques et psychanalytiques, tant de l'Etat que du sujet, trouve une vision radicale sur l'arrière-plan d'une vision anarchique, libertaire et en même temps communautaire de la réalité sociale. Dans les trois articles de 1933 et notamment dans *La notion de dépense* et *La structure psychologique du fascisme*, Bataille articule une vision de la sexo-économique qui, si d'une part est typiquement freudienne et reichienne, de l'autre, en revanche, présente des éléments anthropologiques qui seront plus tard clarifiés et développés seulement par le Freud de *L'Homme Moise*. L'on

[33] «De là le fossé qui sépare les méthodes d'interprétation du Droit Occidental de celles de la Torah ou de la Charia»: Supiot, *Homo juridicus* [2005: 182].

[34] Supiot, *Homo juridicus* [2005: 182]. Avec les NTIC d'aujourd'hui cette fonction est plus que jamais d'actualité. Une pente technique et productiviste tend à nier la différence entre l'espace-temps de travail et la vie privée et expose le sujet aux fantasmes de l'ubiquité: «celui d'un être humain disponible en tout lieu et à toute heure pour travailler ou consommer». Mais à ce «n'importe quand» et «n'importe où» des nouvelles machines, le droit objecte «il importe où» et «il importe quand» [206].

pourrait même affirmer, dans la ligne de cette notre réflexion, que l'*Homo juridicus* du moins dans sa dimension politique, se prête essentiellement à être interprété comme l'homme fasciste, mieux: comme le modèle type du nouveau homme du fascisme, dans ce qui constitue également une trahison tant de l'hypothèse libertaire d'un Nietzsche que de l'hypothèse révolutionnaire du communisme bolchevique.

L'Homo juridicus est essentiellement fasciste – et ici nous pouvons nous référer au troisième article de Bataille consacré à Picasso et à la peinture politique de Picasso comme esprit de liberté –: il est essentiellement fasciste pour une articulation de trois dimensions constitutives:

1) La première est celle de la *dépense* dans son versant actif et passif et actif; et donc, dirons-nous en termes modernes, dans son versant essentiellement de consommation, d'un côté, et d'information, de l'autre;
2) Deuxièmement, c'est justement la structure rigide de la personnalité, à savoir la coaction à répéter – un élément typiquement freudien – à donner une connotation fasciste également à la poussée révolutionnaire de l'homme nouveau. Sous cet aspect, la critique de Bataille, bien que simplificatrice des processus révolutionnaires en cours en Union soviétique, saisit néanmoins le fait qu'une des dérives possibles de la bureaucratisation du communisme soviétique est proprement celui d'activer une structure psychologique des individus qui est essentiellement de type fasciste: caractérisée, à savoir, par une coaction à répéter, ce que nous appellerons de *conformisme*;
3) Le troisième élément, qui est parfois le plus intéressant et réellement le plus innovateur, est la caractérisation sacrée de cette coaction à répéter. Cette caractérisation sacrée unifie deux éléments: un élément anthropologique, évidemment dans le rapport avec le divin, le mystique et donc essentiellement avec le «sacré» en tant qu'objet voilé du désir; le second élément, en revanche, consiste à déceler dans le rapport avec le sacré essentiellement un rapport de bureaucratie, de ritualité, de célébration. Le sacré est constitutif de la célébration et il est constitué par la célébration. Il y a donc un rapport biunivoque entre la bureaucratie, le bureaucratisme, le conformisme et le sacré. Et de ce point

de vue, la structure psychologique fasciste est essentiellement religieuse.[35]

7. La culture et les droits – Libéralisme, messianisme, constitutionnalisme, légalisme, scientisme, démo-libéralisme, émancipationnisme, communautarisme, fondamentalisme, socialisme

Les droits de l'homme ne sont pas fondés sur la nature biologique de l'homme. Ce sont plutôt des postulats institutionnels, indémontrables (suivant la loi de Hume). La clé de voûte de ce moderne «montage dogmatique» ne remonte plus officiellement à Dieu, mais déjà Comte (sans parler aujourd'hui de Gauchet, Dumont ou Debray) nous a enseigné que l'*humanitas* n'est qu'un des derniers avatars du divin. Il ne faut donc pas s'étonner si la religion des droits de l'homme «s'inscrit dans la longue histoire des systèmes de croyances qui ont dominé et façonné l'Occident».[36]

L'Homme des droits de l'homme a tous les traits de l'*imago dei* décelés chez l'*homo juridicus* occidental.[37]

C'est un individu, doué de propriétés constantes et uniformes. C'est un être insulaire et complet, détachable par principe des groupes auxquels il appartient. C'est un sujet né libre, doué de raison, capable de se fixer à lui-même ses propres lois et devant comme tel répondre de ses actes. Tous ces caractères sont ignorés des civilisations «où l'homme sent cohabiter en lui plusieurs êtres, et où il se voit comme la partie d'un Tout qui le

[35] Ici on aperçoit également la différence entre la vision de Bataille, qui sera en partie reprise aussi par Lacan dans les premiers séminaires jusqu'à *L'angoisse* où cet élément de l'angoisse est développé comme étant lié à la répétition et donc à l'inhibition – ce qui sera l'apport génial de Lacan –, et celle de Reich et de Freud. En Bataille, le rapport entre la structure de la personnalité et la coaction à répéter, ce qu'aujourd'hui nous définirions de conformisme, est un rapport actif, tandis qu'en Freud, et surtout en Reich, ce rapport est passif, essentiellement inconscient. Nous pourrions dire que c'est l'inconscient, la structure sexo-économique de l'inconscient qui pousse à des comportements fascistes, alors que pour Bataille est la politique qui devient déterminante d'une structure même anthropologiquement fasciste. Par conséquent, pour Bataille le rôle principal d'émancipation est attribué à l'art, l'art comme information de liberté, de libération, alors que chez Freud et Reich, c'est la psychanalyse qui constitue un élément fondamental et irremplaçable de la formation de la conscience de classe. Sur ces thèmes, voir notre Magliacane, *Class-consciousness and Psychanalyses* [2019].

[36] Supiot, *Homo juridicus* [2005: 278].

[37] Supiot, *Homo juridicus* [2005: 279].

traverse et le dépasse, qui l'a précédé et lui survivra». Alors que le sujet des droits de l'homme, à travers le droit de vote, se voit comme un des organisateurs de la société dans laquelle il vit, de grandes civilisations «valorisent au contraire l'effacement de la volonté individuelle, comme par exemple au Japon ou en terre d'Islam».[38]

Il est enfin doté de la «personnalité juridique». Cet ajout a été introduit dans la Déclaration de 1948 pour éviter le retour des conceptions (nazies en particulier) qui avaient nié sa dignité et permis de le traiter comme une chose dont on pouvait disposer à sa guise.

Si l'on ajoute que les droits de l'homme sont solidaires de conceptions de la Loi et du Droit nées en Occident (p. 282-284), on pourrait croire que l'auteur a assez d'arguments pour conclure à l'impossibilité d'universaliser ces droits. Mais sa pensée est autre.

La dogmatique des droits de l'homme, à condition d'abandonner tout «fondamentalisme» et de s'ouvrir à une rectification planétaire concertée, peut permettre de lier l'humanité tout entière. Trois fondamentalismes doivent être surmontés: le messianisme, le communautarisme et le scientisme.

Le premier consiste à «traiter les droits de l'homme comme un nouveau Décalogue, un Texte révélé par les sociétés «développées» aux sociétés «en voie de développement», et à ne laisser à ces dernières d'autre choix que de «combler leur retard» et de «se convertir à la modernité des droits de l'Homme et de l'économie de marché réunis».[39]

La question de l'égalité en particulier doit être ouverte à l'interprétation. L'égalité des droits de l'homme n'a nul besoin d'être poussée jusqu'à l'égalité au sens mathématique, l'égalité comme substituabilité pure et sans reste. L'égalité de dignité peut être compatible avec des différences tenant à l'âge et au sexe. L'exemple de ce qu'il faut éviter est illustré par les arrêts de la Cour européenne des droits de l'Homme. Au lieu de déclarer les principes du droit musulman insusceptibles de se distinguer de la religion, «étrangers [à] des principes comme le pluralisme dans la participation politique ou l'évolution incessante des libertés publiques», la Cour aurait été mieux inspirée de s'appuyer sur «la riche histoire de la pensée juridique musulmane... au lieu de fermer la porte à toute idée

[38] Supiot, *Homo juridicus* [2005: 280].

[39] Supiot, *Homo juridicus* [2005: 286].

d'acclimatation des droits de l'Homme aux valeurs de la Loi musulmane». Ce faisant elle a paradoxalement conféré l'autorité de la chose jugée à une interprétation de la Loi de l'Islam défendue par les fondamentalistes musulmans, eux-mêmes.[40]

Le communautarisme consiste au contraire à voir dans les droits de l'homme un Décalogue révélé à l'Occident et à lui seul. Ce fondamentalisme «enferme les hommes dans le *fatum* de leurs origines ethniques ou religieuses».[41] Il refuse la communication et le dialogue entre les corpus dogmatiques.

Le scientisme, enfin, conduit à soumettre l'interprétation des droits de l'homme aux «vraies lois du comportement humain» qui nous seraient révélées par des sciences comme l'économie ou la biologie.

Supiot vise en particulier Hayek pour qui le comportement humain est fondé non sur la rationalité des acteurs, mais sur des «routines», qui jouent le rôle des gènes en biologie. Chez lui l'histoire devient un processus de sélection des comportements les mieux adaptés à l'environnement que le droit ne doit pas entraver pour faciliter la «sélection naturelle».

Dans cette optique libérale – mieux, il s'agit d'une formule qui est souvent associée de celle libérale mais qui ne peut pas la condenser ni la synthétiser de forme paradigmatique – les droits sociaux ne sont pas de véritables droits. Pour le scientisme, en général, la question normative relève du domaine des faits, et le droit doit seulement hâter l'avènement de la normativité révélée par la science.[42]

[40] Supiot, *Homo juridicus* [2005: 288-289].

[41] Supiot, *Homo juridicus* [2005: 292].

[42] Supiot pense que si l'on sait les garder des «fondamentalismes», les droits de l'homme peuvent devenir «une ressource commune de l'humanité». Ceci pour deux raisons.
D'abord tous les grands corpus dogmatiques ont en commun de permettre «une métabolisation des pulsions de violence et de meurtre... Comme les trente-six vues du mont Fuji d'Hokusai, ils sont autant de points de vue différents sur un même objet et pas plus que dans le cas des langues, il n'est possible de décider que l'un est plus vrai que l'autre». Mais, comme les langues, ces perspectives sont à la fois irréductibles l'une à l'autre et mutuellement traduisibles. Ceci nous permet d'échapper au dilemme absolutisme *versus* relativisme des valeurs.
Enfin une herméneutique des droits de l'homme ouverte à toutes les civilisations est possible, à condition d'accepter les apports de toutes les parties prenantes. L'auteur estime que la Charte africaine des droits de l'homme et des peuples du 27 juin 1981 est un bon exemple d'une appropriation qui permet de «respecter le génie propre de chaque civilisation

En conclusion, le défi s'annonce effectivement problématique à l'aube de l'époque de la globalisation «réelle». D'une part, en effet, il s'agit d'étudier et d'évaluer comment les civilisations traditionnelles et individualistes modernes peuvent participer à la mise au point d'une «valeur commune» qui peut avoir, selon les visions, un grand avenir dans le contrôle de la mondialisation, «à condition que chacune ne s'interdise pas *a priori* d'écouter les interprétations des autres»[43]. De l'autre, il faudrait réaliser que l'échec de la modernité ne produit pas des effets qui soient bornés au seul projet de la modernité, et que la surdétermination de l'histoire nous permettrait d'envisager des schèmes aussi synchroniques que diachroniques, où un même événement produit des effets qui se concrétisent *avec le temps*![44]

Références

Aslan, Reza [2005] – *No god but God. The Origins, Evolutions, and Future of Islam*, New York, Random House

Ben Achour, Yadh [2008] – *Aux fondements de l'ortodoxie sunnite*, Paris, PUF

sans l'enfermer en elle-même». Dans le même sens il propose d'interpréter de manière souple la question du travail des enfants. Interdire le travail des enfants dans des sociétés peu scolarisées, c'est leur interdire toute possibilité d'apprentissage de leur culture. La notion de «travail décent», actuellement promue par l'OIT, apparaît de ce point de vue beaucoup plus riche et prometteuse que la fulmination d'interdits ignorants des civilisations auxquelles ils s'appliquent. Dans un développement remarquable sur la notion juridique de «solidarité», l'auteur montre le jeu subtil entre droit privé et droit social, solidarité comme droit et comme devoir, solidarité personnelle et anonyme, solidarité comme lien interindividuel et comme fondation d'institution (p. 305-312).

[43] On voit que lier l'humanité autour des droits de l'homme n'exclut pas les conflits. Comme Pierre Legendre, Alain Supiot ne pense pas que les systèmes dogmatiques peuvent, à proprement parler, dialoguer, mais ils peuvent négocier. Il faut donc favoriser les dispositifs institutionnels propres à de telles négociations et «donner force juridique aux accords qui en résultent».

[44] Qu'il soit clair que l'absurdité de la position de Fukuyama – par ailleurs suggestive et intelligente – est justement en cela: qu'il n'y a pas de sens, ni scientifique ni politique aucun, que d'envisager une modernité agissant uniquement dans le contexte de la modernité! La crise de la modernité et la fin de l'histoire se complètent peut-être, mais à la seule condition de spécifier que l'analyse se borne à tracer une série bien limitée de *faits* et d'effets qui en découlent, en supposant que les conditions de départ soient claires et non-contradictoires (ce qui, incidemment dit, est également à démontrer!).

— [1983] – «Structure de la pensée politique islamique classique, in *Pouvoirs*, 12, Paris, 1983

Berman, Harold J. [2002] – *Droit et Révolution. L'impact des réformes protestantes sur la tradition juridique occidentale*, Paris, Fayard

— [1983] – *Law and Revolution. The formation of the Western legal tradition*, Cambridge (Ma), Harvard University press

Bidet, Jacques [2016] – *Le Néolibéralisme. Un autre grand récit*, Paris, Les praires ordinaires

Buckmiller, Michael [1985] – *Georges Sorel et le «conservatisme révolutionnaire» en Allemagne*, «Cahiers Georges Sorel», 3, 1985, 1, 61

Carré, Olivier [2004] – *Le nationalisme arabe*, Paris Payot

— [1991] – *L'utopie islamique dans l'Orient arabe*, Presses de la fondation nationale des sciences politiques

— [1982] – *L'islam et l'Etat dans le monde d'aujourd'hui*, Paris, PUF

Collotti Pischel, Enrica [2005] – *Storia della rivoluzione cinese*, Roma, Editori Riuniti

Corm, Georges [2014] – *Le Proche-Orient éclaté 1956-2012*, Paris, Folio

— [2005] – *Le Liban contemporain. Histoire et société*, Paris, La Découverte

Courtois, Gérard [2007] – *L'institution du lien social*, in *Droit et cultures*, 54, 2007, 2

Djaït, Hichem [1989] – *La grande discorde. Religion et politique dans l'islam des origines*, Paris, Gallimard

Foucault, Michel [1978, 2001] – *Le chef mythique de la révolte en Iran*, dans *Dits et écrits II, 1976-1988*, Paris, Gallimard

— [1978, 2001] – *Une révolte à mains nues*, dans *Dits et écrits II, 1976-1988*, Paris, Gallimard

— [1978, 2001] – *Téhéran: la foi contre le chah*, dans *Dits et écrits II, 1976-1988*, Paris, Gallimard

— [1978, 2001] – *A quoi rêvent les Iraniens?*, dans *Dits et écrits II, 1976-1988*, Paris, Gallimard

Gresh, Alain [2010] – *De quoi la Palestine est-elle le nom?*, Arles, Babel – Actes Sud

Gould, Stephen Jay [1983] – *La mal-mesure de l'homme*, Paris, Seuil

Harrison-Hall, Jessica [2017] – *Chine, A history in objects*, London, Thames & Hudson

Haudricourt, André-Georges [1962] – *Domestication des animaux, culture des plantes et traitement d'autrui*, in *L'Homme. Revue française d'anthropologie*, 1962, 2-1, 40-50

Huntzinger, Jacques [2014] – *Il était une fois la Méditerranée*, Paris, CNRS Editions

Julliard, Jacques – Sand, Shlomo [dir., 1985] – *Georges Sorel en son temps*, Paris, Seuil

Jullien, François [1996] – *Traité de l'efficacité*, Paris, Seuil

Karsenti, Bruno [2011] – *L'homme total. Sociologie, anthropologie et philosophie chez Marcel Mauss*, Paris, PUF

Kepel, Gilles [2004] – *Fitna: guerre au cœur de l'islam*, Paris, Gallimard

Korsch, Karl [1975] – *Marxisme et contre-révolution dans la première moitié du XXe siècle*, textes choisis, traduction et présentation: P. Bricianer, Paris, Seuil

Legendre, Pierre [1964] – *La pénétration du droit romain dans le droit canonique classique de Gratien à Innocent IV, 1140-1254*, Imp. Jouve

Magliacane, Alessia J. [2019] – *Class-consciousness and Psychoanalysis*, Classi edizioni, Firenze – Parigi

— [2017] – *Continuité de la Résistance, rupture de l'histoire. Une introduction méthodologique*, Classi edizioni, Firenze – Parigi

— [2016] – *Continuum, continuités, cycles. La construction d'un nouveau paradigme juridique*, Classi edizioni, Firenze – Parigi

— [2016] – *Le temps non linaire de la Résistance. A l'epreuve de l'histoire*, Classi edizioni, Firenze – Parigi

Mauss, Marcel [2001] – *Une catégorie de l'esprit humain, la notion de personne, celle de «moi»*, originairement paru dans le Journal of the Royal Anthropological Institute, vol. LXVIII, 1938, Londres (Huxley Memorial Lecture, 1938)

Perelman, Chaïm [2012] – *Cinq leçons sur la justice*, in *Droit, Morale, Philosophie*, Paris, Dalloz

Supiot, Alain [2005] – *Homo juridicus. Essai sur la fonction anthropologique du droit*, Paris, Seuil

— [2004] – *Tisser le lien social*, Paris, Editions de la Maison de Sciences de l'homme

Saïd, Edward [2003] – *L'Orientalisme. L'Orient crée par l'Occident*, préface: T. Todorov, Paris, Seuil

Samarani, Guido [2010] – *Cina, ventunesimo secolo*, Torino, Einaudi

3. Cooperación para una Justicia en los Procesos de Cambio

José Luis Bátiz López

1. Contexto general

La Sociedad tiene presente los logros alcanzados por la humanidad y de los cambios producidos por la revolución industrial y tecnológica, pero reconoce que aún existen grandes y diversos problemas que se relacionan con los Derechos humanos y que deben atenderse. Los cambios no son de la noche a la mañana, pero se debe tener confianza de que sea por medio de la cooperación directa e intensa de los tomadores de decisiones de que se dé una respuesta efectiva en el mediano o largo plazo.

La responsabilidad de resolver las necesidades se le atribuye mayormente al Estado, sin embargo, el Estado reconoce sus limitaciones y capacidades institucionales, por lo que es difícil asumir que sea sólo el Estado el responsable para generar el crecimiento y el desarrollo, aunado a las restricciones temporales de las transiciones y los cambios de gobierno.

Se ha invertido en generar un mayor crecimiento económico por los países, pero el tema del desarrollo económico ha sido tardío, en comparación con el incremento acelerado de un mayor número de necesidades multiplicadas por el crecimiento demográfico, el cual hasta nuestros días no podido ser ordenado. Por lo tanto, es necesario observar las grandes posibilidades que trae consigo la Sociedad de la Información y del conocimiento (SIC), así como de las Tecnologías de la Información y la comunicación (TIC's.).

Existen diferentes niveles y lógicas de actuación de la Sociedad, del Estado y del Mercado, situación que dificulta el desarrollo pleno de los derechos y de las libertades, debido a los intereses diversos que persiguen. La lógica de la Sociedad es difusa, ya que su actuación se basa en el conocimiento básico de la norma, primando las reglas, los principios éticos y morales del iusnaturalismo. En este nivel de comprensión, la Sociedad puede hacer todo lo que la Ley le permite, y todo aquello que no le impida.

Para el Estado, la situación cambia sustancialmente, ya que los poderes del Estado (Ejecutivo, Legislativo y Judicial), deben actuar en función del Contrato social, que se materializa en las leyes, normas, reglamentos, e instrumentos públicos administrativos, entre otros., que dan soporte y garantía a la libertad y a la tutela de los Derechos. En este nivel, el Estado, sólo puede hacer lo que le está permitido.[1]

Por último, en cuanto al Mercado, se rige por diferentes lógicas de acuerdo con el contexto en el que se desarrolla. Por una parte, asimila las normas de la Sociedad, y por otra, las del Estado, pues es éste el que autoriza su existencia, y asegura que su actuación no ponga en riesgo la seguridad ni vulnere los Derechos humanos, pero en la ejecución de sus acciones se presentan intereses específicos que le obligan a generar «contratos modelo» y específicos para garantizar la igualdad o en su caso para obtener un mayor lucro y poder, primando en algunas ocasiones la ley del más fuerte.

La escasez de recursos y de oportunidades, la mala distribución de la riqueza y la falta de voluntad política para desarrollar las capacidades individuales, acrecienta los problemas. Por ello, se hace patente la necesidad de entender las lógicas y encontrar los puntos de equilibrio y de colaboración institucional, para generar la confianza necesaria para desarrollar los factores determinantes (herramientas) que le permitan a la Sociedad alcanzar sus objetivos personales.

El advenimiento de la tecnología abrió la puerta a una mayor información de contenidos provenientes de diferentes agentes (privados y públicos), aunado al incremento de la conectividad territorial y espacial. El flujo de información constante se ha potencializado gracias a la globalización, la cual debe entenderse como el crecimiento acelerado de la transferencia de conocimiento, bienes y servicios, así como de personas, los cuales traen consigo aspectos de intereses y valores que se distribuyen por la mayoría de los países del mundo.

[1] El principio de la discrecionalidad facilita a la elección de las tomas de decisiones, siempre y cuando se opte por la mejor alternativa posible, pero necesario no abusar de este principio.

El Derecho ha a contribuido a normalizar los instrumentos y las infraestructuras para el uso correcto de las tecnologías de la información y la comunicación (TIC's), sin embargo, hace falta mucho por hacer para regular de forma eficiente y efectiva el uso de la información y la comunicación, en especial, Internet.

2. Sociedad de la información

De acuerdo con lo anterior, es prioritario se comprenda y se fortalezca el concepto de la Sociedad de la Información y del Conocimiento (SIC), para que realmente se logre hacer propio el conocimiento que se genera por la Sociedad global a través de las TIC's. La Sociedad en general estima que el objetivo principal debe ser que se genere conocimiento y se socialice.

El concepto de Sociedad de la Información se refiere a las «nuevas formas de organización social y empresarial basadas en contenidos que requieren de un uso intensivo de las nuevas tecnologías».[2] La facilidad intuitiva de las tecnologías y su correcta y positiva apropiación por la sociedad en general, ha permitido que un mayor número de personas se sumen a la generación de información y distribución, situación que no existía con los medios de comunicación tradicionales, como es la prensa, el radio y la televisión, principalmente.

Sánchez Daza nos recuerda que la sociedad de la información está centrada en «la persona, que crea, consulta, utiliza y comparte información y conocimiento»,[3] y no en los medios tecnológicos que facilitan la comunicación.

Debe reconocerse que una gran cantidad de la información que se transmite carece de sustento metodológico para contribuir al conocimiento, mientras que otro tipo de información, logra poner a disposición hechos que suceden en tiempo real, «desde cualquier lugar y en la forma que se prefiere»,[4] y por cualquier persona con voluntad e interés de comunicar.

Por lo tanto, el Estado por conducto de sus instituciones debe promover que la Sociedad pueda desarrollar sus capacidades, pero a su vez

[2] Escribano, Á, et al, «Economía y Sociedad de la Información y del Conocimiento en España: una comparación internacional» en Figueiras, Aníbal R. *La Sociedad del Conocimiento.* 2010. p. 81.

[3] Sánchez Daza, G. *Ciencia y Tecnología en América Latina.* El ALCA como proyecto hegemónico. Colección Becas de Investigación. CLACSO y BUAP. 2009. P. 143.

[4] Escribano, Á, et al, op. cit., p. 82.

debe de garantizar el acceso a los medios, como producto y exigencia del desarrollo humano y de la dignidad de la persona. Por su parte el Mercado expande el uso de la tecnología ofreciendo diferentes servicios a diferentes precios, sin embargo, el costo para la Sociedad aún es elevado, por lo tanto, no toda la población tiene acceso a la información pública disponible y de acceso libre.

Las TIC's juegan un papel fundamental para el sector privado, por una parte, porque promueven sus productos y servicios, y por otra, porque recogen del posible cliente la información necesaria para generar nuevos productos y de esta forma «mejorar su competitividad internacional».[5]

Cómo contraparte puede mencionarse que diversas empresas a favor del acceso libre y no comercial, desarrollan plataformas gratuitas (softwares), pero lamentablemente, no son muy conocidas por toda la sociedad, lo que dificulta de su uso, ya que, en la red global, se concentra la mayor parte de la comercialización de los productos del Mercado.

En este sentido, la población con bajos ingresos no participa activamente y directa de los beneficios que brinda la globalización y la Sociedad de la información. La población con ingresos medios son las que mayormente se benefician, y una parte de ellos, participan de manera directa o indirecta en la formación de los movimientos sociales a favor de una mayor justicia para todos.

Los movimientos sociales han sido y serán grupos de poder que, si están bien consolidados, y tienen una fuerte influencia a nivel local, nacional e internacional, pueden modificar las agendas gubernamentales para fortalecer mayores derechos sociales, económicos, culturales, y civiles, a través de políticas, programas y proyectos públicos, reduciendo así la brecha digital y acrecentando el acceso y su disfrute de la información.

Leo Iranzo, estima que «los movimientos sociales en las sociedades de la información han sido descritos como redes de redes que luchan por la desigualdad, la supervivencia y la emancipación»,[6] por lo tanto, puede considerarse que, en conjunto, poseen una mayor fuerza, y se les ha considerado ser el cuarto sector de la economía por su activa participación en el tejido social.

[5] Ibídem, p. 96.

[6] Leo Iranzo, M. «Génesis y esencia de las redes». *Acciones e Investigaciones Sociales*. Núm. 18. Nov. 2003, p. 151.

Sin embargo, algunos movimientos sociales y organizaciones no gubernamentales han sido clasificados como «grupos anti-sistémicos», pero al no ser escuchadas sus propuestas, no se genera la acción colectiva para beneficiar a mayores grupos sociales, y por lo tanto, se impone la lógica del libre mercado sobre los ciudadanos,[7] provocando un mayor reto para los movimientos, en contrarrestar las campañas de descalificación,[8] aunado a la labor que puede ser legitima y altruista.

3. Formas de intervención para un mejor desarrollo

Diversos mecanismos de Derecho administrativo facultan a los Gobiernos para generar esquemas de co-participación (concertación, privatización, subrogación, entre otras) público-privado, con la intención de mejorar el servicio público y de llegar a un mayor número de población en la dotación de los servicios, pero esto no siempre sucede así, ni toda la sociedad sale favorecida en el reparto de los beneficios, ya que la lógica y los intereses de los agentes privados (Mercado), se concentran principalmente en la ganancia.

Por lo tanto, los movimientos sociales, son una respuesta a los problemas que aún persisten, así como también por la falta de atención, eficiencia y efectividad de las decisiones públicas, incluyendo los mecanismos antes mencionados que han buscado subsanar la incapacidad del Sector público. Por lo tanto, para lograr aproximarse al desarrollo se requiere generar un mayor crecimiento económico para que los factores de la producción sean realmente inclusivos, e incrementar el valor agregado de los bienes y servicios que se producen, impactando de forma positiva los niveles salariales.

Es necesario resaltar dos aspectos relevantes, el primero corresponde a fortalecer el recurso humano para que se asegure una mayor producción y se genere de manera complementaria la innovación en todos los procesos productivos, y de esta forma pueda generarse una mayor renta que dé acceso a los medios de las TIC's.

[7] Moreno Páez, Á. *Estado, TIC's y construcción de otras ciudadanías en la bifurcación del sistema-mundo moderno/colonial.* Comunicación, Tecnología y Desarrollo. IX Congreso ALAIC. México, 2008. Pp. 36-37.

[8] García Fajardo, J. *700 palabras por un mundo más justo y solidario.* Editorial Complutense. P. 243.

El segundo aspecto se refiere en avanzar mayor y dinámicamente en el conocimiento para romper con la trampa del desarrollo, que se le asocia a superar la curva marginal de aprendizaje, tanto para los países desarrollados como para los países en vías de desarrollo, sin embargo, para estos últimos, les implica dedicar de un mayor tiempo y recursos.

La colaboración entre el Sector público y privado debe de materializarse en políticas, planes y proyectos en temas económicos, políticos, sociales y culturales, entre otros., para garantizar que la inversión que se realiza logre comprometer a quienes la promueven, así como a los destinatarios en periodos de mediano y largo plazo, y de esta forma, cumplir con los objetivos del desarrollo asociados a la calidad de vida.

Las TIC's han impactado en el crecimiento económico, pero es necesario se «invierta en un mayor capital humano»,[9] y se diversifiquen las áreas de oportunidad para generar un mayor desarrollo que beneficie a las localidades con efectos multiplicadores.

El Sector público y privado requieren desarrollar canales de comunicación adecuados para fortalecer el contacto directo y externalizar las necesidades, y aportar soluciones basadas en el acceso de la información pública y privada, para incorporar dentro de las agendas gubernamentales, los asuntos que surjan de la visión en común, para consolidar y establecer políticas que incentiven a una mayor productividad e innovación.

El Estado no sólo debe poner a disposición las tecnologías para ofrecer servicios públicos básicos, ya que el público cautivo (Sociedad y Mercado) estaría dispuesto a contribuir al desarrollo de manera efectiva, siempre y cuando se identifiquen los medios de acceso, y se observen los beneficios directos o indirectos para aportar soluciones en todo momento.

En la generación de las políticas públicas se da una mayor oportunidad de la participación social y democrática por medio de foros ciudadanos y de mesas de trabajo sobre temas específicos, pero esta situación no ocurre en todo el territorio, ni en todo momento.

El uso de las tecnologías podría ayudar en gran medida a reducir la brecha de la comunicación entre el Sector público y privado, e incrementar la participación a escala local, fortaleciendo una diversidad de

[9] Escribano, Á, et al, op. cit., p. 101.

contenidos locales y mejorando la capacidad de respuesta y la confianza institucional,[10] y por último reduciendo el gasto gubernamental.

Los medios tradicionales van perdiendo espacios por la era digital, las industrias desarrollan cada vez más aplicaciones específicas para el Sector público y privado, basadas en las demandas de las necesidades. Los temas de interés público pierden peso y valor[11] cuando se encuentran limitadas las capacidades institucionales, ya que para ni el Sector público y ni para el Sector privado, por el hecho de estar conectados a las TIC's, deba suponerse la existencia de una mayor interacción, pero si de una mayor predisposición para su desarrollo.

Del mismo modo, debe entenderse que «la red de telecomunicación es algo accesorio e instrumental, y que lo trascendental serán los usos que se posibiliten»,[12] en este sentido, la conectividad y las redes cómo medios de infraestructura pueden generar una mayor interacción y dinamismo en la colaboración, con un mayor número de agentes de cambio, para dar solución a los problemas. De esta forma, se puede garantizar una mayor justicia.

Para ejemplificar, puede mencionarse, en el ámbito de la educación, las clases a distancia de algunas zonas rurales que, a través de los medios tecnológicos como la televisión, el radio, el internet y los teléfonos móviles, ofrecen ventajas de manera significativa para facilitar el acceso a los recursos de los centros de enseñanza.

4. De la fase inicial a la fase de maduración

Es importante tener presente, la fase inicial, de crecimiento y de maduración de las empresas y del gobierno en el uso de las tecnologías,[13] ya que la modernización ha impactado en diferentes esferas, por ejemplo, en el tema del «administración inclusiva», Mesa centra su atención en las potencialidades que tienen las Tecnologías de la Información y la Comunicación (TICs) para la Administración pública.

[10] Miguel de Bustos, J. *Comunicación sostenible y desarrollo humano en la sociedad de la información.* Agencia Española de Cooperación Internacional. Ministerio de Asuntos Exteriores y de Cooperación. 2006. Pp. 91-102.

[11] Ibídem, p. 64.

[12] Murillo Villar, A. y Bello Paredes, S. (Cood). *Estudios jurídicos sobre la Sociedad de la información y nuevas tecnologías.* Universidad de Burgos. 2005. P. 90.

[13] Miguel de Bustos, J. op. cit., p. 106.

La autora considera, que los diferentes medios han ayudado a agilizar y llegar a mayor número de personas en la dotación de servicios públicos. Así como también se han propiciado un acercamiento de mayor interacción entre actores públicos y privados en los procesos de políticas públicas.[14] Por lo que en los «actuales procesos de gobernanza, se está conduciendo poco a poco a una redefinición de la democracia representativa, hacia la democracia participativa a través de sus diversas vías o canales, entre ellos los proporcionados por las TICs».[15]

No obstante, los servicios ofrecidos por las administraciones corresponden en hacer publica y de fácil acceso la información, pero requieren de un mayor nivel de sofisticación de los servicios públicos que se distribuyen a través de los medios TIC's. Por lo tanto, no se requiere de mayor infraestructura, sino de hacer uso de la información que se recaba actualmente en grandes bases de datos de manera directa o indirecta, o por medio de los servicios básicos ofrecidos; y de esta forma se pueda desarrollar una mayor interacción entre los diferentes públicos para fortalecer los procesos de tomas de decisiones públicos.

Es importante matizar los términos de Sociedades interconectadas,[16] y Sistemas interconectados, ya que la conexión entre la Sociedad y entre los Sistemas, es itinerante, temporal y difusa, y ocurre con diferente dinamismo, pero todo dependerá de las necesidades y de los intereses que posean los individuos para estar en contacto de la información, y recurrir a las conexiones entre individuo-individuo(s) y/o con los sistemas.

Un aspecto que llama la atención entre el Derecho y la sociedad de la información y las tecnologías es asegurar que la comunicación se desarrolle dentro de los parámetros éticos, y que se brinde certeza jurídica en cuanto al acceso, la protección y el uso de la información de todo lo que está al alcance de la Sociedad, para que la información no vulnere los derechos y las libertades sociales.

[14] Mesa Del Olmo, A. «La administración inclusiva. Modernidad y e-inclusión en las administraciones públicas» en Arenilla Sáez, M. (coord). *La Administración pública entre dos siglos.* Ciencia de la Administración, Ciencia Política y Derecho Administrativo. Instituto Nacional de Administración Pública. (INAP). 2010. p. 282.

[15] Ibídem, p. 283.

[16] Murillo Villar, A. y Bello Paredes, S. op. cit., p. 14

Es difícil controlar la información disponible, principalmente de internet, debido a que se genera a un ritmo acelerado, aunado a la incapacidad de los Poderes públicos en observar sin invadir los derechos de privacidad de las acciones que se desarrollan en los medios digitales. Por lo tanto, los esfuerzos son insuficientes para prevenir y perseguir delitos, cuando se incurre en malas prácticas,[17] ya que la observancia de la información está condicionada principalmente por las fronteras nacionales, mientras que la información se genera y distribuye en terceros países.

A nivel internacional se ha tratado el tema de la gobernación del internet, sin embargo, varios países argumentan que «debido que Internet es una herramienta global, ningún país debiera poder controlarlo».[18] Es necesario hacer un paréntesis, para diferenciar el tema del control respecto al tema de la seguridad.

Las propuestas de seguridad van enfocadas a facilitar el uso correcto de los medios de comunicación a través de la regulación y no enfocadas a limitar su desarrollo, pero es necesario atender las debilidades y los riesgos que se presentan desde el Derecho con las tecnologías, tales como son: la privacidad de la persona, las transacciones comerciales, la integridad de los sistemas informáticos, la propiedad intelectual, la seguridad nacional, entre otros,[19] pero a su vez es necesario considerar que «la seguridad no debe ser a costa de la libertad de los ciudadanos»,[20] por lo que las restricciones, deben asegurar que los proveedores de los servicios de las TIC's, sean corresponsables de la información que se distribuye.

Díaz de Teherán, considera que «la ciber-regulación deberá integrarse según las materias con normas internacionales, nacionales, transnacionales y de origen privado, permitiendo la colaboración entre personas públicas y privadas».[21] Cómo puede observarse, se requiere de la colaboración institucional para garantizar la libertad, la propiedad y los derechos humanos en la ejecución y en el desarrollo del uso de las tecnologías. Además de lo anterior, se requiere dar el acceso, la voz y voto a los movimientos

[17] Ibídem, p. 17

[18] Miguel de Bustos, J. op. cit., p. 151.

[19] Díaz de Terán Velasco, M. «El desarrollo de la Sociedad de la Información: pilares para su regulación», en Megías Quirós, J. *Sociedad de la información: Derecho, Libertad, Comunidad.* Aranzadi. 2007. pp. 100-101.

[20] Murillo Villar, A. y Bello Paredes, S. op. cit., p. 22.

[21] Díaz de Terán Velasco, M. op. cit., p. 103.

sociales, para que puedan externar sus necesidades básicas, y contribuir en alguna medida a la solución de los problemas.

Por lo tanto, el Derecho deberá velar por una justicia basada en «instituciones imparciales» y democráticas; qué contemple «procedimientos imparciales» y meramente técnicos (utilizando programas certificados y sistemas de filtrado automatizados[22]) para el optimo aprovechamiento de los recursos públicos disponibles tanto en infraestructura pública como en la generación del conocimiento, como premisa observada por Rawls en su teoría de la justicia, en la búsqueda de generar «resultados imparciales».[23]

5. Mayor justicia y mayor conocimiento

Por lo tanto, con el objetivo de desarrollar un mundo más justo y solidario, García Fajardo considera la necesidad de «promover proyectos positivos, de ideas nobles, y otros modelos de crecimiento para hacer difundidos por medio del «multiplicador cotidiano» del ejercicio del periodismo»,[24] debido que la justicia debe de complementarse con la solidaridad, el diálogo y el reconocimiento de los derechos fundamentales,[25] así como también del acceso a la información. En tal sentido, es necesario, distinguir la información de interés público y fidedigno de todo el entramado de la comunicación y de los medios disponibles.

Las legislaciones nacionales incluyen la libertad de expresión, el derecho de petición, y el derecho de información, sin embargo, no toda la sociedad hace uso de ella. Los movimientos sociales que están organizados son los que mayormente interactúan con los gobiernos públicos para conocer el estado que guardan entidad, y una vez informados, aportan algunas alternativas, para la pronta solución a los problemas.

El uso del Internet para los movimientos sociales ha facilitado espacios y estrategias de comunicación para incrementar el tamaño de la organización, difundir mensajes a grandes audiencias y recabar recursos privados por todo el mundo, contribuyendo a la solución de los problemas

[22] Ibídem, p. 108.

[23] RAWLS, J. *Teoría de la justicia*. Fondo de Cultura Económica. México. Título original A Theory of Justice. México 1995. Edición en español, 2006. p. 89.

[24] García Fajardo, J. op. cit., p. 11.

[25] Ibídem. p. 64.

de nivel global a uno local. Por lo tanto, los movimientos hacen uso de su Derecho a la comunicación, y propician diferentes formas innovadoras de participación,[26] que son reconocidas por la sociedad.

Algunos logros de los movimientos sociales en América Latina durante el siglo XX, atravesaron por procesos de transformación debido a las corrientes de liberalización y de la lucha por el reconocimiento de mayores libertades, contrarrestando las dictaduras. Todo ello fue posible en buena medida, por los movimientos sociales y políticos que contribuyeron a dar solución a la entrada de la transición democrática y al moderno concepto del Estado de derecho.

Los centros de investigación se han preocupado por generar mayor conocimiento de «calidad, fiable y diversificado»,[27] no obstante, por querer posicionar sus investigaciones primando la calidad, se ha perdido el objetivo principal de la Sociedad de la información, en hacer del conocimiento un «derecho de dominio público con fines educativos y culturales los más amplios posibles» y se ha dirigido al sometimiento de la lógica del mercado entregando prácticamente la propiedad de sus investigaciones a las revistas especializadas, que son de acceso limitado, y por lo tanto la Sociedad general no se beneficia del conocimiento, aunque se trate de temas de interés público.

Cómo puede observarse, es necesario una mayor convergencia sobre temas de interés público, aunque sea limitado y básico, para que la población pueda hacer uso del conocimiento de manera gratuita, sin que tenga que incur en un costo. El conocimiento especializado, podría quedar delimitado bajo los esquemas de las lógicas del mercado, si así se desea, pero el objetivo que se persigue de lo anterior, corresponde a poner a disposición más información científica, así como también, clarificar, y diferenciar la calidad de la información, que existe en los medios digitales, reduciendo así la brecha del conocimiento, y ampliando los derechos de ser informado con información objetiva, ya que es muy fácil

[26] Rodríguez, Martín A. *Internet, movimientos sociales y políticas alternativas: estrategias ante el avance de las empresas trasnacionales y el deterioro del medio ambiente.* IV Jornadas de Sociología. Universidad de La Plata. 2005. p. 9.

[27] García Pérez, J. «El derecho de autor frente al mundo global de información», en Morales Campos, E. *Rescate y difusión de la diversidad cultural en el mundo global.* Universidad Nacional Autónoma de México. 2010. p. 71.

ser confundido con la excesiva información que carece de una exhaustiva preparación.

Una de las mayores ventajas que poseen los medios digitales es maximizar las conexiones y la permanencia de la información para que pueda ser utilizada al mismo tiempo por una gran cantidad de población. No obstante, es necesario señalar, que no toda la información se encuentra en los medios digitales, ni toda la población desea hacer uso de ellas debido a sus preferencias e intereses, y por lo tanto se recurre a medios físicos para estar informados, como es la prensa, los libros, el radio y la televisión.

Sin embargo, los medios físicos tienen la característica de ser direccionales y no bidireccionales, como en su mayoría la información que se encuentra digital lo hace. Por lo tanto, es necesario dejar patente, que ambos medios físicos y digitales son complementarios y no mutuamente excluyentes.

La desventaja que tienen los medios físicos es que llegan a un menor número de población, y que el coste para producirlos, y asegurar su permanencia para su uso adecuado, es elevado, aunado a la disposición de mayores recursos (humanos, de infraestructura, y financieros) para poder facilitar el acceso al conocimiento.

Algunos sitios de Internet, como Wikipedia que no forman parte de la lógica de mercado de manera directa, han surgido como un movimiento en el que cualquier persona, que tiene interés en aportar el conocimiento, y mejorar el existente, se da la tarea de revisar los contenidos disponibles y socializar el conocimiento, bajo la reserva de qué la información que se publicita es observada por un mayor número de personas que pueden intervenir, desde diferentes áreas del conocimiento, validando o rechazando información de manera directa, justificada y en tiempo real.

En ese sentido debemos considerar, que los movimientos sociales pueden desarrollar sus funciones, con diferentes dinámicas de interacción, física o digital, asociando a un mayor número de personas, y a una diversidad de temas muy especializados. Además de ello, es importante reconocer, algunas plataformas digitales (entre ellas, researchgate), que permiten vincular a una mayor población sobre temas específicos, así como también, generar a través de blogs y/o chats, una mejor interacción en la búsqueda del conocimiento de manera directa, entre académicos y especialistas, así como también de la población que percibe de manera directa los problemas a escala local y/o global.

Harari, en la mayoría de sus libros nos recuerda de manera histórica, la evolución que ha tenido la sociedad, y los efectos de la revolución industrial y la revolución tecnológica, pero además de ello, nos hace ver que los medios tecnológicos mejorarán la calidad de vida de las personas, siempre y cuando la sociedad se adapte y cambie de mentalidad, asumiendo el convivir con la tecnología para facilitar las rutinas de trabajo.

En ese sentido, debemos recordar que la inteligencia artificial es una herramienta más, que procesa un gran volumen de información (datos) de manera automática y ofrece resultados momentáneos por los sistemas informáticos sofisticados, pero, por más que adquieran inteligencia en sus procesos matemáticos, carecerán de conciencia para tomar decisiones, Y por lo tanto no debemos suponer, que las tecnologías desplazarán al ser humano, ya que la «conciencia» que pose de ser humano, se refiere a la capacidad de sentir dolor, alegría, amor e ira»,[28] que no podrá ser procesada por los medios tecnológicos por sí mismos.

Aunado al anterior, puede decirse que el conocimiento tiene una influencia directa en la lógica de los sistemas, pero es necesario que se procese para que pueda ser interpretada la información facilitando así la calidad de vida y el crecimiento y desarrollo para los países.

Conclusiones

La Sociedad de la información y del conocimiento tiene una gran responsabilidad para seguir generando información con un mayor número de personas, de diferentes países para que puedan aportar desde su visión particular y de sus contextos, algunas alternativas de solución a los temas de relevancia local y mundial.

Es necesario dar un orden a la información, ya que existen temas que ya han sido resueltos, pero se desconoce de su procedencia, ya que en la mayoría de las veces, las respuestas no son polémicas y por lo tanto no se dan a conocer, o tienen un costo, o por el contario, son de difícil acceso.

La economía de los países requiere invertir en incrementar las capacidades humanas, para que en consecuencia se obtenga una mayor y mejor productividad, y de este modo las empresas puedan competir en un mundo globalizado.

[28] Harari, Yuval N. *21 lecciones para el siglo XXI.* DEBATE. Penguin Random House. 2018. P. 108.

Los medios tecnológicos nos han facilitado el acceso a la información, pero de nosotros corresponde identificar qué datos se asocian al conocimiento para que se puedan generar grandes cambios para la humanidad.

Para la obtención de respuestas es necesario cambiar las preguntas de manera técnica, para poder interactuar con los sistemas informáticos, ya que cada vez, se genera mayor información que es almacenada en grandes bases de datos que para ser consultada, se requiere de un mayor conocimiento para generar resultados lo mayormente específicos.

Debido a que no toda la población tiene acceso a la información, se requiere mantener los medios físicos como es el periódico el radio y la televisión, para informar a la sociedad y poder mantener las actividades económicas tradicionales, que aún siguen siendo válidas.

El gobierno ha implementado servicios públicos digitales, así como también ha fomentado a través de la capacitación a diferentes grupos sociales por medio de cursos especiales el uso de los medios tecnológicos, para poner a su alcance y reducir la brecha digital y de infraestructura, en espacios públicos así como la oferta del servicio de Internet gratuito.

Tanto las empresas como los gobiernos han optado por reducir gastos, eliminando el uso del papel como medio de comunicación interna y externa, para dar paso a los medios digitales. Sin embargo, debido la gran cantidad de información que se presenta en un plano digital, el cual es muy dinámico, fácilmente se puede optar por elegir otros servicios de comunicación sobre una misma información, confundiendo al usuario por el gran volumen de datos tanto oficial como no oficial.

Por tal motivo se requiere que los movimientos sociales participen de una manera directa desde sus trincheras, para hacer disponible aquella información que se posee, con un mayor valor de conocimiento, y pueda contribuir a generar un verdadero cambio social en la búsqueda de mayores Derechos humanos vinculados con la justicia y un Estado de derecho democrático en el uso de la comunicación.

Referencias

Díaz de Terán Velasco, Mª Cruz. «El desarrollo de la Sociedad de la Información: pilares para su regulación», en Megías Quirós, José Justo. *Sociedad de la información: Derecho, Libertad, Comunidad.* Aranzadi. 2007.

Escribano, Álvaro, Lin, Weiyi y Pena Jorge. «Economía y Sociedad de la Información y del Conocimiento en España: una comparación internacional» en Figueiras, Aníbal R. *La Sociedad del Conocimiento*. 2010.

García Fajardo, José Carlos. *700 palabras por un mundo más justo y solidario*. Editorial Complutense. 2011.

García Pérez, Jesús Francisco. «El derecho de autor frente al mundo global de información», en Morales Campos, Estela. *Rescate y difusión de la diversidad cultural en el mundo global*. Universidad Nacional Autónoma de México. 2010.

Harari, Yuval Noah. *21 lecciones para el siglo XXI*. DEBATE. Penguin Random House. 2018.

Leo Iranzo, Marian. «Génesis y esencia de las redes». *Acciones e Investigaciones Sociales*. Núm. 18. Nov. 2003, pp. 139-151.

Mesa Del Olmo, A. «La administración inclusiva. Modernidad y e-inclusión en las administraciones públicas» en Arenilla Sáez, M. (coord). *La Administración pública entre dos siglos*. Ciencia de la Administración, Ciencia Política y Derecho Administrativo. Instituto Nacional de Administración Pública. (INAP). 2010.

Miguel de Bustos, Juan Carlos. *Comunicación sostenible y desarrollo humano en la sociedad de la información*. Agencia Española de Cooperación Internacional. Ministerio de Asuntos Exteriores y de Cooperación. 2006.

Moreno Páez, Ángel Emiro. *Estado, TIC's y construcción de otras ciudadanías en la bifurcación del sistema-mundo moderno/colonial*. Comunicación, Tecnología y Desarrollo. IX Congreso ALAIC. México, 2008.

Murillo Villar, Alfonso y Bello Paredes, Santiago. (Cood). *Estudios jurídicos sobre la Sociedad de la información y nuevas tecnologías*. Universidad de Burgos. 2005.

Rawls, J. *Teoría de la justicia*. Fondo de Cultura Económica. México. Título original A Theory of Justice. México 1995. Edición en español, 2006.

Rodríguez, Martín A. *Internet, movimientos sociales y políticas alternativas: estrategias ante el avance de las empresas trasnacionales y el deterioro del medio ambiente*. IV Jornadas de Sociología. Universidad de La Plata. 2005.

Sánchez Daza, German. *Ciencia y Tecnología en América Latina*. El ALCA como proyecto hegemónico. Colección Becas de Investigación. CLACSO y BUAP. 2009.

4. Ethik und Moral bei der Juristifizierung der sozialen Bereiche in Brasilien: Eine wissenschaftliche Studie ausgehend von dem Film „A Tropa de Elite" und der Systemtheorie von Niklas Luhmann [1]

Germano Schwartz

1. Einführung

Die Filme „Tropa de Elite 1" und „Tropa de Elite 2" waren große Publikumserfolge in Brasilien. Obwohl sie nicht auf der Grundlage der Bücher „Elite da Tropa"[2] und „Elite da Tropa 2"[3] entstanden sind, haben sie sich dort Anregungen geholt. Die Filme haben im Alltag der Brasilianer eine Figur zum Vorschein gebracht, die ihre Vorstellungswelt im Sturm erobert hat: den „Capitão Nascimento", Führer eines Einsatzkommandos der BOPE (Elitetruppe der Militärpolizei[4] von Rio de Janeiro).

Als ein wahrer Rächer verkörpert Capitão Nascimento ein Gefühl von der Mehrheit der brasilianischen Bevölkerung, nämlich jenes, dass alle Mittel für die Erreichung eines höheren Zwecks geheiligt sind, in diesem Fall, der unaufhörliche und unerbitterliche Kampf gegen die Kriminalität und die Kriminellen (die „Banditen").

Dabei ist zweitrangig, dass die Vertreter des Staates gegen das Recht verstoßen, um dessen Gültigkeit durchzusetzen. Der Capitão Nascimento

[1] Ich bedanke mich bei den Professoren Salo de Carvalho (LaSalle und UFRG) e Ivar Hartmann (GV-Rio) für die kritische Durchsicht des Manuskripts und die Ratschläge.

[2] SOARES, L.A; BATISTA, A; PIMENTEL, R. *Elite da Tropa*. Rio de Janeiro: Objetiva, 2006.

[3] SOARES, L.A; BATISTA, A; PIMENTEL, R. *Elite da Tropa 2*. Rio de Janeiro: Objetiva, 2010.

[4] Die offizielle Seite der Organisation ist http://www.boperj.org/

gehört zu den Guten und die „Banditen“ gehören zu den Bösen. Der moralische Aspekt bleibt dabei im Mittelpunkt der Filme sowie der Bücher. Entweder befindet man sich auf der Seite des Guten oder auf der Seite des Bösen. All das ist mit der Vorstellung gewürzt, dass die Vertreter des Guten gesetzestreu handeln und die Gegenseite die Gesetze missachtet.

Ziel dieser Analyse ist es nicht, die Gründe für Gewaltanwendung zu erforschen, sondern zu erörtern, wie Regeln des Unrechts entstehen und sich auf Grund von unvermeidlicher Kommunikation mit der Gesellschaft juristifizieren. Denn schließlich ist laut des theoretischen Ansatzes dieser Arbeit das Recht ein Recht der Gesellschaft.

In diesem Sinn stellt die BOPE eine ethische Ausnahme inmitten einer höchst korrupten Vereinigung (die Polizei aus Rio de Janeiro) dar. Um diese tugendhafte Isolation aufrechtzuhalten, werden die verschiedensten Auswahlverfahren benutzt, um die Selbstreproduktion der Werte der Elitetruppen zu gewährleisten.

Ein Beispiel dafür sind die Trainingseinheiten. Extrem schwierig und mit physischen Tests, die die Kandidaten bis an ihre Leistungsgrenzen bringen, bilden sie einen natürlichen Filter für die Auswahl derjenigen, die mit dem Gedankengut der Organisation übereinstimmen. Während der ganzen Trainingseinheit wiederholt der Capitão Nascimento unermüdlich gegenüber seinen Elitesoldaten den Satz: „Sag, du gibst auf!“. Das soll letztendlich dazu führen, dass das Verlangen aufzugeben angeregt wird und sich das Gefühl von Neuem hervorhebt, dass nur die Überzeugtesten dieses Training überleben.

Gerade in Bezug auf die Ethik des Satzes „Sag, du gibst auf!“ in Verbindung mit der Funktion von Moral und Ethik im Rechtssystem gilt es, die Bedingungen zu beobachten, unter denen es möglich ist, den gesagten Satz des Capitão Nascimento als ethisch oder nicht-ethisch zu untersuchen. Dies alles unter dem Aspekt der sozialen Systemtheorie von Luhmann.

In diesem Sinne wird zunächst festgestellt, wie Ethik und Moral laut der Luhmannschen Systemtheorie beobachtet werden; anschließend wird zu untersuchen sein, welche Rolle das Rechtssystem der Ethik zuschreibt. Und danach soll die Aussage des Capitão Nascimento als Teil einer in der Umwelt entstandenen Kommunikation, die das Gesetz beeinflusst, ausgewertet werden.

2. Das Recht zwischen Ethik und Moral

Nach Luhmann[5] sind Ethik und Moral zwei unklare Begriffe, die mit größter Vorsicht und Fingerspitzengefühl verwendet werden sollten. Ein soziologischer Ansatz sollte nicht der Versuchung unterliegen, den alltäglichen Gebrauch von Wörtern zu beschreiben, die eigentlich nicht den weitgefächerten Sinn beinhalten, der ihnen im Allgemeinen zugeschrieben wird. Selbst bei dieser Sichtweise ist es durchaus geläufig, das ambivalente Interferenzen vorkommen, denn mit Moral kann alles beurteilt werden, sogar die Wissenschaft mit ihrer Dualität von richtig und falsch. An dieser Stelle ist es die Ethik (Theorie der Moral)[6], die es erlaubt zu definieren und somit das Wahre vom Falschen zu differenzieren. Mit anderen Worten: Ethik ist eine Beobachtung zweiten Grades über die Moral oder auch ihre Beschreibung.[7]

Ausgehend von dem Standpunkt der Luhmann'schen Systemsoziologie, lässt sich bemerken, dass die Ethik nicht als eine moralische Eigenschaft vorkommt. Das bedeutet, sie ist etwas Inhärentes der bestimmten faktischen Geschichtlichkeit und von internen Merkmalen analysiert, oder genauer gesagt, ist sie Teil des menschlichen Willens (Handelns)[8] und des Strebens nach Vollkommenheit durch Glück. Aus dieser Perspektive heraus lassen sich vier zentrale Punkte ausmachen, um die Ethik in einem funktional differenzierten Gesellschaftssystem zu beobachten:[9]

(1) Kein soziales System kann durch Moral definiert werden, denn solche Systeme sind in Hinblick auf ihren Binärcode und auf ihre

[5] LUHMANN, Niklas. La Moral Social y su Reflexión Ética. In: PALACIOS, X; JARAUTA, F. (Eds). *Razón, Ética y Política. El Conflicto de las Sociedades Modernas.* Barcelona: Anthropos, 1989, S. 47.

[6] "Moral es el conjunto de condiciones de aprecio y desprecio objeto de la comunicación, cuya validez es independiente de su concreción o abstracción, así como de que alcancen en cada caso un consenso fáctico o no". LUHMANN, Niklas. La Moral Social y su Reflexión Ética. In: PALACIOS, X; JARAUTA, F. (Eds). *Razón, Ética y Política. El Conflicto de las Sociedades Modernas.* Barcelona: Anthropos, 1989, S. 50.

[7] LUHMANN,Niklas. *Complejidad y Modernidad. De la Unidad a la Diferencia.* Madrid: Trotta, 1998, S. 201.

[8] PIRES, Edmundo Balsemão. O Pensamento de Niklas Luhmann como Teoria Crítica da Moral. *Lusosofia.* Covilhã: Universidade da Beira Interior, 2010, S. 7.

[9] LUHMANN,Niklas. *Complejidad y Modernidad. De la Unidad a la Diferencia.* Madrid: Trotta, 1998, S. 202-204.

Funktion autonom. Das Rechtssystem kann den Moralcode nicht für sich selbst beanspruchen und deshalb ist es weder gut noch schlecht. Funktionale Codes müssen über einen hohen Grad an Nicht-Moral verfügen, um dem System zwei binäre Werte zur Verfügung stellen zu können. Demnach wäre eine Integration der Moral von Nachteil für die soziale Differenzierung.

(2) Von einem empirischen Standpunkt ausgehend neigt die moralische Kommunikation zu Dissens und folglich zur Gewaltanwendung (Capitão Nascimento). Die beiden in der Moral enthaltenen Werte Wertschätzung und Verachtung führen dazu, dass die Ethik diese nicht als moralisch „gut" erachten kann.

(3) Anhand welcher Maßstäbe ist es möglich zu behaupten, dass die Unterscheidung gut/ schlecht (Moralcode), eine „gute" Voraussetzung ist? Wie können verwerfliche Verhaltensweisen, wie diese des Capitão Nascimento, das Foltern von Kriminellen, „gute" Resultate hervorbringen, wenn diese gleichen Verhaltensweisen die Lähmung der moralischen Motivation erzeugen?

(4) Die zunehmende Annahme der Hypothese, dass man in einer Risikogesellschaft[10] anstatt einer Gefahrengesellschaft lebt, beziehungsweise, dass die fremdbestimmten Entscheidungen zunehmend die Gestaltung der Zukunft beeinflussen, darf nicht ausgeschlossen werden. Als Beispiel mag das Thema AIDS dienen.[11] Trägt etwa die zunehmende Verbesserung des Gesundheitswesens dazu bei, dass mehr Menschen ungeschützten Geschlechtsverkehr

[10] Bei Luhmann ist diese Erkenntnis an den Begriff der Zukunftsgestaltung geknüpft, d.h., wie Gesellschaften mit ihren Metaphern der Zeit umgehen und wie die geschehenen Ereignisse in einer Unterscheidung Vergangenheit/Zukunft (Die Gegenwart existiert nicht – sie ist bereits geschehen.) vorhergesehen –oder verhindert- werden können. Für Luhmann, unterscheidet sich die heutige Gesellschaft, aufgrund ihrer Komplexität von denen großer Sicherheit (oder geringen Komplexität) gerade dadurch, dass die unzähligen Möglichkeiten, die sich aus sozialen Entwicklung ergeben, viel mehr Möglichkeiten bieten als je zuvor. Das führt zu messbaren, aber unberechenbaren Risiken und Strategien, die es anzugehen gilt. Somit ist das Risiko keineswegs ein lähmender, sondern ganz im Gegenteil ein wesentlicher Bestandteil der Entwicklung der Sozialsysteme. Siehe Luhmann, Niklas. Soziologie del Riesgo. Mexiko: Triana, 1998.

[11] SCHWARTZ, Germano. *O Tratamento Jurídico do Risco no Direito à Saúde.* Porto Alegre: Livraria do Advogado, 2004, S. 159-175.

> ausüben? Diese Verbindung könnte durch eine frühere, auf dem moralischen Kriterium gut/ schlecht basierende Entscheidung, oder wie hier angestrebt, mittels eines unverwechselbaren Schemas, das auf der alleinigen und exklusiven Einsatzfähigkeit eines jeden sozialen Teilsystem beruht, erklärt werden.

Ausgehend davon ist die Ethik das Ergebnis einer doppelten Kontingenz[12]. Es ist daher notwendig, ihre funktionalen Entsprechungen im Kontext der sozialen Entwicklung durch Differenzierungen zu beobachten. Ihre wichtigste Funktion ist demnach, den Moralcode (gut / schlecht) von anderen zu unterscheiden.[13]

Doch wie ist dies möglich? Um dieses Ziel zu verwirklichen, sollte man die anderen Unterscheidungen beobachten. Diese polykontexturale[14] Logik benötigt die Wahrnehmung der Annahme oder Ablehnung von anderen Unterscheidungen. Diese feine, aber unaufhaltsame Verbindung bestimmt, wann die Ethik die Anwendung von Moral (auch innerhalb des Rechtssystems) für nötig hält. So ist es nach Luhmann[15] also möglich,

[12] Kontingenz ist gebunden an Komplexität, d.h.. es gilt zu verstehen, dass "es immer mehr Möglichkeiten gibt als man verwirklichen kann." So liegt die Kontingenz in der Tatsache begründet, dass "die Möglichkeiten, die auf andere Erfahrungen hinweisen, anders sein können, als man erwartet hat." LUHMANN, Niklas. *Sociologia do Direito 1.* Rio de Janeiro: Tempo Brasileiro, 1983. Im Gegenzug ist die doppelte Kontingenz nicht eine verdoppelte Kontingenz, sondern beruht auf der Tatsache, dass Alter und Ego die Selektion des Anderen kontingent beobachten. Das lässt sich aufzeigen an den Wahrnehmungen in einer Gerichtsverhandlung zwischen den beiden Parteien. Die Wahl der einen Partei beeinflusst die der Anderen auf eine kontingente Weise und umgekehrt. LUHMANN, Niklas. *Ausdifferenzierung des Rechts. Beiträge zur Rechtssoziologie und Rechtstheorie.* Frankfurt: Suhrkamp, 1999, S. 38.

[13] LUHMANN, Niklas. La Moral Social y su Reflexión Ética. In: PALACIOS, X; JARAUTA, F. (Eds);. *Razón, Ética y Política. El Conflicto de las Sociedades Modernas.* Barcelona: Anthropos, 1989, S. 56.

[14] Die Polykontextualität ist durch Teubner in der Rechtswissenschaft ausführlich dargestellt worden, mit der dortigen Bedeutung: eine Differenzierung von der Differenzierung, oder wie sich das Rechtssystem, ausgehend von seiner Formel "offen/ geschlossen", ausdifferenziert und somit verschiedene Entstehungsorte der Juristizierung zur Verfügung stellt (Polykontexte). Vgl. TEUBNER, Gunther. *Diritto Policontesturale: Prospettive Giuridiche Della Pluralizzazione Dei Mondo Sociali.* Napoli: La Città del Sole, 1999.

[15] LUHMANN, Niklas. La Moral Social y su Reflexión Ética. In: PALACIOS, X; JARAUTA, F. (Eds). *Razón, Ética y Política. El Conflicto de las Sociedades Modernas.* Barcelona: Anthropos, 1989, S. 57.

die Feststellung, dass es moralische Unklarheiten in den juristischen Entscheidungsprozessen gibt, moralisch zu akzeptieren.

Luhmann[16] geht dabei von der aristotelischen Idee aus, dass die Moral ein Diskurs über das Gute ist und daraus sowohl die Ethik als auch die Politik entstanden sind. Tatsächlich ist diese Haltung vertretbar, wenn man von Gesellschaften mit nicht vorhandenen funktionalen Differenzierungen ausgeht. Denn in ihnen begründet sich die Logik der Werte auf einer Weltansicht, in der die gegebenen Beschreibungen zweifellos richtig sind. Damit entfällt die duale Möglichkeit einer Einheit der Differenz, etwa zwischen ethisch und nicht-ethisch.

So verfügt eine hochdifferenzierte Gesellschaft nicht über semantische Standards, die die Existenz von nicht guten Zwecken oder verwerflichen Haltungen rechtfertigen könnten.[17]

Das ist der Tatsache zu verdanken, dass Obrigkeiten (Priester, Gesetzesgeber, etc.), die diese Aufgabe übernehmen könnten, in eine funktional differenzierte Sozialstruktur eingebunden sind und als solche ihre vorgeschriebene Rolle befolgen.

In einem binären Äquivalenzenschema ist die Bedingung für den semantischen Wiedereintritt des ethischen Sinns nur dann gegeben und wird nur dann (re-) konfiguriert, wenn das Schema auf sich selbst zutrifft und dabei seine eigene Leistung reflektiert. Diese Erkenntnis, weniger eine Aporie, veranschaulicht die Inkonsistenz einer Ethik, die sich auf Annahmen außerhalb der konstanten und kontinuierlichen Selbstreproduktion der Gesellschaft stützt. Das Wissen des Wissens und des Nicht-Wissens[18] sind untrennbar mit dem ethischen Sinn verknüpft.

Wenn man in diesem Sinne etwa berücksichtigt, dass das Wissen der operationalen Logik eines wissenschaftlichen Systems mit dem Code „Richtig/ Falsch“[19] folgt, bedeutet das, dass das, was nicht „richtig“ ist, d.h. das „Nicht-Wissen“, genau so viel bedeutet wie das, was „nicht falsch ist“, und das bedeutet das „Wissen“. Wenn man dann noch die

[16] LUHMANN, Niklas. *Il Paradigma Perduto*. Roma: Meltere, 2005, S. 46.

[17] LUHMANN, Niklas. *La Sociedad de la Sociedad*. México: Herder, 2007, S. 736.

[18] LUHMANN, Niklas. *La Sociedad de la Sociedad*. México: Herder, 2007, S. 736.

[19] LUHMANN, Niklas. *La Ciencia de la Sociedad*. México: Iberoamericana, 1996, S. 129.

Geschwindigkeit, mit der die Gegenwartsgesellschaft[20] die technologischen und wissenschaftlichen Fortschritte[21] prägt, betrachtet, kommt man zu dem Schluss, dass es für die Gesellschaft notwendig ist ein Artefakt einzurichten, das die Komplexität der ursprünglichen Dichotomie verringert. Das Rechtssystem ist also, ausgehend von seiner Funktion, eines der Systeme, das diese Rolle erfüllt.

3. Normativität unter dem Einfluss von ethischer Kommunikation

Als, nach Philippopoulos-Mihalopoulos,[22] die Moral noch formell aus dem Rechtssystem (Naturrecht) ausgeschlossen worden war, entfiel es auf das Rechtsempfinden, diese Lücke zu schließen. Allerdings jetzt, wo die Moral laut Luhmann, als Wiedereintritt, d.h., als Fremdkommunikation, die durch das Rechtssystem aufgenommen ist, wieder die Möglichkeit hat, sich an der Rechtsfähigkeit[23] zu beteiligen, kommt es zu einem Missverständnis: man versteht die Moralität als Ethik.

[20] Wie schon beschrieben ist die Kontingenz vielleicht die bedeutendste Eigenschaft der Gegenwartsgesellschaft. Das führt zu höheren Risiken und zu einem konstanten Bezug auf die ungewisse Zukunft. LUHMANN, Niklas.*Observaciones da La Modernidad. Racionalidad y Contingencia en la Sociedad Moderna*. Barcelona. Paidós, 1997, S. 88.

[21] Im Grenzfall erreicht die Technik eine Form der Automatisierung und einen Grad des Arbeitens mit idealisierten Einheiten, ohne dass es notwendig wäre, bei den Operationen nachzudenken und den umfassenden Sinn zu reflektieren. Die Technisierung ermöglicht eine selektive Bearbeitung der Welt, vereinbar mit den Grenzen des Bewusstseins und mit dem Status der Welt als eine „Lebenswelt". LUHMANN, Niklas. *Poder.* Brasília: Editora da Universidade de Brasília, 1985, S. 58.

[22] PHILIPPOPOULOS-MIHALOPOULOS, Andreas. *Niklas Luhmann. Law, Justice, Society.* Oxon: Routledege: 2010, S. 165.

[23] Dies geschieht, zum Beispiel, wenn ein Richter „außerhalb des Gesetzes" aufgrund der moralischen Prinzipien oder Kommunikationen der Umwelt urteilt. Ein Beispiel dafür sind in Brasilien die Urteile in Bezug auf die Überfüllung der Strafanstalten – dieses Problem kommt am Anfang des Films *„Tropa de Elite 2"* vor – und die Freilassung von Gefangenen, damit sie ihre Freiheitsstrafe als Hausarrest verbüßen können, weil der Staat nicht seinen gesetzlichen Verpflichtungen nachkommt. Dies ist der Fall bei dem Vorschlag zur Verfassungsergänzung Nummer 68009-5 aus dem Gerichtsbezirks Santa Maria (Bundesstaat Rio Grande do Sul, Südbrasilien), das von der Richterin Uda Roberta Doederlein Schwartz verkündet wurde. Sie hält es für unzulässig, den Verurteilten eine strengere Strafe, als es durch das Gesetz auferlegt wurde, aufzubürden. Die Entscheidung folgt den vom Landesgerichtsrat Amilton Bueno de Carvalho aufgesetzten, paradigmatischen Richterspruch der 5. Strafkammer des Landesgerichtshof Rio Grande

In gewisser Weise löst die Verbindung von Ethik und Recht viele dieser ethischen Unklarheiten. Zum Beispiel ist die Befolgung bestehender Regeln als ethisches Verhalten so zu verstehen, dass dabei Ungewissheiten in Bezug auf die ethische Bewertung von Handlungen beseitigt werden. Somit bleibt das Verhalten völlig gerechtfertigt, denn die generelle Verallgemeinerung,[24] die von der Positivität[25] abgeleitet ist, lässt Raum für die ungefragte Akzeptanz von Tugenden und des Rechtes, die die Beurteilung von existierenden Werten in einem theoretischen Ansatz angehen anders als die systemische Betrachtungsweise Luhmanns.

Bei dieser Betrachtungsweise stimmte das Argument der Verteidigung der deutschen Offiziere während der Nürnberger Prozesse (Befolgung der geltenden Gesetze) mit der simplifizierten Verbindung zwischen Ethik und dem Rechtssystem überein. Dieser Fakt ist nicht neu und ist, z.B., noch immer mit der Entscheidung Sokrates verbunden, sein eigenes Todesurteil[26] zu akzeptieren, selbst wenn er es für ungerecht[27] hielt. Man muss dem Rechtssystem Folge leisten; und dieser Befehl vereint in sich selbst eine Ethik.

do Sul im Prozess Nr. 70029175668. Auf Seite 10 der Urteilsbegründung finden sich die folgenden Sätze: „In der jüngsten Vergangenheit wird alles von der Presse enthüllt: Strafrichter mit Tränen in den Augen schämt sich seiner Herkunft angesichts der Lage in der Gefängnissen. Diese Situation ist schon seit langem bekannt, aber bedauerlicherweise wurde sie nie verbessert – und alles weist darauf hin, dass dies auch nie geschehen wird. Und das Landesgericht gesteht hier, an der derzeitige Situation der Gefängnisse mitschuldig zu sein."

[24] „[...] das Recht ist eine Struktur eines sozialen Systems, die auf die kongruente Generalisierung von normativen Handlungserwartungen beruht". So erfüllt es seine notwendige Funktion durch Sinnesaufforderung und verfügt gleichzeitig über konstante und variable Elemente, die widersprüchlich sind, aber gleichzeitig die Entwicklung des Rechtssystems ermöglichen. LUHMANN, *Sociologia do Direito* I, 1983, S. 121.

[25] Die Tatsache, dass sich das Rechtssystem in einer positivistischen Form, die moderne Form des juristischen Phänomens, darstellt, erzeugt nicht *per se* die Komplexitätsreduktion. Tatsächlich fügt sie nur eine interne, komplexe Form von Deparadoxierung der externen Komplexität hinzu. „Le droit positif est précisément le choix de répondre à la contingence par encore plus de contingence." CLAM, Jean. *Droit et Société chez Niklas Luhmann. La Contingence des Normes.* Paris: PUF, 1997, S. 74.

[26] PLATÃO. *Apologia de Sócrates.* São Paulo: Martin Claret, 2000, S. 35-50.

[27] LUHMANN, Niklas. *La Sociedad de la Sociedad.* México: Herder, 2007, S. 742.

Der Rechtsstaat, der ein Merkmal der Moderne ist, vereinfacht in diesem Sinne die Moral. Sie wird unwichtig. Sie wird also zur Routine und normal. Der Einsatz des Rechtes als Gesetzesimperium[28] verlagert demnach das Problem der Moral in den privaten Bereich, während die Ethik sich durch das Rechtssystem als ein gemeinnütziger rationaler Ausdruck von moralischen Spannungen darstellt. Das funktionale System des Rechts entfernt die Hierarchie von der Moral, die bei Personen mit bestimmten Rollen zu finden war (Priester, Gesetzesgeber etc.), um jener internen Kommunikation mithilfe des Codes (Recht/Unrecht) einen eigenen und bestimmten Sinn zu verleihen.

Man kann also somit fast behaupten, dass die Ethik, im Kontext vom Rechtssystem der Positivität, sich dazu entschlossen hat gut zu sein und damit am Rande der moralischen Reflektion[29] steht. Die Unterscheidung selbst zwischen gut und böse beinhaltet, wie bereits erwähnt, ein Paradox. Ist diese Unterscheidung in sich selbst gut oder schlecht? Sobald so eine Frage mit der spezifischen Logik des Rechtssystems behandelt wird, bekommt sie einen wissenschaftlichen Sinn zugeschrieben. Die Lösung dieses schwierigen Problems erfolgt durch funktionale Differenzierung[30] und dadurch überführt sich die Ethik in eine reine Form.

So geschieht es zeitgleich, dass die Ethik sich verallgemeinert und individualisiert. Im funktional differenzierten Rechtssystem wird diese Behauptung offensichtlich. Die Gesetze, die als kongruente Verallgemeinerung verstanden werden, müssen durch ein Legitimationsverfahren,[31] Antworten auf Kommunikationen, die sich aus der Umwelt

[28] „Wir leben in dem Gesetz und nach dem Gesetz. Es macht uns zu dem, was wir sind: Bürger, Ärzte, Ehepartner und Eigentümer... Wir sind Untertanen der Rechtsstaatlichkeit, Vasallen seiner Methoden und Ideale, geistig unterworfen, während wir diskutieren, was zu tun ist.“ Das ist die erste Feststellung von DWORKIN, Ronald in seinem Buch *O Império do Direito*. São Paulo: Martins Fontes, 2003, p. XI.Der Autor selbst verlagert später im selben Buch die Diskussion in Richtung seiner These, dass das rechtliche Denken eine interpretative Übung sei.

[29] LUHMANN, Niklas. La Moral Social y su Reflexión Ética. In: PALACIOS, X; JARAUTA, F. (Eds);. *Razón, Ética y Política. El Conflicto de las Sociedades Modernas*. Barcelona: Anthropos, 1989, S. 52.

[30] LUHMANN, Niklas. *Das Recht der Gessellschaft*. Frankfurt: Suhrkamp, 1997, S 25.

[31] LUHMANN, Niklas. *Legitimação pelo Procedimento*. Brasília: Editora Universidade de Brasília, 1980, S. 35.

ergeben haben, liefern. Sie werden gefiltert (Recht/Unrecht), um eine spezifische Antwort (Gerichtsentscheid)[32] in Übereistimmung mit juristischen Texten (Beobachtung ersten Grades) zu geben, damit eine Sprache erzeugt wird, die aus der Auslegung und Argumentation heraus entsteht (Beobachtung zweiten Grades).

Wie in allen anderen gesellschaftlichen Teilsystemen erzeugt diese ständige Kommunikation eine Art der Hyperkorrektur[33], oder anders formuliert, sie rekonstruiert selbst einen neuen Sinn des schon Bestehenden und konsolidiert einen Gesetzesrahmen (Ethik). Diese stützt sich auf den privaten Bereich der normativen Erwartungen (Moral) hinsichtlich der Normen. Wie man sieht, handelt es sich um einen fortlaufenden Prozess der voneinander abhängigen Selbstreproduktion zwischen Ethik und Moral, der mit dem Rechtssystem, aufgrund des unvermeidlichen Fortschritts der Gesellschaft, kommuniziert.

Deshalb lässt sich die Existenz von einer bestimmten ethischen Begründung im Rechtssystem, das heißt, eine Konvergenz der Begründung, nicht verleugnen. Allerdings wird dieses Wissen nicht dazu dienen, um solche Fälle, die als hart gelten, zu rechtfertigen und das ändert auch nichts an der Tatsache, dass das Recht sich in juristischen Texten[34] mit dem Recht identifizieren muss und nicht mit der Ethik.

Laut dieser Schlussfolgerung gestaltet sich die Ethik als universell und spezifisch. In diesem Verlauf ist die Rechtsethik Teil des Rechtssystems, das die Moral beobachtet[35] und gleichzeitig ist sie der Beobachter, der die Moral beobachtet. Diese Distanzierung ist auch eine Absorption, denn die Moral wird auf operativer Ebene von jedem System verinnerlicht und, in diesem Fall, von dem Rechtssystem. So ist die Rechtsethik die Form, mit dem das Rechtssystem sich mit der Moral befasst, ausgehend von der Juristifizierung der externen Kommunikationen.

[32] LUHMANN, Niklas. A Posição dos Tribunais no Sistema Jurídico. *Revista da Ajuris*, Porto Alegre, 1990, S. 155.

[33] LUHMANN, Niklas. La Moral Social y su Reflexión Ética. In: PALACIOS, X; JARAUTA, F. (Eds);. *Razón, Ética y Política. El Conflicto de las Sociedades Modernas*. Barcelona: Anthropos, 1989, S. 52.

[34] LUHMANN, Niklas. *Das Recht der Gessellschaft*. Frankfurt: Suhrkamp, 1997, S.111.

[35] PHILIPPOPOULOS-MIHALOPOULOS, Andreas. *Niklas Luhmann. Law, Justice, Society*. Oxon: Routledege: 2010, S. 165.

Daher kann der Text von Luhmann[36] über das zwölfte Kamels den soziologischen Sinn der Ethik in den Handlungen des Capitão Nascimento für das Rechtssystem erklären. Genauso wie das erwähnte Kamel nötig und zugleich unnötig ist, so trifft dies auch auf den Capitão zu. Denn nur so kann, wie Gripp-Hagelstange[37] zeigt, das Rechtssystem sich selbst und seine Umwelt, durch eine Beobachtung zweiter Ordnung, reflektieren.

Es ist die Einheit der Differenz zwischen Umwelt und System, die einen präziseren Beitrag leistet in Form einer funktional differenzierten Gesellschaft, um die Ethik der Handlungen des Capitão Nascimento zu analysieren (Sag du gibst auf!). Diese Einheit der Differenz ist eine Bedingung der Möglichkeit für die funktionale Verflechtung von verschiedenen Sozialsystemen, die über eine spezifische universelle Zuordnung verfügen. Es handelt sich dann um einen zweispurigen Weg, der unausweichlich kommuniziert und so unentwegt interagiert und sich modifiziert.

4. Schlußbetrachtungen: „Sag, du gibst auf" oder „Warum willst du unbedingt bleiben?"

In der in diesem Aufsatz entwickelten Argumentation bleibt eine Fragestellung offen: Ist die Frage, ob der Capitão Nascimento ethisch oder nicht-ethisch ist, die Richtige? Um in die BOPE einzutreten zu können – und sich die BOPE damit selbst als funktional differenziert von der Polizei, zu der sie gehört und aus der sie hervorgegangen ist, legitimiert – muss man sich auch der Ebene derjenigen mit richtigen ethischen Verhalten einordnen (Tugend). Jedoch ist es unbestreitbar, dass ihre Existenzbedingung sich aus nicht-moralischem Verhalten (schlecht)

[36] Siehe LUHMANN, Niklas. Die Rückgabe des zwölften Kamels: Zum Sinn einer soziologischen Analyse des Rechts. *Zeitschrift für Rechtssoziologie*, 21, Stuttgart: Lucius & Lucius, 2000, S. 3-60. Darin erklärt Luhmann, wie das zwölfte Kamel (un-)nötig ist, um die Erbschaft von elf Kamelen so aufzuteilen, das der jüngste Sohn 1/6, der mittlere Sohn ¼ und der älteste Sohn ½ bekommt. Durch das Einfügen des zwölften Kamels in die Gleichung ergibt sich, dass die Summe der geteilten Kamele elf beträgt. Damit wird die Notwendigkeit der funktionalen Analyse und der Suche nach dem, was normalerweise nicht vom Recht (das Nicht-Recht) wahrgenommen wird, aufgezeigt.

[37] GRIPP-HAGELSTANGE, Helga. Niklas Luhmann O: En Qué Consiste e Principio Teórico Sustentado en la Diferencia? In: NAFFARATE, Javier Torres. *Luhmann: La Política como Sistema.* México: Iberoamericana, S.57.

anderer Elemente ergibt, die laut der Filme und Bücher sowohl von der Polizei selbst, als auch von der Gesellschaft kommen können.

Die moralische Reflexion befindet sich an dieser Stelle abseits der Ethik. Damit die beabsichtigten Zwecke erreicht werden können, kann sich der Capitão Nascimento der Mittel bedienen, die nicht mit dem Recht (Unrecht) übereinstimmen, aber trotzdem ethisch akzeptabel sind. Ein Beispiel dafür ist die Folterung im ersten Film, bei der durch die Androhung von Ersticken durch Plastiktüten Informationen zum Schutz der „Guten" erlangt werden. Ein weiteres Beispiel ist im zweiten Teil des Films die Tracht Prügel, die ein korrupter Politiker durch den Capitão Nascimento bekommt. Es herrscht eine verallgemeinerte und in diesem Fall individualisierte Ethik, die die Universalität der Moral als Differenzierung zwischen Gut und Böse spezifiziert. Zumindest in den Filmen wird deutlich, dass der Capitão Nascimento zu den Guten gehört.

Das Verhalten des Capitão Nascimento wird in beiden Fällen ethisch in dem gleichen Maße, wie er sich bei der Auseinandersetzung (mit den Bösen) als positiver Pol darstellt, obwohl er sich paradoxerweise der gleichen Mechanismen bedient, die diejenigen des negativen Pols benutzen, um sein Ziel zu erreichen. Es lässt sich sagen, dass das Verhalten des Capitão Naschimento aus der Sicht des Beobachters ethisch ist. Aus der Perspektive anderer wird es das nicht sein. Das ist das Wesen der doppelten Kontingenz, das eine einzige und korrekte Aussage über einen bestimmten sozialen Fakt ausschließt.

Jedoch etabliert die Verallgemeinerung einen psychischen Mechanismus der einfachen Absorption. Und in Folge die Reduzierung der Komplexität in der Figur des „ersten brasilianischen Helden" und seiner Handlungen, die als ethisch betrachtet werden, auch in Bezug auf das, was Marcelo Neves, aufgrund der nur ansatzweise vorhandenen funktionalen Differenzierung des Rechtssystems und mit Blick auf die sozialen Tatsachen in Brasilien, als Desjuridifizierung,[38] oder auch als Symbolismus der Gesetze im Land bezeichnet.

Folglich schafft die Überlappung von Codes (Gut/Schlecht über Recht/Unrecht) eine Komplexifizierung, wenn das Rechtssystem die

[38] NEVES, Marcelo. *A Constitucionalização Simbólica*. São Paulo: Martins Fontes, 2007, S. 187.

moralische Kommunikation nicht abwehren, oder besser gesagt, systemkonform filtern kann. Weiterhin führt sie dazu, dass die inklusive Rolle der Ethik, zum Beispiel über die Prinzipien im Rechtssystem, an Gewichtigkeit gegenüber der Moral verliert, die aufgrund ihres privaten Charakters einen exklusiven Bereich darstellt.

Die hier gestellte Frage ist also nicht, ob die Handlungen des Capitão Nascimento ethisch oder nicht-ethisch sind. Die Frage beruht auf der perplexen Beobachtung, unter welchen Bedingungen der Rechtstaat in Brasilien sich in einen Nicht-Rechtsstaat[39] verwandelt hat, um das Recht durchzusetzen. Die hier angesprochene konstante Spannung zwischen Ethik und Moral zeigt, wie auf Grund von einer Erzeugung einer Realität, die auf selektiver Kommunikationen[40] basiert, der Capitão Nascimento sowohl ethisch als auch nicht-ethisch betrachtet werden kann.

Doch wie der Charakter selbst in einem seiner berühmtesten Slogans erwähnt, und gerade weil das Rechtssystem Teil der Gesellschaft ist und nicht umgekehrt, wird es unwahrscheinlich etwas auszuüben – oder tun wollen –, was die typischen sozialen Ambivalenzen Brasiliens latent werden lassen (Favelas/Strände, Reichtum/Armut, u.a.): sich von der Inklusion auszuschließen oder sich zu der Exklusion dazu zu zählen.

„Sag, du gibst auf", bekräftigt eindringlich der Capitão Nascimento. Es kann aber nur der aufhören, der sich eines Tages dazu gezählt hat. Weil also derjenige, der bleibt (wer nicht gegangen ist) nur deshalb bleibt, weil der Ausgeschlossene die Bedingungsgrundlage für die Inklusion geschaffen hat, ist es nicht schwer zu behaupten, dass der Dazugehörende sehr stark von dem Ausgeschlossenen beeinflusst wurde. Das ethische Problem liegt deshalb nicht im Dilemma nicht mehr dazu gehören zu

[39] Symbolisch dafür ist, dass der Totenkopf das Abzeichen einer Polizei ist, die von den Bürgern Brasiliens und den Polizisten, die sich von den korrupten Kollegen unterscheiden wollen, sehr respektiert und idealisiert wird.

[40] Die hergestellte und selektierte Kommunikation, das heißt, jene die sich durch Kommunikationsmittel verbreitet und andere Teilsysteme (Rechtssystem) beeinflusst, konstituiert sich nicht als Einzige, weil sie auf der Negation einer anderen basiert. In diesem Sinn, "chaque communication, en se réalisant, non seleument actualise des attitudes et des contenus, mais elle confirme aussi la possibilité, par leur négation, d`alternatives à ces contenus et attitudes". GUIBENTIF, Pierre. *Foucault, Luhmann, Habermas, Bourdieu. Une Génération Repense Le Droit.* Paris: L.G.D.J., 2010, S. 103.

wollen, weil irgendjemand für korrupt gehalten wird, sondern beruht auf dem folgenden Aspekt: warum jemanden zwingen zu gehen und was ist der Grund dafür, unbedingt bleiben zu wollen?

Bibliografie

CLAM, Jean. *Droit et Société chez Niklas Luhmann. La Contingence des Normes.* Paris: PUF, 1997.

DWORKIN, Ronald. *O Império do Direito.* São Paulo: Martins Fontes, 2003.

GRIPP-HAGELSTANGE, Helga. Niklas Luhmann O: En Qué Consiste e Principio Teórico Sustentado en la Diferencia? In: NAFFARATE, Javier Torres. *Luhmann: La Política como Sistema.* México: Iberoamericana, S.19-71.

GUIBENTIF, Pierre. *Foucault, Luhmann, Habermas, Bourdieu. Une Génération Repense Le Droit.* Paris: L.G.D.J., 2010.

LUHMANN, Niklas. A Posição dos Tribunais no Sistema Jurídico. *Revista da Ajuris,* Porto Alegre, 1990, S. 149-168.

LUHMANN, Niklas. *Ausdifferenzierung des Rechts. Beiträge zur Rechtssoziologie und Rechtstheorie.* Frankfurt: Suhrkamp, 1999.

LUHMANN, Niklas. *Das Recht der Gessellschaft.* Frankfurt: Suhrkamp, 1997.

LUHMANN, Niklas. *Il Paradigma Perduto.* Roma: Meltere, 2005.

LUHMANN, Niklas. La Moral Social y su Reflexión Ética. In: PALACIOS, X; JARAUTA, F. (Eds);. *Razón, Ética y Política. El Conflicto de las Sociedades Modernas.* Barcelona: Anthropos, 1989, S. 47-58.

LUHMANN, Niklas. *La Sociedad de la Sociedad.* México: Herder, 2007.

LUHMANN, Niklas. *Legitimação pelo Procedimento.* Brasília: Editora Universidade de Brasília, 1980.

LUHMANN, Niklas. *Poder.* Brasília: Editora da Universidade de Brasília, 1985.

LUHMANN, Niklas. *Sociologia del Riesgo.* México: Triana, 1998.

LUHMANN, Niklas. *Sociologia do Direito I.* Rio de Janeiro: Tempo Brasileiro, 1983.

LUHMANN, Niklas.*Observaciones da La Modernidad. Racionalidad y Contingencia en la Sociedad Moderna.* Barcelona: Paidós, 1997.

LUHMANN,Niklas. *Complejidad y Modernidad. De la Unidad a la Diferencia.* Madrid: Trotta, 1998.

LUHMANN,Niklas. Die Rückgabe dês zwölften Kamels: Zum Sinn einer soziologischen Analyse des Rechts. *Zeitschrift für Rechtssoziologie,* 21, Stuttgart: Lucius & Lucius, 2000, S. 3-60.

NEVES, Marcelo. *A Constitucionalização Simbólica.* São Paulo: Martins Fontes, 2007.

PHILIPPOPOULOS-MIHALOPOULOS, Andreas. *Niklas Luhmann. Law, Justice, Society*. Oxon: Routledege: 2010.

PIRES, Edmundo Balsemão. O Pensamento de Niklas Luhmann como Teoria Crítica da Moral. *Lusosofia*. Covilhã: Universidade da Beira Interior, 2010, S 1-30.

PLATÃO. *Apologia de Sócrates*. São Paulo: Martin Claret, 2000.

SCHWARTZ, Germano. *O Tratamento Jurídico do Risco no Direito à Saúde*. Porto Alegre: Livraria do Advogado, 2004.

SOARES, L.A; BATISTA, A; PIMENTEL, R. *Elite da Tropa 2*. Rio de Janeiro: Objetiva, 2010.

SOARES, L.A; BATISTA, A; PIMENTEL, R. *Elite da Tropa*. Rio de Janeiro: Objetiva, 2006.

TEUBNER, Gunther. *Diritto Policontesturale: Prospettive Giuridiche Della Pluralizzazione Dei Mondo Sociali*. Napoli: La Città del Sole, 1999.

5. As Nanotecnologias observadas a partir da Teoria Sistêmica: aproximando a Complexidade e a Transdiciplinaridade[1]

WILSON ENGELMANN

FELIPE BARCAROLLO

Introdução

A escala nanométrica existe desde sempre, pois se trata da bilionésima parte do metro, representada pela notação matemática 10-9 metro. No entanto, o ser humano teve acesso a essa escala somente na metade do século XX, com o surgimento do nanoscópio, capaz de visualizar elementos e materiais nesta realidade subatômica. A revolução tecnocientífica ocorrida nos últimos tempos mostra a insuficiência da física mecânica para explicar os fenômenos físico-químicos ocorridos na natureza, surgindo, então, os estudos da física quântica, que então passaram a compreender que o átomo possui energia.

É neste contexto que surge a manipulação do átomo na escala subatômica, através do emprego das nanotecnologias, que possibilitam ao humano o acesso a uma escala muito pequena (nano), manipulando

[1] Este artigo é o resultado parcial das investigações realizadas pelos autores no âmbito dos seguintes projetos de pesquisa: a) Edital 02/2017 – Pesquisador Gaúcho – PqG: Título do Projeto: "A autorregulação da destinação final dos resíduos nanotecnológicos", com apoio financeiro concedido pela Fundação de Amparo à Pesquisa no Estado do Rio Grande do Sul – FAPERGS; b) Chamada CNPq n. 12/2017 – Bolsas de Produtividade em Pesquisa – PQ, projeto intitulado: "As nanotecnologias e suas aplicações no meio ambiente: entre os riscos e a autorregulação"; c) Chamada MCTIC/CNPq Nº 28/2018 – Universal/Faixa C, projeto intitulado: "Nanotecnologias e Direitos Humanos observados a partir dos riscos no panorama da comunicação entre o Ambiente Regulatório e o Sistema da Ciência".

moléculas e átomos, trazendo infinitas possibilidades ao ser humano, em áreas como a medicina, as engenharias, a física, a química, dentre outras. Os grandes impactos que o uso das nanotecnologias trouxe ao ser humano são ainda incomensuráveis. O presente artigo tem por objeto traçar estudar algumas características da quarta revolução industrial e as nanotecnologias na cultura da tecnociência, demonstrando a necessidade da compreensão deste novo mundo da realidade tecnocientífica à luz da Teoria dos Sistemas de Niklas Luhmann.

O problema de pesquisa pode ser traduzido pelo seguinte questionamento: sob quais condições a conjugação da transdisciplinaridade e a complexidade poderão viabilizar o desenho de cenários normativos, tendo em vista as demandas advindas do uso das nanotecnologias?

A hipótese de pesquisa aponta para a necessidade da compreensão da temática das nanotecnologias sob a perspectiva transdisciplinar, mediante a comunicação entre as fontes do Sistema do Direito, permitindo-se a compreensão da sociedade, enquanto sistema social, através dos diversos subsistemas ou sistemas parciais, a exemplo do Direito, da economia, da política, das Ciências, dentre outros. O tema das nanotecnologias demanda a estruturação de cenários normativos a partir da perspectiva construtivista lastreada na Teoria dos Sistemas Sociais de Niklas Luhmann, o tema é complexo e permeado por incertezas científicas, e carece de respostas (sociais) para o novo ator do panorama tecnocientífico: o *homo nanotechnologicus*. O estudo pretende demonstrar que a dissociação entre as ciências duras e as ciências do espírito cristalizaram o conhecimento, impedindo a compreensão das Ciências sob a perspectiva transdisciplinar. Neste contexto, ingressa a necessidade de uma nova gramática sistêmico-(nano)tecnológica, para explicar o novo paradigma da tecnociência vivenciado pelo *homo nanotechnologicus* no ambiente complexo da sociedade contemporânea, mediante o aporte da matriz sistêmica luhmanniana para a correta compreensão da sociedade, em toda a sua complexidade.

Com base nos aportes metodológicos da teoria sistêmico-construtivista e da pesquisa bibliográfica, especialmente a partir do acesso às fontes disponibilizadas no Portal de Periódicos da CAPES, se pretende atender ao seguinte objetivo geral: estudar as contribuições de uma nova gramática sistêmico-(nano)tecnológica para o ingresso do Sistema do Direito, a partir do desenho de cenários normativos, tendo em vista as demandas advindas do uso das nanotecnologias. Já os objetivos específicos são:

a) conhecer os desafios trazidos pelo acesso ao mundo da nano escala; b) estudar as perspectivas trazidas pela transdisciplinaridade para reduzir as complexidades trazidas pelas novidades das nanotecnologias; c) observar as contribuições da Teoria Sistêmica, de Luhmann, para a projeção de cenários regulatórios para essa nova tecnologia, em um contexto de ausência regulação legislativa. Para dar conta desses objetivos, se estruturam os capítulos que seguem.

1. A emergência de uma revolução nanotecnológica e a (in)suficiência do atual panorama jurídico frente aos novos Direitos

As inovações tecnológicas que utilizam a nanotecnologia quase sempre trazem impactos, muitos desconhecidos, ao meio ambiente e ao ser humano. No entanto, a sua utilização está presente em centenas de produtos e aplicações industriais, no contexto de uma legislação mínima ou, muitas vezes, inexistente. Neste sentido, adverte Timothy F. Malloy:

> *Technological innovation almost always comes at a price in terms of environmental health. In large part, this equation can be traced to one of the fundamental differences between technological innovation and regulatory innovation. The former can often occur swiftly, coming from numerous diffuse sources within the market. The later, with rare exceptions, moves slowly, flowing from centralized state, national or international sources. Thus, regulatory response typically lags well beyond the introduction of new products and technology. Nanotechnology, defined for these purposes as the use, manipulation or control of materials at nanometer scale, is yet another case in point. Nanomaterials already are present in hundreds of consumer and industrial applications, yet are subject to minimal regulation in United States and elsewhere.*[2]

É neste contexto que a temática das nanotecnologias merece amplo estudo e debate sob a perspectiva sistêmica, pois a revolução (nano) tecnológica traz e trará consequências e responsabilidades para o ser humano e para a natureza, cujos resultados e impactos ainda não estão equacionados. A escala manométrica existiu desde sempre. Trata-se da expressão da bilionésima parte do metro (1 nm), ou, em notação matemática, equivale a dizer 10^{-9} metro. Ou seja, esta escala representa algo

[2] MALLOY, Timothy F. Disrupting conventional policy: the three faces of nanotechnology. In: *UCLA Journal of Environmental Law & Policy*. Los Angeles: 2010. p. 1.

infinitamente pequeno, capaz de representar a escala atômica dos materiais. Só foi possível chegar a esta escala exponencialmente pequena graças ao fascínio do ser humano por desvendar novas fronteiras do conhecimento. Foi somente na segunda metade do século XX que o ser humano acessou a escala manométrica, através do desenvolvimento do nanoscópio, que permitiu ao ser humano o conhecimento da escala atômica e molecular. O conhecimento humano propiciado pela nanoescala, e todas as pesquisas decorrentes desta nova realidade subatômica, inauguram uma nova fase na sociedade global, denominada de "a quarta revolução industrial" por Klaus Schwab[3].

No Brasil, a discussão sobre a nanotecnologia já vem sendo realizada, e, inclusive, é tratada em uma Cartilha sobre Nanotecnologia, produzida pela Associação Brasileira de Direito Industrial – ABDI, que assim a define:

> A nanotecnologia tem um significado especial para a inovação da indústria. Entre tantas inovações convergentes, a nanociência e a nanotecnologia atuam significativamente como alternativas para o estudo dos fenômenos e a manipulação de materiais em escala atômica, molecular e macromolecular. Seu desenvolvimento tem impactado na competitividade de vários setores da economia, como por exemplo, na indústria de eletroeletrônicos, aparelhos e equipamentos de comunicações; medicina e saúde; higiene, perfumaria e cosméticos; petróleo, gás natural e petroquímica; químico; siderurgia e materiais; biocombustíveis; plásticos; meio ambiente; agroindústrias; e aeronáutico.[4]

A revolução tecnocientífica vivenciada pela sociedade altera profundamente as estruturas sociais e os sistemas econômicos e jurídicos, além de inaugurar discussões éticas sobre os limites razoáveis da intervenção humana em áreas como a genética, manipulação de seres humanos, animais e vegetais, materiais, dentre outros. Neste sentido, emerge uma revolução (nano)tecnológica, que se traduz no movimento de (re)pensar nossos sistemas econômicos, sociais, políticos e jurídicos, que são amplamente desafiados pela ruptura trazida pela inovação tecnológica neste novo paradigma tecnocientífico.

[3] SCHWAB, Klaus. *A quarta revolução industrial*. São Paulo: Edipro, 2016.

[4] <http://www.abdi.com.br/Estudo/Cartilha%20nanotecnologia.pdf> Acesso em 08 abr. 2019

O uso da nanotecnologia está presente na sociedade sob diversas formas, a exemplo da telefonia celular e dispositivos móveis, medicamentos, cosméticos, medicina, vestuário, produtos eletrônicos, energia limpa, materiais de construção, revestimentos antimicrobianos, dentre outros. A pesquisa em escala nano envolve oportunidades completamente novas de design, pois seguem as leis da mecânica quântica, *rompendo com a concepção newtoniana de que matéria, tempo e espaço não estavam conectados*[5]. No entanto, a manipulação em escala nano demanda controle dos resultados de suas interações com o meio biológico, através da análise da toxicidade, pois pode trazer consequências ainda desconhecidas ao ser humano e ao meio ambiente. Nas lições de Wilson Engelmann, o uso da nanotecnologia abre espaço para a distinção de risco e perigo a partir de Niklas Luhmann, nestes termos:

> [...] O risco consiste nas consequências indesejadas e danos futuros decorrentes dos processos de tomada de decisão, havendo certa possibilidade de controle, e vincula-se às decisões tomadas no presente, [...]. Aqui se tem um espaço pertinente às nanotecnologias: o acesso à escala nano foi ou é uma decisão do ser humano, cujas possibilidades de produção de danos no futuro são desconhecidas, embora indesejadas, com certa possibilidade de ocorrerem, considerando as investigações que já se conhecem [...].[6]

As convergências científico-tecnológicas da nanotecnologia e suas interfaces com a sociedade rompem com os paradigmas até então instalados, pois os avanços das ciências duras desafiam as ciências humanas, a exemplo do sistema do Direito. A perspectiva de estudo da nanotecnologia deve ser, necessariamente, transversal, transdisciplinar, pois seus estudos requerem conhecimento de diversas áreas do conhecimento humano, a exemplo da química, da física, da engenharia, da biologia, do direito,

[5] AQUINO, Marcelo Fernandes de. Os arranjos colaborativos e complementares de ensino, pesquisa e extensão na educação superior brasileira e sua contribuição para um projeto de sociedade sustentável no Brasil. In: *Caderno IHU Ideias,* São Leopoldo, ano 11, n. 187, 2013, p. 6-7.

[6] ENGELMANN, Wilson. O direito frente aos desafios trazidos pelas nanotecnologias. In: STRECK, Lenio Luiz; ROCHA, Leonel Severo; ENGELMANN, Wilson. *Constituição, sistemas sociais e hermenêutica: anuário do Programa de Pós-Graduação em Direito da UNISINOS.* Porto Alegre: Livraria do Advogado, 2013. p. 302.

da medicina, da ética, dentre outros. A nanociência clama pelo arranjo colaborativo global da tecnociência, em uma ambiência que propicie a convergência humanístico-digital, pois o ser humano e sua natureza são indissociáveis, não havendo porque segregar as ciências humanas das ciências exatas, pois, ao fim e ao cabo, devemos congregar todas as Ciências para atingir o fim maior: o bem comum e a felicidade humana, num planeta sustentável econômica e ambientalmente.

A necessidade do conhecimento e da aprendizagem coletiva, próprio do mundo das nanotecnologias, implica em processos de criação do conhecimento socialmente construído pela interação entre os indivíduos nas mais diversas áreas do saber, congregando as Ciências. Considerando esse novo período inaugurado pelas nanotecnologias, na onda da já denominada quarta revolução industrial, o Sistema do Direito é chamado a contribuir para a construção de novos marcos regulatórios, sempre tendo como fim último os pressupostos éticos e de responsabilidade com o ser humano e com o meio ambiente, garantindo o futuro sustentável do planeta. Muitas pesquisas em escala nano, já aplicadas pela indústria, disponíveis ao consumo humano e descartadas no meio ambiente, não tiveram os merecidos debates envolvendo as Ciências, numa perspectiva transdisciplinar. Em ensaio sobre nanotecnologia, risco, ética e direito, Geoffrey Hunt alerta:

> *Talking a global ethics approach to nanotechnology, I shall briefly consider four major themes, and how actually developing nanotechnology may at once manifest and react upon this ethical state or affairs. Economic injustice, war, environmental degradation and over-consumption (consumerism) are four global human facts, and it seems to me much more fruitful to pose the question of nanotechnology within the context of these contemporary facts than to attempt abstract analyses from the standpoint of moral theory or principles or a standard list of 'ethical aspects'. [...]*
>
> *The ethics of nanotechnology should be treated, in my view, as another angle on the question of sustainable development. Recently, thinkers such as Hawken have given vivid expression to the possibilities of adjusting and reconciling the demands of business and the environment.*[7]

[7] HUNT, Geoffrey. The global ethics of nanotecnology. In: HUNT, Geoffrey; MEHTA, Michael D. *Nanotechnology: risk, ethics and law*. London: Earthscan, 2008. p. 183-184.

Sem fazer sombras à realidade, o Sistema da Economia dita, sobremaneira, os rumos da humanidade. O mundo dos negócios, muitas vezes, analisa somente os efeitos imediatos de suas práticas (aqui, ao analisar produtos oriundos de processo fabril contendo nanotecnologia), sem antever, de forma sistêmica, conjuntural e responsável, os verdadeiros impactos que a nanotecnologia pode ocasionar ao ser humano e ao meio ambiente. A preocupação reside no alto potencial tecnológico, que não se sabe positivo ou negativo, que será suportado pelo ser humano e pela natureza com o uso da nanotecnologia pela sociedade. É neste contexto que se inserem as pesquisas em nanotecnologia, que, além de se constituírem em significativo avanço científico e tecnológico, em ambientes de inovação marcados pela transdisciplinaridade entre as diversas áreas do saber humano, devem primar pela minimização dos eventuais impactos negativos que a amplitude da revolução tecnológica traz ao ser humano e ao meio ambiente.

O uso da nanotecnologia é desafiador para o Direito, pois, nas lições de Wilson Engelmann, *o Direito se vê confrontado com uma situação de incerteza e complexidade, que precisará ser respondida criativamente e por meio de ferramentas diferentes daquelas tradicionalmente fornecidas pelo positivismo jurídico, especialmente aquele de viés legalista.*[8] A nanotecnologia traz consigo uma ruptura do modelo até então instalado, pois clama pela participação de diversos *stakeholders* na esfera global, a exemplo da relação entre universidades, empresas e poder público (a denominada hélice tríplice[9]), própria da globalização dos mercados e do movimento da espiral da inovação tecnológica. O forte impacto sistêmico gerado pela complexidade desta nova ordem social, capitaneada, principalmente, pelas novas tecnologias, traduz-se na remodelagem da sociedade em seus contextos subsistêmicos. Nas lições de Klaus Schwab, três são as razões para a ocorrência da denominada quarta revolução industrial:

[8] ENGELMANN, Wilson. O direito frente aos desafios trazidos pelas nanotecnologias. In: STRECK, Lenio Luiz; ROCHA, Leonel Severo; ENGELMANN, Wilson. *Constituição, sistemas sociais e hermenêutica: anuário do Programa de Pós-Graduação em Direito da UNISINOS*. Porto Alegre: Livraria do Advogado, 2013. p. 307.

[9] ETZKOWITZ, Henry. *Hélice tríplice:* universidade-indústria-governo: inovação em movimento. Porto Alegre: EDIPUCRS, 2013. p. 1.

- **Velocidade:** ao contrário das revoluções industriais anteriores, esta evolui em um ritmo exponencial e não linear. Esse é o resultado do mundo multifacetado e profundamente interconectado em que vivemos; além disso, as novas tecnologias geram outras mais novas e cada vez mais qualificadas.
- **Amplitude e profundidade:** ela tem a revolução digital como base e combina várias tecnologias, levando a mudanças de paradigma sem precedentes da economia, dos negócios, da sociedade e dos indivíduos. A revolução não está modificando apenas o "o que" e o "como" fazemos as coisas, mas também "quem" somos.
- **Impacto sistêmico:** ela envolve a transformação de sistemas inteiros entre países e dentro deles, em empresas, indústrias e em toda sociedade.[10]

A sociedade contemporânea, e os desafios inerentes à evolução das Ciências e do ser humano, com o ingresso dos direitos provenientes das novas tecnologias (leia-se nanotecnologias), revela que o Direito não está acompanhando a tecnologia, na velocidade da sua exponencial capacidade de inovação. Conforme sustenta Engelmann, a comunicação entre as fontes do Direito deve ser vista sob o prisma do "pluralismo policêntrico", segundo a concepção de Günther Teubner, conforme destaca em seu texto:

> [...] na concepção tradicional e estatal de visualização do jurídico, os fatos sociais ingressavam apenas por um conjunto de fontes estatais no cenário jurídico, a partir de prévia caracterização dos elementos do suporte fático. A partir da globalização e do surgimento das nanotecnologias, haverá outros espaços de ingresso no cenário jurídico, gerando um "pluralismo policêntrico", onde os fatos sociais poderão ser recepcionados pelo jurídico e com uma substancial modificação nos contornos da antiga concepção de suporte fático.[11]

[10] SCHWAB, Klaus. *A quarta revolução industrial.* São Paulo: Edipro, 2016. p. 13.

[11] ENGELMANN, Wilson. O diálogo entre as fontes do direito e a gestão do risco empresarial gerado pelas nanotecnologias: construindo as bases à juridicização do risco. In: STRECK, Lenio Luiz; ROCHA, Leonel Severo; ENGELMANN, Wilson (Orgs.). *Constituição, sistemas sociais e hermenêutica. Anuário do Programa de Pós-Graduação em Direito da UNISINOS.* Porto Alegre: Livraria do Advogado, 2012, n. 9, p. 331-332.

Adentram no contexto da relação comunicacional das fontes do Direito não só a lei em sentido lato, mas os princípios, a jurisprudência, as súmulas dos Tribunais, as decisões oriundas de negociações no contexto da mediação e da arbitragem, as convenções internacionais e os princípios, além das produções normativas desenvolvida pelas agências regulatórias internacionais, especialmente dos Estados Unidos, Europa e países asiáticos, dando origem a um conjunto plural e coordenado de fontes. Aí o "pluralismo policêntrico" mencionado por Teubner. A comunicação entre as fontes do Direito deve ser permeado pelo retorno aos sentimentos, pela valorização dos Direitos Humanos (humanismo), sobrepujando o conteúdo sobre a forma. A Constituição desce do seu pedestal normativo e se mistura às demais normas jurídicas, ocupando seu papel sistêmico. Neste contexto ganham destaque os princípios, responsáveis pela aproximação e relação entre as diversas normas jurídicas. Os princípios constitucionais e os Direitos Naturais-Humanos são a ponte que unirá as diversas fontes de Direito, construindo o diálogo e os cenários regulatórios para os novos direitos trazidos para a sociedade, pois, segundo Engelmann, existe a *necessidade de se superar a concepção de uma filosofia da ciência pura, desconectada da sociedade e das pessoas na sua individualidade, havendo a necessidade de uma filosofia na ciência.*[12]

2. A transdisciplinaridade como pressuposto à abertura epistemológica do sistema do Direito para as nanotecnologias

A quarta revolução industrial, conforme anunciado por Klaus Schwab em sua citada obra, alterou profundamente a maneira de viver em sociedade. O impacto sistêmico que as novas (nano)tecnologias trouxe à sociedade rompeu com o modelo de aplicação do conhecimento humano. Da segregação e da pureza nos estudos de cada ciência (matemática, química, física, biologia, medicina, sociologia, direito, economia,...), instala-se um novo paradigma para o enfrentamento do estudo das Ciências, estas aqui entendidas como o conglomerado de todas as ciências da experiência humana, em um viés transdisciplinar.

[12] ENGELMANN, Wilson. A nanotecnociência como uma revolução científica: os direitos humanos e uma (nova) filosofia *na* ciência. In: STRECK, Lenio Luiz; MORAIS, José Luis Bolzan de (Orgs.). *Constituição, sistemas sociais e hermenêutica. Anuário do Programa de Pós-Graduação em Direito da UNISINOS*. Porto Alegre: Livraria do Advogado, 2010, n. 6, p. 264.

A transdisciplinaridade traduz-se pela integração dos saberes e a superação da sua fragmentação. É consenso no meio científico que a sociedade, considerada a sua complexidade, não pode ser examinada de forma recortada. É necessária uma abordagem complexa e sistêmica para o correto entendimento dos fenômenos que emergem da tecnociência. Sobre a transdisciplinaridade e o Direito, Leonel Severo Rocha doutrina:

> A ideia de transdisciplinaridade foi difundida por Edgar Morin como uma nova proposta teórica para refletir a sociedade globalizada dominada pelos meios de comunicação e tecnologias informatizadas. Trata-se assim de um recorte diferente daquele instituído pelas matrizes teóricas cartesianas, que definiram a modernidade e denominada dogmática jurídica. Dessa maneira, no caso do saber jurídico, com constatação das insuficiências das análises positivistas, centradas nas normas, a teoria dos sistemas sociais de autores como Niklas Luhmann, revisto por Gunther Teubner, para falar de juristas, pode ser uma boa pista para uma abordagem mais sofisticada da complexidade social.[13]

A transdisciplinaridade e o estudo das nanotecnologias estão interligadas de tal maneira que o *Massachussets Institute of Technology – MIT* está edificando um prédio, localizado na parte central do seu campus, que sediará o *MIT.nano*, justamente para propiciar o trânsito de estudantes das mais diversas áreas do saber, congregando os diversos conhecimentos em prol dos estudos em nanotecnologia. O MIT assim noticia o fato:

> *Nanotechnology, by its nature, is multidisciplinary. Indeed, the kinds of research that will be carried out in the clean rooms, imaging facilities, and prototype fabrication spaces at MIT.nano could have profound impacts across a swath of scientific and engineering fields so broad that an estimated 2,000 faculty members, postdocs, and students are expected to use the facility annually. Among newly tenured faculty, more than half in the School of Science, and two-thirds in the School of Engineering, will probably take advantage of it.*[14]

[13] ROCHA, Leonel Severo. Transdisciplinaridade e direito. In: FOLLMANN, José Ivo; SOUZA, Ielbo M. Lôbo de. *Transdisciplinaridade e universidade: uma proposta em construção.* São Leopoldo: Editora Unisinos, 2003. p. 40-41.

[14] <https://www.technologyreview.com/s/602099/the-next-big-thing-at-mit-will-be-very-very-small/> Acesso em 08 abr. 2019.

O estudo das nanotecnologias implica, necessariamente, em uma análise transdisciplinar das Ciências, uma vez que revela implicações e interrelações entre as diversas disciplinas e áreas do saber humano. A emergência de novas áreas do conhecimento humano, a exemplo da bioquímica, da biotecnologia e da física, para ficar nestes exemplos, traduz-se na indissociável interface entre diversas searas cognitivas, em uma perspectiva transdisciplinar, incluindo o uso das nanotecnologias. Acerca da transdisciplinaridade entre a ciência, a tecnologia e a sociedade, pesquisadores de diversos países, em ensaio sobre a matéria, assim expressam seu entendimento sobre transdisciplinaridade e nanotecnologia:

> *Distinctions among multi-, inter- and transdisciplinarity also reveal an implicit and rather static view of disciplines and their interrelations. In many sessions, we heard reports on the emergence of new areas of knowledge on the edges of disciplines, such as biochemestry and biotechnology. The interface of biochemestry, biotechnology and physics, which includes micromechanics and nanotechnology, is a particularly exciting example. These and other developments were clearly influenced by societal demands and, hence, are trans-scientific in origin.*
>
> *The real argument, we concluded, is not about definitions and distinct practices of multi-, inter-, or transdisciplinarity. It is about achieving an adequate interrelation between science and society.*[15]

A comunicação transdisciplinar a que se propõe os estudos em nanotecnologia, sob o viés da matriz sistêmica de Niklas Luhmann, requer um ambiente conectado com as diversas áreas do saber humano, com os diversos subsistemas sociais (a exemplo do Direito, da economia, da biologia, da física, da matemática, das ciências sociais,...). Será necessária a abertura epistemológica do Direito para as nanotecnologias sem lançar mão da transdisciplinaridade, pois o assunto demanda conhecimento *entre*, *através* e *para além* das disciplinas/áreas do saber humano, até então isoladamente consideradas. Aqui não há que se falar em isolamento! Sinergia, colaboração e cooperação do conhecimento entre as mais diversificadas

[15] BILL, Alan; HÄBERLI, Rudolf; KLEIN, Julie Thompson; GROSSERBACHER-MANSUY, Walter; SCHOLZ, Rolland W.; WELTI, Myrtha. (Eds.). *Transdisciplinarity: joint problem solving among science, technology, and society – na effective way for managing complexity.* Birkhäuser: Spring Basel AG, 2001. p. 221.

áreas do saber humano é palavra de ordem, rumo à inovação aberta! A finalidade última desemboca na compreensão integral, multifacetada, com ética e responsabilidade, sobre os conhecimentos hauridos através da manipulação dos materiais na escala nanométrica, e os respectivos impactos ao ser humano e ao meio ambiente, objetivando uma sociedade sustentável.

A compreensão sistêmica dos estudos em nanotecnologia deve permitir interferências entre os diversos subsistemas sociais, que são ocasionadas pela abertura epistemológica do Direito proporcionado pela transdisciplinaridade e pelo fenômeno conceitual denominado por Luhmann de comunicação, que participa simultaneamente de diversos círculos autopoieticos, considerando que o ser humano participa de diversos contextos sistêmicos. Trata-se da interpenetração de diferentes matrizes de conhecimento, todas conversando e convergindo em prol do conhecimento pleno. Teubner assim contribui para o debate:

> A teoria dos sistemas deve muito do seu sucesso ao facto de perspectivar os sistemas como realidades abertas e adaptáveis ao respectivo meio envolvente ("Umwelt", "environment"). Deixando de conceber estes como realidades fechadas e como mónadas opacas, tornou-se possível analisar as formas de interacção dos sistemas com o respectivo meio envolvente, e, designadamente, as formas de dependência dos primeiros relativamente ao último. É esta envolvente sistémica que determina as condições operatórias dos sistemas "envolvidos", os quais – numa visão partilhada pelas teorias evolucionistas neo-darwinistas e pelas teorias da contingência da sociologia das organizações – são forçados a adaptar-se para sobreviver. Dado que os sistemas eram vistos como realidades simultaneamente abertas e adaptáveis ao meio envolvente, parece lógico concluir que eles podiam ser diretamente influenciados, regulados e até determinados por esse meio.[16]

A complexificação das relações sociais e as inerentes transformações contemporâneas da (e na) tecnociência (em particular, a complexidade das nanotecnologias) carrega consigo a complexidade do conhecimento humano. Se vive uma mudança de paradigma nas diversas áreas do

[16] TEUBNER, Gunther. *O direito como sistema autopoiético*. Lisboa: Fundação Calouste Gulbenkian, 1989. pp. 27-28.

saber, pois a abertura epistemológica das Ciências rompe com o conceito territorial/físico e de análise pura das ciências, e migra para a inovação interssistêmica, num contexto de sociedade global que se traduz pela comunicação aberta e convergente entre as Ciências.

Hoje fala-se em um *novo direito dos conflitos*[17], num contexto de interlegalidade (teia comunicacional interssistêmica – legal – da sociedade global), que trata da sobreposição de diversos espaços jurídicos que se interpenetram e misturam, no plano da consciência, da comunicação e da ação humanas. Insere-se neste contexto a legalidade porosa ou porosidade jurídica, considerada a multiplicidade de ordens jurídicas que se interpenetram, própria da transdisciplinaridade e da compreensão sistêmica do mundo e das Ciências. A interlegalidade significa a fenomenologia do pluralismo político numa concepção pós-moderna de Direito. Reflete um processo dinâmico, de espaços jurídicos assíncronos, numa mistura desigual e instável de códigos jurídicos, própria da complexidade de uma sociedade global.

O contexto da transdisciplinaridade também é tratado na obra de Claus-Wilhelm Canaris, ao trazer a ideia de abertura do sistema, permitindo sua mobilidade e sua capacidade de evolução, pois o *[...] o sistema jurídico partilha, aliás, esta abertura com os sistemas de todas as outras disciplinas*[18]. A transdisciplinaridade rompe com o paradigma do individual e adentra os sistemas sociais (Direito, política, economia,...), para uma correta harmonização social e do conhecimento humano. A nanotecnologia, por todos os aspectos já mencionados, reclama uma conscientização crescente acerca da necessidade da abordagem transdisciplinar entre as diversas áreas do conhecimento humano. O Direito, as engenharias, a biologia, a física, e as mais variadas disciplinas científicas, necessitam ser complementadas, uma pelas outras, buscando abordar os problemas complexos multidimensionais que a sociedade mundial exige.

Abordagens disciplinares tradicionais, ou atomizadas, já se revelam insuficientes, surgindo, então, a necessidade da abertura epistemológica para os mais variados campos da racionalidade humana. Os cientistas

[17] TEUBNER, Gunther. *O direito como sistema autopoiético.* Lisboa: Fundação Calouste Gulbenkian, 1989. pp. 216.

[18] CANARIS, Claus-Wilhelm. *Pensamento sistemática e conceito de sistema na ciência do direito.* 3.ed. Lisboa: Fundação Calouste Gulbenkian, 2002. p. 109-110.

são obrigados a operar além das fronteiras cognitivas tradicionais, num panorama transdisciplinar e sistêmico entre os mais diversificados saberes humanos. Isso demanda o conhecimento e o incremento de várias disciplinas científicas, bem como outros conhecimentos que extrapolam as engenharias, a exemplo das ciências sociais, da medicina, do Direito, etc. À medida que a inovação caminha a passos largos, num movimento espiral contínuo e exponencial, a transdisciplinaridade e a perspectiva sistêmica para a compreensão da sociedade, em toda a sua complexidade, ganham espaço e produção de sentido. Os caminhos expostos pela tradição e evolução do cenário da tecnociência, considerados todos os fundamentos científicos trazidos neste artigo, na ambiência das novas (nano)tecnologias, mostra que a transdisciplinaridade é condição de possibilidade para a revolução (nano)tecnológica, e conduz, necessariamente, para a necessidade de uma compreensão sistêmica, uma nova gramática sistêmico-(nano)tecnológica como abertura epistemológica do Direito para a sociedade e seu novo ator no atual panorama tecnocientífico: o *homo nanotechnologicus.*

3. A compreensão sistêmica das nanotecnologias como condição de possibilidade de uma revolução tecnocientífica

O emprego das nanotecnologias pelo ser humano compreende a necessidade da abertura cognitiva entre as diversas áreas do saber. As ciências, isoladamente consideradas, não são capazes de explicar a reviravolta tecnocientífica ocorrida a partir da manipulação na escala nanométrica. O ingresso em um mundo novo, onde as características dos materiais e seu potencial toxicológico ainda são desconhecidas, demanda a leitura da realidade sob outra vertente, não mais atomizada, mas conectada entre os diversos sistemas parciais que compõem o grande sistema social chamado "sociedade".

A sociedade contemporânea, diante das possibilidades trazidas pela revolução tecnocientífica, traz consigo, como corolário lógico, a complexidade. Pois é a redução desta complexidade, oriunda das relações humanas, uma das principais tarefas a serem cumpridas pela Teoria dos Sistemas Sociais de Niklas Luhmann. Na obra *Teoria della società*, Niklas Luhmann e Raffaele De Giorgi, assim expõem a problemática central da teoria sistêmica:

I caratteri che abbiamo indicato, cioè l'autoreferenza, la riproduzione autopoietica e la chiusura operativa con la monopolizzazione di un proprio tipo di operazione, cioè la comunicazione, portano al fatto che un sistema della società costruisca una propria complessità strutturale e così organizzi la propria autopoiesi. Noi discuteremo numerosi aspetti di questo fenomeno, per esempio la differenziazione dei sistemi [...], le differenze medium/forma o i processi di duplicazione, come le codificazioni e la distinzione Ego/Alter [...]; qui però è necessario premettere alcune considerazioni riassuntive che permettono di cogliere i tratti essenziali del fenomeno.

Complessità non è un'operazione che un sistema effettua o che in esso si verifica: complessità è un concetto dell'osservazione e della descrizione (compresa l'autoosservazione e l'autodescrizione). Dobbiamo chiederci, allora: qual è la forma do questo concetto, qual è la distinzione che lo costituisce? Già questa domanda porta ad una infinità di riflessioni che vi si raccordano, perché il concetto di complessità non è un concetto semplice, ma è un concetto a sua volta complesso e quindi formato in modo autologico.

La distinzione che costituisce la complessità ha la forma di un paradosso: complessità è l'unità di una molteplicità. Uno stato di fatto viene espresso in due diverse versioni: come unità e come molteplicità e il concetto nega che si tratti di qualcosa di diverso. Così è bloccata quella via d'uscita abbastanza agevole che consiste nel fatto che della complessità si parli una volta come di una unità, una volta come di una molteplicità. Questo però porta solo all'ulteriore questione: come si possa trasformare il paradosso in modo creativo, come il paradosso possa essere <<svolto>>.[19]

A sociedade está em um constante estado evolutivo, pois a revolução da tecnociência provoca transformações e rupturas sistêmicas sem precedentes, irritando as ciências a se confrontarem num contexto transdisciplinar, sem as antigas barreiras que esterilizavam e impediam que as diversas áreas do conhecimento humano se comunicassem. Estas mutações na maneira do pensar e do agir humano geram reações às transformações que se processam, e um estranhamento generalizado do ser humano, que busca resistir na defesa do tradicional, acomodado em seus dogmas e suas crenças. Afinal, o processo de evolução do ser humano demanda um contínuo, ininterrupto e assimétrico movimento de desacomodação, pois a inércia nos leva à alienação e à incompreensão da sociedade enquanto sistema.

[19] DE GIORGI, Raffaele; LUHMANN, Niklas. *Teoria della società*. 8.ed. Milano: Franco Angeli, 1996. pp. 40-41.

Hoje, a sociedade humana deve ser compreendida como um grande sistema, dentro do qual existem sistemas parciais que, funcionalmente diferenciados, dependentes e independentes entre si a um só tempo, consigam reduzir a complexidade social. Ante as infinitas possibilidades do ser humano na sociedade, simplificar é a tônica fundamental da teoria de Luhmann. O sistema, na esteira luhmanniana, seria o meio-termo entre a extrema complexidade do mundo e a infinita capacidade do ser humano em assimilar as inúmeras formas de convívio social. O Direito, visto sob o prisma de Niklas Luhmann, consiste em um *subsistema dinâmico*, pois seu constante dinamismo é ocasionado pela necessidade de interagir, permanentemente, com as demais estruturas sociais redutoras da complexidade das possibilidades do ser no mundo.[20]

A revolução tecnocientífica revela que os tradicionais paradigmas científicos estão em crise, e que essa crise significa a necessidade de abandoná-los, para buscar uma outra forma de compreender a sociedade em suas diversas matizes sistêmicas, isto é, nos planos sistêmicos econômico, político, jurídico, dentre outros. Neste sentido, é preciosa a contribuição de Luhmann:

> O sociólogo observa o direito de fora, o jurista o observa de dentro. O sociólogo é atrelado unicamente por seu próprio sistema, que dele pode exigir, por exemplo, "investigações empíricas". O jurista, por sua vez, obedece somente ao seu próprio sistema; o sistema aqui, contudo, é o próprio sistema do direito. Assim, uma teoria sociológica de direito acabaria por ser uma descrição externa ao sistema do direito; não obstante, seria uma teoria adequada se descrevesse o sistema como algo que se descreve a si mesmo (teoria que, nos dias de hoje, tentou explicar-se somente pela sociologia do direito). Já uma teoria jurídica do direito seria uma autodescrição do sistema do direito, e essa autodescrição teria de levar em conta que auto-observações e autodescrições de seu objeto só podem aprendê-lo se o distinguirem de outros objetos. Teriam de identificá-lo e, portanto, distingui-lo, para poder associar-se a ele. Quanto a isso, o que se tem hoje são apenas fórmulas problemáticas, como "direito e sociedade", que acabam operando mais

[20] ROCHA, Leonel Severo. *Epistemologia jurídica e democracia*. 2.ed. São Leopoldo: Editora Unisinos, 2003. p. 101.

como incentivo ao equívoco de pensar que poderia existir direito fora da sociedade. [...].[21]

Observa-se que os sistemas jurídicos ainda preservam uma lógica já ultrapassada pela física quântica, em uma perspectiva de análise transdisciplinar, pois o cenário nanotecnológico requer do Direito a superação de seus dogmas, do seu saber "*quase sagrado*", para uma abertura sistêmica, interconectada entre as diversas áreas do saber humano. É nesse contexto que se faz necessária a abertura epistemológica do Direito para o diálogo entre as fontes, sejam elas as fontes sistêmico-jurídicas propriamente ditas (normas jurídicas, princípios jurídicos, convenções internacionais,...), sejam elas fontes oriundas de outros sistemas parciais da sociedade. A necessidade da superação do positivismo jurídico e sua matriz dogmático--estática pode ser verificada na teoria de Niklas Luhmann, eis que, em sua obra Sociologia do Direito, alerta para os problemas e os riscos trazidos pelo positivismo jurídico, nestes termos:

> Considerando-se a inserção do direito no sistema social abrangente, passa-se a ver as normas jurídicas não mais apenas como decisões programáticas para determinados papéis, mas sim no seu sentido original, como estruturas de expectativas de todos os participantes na interação social. Com isso evidenciam-se muito mais importantes condições e problemas em consequência da reestruturação do direito no sentido da positividade.[22]

O positivismo jurídico, na atualidade, mostra-se insuficiente para reger as relações sociais, sobretudo em virtude das transformações contemporâneas ocorridas no Direito Privado, derivadas da emergência das novas (nano)tecnologias, porquanto o corpo legislativo não consegue acompanhar as constantes mutações sociais e do pensamento contemporâneo. A concepção positivista kelseniana, por exemplo, incita riscos em nossa estrutura jurídico-sistêmica. A complexidade crescente da sociedade e dos seus sistemas parciais, a exemplo do(s) sistema(s) jurídico(s), considerando o contexto da globalização, decorre, de maneira fundamental,

[21] LUHMANN, Niklas. *O direito da sociedade.* São Paulo: Martins Fontes, 2016. p. 21-23.

[22] LUHMANN, Niklas. *Sociologia do direito II.* Rio de Janeiro: Edições Tempo Brasileiro, 1985. p. 53.

da revolução tecnocientífica, exigindo do ser humano a modificação dos atuais padrões que regem as relações sociais, evidenciando-se, neste artigo, os desafios para o desenho dos novos direitos que se projetam pela revolução (nano)tecnológica. Nesse sentido, Niklas Luhmann, em 1972, já se preocupava com o positivismo jurídico e suas consequências negativas para a sociedade:

> Agora, os perigos surgem em grande parte a partir do próprio direito. Por isso as trincheiras contra o perigo não podem mais ser erigidas no terreno da oposição entre o legal e o ilegal; elas atravessam o próprio direito como regulamentação e distribuição dos riscos: leis podem ser modificadas, mas só no contexto da constituição e de determinadas dificuldades; contratos podem ser denunciados, mas só por motivos especiais; direitos subjetivos podem ser desapropriados, mas só no interesse público e através de indenizações; permitem-se ações cujos resultados já se supõem danosos, mas para isso já se prevê uma responsabilidade por risco de danos. A importância desse tipo de regulamentação cresce comparativamente.
>
> [...]
>
> Em vista dessas ameaças agora juridicamente permitidas, torna-se necessário redefinir o conceito e a sensação do problema da segurança. **Não se trata mais de segurança contra ações ilegais, de proteção jurídica, mas de segurança contra ações legais envolvendo, portanto, complicadas disposições contrárias no próprio direito, que exigem constantes controles e adaptações jurídico-políticos. Por isso, o direito atual não é mais capaz de garantir aquela certeza moral das expectativas que resulta do simples fato de alguém julgar-se no direito.**[23] [grifos nossos]

Portanto, se faz necessária a compreensão sistêmica das nanotecnologias como condição de possibilidade de uma nova ordem tecnocientífica decorrente da evolução da sociedade. O positivismo e a dogmática jurídica não atendem as expectativas sociais contemporâneas, porquanto o sistema jurídico não consegue adaptar-se às constantes modificações provenientes dos sistemas parciais da política, da economia e das ciências. A dogmática jurídica, como consequência do positivismo exacerbado, impossibilita que

[23] LUHMANN, Niklas. *Sociologia do direito II*. Rio de Janeiro: Edições Tempo Brasileiro, 1985. pp. 54-55.

os sistemas sociais possam evoluir de forma ordenada, em consonância com os desafios impostos pela complexidade das relações sociais.

O Direito (e também os demais subsistemas sociais) torna-se tão complexo no cenário contemporâneo ao ponto de o seu observador (indivíduo) não mais conhecê-lo de forma suficiente. Neste sentido, Luhmann leciona:

> [...] incapacidade de atingir-se um conhecimento pleno do direito é, naturalmente, um fato antigo, mas mesmo em questões jurídicas que se expressam constantemente na vida cotidiana ela deixa de ser exceção, para tornar-se regra. Independentemente disso, sequer continua sendo racional para o indivíduo, adquirir conhecimento jurídico antecipadamente, e mantê-lo atualizado, a não ser que ele seja frequentemente confrontado com determinados casos jurídicos nos seus papéis profissionais[24].

Verifica-se, na doutrina de Niklas Luhmann, a incapacidade do positivismo jurídico para o enfrentamento dos problemas sociais contemporâneos, a exemplo do que se verifica em sistemas jurídicos de vertente positivista. No introito da obra *El derecho de la sociedad*, Luhmann adverte que *en la literatura de la teoría del derecho el contenido de este capítulo es tratado bajo el lema de positividad. El concepto de positividad, desde el punto de vista teórico, no es suficiente*[25]. Luhmann demonstrada que o positivismo jurídico é incapaz de fazer frente a justificativas oriundas das relações do sistema sociedade, nestes termos:

> Lo que sigue siendo discutible es únicamente si el derecho tal como rige, necesita una "legitimación" más allá de sí mismo. Su status interno permanece sin ser aclarado. Se puede, naturalmente, hacer un juicio político o moral sobre el derecho prevaleciente; pero en el sistema del derecho, el hecho de que junto a derecho positivo exista otro derecho, y que ése no fuera un derecho positivo, se tomaría en calidad de oposición, lo cual sería algo alarmante – la excepción la llevan a cabo los extremistas.[26]

[24] LUHMANN, Niklas. *Sociologia do direito II.* Rio de Janeiro: Edições Tempo Brasileiro, 1985. p. 55.

[25] LUHMANN, Niklas. *El derecho de la sociedad.* Barcelona: Antrophos. p. 24.

[26] LUHMANN, Niklas. *El derecho de la sociedad.* Barcelona: Antrophos. p. 24.

Luhmann também salienta que o Direito, na medida em que ocorre sua mutação e sua expansão, torna-se *trivial*. A trivialidade, para Luhmann, significa indiferença com respeito a diversidades, que, na temática ora em exame, pode ser vista como a insuficiência do positivismo jurídico para sustentar a complexidade social no atual cenário da revolução (nano) tecnocientífica. Luhmann adverte:

> Para todos os indivíduos, quase todas as prescrições não possuem qualquer significado com o qual eles possam identificar-se. Por isso, o indivíduo não pode sentir o direito como um assunto seu, reconhecendo-se tão-só em suas próprias projeções normativas, suas pretensões e seus interesses, que apenas eventualmente coincidem num maior ou menor grau com o direito[27].

É nesse viés argumentativo, tal qual exposto por Luhmann, que se verifica que o positivismo jurídico é insuficiente para reduzir a complexidade das relações sociais, que cresce em proporções nunca antes vistas. A concepção positivista do Direito (a *matematização* e a *estandardização* da Ciência Jurídica), tal qual sustentada pelo paradigma racionalista filosófico incrustado em nosso sistema jurídico, merece uma ressignificação, com um maior acoplamento estrutural entre os diversos sistemas parciais componentes do sistema sociedade.

Conclui-se, portanto, que o sistema jurídico, de viés dogmático-positivista, deve ser superado, mediante o diálogo entre as fontes do Direito, permitindo-se, assim, reduzir a complexidade das relações sociais através da compreensão sistêmica da sociedade, sob a perspectiva da teoria sistêmica de Niklas Luhmann. A teoria dos sistemas sociais pode ser vista como um antídoto para combater a insuficiência teórica trazida pelo positivismo jurídico, em descompasso com a complexidade apresentada pela sociedade. A nanotecnologia, enquanto novidade tecnológica que alberga diversas áreas do conhecimento humano, busca uma sincronia do subsistema do Direito com os demais sistemas parciais, em contraposição ao positivismo jurídico ainda imperante. Mediante a aplicação da matriz sistêmica luhmanniana existe a condição de possibilidade

[27] LUHMANN, Niklas. *Sociologia do direito II*. Rio de Janeiro: Edições Tempo Brasileiro, 1985. pp. 56-57.

para uma verdadeira revolução tecnocientífica, convergindo os diversos subsistemas para a diminuição da complexidade social.

Em que pese as aporias ético-econômicas hoje existentes em torno da temática das nanotecnologias, visto que ainda existem dúvidas e incertezas sobre a interface das nanotecnologias sobre os seus pontos de vista ético e econômico, em face de todos os argumentos já explicitados ao longo deste artigo, é inevitável a necessidade de serem estabelecidas conexões sistêmicas, vitais e incindíveis, no tocante aos aspectos éticos e econômicos que se instauram quando o assunto diz respeito às nanotecnologias. A Teoria dos Sistemas de Niklas Luhmann vem acentuar a necessária aproximação da temática nanotecnológica com as questões de cunho ético e econômico, pois o *homo nanotechnologicus* precisa de um novo senso de responsabilidade para o tratamento do tema, que deixa um legado presente e futuro à nossa e às futuras gerações, no contexto de um desenvolvimento sustentável. Neste sentido, Geoffrey Hunt adverte:

> [...] all the major socio-economic forces are largely fixated on responding to economic, technological and political problems as they arise, tending to blot out from the field of informed debate the global questions about the value, quality, justice and porpuses of human life or leaving them to organized fundamentalist perceptions that are dislocated from modern realities. Taking a global ethics approach to nanotechnology, I shall briefly consider four major themes, and how acctualy developing nanotechnology may at once manifest and react upon this Ethical state of affairs, economic injustice, war, environmental degradation and over-consuption (consumerism) are four global human facts, and it seems to me much more fruitful to pose the question of nanotechnology within the context of these contemporary facts than to attempt abstract analysis from the stand point of moral theory or principals or standard list of "ethical aspects".[28]

O organismo internacional denominado *ICTA – International Center for Technology Assessment* acentua um conjunto de princípios que devem ser observados na manipulação de nanomateriais, como forma de responsabilizar os agentes e gerir os riscos e perigos decorrentes do uso da

[28] HUNT, Geoffrey. The global ethics of nanotecnology. In: HUNT, Geoffrey; MEHTA, Michael D. *Nanotechnology: risk, ethics and law*. London: Earthscan, 2008. p. 183-184.

nanotecnologia nos processos produtivos e de manipulação de materiais. Neste sentido, Engelmann expõe e explica o conjunto principiológico expedido pelo ICTA:

a) ***Princípio da precaução:*** *por conta dele, se exige a criação de mecanismos* de supervisão nanoespecíficos, considerando as características próprias destes novos materiais, que diferem das propriedades físicas, químicas e biológicas conhecidas;
b) **Princípio sobre a Regulamentação Mandatória Nanoespecífica:** aqui se tem um grande gargalo, pois não há legislação específica. Aqui cresce em importância a adoção de modelos de autorregulação, adaptados a partir da regulamentação existente, como se verá mais adiante;
c) **Princípio da proteção à saúde e segurança para o público e trabalhadores:** como se trata de partículas ultrafinas, os equipamentos atuais de proteção do trabalhador são ineficientes. Portanto, antes do início do processo produtivo, este deveria ter sido um aspecto a ser considerado. No entanto, os trabalhadores já estão expostos às nano partículas, sem equipamentos adequados. Mais uma vez, a gestão do risco e acompanhamento deverá entrar em operação, para se promover o emprego de métodos alternativos de proteção e a aplicação restritiva das normas de segurança e saúde do trabalhador vigentes. Por outro lado, o cuidado com estas pequenas partículas deverá ir além do laboratório, ou seja, a partir do momento em que elas saem dos tubos de ensaio e ganham o processo produtivo e depois o mercado consumidor, deverá haver medidas de cuidado, proteção e de precaução;
d) **Princípio da sustentabilidade ambiental:** é preciso mapear e acompanhar o ciclo de vida de um nanomaterial, incluindo o seu desenvolvimento no laboratório, fabricação, transporte, uso do produto, reciclagem e eliminação dos resíduos. Dada a diversidade das nanopartículas já desenvolvidas, não há estudos uniformes sobre as reações ambientais de cada uma delas, a metodologia que se aplica a uma, pode não ser adequada à análise de outras;
e) **Princípio da transparência:** aqui se pretende a circulação clara e precisa das informações. Os trabalhadores devem saber os riscos a que estão expostos e os consumidores deverão ter informações

sobre os produtos com nanopartículas, a fim de ter condições de decidir sobre o seu consumo ou não;

f) **Princípio da participação do público:** o engajamento da sociedade é fundamental para a instalação consciente e democrática da revolução nanotecnológica, pois seus efeitos – positivos e/ou negativos – serão suportados por todos os seus membros;

g) **Princípio da inclusão de amplos impactos:** as nanotecnologias trarão modificações e impactos sociais, econômicos, ambientais e políticos sem precedentes. Não se poderá trabalhar apenas com uma face dos impactos – a positiva – que sempre gera uma sensação de ausência de riscos e impactos. Em decorrência dos princípios anteriores, impõe-se a apresentação dos aspectos positivos e negativos;

h) **Princípio da responsabilidade do produtor:** aqui se tem um ponto fundamental que remete ao questionamento: quem assumirá as consequências que os riscos poderão gerar? Tudo indica que os desenvolvedores e produtores devem garantir a segurança e a eficácia dos seus processos e produtos, assim como assumir a responsabilidade por quaisquer consequências negativas daí decorrentes. Este conjunto de princípios deverá ser mensurado na construção de uma efetiva e comprometida gestão dos riscos.[29]

Por meio desses princípios, se poderá estabelecer conexões sistêmico-comunicativas entre as diversas áreas do conhecimento, incluindo o Direito, a fim de projetar cenários regulatórios que não dependem necessariamente da intervenção direta do Sistema da Política. Somente o trabalho conjunto, cooperativo e integrado entre as diversas áreas do conhecimento, em uma perspectiva transdisciplinar e sistêmica, será capaz de revelar o verdadeiro aprendizado humano, que vem do ser humano e é para o ser humano, eliminando as aporias hoje existentes entre as nanotecnologias, a ética e a economia. São vitais e incindíveis as conexões

[29] ENGELMANN, Wilson. O diálogo entre as fontes do direito e a gestão do risco empresarial gerado pelas nanotecnologias: construindo as bases à juridicização do risco. In: STRECK, Lenio Luiz; ROCHA, Leonel Severo; ENGELMANN, Wilson (Orgs.). *Constituição, sistemas sociais e hermenêutica. Anuário do Programa de Pós-Graduação em Direito da UNISINOS.* Porto Alegre: Livraria do Advogado, 2012, n. 9, p. 336-337.

sistêmicas entre as Ciências (aqui compreendidas todos as ciências) e todos os subsistemas parciais do sistema social chamado sociedade, em busca de uma sustentabilidade integral do *homo nanotechnologicus* no meio ambiente que habita. Trata-se da sustentabilidade com responsabilidade socioambiental e bioética, pois, como resume Hunt, *we are not only in nature but of nature, and nature is not only in us but of us.*[30]

Conclusões

O ser humano sempre teve acesso à escala nanométrica. Foi somente com a evolução humana na sociedade que se permitiu o conhecimento e o acesso a esta escala subatômica. A matriz da modernidade, representada pela física mecânica de Isaac Newton, foi superada pela mecânica quântica de Max Planck, demonstrando que os átomos possuem energia. E esta descoberta trouxe uma ressignificação para as Ciências, pois à antiga compreensão de matéria, tempo e espaço funde-se um novo elemento, que é a energia atômica.

As transformações contemporâneas no panorama tecnocientífico são paradigmáticas, pois o ser humano se moveu da lógica binária para a matriz analógica, representada pela fusão entre os mundos físico, digital e biológico. E o movimento de (r)evolução continua, pois se está ingressando na matriz digital.

A complexidade das relações sociais e o viver em sociedade demandam do ser humano uma nova compreensão do mundo, devendo os sistemas (do Direito, da economia, da política, das Ciências, dentre outros) serem vistos e estudados não de forma isolada, mas de forma integrada, interconectada, numa perspectiva de teia sistêmica, em que diversos sistemas se comunicam para deles extrair, e de si próprios (na perspectiva autopoietica), uma melhor compreensão da realidade, com vistas à redução da complexidade.

O problema que a pesquisa do presente artigo pretendeu responder foi: sob quais condições a conjugação da transdisciplinaridade e a complexidade poderão viabilizar o desenho de cenários normativos, tendo em vista as demandas advindas do uso das nanotecnologias? Pelos aspectos analisados se verifica que o Sistema do Direito precisará se abrir à

[30] HUNT, Geoffrey. The global ethics of nanotecnology. In: HUNT, Geoffrey; MEHTA, Michael D. *Nanotechnology: risk, ethics and law.* London: Earthscan, 2008. p. 188.

comunicação transdisciplinar, a fim de estruturar alternativas criativas para mitigar as complexidades trazidas pelas nanotecnologias ao Sistema Social. O Sistema Político terá dificuldades para estruturar regulações para essa revolução nanotecnológica, destacando-se as possibilidades de se desenhar cenários regulatórios, com a incorporação dos princípios, conforme apresentado neste artigo.

Como resposta ao problema de pesquisa encontrado, a hipótese de pesquisa aponta para a necessidade de comunicação entre as fontes do Direito e aos demais subsistemas sociais (a exemplo da economia, da política, das Ciências, dentre outros), mediante a compreensão da temática das nanotecnologias sob a perspectiva transdisciplinar, sendo necessário o cuidado e a precaução no uso das nanotecnologias, pois elas apresentam o conceito de risco, como aponta Luhmann[31], a fim de proteger o *homo nanotechnologicus* e o meio ambiente neste cenário de incertezas e riscos. Conforme restou evidenciado no desenvolvimento deste artigo, o uso das nanotecnologias pode trazer benefícios e malefícios ao ser humano e ao meio ambiente. Ou seja, existe, ainda, panorama riscos e incertezas não calculados quando se trata do uso das nanotecnologias, sendo necessária a construção de respostas jurídicas diante deste cenário novo e imprevisível, decorrente do novo paradigma tecnocientífico contemporâneo. A inteligência humana deve caminhar para a compreensão sistêmica da sociedade, utilizando a *phrónesis*[32] como elemento da experiência humana apta a desbravar as novas (nano)tecnologias, mediante a observância dos elementos éticos, jurídicos, econômicos, dentre outros, a partir da compreensão sistêmica luhmanniana, pois *o arcabouço normativo e técnico será desenvolvido por meio do diálogo entre as fontes do Direito, sem a preocupação em preencher um suporte fático previamente definido*[33]. É nessa mudança

[31] LUHMANN, Niklas. *Sociología del riesgo*. Guadalajara: Universidad Iberoamericana e Universidad de Guadalajara, 1992. p. 45. Sobre o conceito de risco, Luhmann acentua: "[...] segundo seja o caso de que alguém participe no risco como portador de decisões ou como afetado por estas decisões [...]."

[32] ARISTÓTELES. *Ética a Nicômacos*. Brasília: Editora Universidade de Brasília, 2001.

[33] ENGELMANN, Wilson. O diálogo entre as fontes do direito e a gestão do risco empresarial gerado pelas nanotecnologias: construindo as bases à juridicização do risco. In: STRECK, Lenio Luiz; ROCHA, Leonel Severo; ENGELMANN, Wilson (Orgs.). *Constituição, sistemas sociais e hermenêutica. Anuário do Programa de Pós-Graduação em Direito da UNISINOS*. Porto Alegre: Livraria do Advogado, 2012, n. 9, p. 344.

de paradigma que se inserem os estudos que envolvem a utilização das nanotecnologias, pois o *homo nanotechnologicus* é capaz de acessar, hoje, parte minúscula da composição de materiais e elementos químicos, numa escala subatômica.

É incontroverso que o paradigma científico anterior a essa revolução tecnocientífica não estava apto a revelar estas novas descobertas (nano) tecnológicas, uma vez que havia um brutal distanciamento entre as Ciências Duras e as Ciências do Espírito. Somente quando da descoberta da física quântica e estudos posteriores, o ser humano conscientizou-se que as Ciências não podem ser tratadas de maneira individualizada, separada, segregada, uma vez que é necessária a convergência entre as diversas áreas do saber para que se tenha a integral compreensão da realidade, através da compreensão sistêmica das (nano)tecnologias e da transdisciplinaridade como condição de possibilidade para a abertura epistemológica das Ciências (aqui, em especial, do sistema do Direito) para as novas tecnologias.

Por todo o estudo realizado neste artigo, pode-se observar que as nanotecnologias inserem-se no panorama tecnocientífico que invoca (re)pensar o Direito, e todos os demais subsistemas sociais, para uma compreensão sistêmica da sociedade tecnocientífica, abrindo-se espaço para uma nova gramática sistêmico-(nano)tecnológica, que promova leituras, estudos e discussões sobre os aspectos positivos e negativos do uso das nanotecnologias, visando sempre a sustentabilidade do *homo nanotechnologicus* e do meio ambiente.

Nessa perspectiva, o Sistema do Direito, enquanto sistema parcial inserido na complexidade do grande sistema social denominado Sociedade, é chamado a contribuir com os debates entre (e através) de todas as áreas do saber humano, congregando esforços para a sustentabilidade socioambiental e bioética do Planeta.

Referências

AQUINO, Marcelo Fernandes de. *Os arranjos colaborativos e complementares de ensino, pesquisa e extensão na educação brasileira e sua contribuição para um projeto de sociedade sustentável no Brasil*. São Leopoldo: Caderno IHU Ideias, 2013.

ARISTÓTELES. *Ética a Nicômacos*. Brasília: Editora Universidade de Brasília, 2001.

BARRETTO, Vicente de Paulo. O "admirável mundo novo" e a teoria da responsabilidade. In: *O direito e o tempo: embates jurídicos e utopias contemporâneas – estudos em homenagem ao Professor Ricardo Pereira Lira, Gustavo Tepedino e Luiz Edson Facchin*. Rio de Janeiro: Renovar, 2008. p. 995-1018.

BILL, Alan; HÄBERLI, Rudolf; KLEIN, Julie Thompson; GROSSERBACHER-MANSUY, Walter; SCHOLZ, Rolland W.; WELTI, Myrtha. (Eds.). *Transdisciplinarity: joint problem solving among science, technology, and society – na effective way for managing complexity*. Birkhäuser: Spring Basel AG, 2001.

CANARIS, Claus-Wilhelm. *Pensamento sistemática e conceito de sistema na ciência do direito*. 3. ed. Lisboa: Fundação Calouste Gulbenkian, 2002.

DE GIORGI, Raffaele; LUHMANN, Niklas. *Teoria della società*. 8.ed. Milano: Franco Angeli, 1996.

ENGELMANN, Wilson. A nanotecnociência como uma revolução científica: os direitos humanos e uma (nova) filosofia na ciência. In: STRECK, Lenio Luiz; MORAIS, José Luis Bolzan de. (Orgs.). *Constituição, sistemas sociais e hermenêutica: anuário do Programa de Pós-Graduação em Direito da UNISINOS*. Porto Alegre: Livraria do Advogado, 2010, n.6, p. 249-265.

ENGELMANN, Wilson. O diálogo entre as fontes do direito e a gestão do risco empresarial gerado pelas nanotecnologias: construindo as bases à juridicização do risco. In: STRECK, Lenio Luiz; ROCHA, Leonel Severo; ENGELMANN, Wilson (Orgs.). *Constituição, sistemas sociais e hermenêutica. Anuário do Programa de Pós-Graduação em Direito da UNISINOS*. Porto Alegre: Livraria do Advogado, 2012, n. 9, p. 319-344.

ENGELMANN, Wilson. O Direito em face das nanotecnologias: novos desafios para a teoria jurídica no século XXI. In: WOLKMER, Antonio Carlos; LEITE, José Rubens Morato (Orgs.). *Os "novos" Direitos no Brasil: natureza e perspectivas*. São Paulo: Saraiva, 2016, p. 435-461.

ENGELMANN, Wilson. O direito frente aos desafios trazidos pelas nanotecnologias. In: STRECK, Lenio Luiz; ROCHA, Leonel Severo; ENGELMANN, Wilson. *Constituição, sistemas sociais e hermenêutica: anuário do Programa de Pós-Graduação em Direito da UNISINOS*. Porto Alegre: Livraria do Advogado, 2013.

ETZKOWITZ, Henry. *Hélice tríplice: universidade-indústria-governo: inovação em movimento*. Porto Alegre: EDIPUCRS, 2013.

ETZKOWITZ, Henry. *The Triple Helix: University-Industry-Government. Innovation in Action*. New York: Routledge, 2008.

HUNT, Geoffrey. The global ethics of nanotecnology. In: HUNT, Geoffrey; MEHTA, Michael D. *Nanotechnology: risk, ethics and law*. London: Earthscan, 2008. p. 183-195.

JAESCHKE, Walter. As ciências naturais e as ciências do espírito na era da globalização. In: *Veritas*. Porto Alegre, v. 51, n. 1, março de 2006, p. 121-132.

KIM, Young-Gil. A shift of higher educational paradigm with scientific development from isolation to integrative/holistic global education in the twenty-first century.

In: *Proceedings... 2010 International Presidential Forum on Global Research Universities – The role of the research university in a S&T dominated era: expectation vs delivery*. Seoul: *KAIST Press*, 2010.

KUHN, Thomas S. *A estrutura das revoluções científicas*. São Paulo: Perspectiva, 2003.

LUHMANN, Niklas. *El derecho de la sociedad*. Barcelona: Antrophos, 1999.

LUHMANN, Niklas. *O direito da sociedade*. São Paulo: Martins Fontes, 2016.

LUHMANN, Niklas. *Sociología del riesgo*. Guadalajara: Universidad Iberoamericana e Universidad de Guadalajara, 1992.

LUHMANN, Niklas. *Sociologia do direito II*. Rio de Janeiro: Edições Tempo Brasileiro, 1985.

MALLOY, Timothy F. Disrupting conventional policy: the three faces of nanotechnology. In: *UCLA Journal of Environmental Law & Policy*. Los Angeles: 2010.

ROCHA, Leonel Severo. *Epistemologia jurídica e democracia*. 2. ed. São Leopoldo: Editora Unisinos, 2003.

ROCHA, Leonel Severo. Transdisciplinaridade e direito. In: FOLLMANN, José Ivo; SOUZA, Ielbo M. Lôbo de. *Transdisciplinaridade e universidade: uma proposta em construção*. São Leopoldo: Editora Unisinos, 2003. p. 40-44.

SCHWAB, Klaus. *A quarta revolução industrial*. São Paulo: Edipro, 2016.

TEUBNER, Gunther. *O direito como sistema autopoiético*. Lisboa: Fundação Calouste Gulbenkian, 1989.

6. Análise Econômica do Direito na Sociedade da Informação

Marcelo Guerra Martins

Introdução

Normas de conduta instituídas por uma autoridade ou poder superior, tenham índole religiosa, mística ou mesmo outra inspiração, são encontradas desde quando os seres humanos começaram a se organizar em comunidades, há vários milênios, portanto. O disciplinamento das relações estabelecidas entre as pessoas, com a previsão de sanções ou penalidades aos infratores, sempre se fez necessária como um meio de regular a distribuição dos bens e comodidades entre os membros de uma sociedade.

Levando em conta a finitude dos recursos, a sobrevivência de qualquer sociedade, seja minúscula ou gigantesca e complexa, depende basicamente de três questões, tudo a depender de fatores como clima, recursos naturais disponíveis, capacidade da mão de obra, conhecimentos acumulados, crenças e valores morais, etc. Assim, não obstante as repostas poderem se diferenciar em cada caso, as questões são sempre as mesmas: 1) o que produzir? 2) como produzir? e 3) como dividir entre as pessoas o que foi produzido?

Fatores como clima, recursos naturais disponíveis, capacidade da mão de obra e conhecimentos acumulados determinarão a resposta das duas primeiras questões. A terceira questão, que se liga à divisão do que foi produzido, dependerá justamente da estrutura normativo comportamental presente em cada sociedade, com variações óbvias em termos de tempo e local. Não interessa se referidas normas têm na religião, na moral, nos costumes, na lei estatal, etc.: são elas que ditarão como deve ocorrer a divisão daquilo que uma sociedade produziu. A história demonstra que raramente essa divisão foi justa ou equânime.

Daí a forte relação entre a economia (modo de organização social que responde às duas primeiras questões) e o direito (normas que regulam, dentre outros aspectos, a distribuição de bens e riquezas em geral, por meio de institutos como propriedade, posse, contratos, declarações unilaterais de vontade, etc.). Assim, é certo que o direito e a economia são ambos fenômenos sociais antiquíssimos que se interagem constantemente por meio de estímulos e *feedbacks* recíprocos.

No item 1 será abordada a necessária e indispensável diferenciação entre Análise Econômica do Direito (objeto do presente texto) e a Interpretação Econômica do Direito, método não adequado à análise jurídica e que, ao contrário dos que muitos pensam, não se confunde com a AED. O item 2 irá detalhar aspectos da acima citada inter-relação entre os fenômenos sociais do direito (normas) e da economia (organização social).

O tópico 3 apresenta a AED (Análise Econômica do Direito) propriamente dita, movimento acadêmico que surgiu a partir da segunda metade do século XX nos Estados Unidos, com objetivo de analisar cientificamente as constantes inter-relações entre o direito e a economia, sendo apresentadas algumas "escolas" de AED, tais como: a Escola Fundacional (ou Escola de Chicago), a Escola Pragmática (evolução da anterior), a Escola Regulatória (ou Escola de New Haven ou de Yale) e as Escolas Institucionais.

O tópico 4 será dedicado a apresentar as principais características da Sociedade da Informação e seus reflexos sobre o fenômeno jurídico, principalmente após a consolidação da *internet* que, dentre outras peculiaridades, permitiu o aumento exponencial da circulação, em níveis globais, de conhecimento, informações e ideias. Nesse item, se demonstra a utilidade da AED como uma ferramenta de grande auxílio não apenas para compreender a dinâmica do direito (aspecto das consequências ou efeitos das normas), mas também para melhorar a qualidade das formulações *de lege ferenda*, com objetivo de melhor equacionar os inúmeros conflitos de interesses econômicos, políticos e sociais que ordinariamente surgem nas sociedades complexas.

Quanto à metodologia, o texto se constitui numa análise teórica de índole qualitativa, sendo as conclusões obtidas precipuamente através do método indutivo. Advertimos não ser nossa intenção colocar palavras finais, muito menos verdades absolutas. Ao contrário, críticas e sugestões são sempre bem-vindas.

1. Análise econômica do Direito *versus* interpretação econômica do Direito

Muitos juristas ostentam certa resistência à Análise Econômica do Direito (também denominada de Direito e Economia, Direito & Economia ou, ainda, *Law and Economics*). O motivo, em nossa visão, é um suposto temor de que os postulados da economia, muitas vezes identificados com os anseios do mercado ou das grandes empresas, venham sobrepujar não apenas o conhecimento jurídico, mas a própria aplicação das leis.

Ocorre que a AED, conforme será melhor verificado no item 3, é "somente" uma técnica de análise do sistema jurídico, técnica essa que se serve de conhecimentos (teses, postulados, axiomas, etc.) oriundos da ciência econômica para, com esteio em tais teorizações, predizer os prováveis efeitos (ou consequências) que norma jurídica qualquer (lei, decreto, regulamento, portaria, etc.) gerará sobre o comportamento das pessoas em sociedade (trata-se da chamada AED positiva).

E, uma vez previstos os prováveis efeitos de uma norma, a AED igualmente pode ser empregada para a proposição de modificações no sistema jurídico, de maneira a induzir (ou inibir) os comportamentos desejados pelo legislador (trata-se da AED normativa). Dessa forma, a Análise Econômica do Direito pode ser aplicada a todos os ramos do direito, sem exceção.

Pois bem, então, quais seriam esses conhecimentos ou postulados da ciência econômica utilizados pela AED? Dentre outros, os mais relevantes são os seguintes: 1) a regra da escassez (ou da finitude dos recursos), 2) o uso da racionalidade (na verdade, um um juízo de custo e benefício) para a tomada de decisões em geral, 3) a presunção de que o mercado em livre concorrência promove a melhor distribuição possível dos bens produzidos, 4) a flutuação dos preços segundo a variação entre a oferta e a demanda de certo produto ou serviço.

Já a Interpretação Econômica do Direito se revela como um método a ser utilizado apenas dentro da ciência econômica, não sendo apropriada às investigações próprias da órbita do direito. Seu mecanismo consiste em dar um significado essencialmente econômico a uma determinada situação ou instituto jurídico, independentemente de haver um tratamento normativo específico. É o que ocorre, por exemplo, quando se identifica o contrato de *leasing* como uma espécie de compra e venda ou tipo especial de locação.

Ora, é bem sabido que o *leasing* possui disciplina jurídica própria, constituindo-se num tipo de negócio jurídico autônomo e independente da mera locação ou da compra e venda. O mesmo ocorre com todas as demais figuras e institutos criados pelo direito, não sendo correto realizar uma aproximação entre eles apenas pelo fato de, eventualmente, haver semelhança quanto ao respectivo *modus operandi* ou aos efeitos gerados. (*v.g.* a união estável e o casamento, a separação de corpos e o divórcio, a propriedade, o domínio útil e a posse, o bem móvel e o semovente, a prescrição e a decadência, a medida liminar e a sentença final do processo, etc.).

Portanto, a Interpretação Econômica do Direito somente pode ser utilizada dentro do campo da ciência econômica, uma vez que, na maioria das vezes, é capaz de simplificar, sobretudo para fins didáticos, situações jurídicas complexas (*v.g.* o citado contrato de *leasing*) tornando-as compreensíveis (ou mais palatáveis) ao universo de conhecimento dos economistas, sem que tal redução de conteúdo chegue a representar perda relevante da acuidade dos resultados da pesquisa econômica.

2. Direito e economia: fenômenos sociais interligados

A regulação do comportamento das pessoas em sociedade vem ocorrendo desde tempos imemoriais, de início sob forte inspiração religiosa. Com efeito, entre "gregos e romanos, do mesmo modo que entre os hindus, desde o princípio, espontaneamente, a lei surgiu como especialidade de sua religião"[1]. Aliás, um dos primeiros conjuntos de normas escritas e sistematizadas de que se tem conhecimento data do 18º século antes de Cristo, sendo composto pelas 282 regras que compõem o amplamente reconhecido Código de Hamurabi[2].

[1] COULANGES. Fustel de. **A cidade antiga**. Trad. Fernando Aguiar. 8. ed. Lisboa: Livraria Clássica, 1954, vol. 1, p. 284-285.

[2] Segundo a Enciclopédia Britânica: "**Code of Hammurabi**, the most complete and perfect extant collection of Babylonian laws, developed during the reign of Hammurabi (1792–1750 BCE) of the 1st dynasty of Babylon. It consists of his legal decisions that were collected toward the end of his reign and inscribed on a diorite stela set up in Babylon's temple of Marduk, the national god of Babylonia. These 282 case laws include economic provisions

Portanto, identificamos o direito com normas de regulação do comportamento humano em sociedade, não sendo relevante, para fins exclusivos do presente texto, aprofundar essa noção, isso é, adentrar em discussões que buscam distinguir a norma jurídica daquela de origem religiosa, moral, social ou costumeira. Passamos agora a descrever o que se compreende por economia, igualmente um fenômeno humano que reflete o modo de organização de uma sociedade.

Quando se fala em economia, o primeiro pressuposto a ter em mente é a regra da escassez, ou seja, os recursos materiais nunca serão suficientes para atender todas as necessidades e desejos de um indivíduo (ou de uma sociedade), por mais rico que seja. Portanto, qualquer pessoa que deseja obter certa comodidade (*v.g.* uma refeição, um remédio, um automóvel, uma viagem, ações de uma companhia, etc.) compara as possibilidades de aquisição que despontam diante de si a fim de escolher aquela que, em seu juízo, aquela que corresponder ao melhor custo-benefício.

Com efeito, num "mundo no qual os recursos são escassos, cada escolha implica em uma renúncia – que, por sua vez, implica em custo de oportunidade, que se refere justamente àquilo a que se renunciou"[3]. Esse sopesamento entre o custo e o benefício de algo, essa incessante necessidade de realizar escolhas é, em suma, uma atividade econômica, pois, segundo Max Weber, "está orientada a procurar 'utilidades' (bens e serviços) desejáveis ou as probabilidades de disposição sobre as mesmas"[4].

Por conseguinte, a organização da economia (em qualquer sociedade) implica na resolução de algumas questões elementares, mas de vital

(prices, tariffs, trade, and commerce), family law (marriage and divorce), as well as criminal law (assault, theft) and civil law (slavery, debt). Penalties varied according to the status of the offenders and the circumstances of the offenses".

[3] CARVALHO, Cristiano da Rosa. Direito tributário e análise econômica do direito: uma introdução. In: LIMA, Maria Lúcia L. M. Pádua (coord.). **Direito e economia 30 anos de Brasil**. São Paulo: Saraiva, 2012, p. 29.

[4] **História geral da economia**. Trad. Klaus Von Puschen. São Paulo: Centauro, 2006, p. 09-10. Destaque-se que a "ação econômica" não envolve, necessariamente, a presença ou a circulação de dinheiro, posto que as diversas operações podem ocorrer na forma de trocas de bens em espécie, como ocorria no início da Idade Média, época em que o feudo produzia quase tudo que seria consumido pelas famílias e em que havia poucas e esporádicas trocas em mercados semanais mantidos junto a mosteiros ou castelos controlados pelo bispo ou o senhor local.

importância no desenho social que se pretende imprimir. Dessa forma, é preciso que se tomem decisões acerca dos seguintes tópicos[5]:

1) O que será produzido? Como dito, devido à insuficiência dos recursos materiais, não é possível atender a todas as necessidades e ou desejos simultaneamente, sendo indispensável fazer escolhas a respeito da quantidade e qualidade dos bens e serviços que serão confeccionados num dado período.
2) Como será produzido? Frente à diversas possibilidades e técnicas disponíveis, em que cada uma apresenta custo de oportunidade diferente, é de rigor decidir quais meios de produção devem ser aplicados para cada finalidade desejada, de modo a evitar o desperdício e, com isso, atingir um patamar de maior eficiência.
3) Como será a divisão do que foi produzido? Significa resolver como será efetivada a distribuição do que foi produzido pela sociedade como resultado da interação econômica dos seus componentes.

É nesse contexto que se apresenta uma das primeiras e mais básicas relações entre o direito e a economia, qual seja, a estipulação pelo primeiro das chamadas "regras do jogo" que deverão ser observadas pelos atores econômicos, em suma, todos os componentes da sociedade, independentemente da riqueza ou posição social ostentada. Neste amplíssimo campo, várias "mensagens" ou "conteúdos" podem ser direcionados pelo direito à ação econômica das pessoas, citando-se aqueles que julgamos ser os mais relevantes à compreensão do presente texto[6].

2.1. Conteúdo de proibição ou vedação de comportamentos

Há várias atividades que, por representarem risco à saúde ou algum tipo de conflito com o interesse público, ou mesmo por razões políticas, tem sua prática completamente vetada pelo direito (*v.g.* produção e o comércio

[5] BOARATI, Vanessa. **Economia para o direito**. Barueri: Manole, 2006, p. 15-16.

[6] Segundo Sandra Moncellin, "da un lato la legislazione condiziona le decisioni e i comportamenti delle unità economiche sia a livello disaggregato (microeconomia) sia a livello aggregato (macroeconomia); dall'altro, il legislatore e l'interprete non possono ignorare le proposizioni economiche" (*in* Economia criminale e atto economico: brevi considerazioni. **Revista Trimestrale di Diritto Penale dell'Economia**. Ano XI, n. 4, oct./dez. 1998, p. 1.032).

de substâncias entorpecentes, exploração de jogos de azar, a "lei seca" que tornou ilícito o fabrico, o transporte, a importação ou exportação de bebidas alcoólicas nos Estados Unidos em 1919).

Em todos os casos, verifica-se uma circunstância peculiar, qual seja: a interdição total de qualquer atividade econômica representa um conflito aberto entre as forças de mercado (a oferta e demanda por determinado bem ou serviço) e as respectivas normas impeditivas. Logo, o simples fato de certa proibição ter sido normativamente imposta não garante sua observância automática, seja por produtores, fornecedores ou mesmo por potenciais consumidores envolvidos. Com efeito, "o sistema econômico pode reagir tanto no sentido de acolher as ordens jurídicas, como no sentido de desobedecer-lhes ou burlá-las"[7].

Infere-se que a resistência à proibição cresce segundo o potencial dos ganhos envolvidos na atividade ilícita, ou seja, quanto maior for o potencial de lucro, mais difícil será ao direito fazer valer sua força. É o caso, por exemplo, da notoriamente conhecida e bilionária "indústria das drogas". Idem para outras ilicitudes como o tráfico de pessoas ou de armas, a lavagem de dinheiro, o desmatamento de áreas florestais protegidas, a sonegação fiscal, etc.[8].

De fato, é muito raro que uma norma jurídica consiga banir completamente alguma atividade econômica, ainda que o Estado inquine a conduta de criminosa e institua mecanismos de fiscalização e repreensão. Usualmente, o que se observa é a permanência de um mercado "paralelo", o que indica que nesses casos o diálogo entre o direito e a economia geralmente é conflituoso e, por isso, requererá investimentos (públicos) com vistas à sua eliminação do seio social.

É que a cessação da prática de determinada atividade não depende apenas da pena prevista *in abstractu* na lei, mas também (quiçá principalmente) da probabilidade de o agente ser apanhado e condenado. É que, o "cálculo do desestímulo, porém, somente é realmente eficaz quando a técnica de dissuasão aplicada é capaz de levar ao resultado esperado: a redução das expectativas econômicas de modo a eliminar

7 CARVALHO, Cristiano. **Teoria do sistema jurídico**: direito, economia e tributação. São Paulo: Quartier Latin, 2005, p. 265.

8 Aliás, os preceitos de Direito Penal igualmente podem se encaixar no conteúdo normativo de indução (inibição ou estímulos) a certos comportamentos, objeto do item 1.5 infra.

o benefício esperado pelo agente"[9]. Noutras palavras, "o criminoso racional calcula o valor esperado da apropriação indébita, que é igual ao ganho menos a pena, multiplicada pela probabilidade de ser pego e condenado"[10].

Daí ser sempre necessário que o legislador, antes de vetar alguma atividade por meio da imposição de penalidades, levar em conta os custos envolvidos na respectiva fiscalização e repreensão.

2.2. Conteúdo de proteção/ regulação do direito de propriedade

É possível que a regulação da propriedade por meio do direito decorra de uma percepção, talvez ligada ao próprio instinto de sobrevivência, de que a apropriação de elementos que representem alguma utilidade ao seu detentor pode propiciar, no futuro, uma vida com menos obstáculos ou agruras. Nesse sentido: Quando o ser humano passou a possuir a preocupação da *provisão*, como elementar cautela para satisfazer necessidades mais mediatas, nesse preciso instante ultrapassou o denominado estado selvagem, constituindo em animal não apenas sociável, mas também em *animal econômico*[11].

Infere-se, portanto, a antiguidade do fenômeno, pois é muito provável que esse sentimento tenha se instalado no intelecto dos seres viventes antes mesmo do primeiro *homo sapiens*. Num primeiro instante, é de se presumir, a propriedade resumiu-se em apoderações "de fato", provavelmente, levadas a efeito segundo "a lei do mais forte".

Por uma série de razões, possivelmente sendo a causa mais importante o anseio de poupar energia e até mesmo vidas em torno das disputas pelas diversas comodidades, a figura da apropriação ganhou tratamento jurídico há muitos séculos, conforme, por exemplo, já estava previsto no Direito Romano pela cláusula: *dominum est jus utendi, fruendi et abutendi re sua, quatenus juris ratio patitur*[12]. O Velho Testamento igualmente faz

[9] DIAS, Jean Carlos. **Análise econômica do processo civil brasileiro**. São Paulo: Método, 2009, p. 30.

[10] COOTER Robert; ULEN Thomas. **Direito & economia**. Porto Alegre: Bookman, 2010, p. 410.

[11] GASTALDI, J. Petrelli. **Elementos de economia política**. 5. ed., São Paulo: Saraiva, 1970, p. 04.

[12] BEVILÁCQUA, Clóvis. **Código Civil dos Estados Unidos do Brasil**. 10. ed., Rio de Janeiro: Livraria Francisco Alves, 1955, vol. III, p. 44.

remições à propriedade. Nessa linha, em Gênesis, XIII, 15: "Crescei e multiplicai-vos e enchei a terra e sujeitai-a", havendo indicações, ainda, em Levítico XXV, 11, 13, 23 e 24, e Números XXXIII, 51-54[13].

É inegável que a propriedade vem sendo regulada há muito tempo pela quase totalidade das sociedades humanas, com exceção, talvez, de comunidades isoladas, como os alguns povos indígenas, mas mesmo nesses casos é intuitivo considerar a existência de formas coletivas de propriedade, seja quanto aos utensílios, armas, vestimentas e habitações.

Contudo, é preciso ficar claro que o desejo de apoderar-se de utilidades em geral pode ser natural, quiçá ínsito ao instinto de proteção de cada ser humano, mas a regulação normativa desse anseio – a propriedade – é de natureza convencional, ou seja, depende do reconhecimento e regulação por parte do direito de cada povo[14].

No Brasil, a propriedade foi incluída em todas as Constituições: 1824 (art. 179, XXII), 1891 (art. 72, §17), 1934 (art. 113, alínea 17), 1937 (art. 122, alínea 14), 1946 (art. 141, §16), 1967 (art. 150, §22), 1967, após a Emenda 01, (art. 153, §22) e 1988 (art. 5º, XXII), o que evidencia a sua relevância na estruturação e funcionamento da dinâmica social desde o nascimento do país no início do século XIX. É bem verdade que a propriedade já era prevista anteriormente nas Ordenações. Porém, é bom considerar que: A Constituição outorgada por Dom Pedro I marca uma ruptura com a legislação absolutista das ordenações portuguesas e confere outro sentido àqueles "direitos reais", que deixam de ser atribuídos à pessoa do Rei, com o qual se confundia a noção de Estado, tal como ocorria na França no antigo regime[15].

Evidentemente, segundo as circunstâncias de tempo e local – o que, aliás, demonstra a origem convencional e não natural da propriedade –, serão encontradas sensíveis variações no tratamento normativo dessa

[13] VAZ, Isabel. **Direito econômico das propriedades**. Rio de Janeiro: Forense, 1993, p. 25-26.

[14] Com efeito: "A natureza convencional da propriedade é ao mesmo tempo óbvia e facílima de ser esquecida, talvez porque as pessoas nasçam e vivam em sociedades nas quais a figura já tenha sido estabelecida e regulada há tempos, o que pode gerar a sensação de sua origem provir 'da natureza das coisas' " (*in* MURPHY, Lian; NAGEL, Thomas. **O mito da propriedade**. Trad. Marcelo Brandão Cipolla. São Paulo: Martins Fontes, 2005, p. 11).

[15] VAZ, Isabel, ob. cit., p. 137.

figura. Por exemplo, até 1889 era possível no Brasil ser proprietário de seres humanos – os escravos, algo absurdo para atualidade.

Noutro giro, a citada cláusula romana *dominum est jus utendi, fruendi et abutendi re sua, quatenus juris ratio patitur* há muito tempo perdeu sua potestade, visto a incidência de diversas normas de ordem pública que limitam o exercício da propriedade (*v.g.* direitos de vizinhança, necessidade de observância das posturas administrativas relativas à segurança das habitações, etc.), isso sem falar da regulação atinente ao regime da propriedade dos bens imateriais (*v.g.* direitos autorais, proteção às marcas e patentes, etc.).

2.3. Conteúdo de proteção/regulação dos contratos

O contrato é uma figura antiquíssima que se caracteriza pelo acordo de vontades e tem por objeto, "assegurar e regular a pacífica circulação de riqueza; evitar a violência na alocação eficiente dos bens na economia; e a promover sua transferência entre as pessoas de forma lícita, uma vez que obriga as pessoas por suas declarações e promessas"[16]. Dessa feita, o contrato se constitui numa promessa capaz de gerar expectativas de determinados comportamentos entre as partes envolvidas, que ocorrerão ou não segundo os incentivos e/ou sanções para as hipóteses de descumprimento do pacto.

É bem sabido que o conteúdo do contrato, isto é, as promessas e obrigações assumidas pelas partes, não pode ferir mandamentos de "ordem pública" ou "leis imperativas", que, ao restringirem a liberdade de disposição das cláusulas, dirigem, de algum modo, a formação das avenças e vedam a inclusão de preceitos que o legislador entenda prejudicial a uma das partes. Na clássica lição de Orlando Gomes[17]:

> O processo de conversão de leis supletivas em imperativas ensejou a elaboração de novo princípio do Direito Contratual, o da regulamentação legal do conteúdo dos contratos, hoje admitido, sem maior relutância, em relação a certas espécies contratuais. Consiste em regular o conteúdo do contrato por disposições legais imperativas, de modo que as partes, obrigadas a aceitar o que está predisposto na lei, não possam suscitar efeitos jurídicos diversos.

[16] SZTAJN, Raquel. VERSOÇA, Haroldo Malheiros Dulcrec. A incompletude do contrato de sociedade. **Revista de Direito Mercantil Industrial Econômico e Financeiro**, vol. 42, n. 131, jul./set. 2003, p. 09.

[17] **Contratos**. 15. ed. Rio de Janeiro: Forense, 1995, p. 33.

No direito brasileiro, há vários exemplos de normas cujo teor autoriza a interferência externa (via de regra, por meio da atuação judicial) no conteúdo dos contratos, das quais merece especial destaque o Código de Defesa do Consumidor que, dentre outras várias previsões, traz dispositivos muito claros sobre o direito de revisão de cláusulas nos casos em que a prestação a cargo do consumidor for desproporcional àquela da outra parte, de maneira a resultar numa vantagem excessiva (*v.g.* arts. 6º; 39, V e 51, IV).

O diálogo entre o direito e a economia na área contratual, ainda que mais cordial do que aquele travado dentro do conteúdo de proibição ou vedação de comportamentos, nem sempre é de fácil desenlace. Em muitas ocasiões, o equilíbrio entre a eficiência econômica e a equidade (ou justiça) objetivada pelo direito é uma tarefa árdua. Áreas como a locação para fins residenciais, por exemplo, são férteis para que essa relação se problematize. Nessa linha, segundo Richard Posner, um dos fundadores da AED nos Estados Unidos:

> Uma regra que facilite aos inquilinos pobres o rompimento dos contratos de locação com senhorios ricos irá induzir estes últimos a aumentar os aluguéis a fim de suportar o impacto dos custos mais altos impostos pela regra, e os inquilinos vão suportar o preço dos custos elevados. Na verdade, a principal redistribuição realizada por tal regra pode abranger desde o inquilino prudente e responsável, que pode obter pouca ou nenhuma vantagem dos direitos jurídicos adicionais a serem usados contra os senhorios – direitos que podem permitir que um inquilino evite ou adie o despejo pelo não-pagamento do aluguel –, até o inquilino inconseqüente. Trata-se de uma redistribuição extravagante[18].

Outro exemplo são as denominadas "guerras urbanas" travadas na Holanda no final dos anos 1970, ocasião em que aproximadamente 3.000 pessoas invadiram diversos imóveis desocupados, o que causou severos choques com as forças policiais quando da retomada dos bens pelos proprietários. Conforme Bruno Meyerhof Salama[19], naquela ocasião,

[18] **Problemas de filosofia do direito**. Trad. Jefferson Luiz Camargo. São Paulo: Martins Fontes, 2007a, p. 483.

[19] O que é pesquisa em direito e economia? **Cadernos Direito GV**, vol. 05, n. 02, mar. 2008, p. 21.

os imóveis encontravam-se não habitados porque a legislação protegia excessivamente os locatários, o que culminou na preferência de muitos proprietários em simplesmente deixarem seus imóveis fechados.

A relação entre o direito e a economia também é moldada pelas decisões oriundas do Poder Judiciário na solução dos casos concretos. Assim, embora uma decisão judicial gere efeitos jurídicos apenas sobre as partes que participaram do processo[20], os efeitos econômicos quase sempre extrapolam os limites dos autos e acabam por influenciar, em algum grau, as estratégias negociais daqueles que se enquadram em circunstâncias análogas.

Dispensar atenção a esse tópico é de suma importância, uma vez que Armando Castelar Pinheiro: "variações na qualidade dos sistemas legais e judiciais são importantes determinantes do ritmo de crescimento e desenvolvimento dos países"[21]. Na mesma toada, Luciano Benetti Timm afirma que:

> A excessiva intervenção judicial pode originar externalidades negativas (i.e., efeitos a serem suportados por terceiros), porquanto o risco da perda ou a perda efetiva do litígio pela parte "mais forte" tende a "respingar" ou ser repassado à coletividade, que acaba pagando pelo mais fraco judicialmente protegido (como ocorre paradigmaticamente com as taxas de juros bancários, com os contratos de seguro e como aconteceu em casos de contratos de financiamento de soja no Estado de Goiás), sem, entretanto, receber o benefício compensatório de maior bem-estar[22].

Nossa proposta, evidentemente, não é de que os juízes deixem de intervir nas relações contratuais discutidas nas causas a si distribuídas,

[20] Evidentemente, há exceções a esta regra geral, como é o caso das demandas cujas decisões ostentam amplitude *erga omnes*, tais como a "ação civil pública" (art. 16 da Lei 7.347/85) e as "ações diretas" de competência do Supremo Tribunal Federal (art. 102, §2º, da Constituição de 1988).

[21] PINHEIRO, Armando Castelar. Direito e economia num mundo globalizado: cooperação ou confronto? In: TIMM, Luciano Benetti (org.). **Direito & economia.** Porto Alegre: Livraria do Advogado, 2008, p. 22.

[22] Ainda sobre a função social do direito contratual no Código Civil brasileiro: justiça distributiva *versus* eficiência econômica. In: TIMM, Luciano Benetti (org.). **Direito & economia**. Porto Alegre: Livraria do Advogado, 2008, p. 66.

mesmo porque o sistema jurídico nacional assim permite. No entanto, é de rigor que os juízes a compreendam e a tenham bem fixado em suas consciências que: "não há desenvolvimento da sociedade que não esteja ancorado num quadro institucional baseado em regras estáveis e legítimas, que propiciem segurança jurídica e recebam aceitabilidade social"[23].

Ademais, não se pode ignorar o risco de a intervenção judicial resultar em instabilidades mercadológicas, inclusive com resultados nocivos a terceiras pessoas (ou empresas) que se encontrem em situações assemelhadas. Os casos de financiamento do plantio e cultivo de soja no Estado de Goiás, retratados em obra originada de nosso doutoramento perante a Faculdade de Direito da Universidade de São Paulo, são bastante elucidativos[24].

Em síntese, vários produtores de Goiás firmaram contratos de venda antecipada de soja com indústrias processadoras do grão, oportunidade em que se fixou o preço a ser pago por essas quando do recebimento do produto. Todavia, em abril de 2004, após um expressivo aumento das cotações internacionais da *commodity*, muitos agricultores apresentaram demandas judiciais de revisão dos valores contratuais firmados anteriormente sob a alegação de onerosidade excessiva ou mesmo de lesão enorme no contrato, uma vez que a majoração, *a posteriori*, do valor da soja permitiria às indústrias um lucro muito maior do que o esperado inicialmente, sem que o produtor pudesse participar de parte desse sobre-valor.

Alguns produtores obtiveram vitórias no Tribunal de Justiça do Estado de Goiás, com a consequente revisão de suas avenças com fulcro na função social do contrato e boa-fé objetiva (*v.g.* 1ª Câmara Cível, apelação cível nº 79.859-2/188, j. 24/9/2004, DJ 26/11/2004, Rel. Des. Jeová Sardinha de Moraes; 1ª Câmara Cível, apelação cível nº 82.254-6/188, j. 22/2/2005, DJ 17/3/2005, Rel. Des. Leobino Valente Chaves).

[23] MICHELS, Gilson Wessler. Desenvolvimento e sistema tributário. In: BARRAL, Welber (org.). **Direito e desenvolvimento:** análise da ordem jurídica brasileira sob a ótica do desenvolvimento. São Paulo: Singular, 2005, p. 226.

[24] **Tributação, propriedade e igualdade fiscal**: sob elementos de direito & economia. Rio de Janeiro: Elsevier, 2011, p. 58-60.

Por conta da desconfiança[25] gerada nas indústrias, o instrumento de financiamento praticamente desapareceu do mercado e, nos anos seguintes, os produtores passaram a se sujeitar à venda já durante a safra e isso pode ter contribuído, por exemplo, para manter os preços mais baixos do produto internamente. Posteriormente o Superior Tribunal de Justiça reverteu o resultado de tais demandas (*v.g.* REsp. nºs 803.481 e 783.404), mas certamente algum nível de distorção econômica resultou da situação narrada.

Cristiane Leles Rezende, em estudo alentado realizado especificamente sobre os contratos "da soja verde", que posteriormente deu ensejo a um doutoramento em economia perante a Universidade de São Paulo, constatou o seguinte:

> Em entrevistas com os agentes foi constatado que durante os quinze últimos anos estes agentes negociaram sem que houvesse problemas relevantes. Porém, no momento da colheita das safras 2002/2003 e 2003/2004 o preço praticado no mercado spot estava muito mais alto do que o contratado, ao contrário do que aconteceu nos anos anteriores. [...] Entretanto, muitos produtores se sentem prejudicados em relação à reação das empresas que, segundo eles, foi indiscriminada, atingindo todos os produtores, mesmo aqueles que sempre cumpriram seus contratos. [...] A maior parte dos produtores entrevistados declarou que sentiu efeito das quebras contratuais dos outros produtores. As conseqüências mais citadas foram a maior exigência de garantias para crédito e custeio, maior dificuldade para negociar com a empresa e a redução do volume de contratos de venda antecipada efetuados. De acordo com produtores e indústrias a redução no volume de contratos a termo se deve às seguintes razões: a) preço baixo da saca de soja, devido ao excesso de oferta; b) expectativa do produtor de elevação de preços durante a safra, como aconteceu em 2003 e 2004; c) ocorrência de quebra ou descumprimento de contrato nas duas últimas safras. Ainda não há consenso

[25] Segundo explica Vasco Rodrigues: "A protecção legal conferida aos contratos desempenha um papel fundamental numa economia de mercado ao assegurar a credibilidade dos compromissos assumidos. Esta credibilidade permite, em particular, que as partes façam investimentos cuja rentabilidade depende do cumprimento do contrato [...] A confiança que as partes depositam no cumprimento do contrato altera os riscos em que cada uma incorre" (**Análise económica do direito**. Coimbra: Almeidina, 2007, p. 128-129).

na jurisprudência acerca da rescisão dos contratos de compra e venda. Foi observado que as indústrias/tradings efetuaram no ano que seguiu, menos contratos de compra antecipada de soja verde, quando comparado ao mesmo período do ano anterior[26].

Em conclusão, sob a ótica coletiva, os produtores do Estado de Goiás (inclusive aqueles que judicialmente, um primeiro instante, se saíram exitosos em suas demandas) perderam, nos anos seguintes, uma opção até então usual para o financiamento de sua safra futura de soja. Aqui, segundo Gustavo Amaral[27], a atuação judicial em tais hipóteses, em verdade, enfrenta um conflito entre a micro (o caso *sub judice*) e a macro justiça (os casos que, em potencial, se encontram na mesma circunstância). O autor defende que: "A justiça do caso concreto deve ser sempre aquela que possa ser assegurada a todos que estão ou possam vir a estar em situação similar, sob pena de quebrar-se a isonomia".

2.4. Conteúdo de proteção/regulação da concorrência

A livre concorrência, um dos pilares do sistema econômico brasileiro, se mostra presente quando, em relação a bens ou serviços não exclusivos e facilmente substituíveis (*v.g.* margarina e manteiga), há ao mesmo tempo elevado número de ofertantes (ou produtores) e de demandantes (ou consumidores), de forma que nenhum desses agentes detenha poder bastante para, de forma isolada, estabelecer os preços que melhor lhes convier a respeito de determinado bem ou serviço.

Assim, em situações de livre concorrência, os produtores auferem um "lucro normal"e os consumidores pagam o chamado "preço justo". Daí ser comum afirmar que, numa economia de mercado em livre concorrência, os bens tendem a acabar nas mãos de quem mais os valorize, pois caso contrário os negócios não ocorreriam por falta de interesse de uma das partes (*v.g.* caso o comprador discorde do preço pedido e o vendedor se

[26] **Pacta sunt servanda? Quebra dos contratos de soja verde**. 2008. (Doutorado em Economia) Faculdade de Economia, Administração e Contabilidade da Universidade de São Paulo, p. 101-102.

[27] **Direito, escassez & escolha**. Rio de Janeiro: Renovar, 2001, p. 39.

recuse a baixá-lo)[28]. Por tais motivos, José Paschoal Rossetti[29] considera a livre concorrência como a "estrutura de mercado que melhor parece compatibilizar os interesses privados com os da sociedade".

No entanto, há bastante tempo é sabido que o mercado em funcionamento pode apresentar algumas falhas, ou seja, a suposta mão invisível[30], que cuidaria de fixar a referida concorrência perfeita, não tem pulso suficiente para neutralizar o surgimento de circunstâncias prejudiciais capazes de interferir na suposta melhor alocação possível dos bens circuláveis. Portanto, essencialmente por meio da edição de normas jurídicas, o Estado tenta minimizar essas circunstâncias ou falhas que, segundo Fábio Nusdeo[31], são as seguintes:

1) Rigidez de fatores (falha de mobilidade): constitui-se na circunstância de os agentes do mercado, por motivos de ordem física, operacional, institucional, etc., levarem certo tempo para reagirem aos sinais concernentes à oferta e demanda dos diversos produtos e serviços. De fato, o "mecanismo endógeno de equilibração dos mercados exige tempo"[32].

[28] Segundo Richard Posner: "?Por qué el agricultor A oferece comprar la granja de B a un precio mayor que el precio mínimo de B por la propriedad? Porque la propriedad vale más para A que para B, lo que significavgg que A puede usarla para producir un bien más valioso medido por los precios que los consumidores están dispuetos a pagar" (*in* **El análisis económico del derecho**. 2. ed. Trad. para o espanhol de Eduardo L. Suárez. México: Fondo de Cultura Económica, 2007b, p. 435).

[29] **Introdução à economia**. 12. ed., São Paulo: Atlas, 1987, p. 303.

[30] Trata-se de uma figura hipotética idealizada por Adam Smith no final do século XVIII que se constituiria no resultado do conjunto de ações econômicas existentes na sociedade em que cada agente busca, em primeiro lugar, seu próprio interesse. De acordo com tal concepção, explica Fábio Nusdeo que no mercado seria a mão invisível que "guiaria os seus operadores para as aplicações mais corretas de recursos, correção essa que eles, movidos apenas pelo espírito hedonista, não conseguiam discernir ou não procurariam conscientemente alcançar, mas para cujo resultado favorável contribuíam à sua própria revelia" (*in* NUSDEO, Fábio. **Curso de economia:** introdução ao direito econômico. 4. ed., São Paulo: Revista dos Tribunais, 2005, p. 122.).

[31] Idem, p. 142 e seg.

[32] ARIDA, Pérsio. A pesquisa em direito e em economia: em torno da historicidade da norma. In: ZYLBERSZTAJN, Décio; SZTAJN, Raquel (orgs.). Direito & economia. Rio de Janeiro: Elsevier, 2005, p. 63.

Desse modo, é cabível a intervenção estatal em mercados cujos produtores encontrem dificuldades (reais, efetivas) para reagir aos estímulos, como, por exemplo, políticas governamentais que visem neutralizar (ao menos em parte) a rigidez de fatores, tais como, o crédito à agricultura e à certos setores industriais a juros reduzidos, a garantia da compra da safra a um preço mínimo, serviços e programas de apoio e assessoria técnica, etc.

2) Assimetria de informações: revela-se na falta de acesso a informações relevantes dificultando os cálculos e previsões quanto aos riscos de um negócio qualquer. Assim, é natural que os fabricantes (ou os vendedores) de produtos e serviços conheçam em muito maior grau do que os consumidores as propriedades, os defeitos ou os eventuais riscos relativos ao que está posto à venda. Mesmo considerando a crescente facilidade de acesso à informação, notadamente através do uso da *internet*, assevera Elizabeth Farina[33] que "a maioria dos consumidores não têm consciência dos efeitos associados ao consumo de certos produtos". Noutras palavras:

> os fabricantes detêm muito mais informações que os consumidores sobre a qualidade e o funcionamento de seus produtos, e os diretores e administradores de uma empresa conhecem muito melhor a saúde financeira e as perspectivas de futuros negócios que seus acionistas[34].

Daí a necessidade de, por exemplo, uma ou mais leis (no caso o Código do Consumidor) trazerem preceitos destinados a, dentre outras medidas, coibir a propaganda enganosa, obrigar os fabricantes a concederem garantias de funcionamento dos produtos, indicarem nas embalagens diversos dados acerca dos produtos à venda, etc.

3) Concentração econômica: corresponde à falta de concorrência (ou sua deficiência) em certos mercados. São os casos de monopólio,

[33] **Competitividade**: mercado, estado e organizações. São Paulo: Singular, 1997, p. 117.

[34] COELHO, André. A necessária interação entre o direito e a economia diante da regulação do Estado na ordem econômica. **Revista de Direito Administrativo & Constitucional,** n. 27, jan./mar. de 2007, p. 200.

monopsônio, oligopólio e oligopsônio[35], onde não há competição entre os agentes econômicos ou esta é bastante reduzida. Nesses casos, via de regra o preço praticado é maior do que seria em situações de concorrência mais acirrada, bem como a qualidade e durabilidade dos produtos em pauta resta ordinariamente inferior. Em suma, nessas hipóteses, segundo Elizabeth Farina[36], há "perdas para o sistema econômico geral à medida que provoca uma oferta menor de produto e, conseqüentemente, um preço mais elevado. Há uma redistribuição da renda em favor desses setores e impactos em todos os mercados a ele relacionados".

É por meio da denominada política antitruste[37], cuja base sempre deve ser a lei, que o Estado busca prevenir e, quando necessário, reparar os problemas trazidos pela concentração econômica. No Brasil, em termos legislativos, atualmente a matéria é disciplinada pela Lei 12.529/2011, destacando-se o Conselho Administrativo de Defesa Econômica (CADE), autarquia federal competente para tomar as decisões no âmbito administrativo concernentes às possíveis infrações à ordem econômica.

4) Externalidades: são uma parcela dos custos (ou dos benefícios) decorrentes de determinada atividade e que são transferidos a terceiros estranhos à unidade responsável pela sua condução. obre o terceiro é adverso ou causa algum tipo de prejuízo (que pode ser um mero incômodo), tem-se a externalidade negativa. Ao contrário, ocorrendo um resultado benéfico, entra em cena a externalidade positiva.

[35] Resumidamente, no monopólio apenas uma empresa fornece determinado bem ou serviço a um grande número de consumidores. Quando forem poucas as empresas fornecedoras, então se trata de um oligopólio. No monopsônio ocorre o contrário, isso é, um único consumidor (*v.g.* uma montadora de automóveis) é o principal cliente de várias fornecedoras (*v.g.* as indústrias de autopeças). Caso sejam poucos os consumidores para muitas fornecedoras, então o caso é de oligopsônio. Em todas essas hipóteses a concorrência resta ausente ou amenizada.

[36] Ob. cit., p. 120-121.

[37] Conforme Elizabeth Farina: "Política Antitruste, Política de Defesa da Concorrência, Política de Controle do Abuso do Poder Econômico constituem três nomes diferentes utilizados para designar o mesmo processo: a intervenção governamental sobre os negócios privados, visando harmonizar os interesses públicos, com a busca, legítima, de maximização de resultados das empresas, na presença de poder de monopólio" (ob. cit., p. 120).

É caso de externalidade negativa, por exemplo, a poluição gerada por uma indústria química, com o consequente aumento da incidência de doenças respiratórias na região em que se encontrar instalada. Outros exemplos: a queimada da cana de açúcar antes do corte, cuja fuligem grossa liberada, além de sujar as regiões urbanas circunvizinhas, causa doenças respiratórias; a construção de um grande edifício em termos de piora do trânsito local; o barulho noturno produzido por uma festa de arromba ou mesmo uma casa de espetáculos em relação aos moradores vizinhos, etc.

Portanto, é necessário que o sistema normativo coíba as externalidades, seja obrigando as indústrias a instalarem filtros específicos sob pena de multa, seja limitando as hipóteses de queima da cana, seja obrigando construtores de grandes obras a engendrarem medidas compensatórias ao trânsito, seja aplicando multas a quem desrespeita a paz noturna, etc.

O mesmo é válido para as externalidades positivas que, em suma, geram benefícios a terceiras pessoas sem qualquer contrapartida financeira ou de outra ordem. É o caso, por exemplo, das pesquisas/ descobertas de novas substâncias (*v.g.* medicamentos, defensivos agrícolas, etc.), sendo certo que, em tais hipóteses, se o direito não instituir uma proteção que permita ao inventor receber algum benefício de seu labor (*v.g.* uma patente), não haverá estímulo ao desenvolvimento desse tipo de atividade, estando a sociedade condenada à estagnação.

5) Utilização de bens coletivos (também chamados pelos economistas de bens públicos)[38]. O problema aqui é que esse tipo de bem possui duas características marcantes, quais sejam: 1) são "não excludentes" (não é possível impedir alguém de desfrutá-lo) e 2) são "não rivais" (seu consumo

[38] Enquanto que para os juristas o bem público é aquele que pertence a uma pessoa jurídica de direito público (é o que diz o art. 98 e ss. do Código Civil), os economistas designam como público qualquer bem que seja não-rival e não-exclusivo, independentemente de sua titularidade. Narra André Coelho que: "Para a Ciência Econômica, bem público ou coletivo é o bem para o qual o princípio da exclusividade não se aplica, ou seja, ele poderia ser simultaneamente consumido por mais de um indivíduo sem diminuir o seu consumo por qualquer pessoa" (*in* A necessária interação entre o direito e a economia diante da regulação do Estado na ordem econômica. **Revista de Direito Administrativo & Constitucional,** n. 27, jan./mar. de 2007, p. 197).

pode ocorrer ao mesmo tempo por mais de uma pessoa)[39]. Exemplo clássico desse tipo de bem é a defesa nacional, comodidade promovida pelo Estado que beneficia a todos residentes do país ao mesmo tempo. Outro exemplo são as praças públicas, as ruas, as avenidas, as rodovias desprovidas de pedágio, atividades como a proteção do meio ambiente e do patrimônio histórico e cultural do país, etc.

Pode ser também considerado bem coletivo, por exemplo, a extinção de uma praga que afete determinada lavoura, uma vez que os benefícios dessa empreitada se estenderão a todos os agricultores, não sendo possível excluir quem quer que seja. Assim, se não houver alguma proteção legal que garanta uma remuneração pela utilização desse tipo de bem por terceiros (*v.g.* uma patente), não haverá incentivo para que alguém invista recursos em pesquisas voltadas à extinção de pragas agrícolas. O mesmo vale para qualquer outra benesse gerada por um bem coletivo (*v.g.* um novo medicamento)[40].

2.5. Conteúdo de incentivo/inibição de determinados comportamentos

Destacamos aqui a possibilidade de as normas jurídicas serem editadas com objetivo incentivar ou inibir certos comportamentos econômicos que o legislador entende como desejáveis ou não. Aqui não há uma determinação ou mesmo uma proibição expressa para que certas atividades ocorram ou não. Os instrumentos utilizados se assemelham àqueles empregados na domação de animais, quais sejam: prêmios e punições, dependendo do ato praticado.

Um dos campos mais férteis a esse tipo de intervenção é a tributação[41]. Com efeito, a antes tradicional finalidade fiscal dos tributos, até então vistos essencialmente como ferramentas para o sustento exclusivo das despesas estatais típicas, passa a repartir espaço com a extrafiscalidade,

[39] BOARATI, Vanessa, ob. cit., p. 73-74.

[40] É certo que a descoberta de novos medicamentos também pode ser considerada geradora de uma externalidade positiva, visto que os benefícios da nova substância poderão beneficiar um número indefinido de pessoas.

[41] Destaque-se o art. 146-A da Constituição de 1988, incluído pela Emenda 42/2003, cuja redação estabelece: "Lei complementar poderá estabelecer critérios especiais de tributação, com o objetivo de prevenir desequilíbrios da concorrência, sem prejuízo da competência de a União, por lei, estabelecer normas de igual objetivo".

isso é, com a possibilidade da instituição de exações mais vocacionadas a induzir certos comportamentos do que representar fonte substancial de receita.

Nessas situações, expõe Luís Eduardo Schoueri[42], "O agente econômico não se vê sem alternativas; ao contrário, recebe ele estímulos e desestímulos que, atuando no campo de sua formação de vontade, levam-no a se decidir pelo caminho proposto pelo legislador". Não é que esse tipo de ação estatal inexistisse anteriormente, mas o grande impulso a essa tendência ocorreu a partir dos anos 1930 do século XX. A esse respeito, Raimundo Bezerra Falcão[43] assevera que "a tributação extrafiscal é fenômeno que caminha de mãos dadas com o intervencionismo do Estado, na medida em que é ação estatal sobre o mercado e a, antes sagrada, livre iniciativa".

Como exemplos de tributos com função predominantemente extrafiscal citamos os impostos de importação e exportação (tributos aduaneiros), que podem ser calibrados para auxiliar a execução da política industrial do país. É que, dependendo das alíquotas e bases de cálculo aplicáveis, haverá reflexo sobre o preço (para cima ou para baixo) de um bem ou de uma mercadoria, tanto no caso de importação, quanto na exportação, o que pode ser utilizado como instrumento auxiliar da condução da política industrial do país[44].

Em adição, expedientes como isenções tributárias, "alíquotas zero", créditos presumidos, sistemas *draw back*, desoneração de exportações, e outros igualmente possuem função extrafiscal, isso sem falar numa grande gama de contribuições, tais como as CIDEs (contribuições de intervenção no domínio econômico).

[42] **Normas tributárias indutoras e intervenção econômica**. Rio de Janeiro: Forense, 2005, p. 43-44.

[43] **Tributação e mudança social**. Rio de Janeiro: Forense, 1981, p. 47.

[44] Outros exemplos de tributos extrafiscais que podem ser citados são: o IPI (imposto sobre produtos industrializados), cujas alíquotas devem ser graduadas segundo a essencialidade dos produtos (art. 153, §3º, I, da CF/88), o ITR (imposto territorial rural), que deve incidir de forma a desestimular a manutenção de propriedades improdutivas (art. 153, §4º, da CF/88), o IPTU (imposto predial e territorial urbano), de modo a estimular que os proprietários promovam o adequado aproveitamento dos imóveis subutilizados por meio da majoração progressiva do gravame no tempo (art. 182, §4º, II, da CF/88).

Para finalizar, em termos resumidos, na feliz síntese de Gustav Radbruch[45]: "O direito não é uma forma, dentro da qual a matéria das relações sociais se deixa moldar docilmente, mas a forma que essa matéria assume irresistivelmente", o que faz com que o direito e a economia, como fenômenos sociais, sejam faces inseparáveis da mesma moeda, ou, ainda, fenômenos sociais coligados que simultaneamente emitem estímulos e *feedbacks* recíprocos.

3. Análise econômica do Direito (AED)

Até agora vimos como o direito (normas) e a economia (modo de organização social), ambos fenômenos sociais, podem interagir. A partir desse momento, passamos a examinar como os acadêmicos vem interpretando essa interação, cuja correta compreensão "fundamental para a solução de uma série de problemas que se apresentam hoje em dia, tanto para o direito quanto para a economia"[46].

Segundo Richard Posner[47], até 1960 o movimento era quase sinônimo de Direito da Concorrência ou Antimonopólio. Em suas palavras, "El nuevo derecho y economía se inició con el primer artículo de Guido Calabresi sobre los cuasidelitos y con el artículo de Ronald Coase sobre el costo social". Teriam sido esses, então, os primeiros esforços para aplicar sistematicamente a análise de cunho econômico a áreas do direito que não cuidavam explicitamente de relações econômicas, o que é confirmado por Raquel Sztajn[48], que coloca o próprio Posner como um dos cofundadores da moderna AED.

Essa divisão entre a "velha" e a "nova" Análise Econômica do Direito, a partir de 1960, é expressamente admitida por Guido Calabresi[49], "per il fato di applicare gli strumenti di analisi propi delle scienze economiche

[45] **Introdução à ciência do direito**. Trad. Vera Barkow. São Paulo: Martins Fontes: 1999, p. 32.

[46] TOMAZETTE, Marlon. A viabilidade da análise econômica do direito no Brasil. **Revista Tributária e de Finanças Públicas**, n. 75. 2007, p. 179.

[47] Ob.cit., 2007b, p 55.

[48] Law and economics. In: ZYLBERSZTAJN, Décio. SZTAJN, Raquel (orgs.). **Direito & economia**. Rio de Janeiro: Campus, 2005, p. 74.

[49] Il futuro dell'analisi economica del diritto. **Sociologia del Diritto**, n. XVII-1-2, 1990, p. 47.

anche a norme cui, almeno dichiaratamente, scopi di tipo economico sono estranei".

De fato, conforme narra André Coêlho[50], nos idos das décadas de 40 e 50 do século XX, a "velha escola" do Direito e Economia centrava seus estudos em temas jurídicos com viés eminentemente econômico, tais como: antitruste, comercial, regulação e tributário. Irradiação dessa novel visão houve, destarte, para as áreas como: responsabilidade civil e infortunística, penal, processual, família e sucessões, ambiental, criança e adolescente, administrativo, trabalho, etc.

No que se refere à metodologia basilar dos trabalhos da área, Raquel Sztajn[51] aduz que: "Comum aos estudos de *Law and Economics* é a percepção da importância de recorrer a alguma espécie de avaliação ou análise econômica na formulação de normas jurídicas visando a torná-las cada vez mais eficientes". Nesse diapasão, em linhas gerais, a AED se revela como a aplicação, ao sistema normativo (princípios e normas jurídicas), de premissas ou postulados próprios da ciência econômica, cabendo destacar, para fins desse texto, os seguintes: 1) a finitude dos recursos disponíveis, 2) a necessidade de se fazer escolhas e, portanto, arcar com "custos de oportunidade", 3) o fato de o ser humano usualmente reagir aos incentivos do ambiente em que vive, 4) a circunstância de, num mercado em livre concorrência, os bens acabarem indo para as mãos de quem mais os valorize.

A aceitação dessas premissas é importante no âmbito da AED, "pois permite investigar padrões comportamentais, e, assim, avaliar a previsibilidade das condutas, o que torna possível a teorização a respeito dos comportamentos humanos, em face da escassez[52]. Dessa forma, "no contexto da Análise Econômica do Direito, faz-se um paralelo entre preços e normas jurídicas no sentido de que essas, assim como aqueles, atuam como estímulos à atividade dos indivíduos"[53].

Como exemplo, por meio da AED é viável conjecturar acerca das causas da diferença nas taxas médias de homicídios entre o Brasil e Estados

[50] Op. cit., p. 04.

[51] Ob. cit., p. 75.

[52] Análise econômica do direito e possibilidades aplicativas no Brasil. **Revista de Direito Público da Economia**. n. 09, jan./mar. 2005, p. 31.

[53] COELHO, André, ob. cit., p. 10.

Unidos, Segundo João Luiz Roth[54], o Brasil possui 322 policiais por grupo de 100.000 habitantes, média superior à dos Estados Unidos, cujo patamar está em torno de 283. Contudo, como explicar que o número médio de homicídios é maior no Brasil?[55] A resposta possivelmente se relaciona com o fato de, mais uma vez conforme o autor acima[56], os Estados Unidos solucionarem aproximadamente 70% dos homicídios, contra apenas 3% do Brasil.

Não obstante fatores outros possam contribuir para o número médio dos homicídios em determinada região (*v.g.* policiamento preventivo eficiente, fechamento de bares e casas noturnas após certo horário, conscientização social acerca do respeito pela vida humana, etc.), é intuitivo considerar que a quantidade de casos esclarecidos, nos quais se identifique o autor e seja aplicada a respectiva pena, influi na taxa média. É difícil, nesse sentido, negar que a expectativa da impunidade possa contribuir para a majoração dos homicídios ou mesmo outros crimes.

Dentro da Análise Econômica do Direito podem ser encontradas escolas (ou movimentos), isso é, grupos de pesquisadores que trabalham sob paradigmas relativamente diversos, tudo a depender do modo e da extensão em que as referidas premissas econômicas são aceitas e aplicadas. São elas: 1) a Escola Fundacional, que posteriormente deu origem à Escola Pragmática; 2) a Escola Regulatória e 3) as Escolas Institucionalistas[57].

A teor das linhas mestras da Escola Fundacional, o objetivo primordial do direito, no qual inclusive repousaria seu fundamento (daí a expressão "fundacional"), é contribuir para a maximização da riqueza, notadamente por meio da intransigente proteção da propriedade e dos contratos, devendo o direito intervir o mínimo possível nas relações do mercado. Assim, por exemplo, as leis não deveriam vetar, dentro outros negócios, a compra e venda: de órgãos humanos, de crianças para adoção, de entorpecentes, de armas quaisquer que sejam, etc. A explicação para tamanha liberalidade, segundo Paula A. Forgioni, é que para os fundacionistas:

[54] **Por que não crescemos como os outros países?** São Paulo: Saraiva, 2006, p. 43.

[55] Em 2015, no Brasil ocorreram 59.000 homicídios, enquanto que, no mesmo ano, foram 15.700 nos Estados Unidos (DUERSEN, Felipe van. O Brasil tem mais assassinatos do que todos esses países somados. **Super Interessante**, 08/10/2019).

[56] Ob. cit., p.43.

[57] Para aprofundar: SALAMA, Bruno Meyerhof, ob. cit., p. 28 e seg.

> As decisões individuais dos agentes econômicos são marcadas pelo desejo egoístico de satisfação de suas necessidades; a solução "geral e natural" encontrada pelo mercado corresponde à consideração global dessas preferências. Em vez da hercúlea e impossível tarefa de buscar o "justo" ou o "adequado", o normal funcionamento do mercado trará a resposta a ser adotada em cada situação. É admitida mais de uma solução [=decisão] correta desde que todas [e cada uma delas] levem ao mesmo resultado[58].

A versão fundacional da AED encontra-se atualmente superada, ao menos em suas visões mais puristas. Seu relevante defensor foi o já citado Richard Posner. Segundo explica Marcos Vinício Feres:

> Richard Posner elegeu o critério da eficiência econômica como único a ser levado em conta no momento da decisão judicial. Esta deve ter por fim a maximização da riqueza, despojando-se de quaisquer outros valores e princípios que não se coadunam com a certeza e objetividade fundamentais a um mais preciso processo judicial. É, pois, relevante ter em mente que o liberalismo norte-americano acentuado acaba por influir na escolha desse único valor a garantir, grosso modo, ao mais eficiente ganho de causa[59].

Importantes críticas à teoria fundacional são engendradas por Paula A. Forgioni[60], para quem: "A sociedade civil não se resume ao mercado, há princípios [jurídicos] que não atendem à lógica econômica e que também compõem a chamada 'ordem jurídica do mercado'". No mesmo caminho, a lição de Marcos Vinício Feres[61]: "É evidente que a *social wealth*, enquanto fim em si, não atende aos reclamos da justiça, enquanto valor, que leva em consideração as diferenças entre as pessoas e a distribuição".

Disso resulta que o próprio Richard Posner, por volta de 1990, reviu parcialmente a proposta da maximização de riqueza como fundamento prioritário do direito e, ao "arrefecer" suas convicções, instituiu a Escola Pragmática da AED, conforme explica Bruno Meyerhof Salama:

[58] Análise econômica do direito: paranóia ou mistificação? **Revista do Tribunal Regional Federal da 3ª Região**, n. 77, mai./jun. 2006, p. 47.

[59] Do princípio da eficiência econômica. **Revista do IBRAC**, v. 08, n. 08, 2001, p. 34.

[60] Ob. cit., p. 59.

[61] FERES, Marcos Vinício Chein. op. cit., p. 37.

O Posner pragmático, portanto, reconheceu que, por mais que se tente justificar a defesa das liberdades individuais com base em critérios de eficiência (por exemplo, sustentando que no longo prazo o Estado Democrático de Direito promove o desenvolvimento econômico e as liberdades individuais), haverá casos em que a repulsa ao trabalho escravo, à exploração de menores, à tortura, às discriminações raciais, religiosas ou sexuais, etc. terá que ser feitas em bases outras que não a eficiência[62].

Dessa forma, a versão pragmática revela uma compreensão do direito como instrumento voltado à consecução de certos fins sociais, ainda que com especial destaque à maximização da riqueza por meio da liberdade econômica, mas com temperamentos frente a valores sociais assentados e tidos por intransponíveis, que podem variar segundo as circunstâncias de tempo e local. Passa a ser admitido, pois, que o direito proíba certas atividades moralmente condenáveis, tais como a compra e venda de crianças para adoção, etc., mas por força de um pragmatismo, isso é, em nome da harmonia social, evitando-se a perda de legitimidade e aceitação do direito.

A Escola Regulatória considera o direito como uma ferramenta de amparo na concretização de políticas públicas, quer dizer, a eficiência econômica não serve como embasamento angular para a aferição do "justo jurídico", sendo que questões de distribuição e equidade influem no resultado obtido. Essa linha é defendida pela "Escola de New Haven" ou "de Yale" e tem Guido Calabresi como um dos principais expoentes. Nas palavras de Marcos Vinício Feres:

> Calabresi constrói o prédio de sua teoria sob o ponto de vista normativo. Ao invés de explicar o mundo tal como é, intenta-se melhorá-lo, operar mudanças a fim de atingir-se a almejada justiça, com eficiência econômica e *distribution*. Assim, a preocupação, para tal autor, é o comportamento regulado que desempenha importante função na formulação de políticas e contribui para a análise econômica normativa do Direito[63].

[62] SALAMA, Bruno Meyerhof, op. cit., p. 33.
[63] Ob. cit., p. 34-35.

Por fim, destacamos as chamadas Escolas Institucionalistas que, além do direito (as normas jurídicas e decisões judiciais regularmente editadas pelo Estado), incluem e consideram como elemento essencial em suas pesquisas o peso exercido pelo arcabouço institucional sobre o comportamento das pessoas. Segundo Douglass North, instituições:

> are the humanly devised constraints that structure human interaction. They are made up of formal constraints (e.g., rules, laws, constitutions), informal constraints (e.g., norms of behavior, conventions, self-imposed codes of conduct), and their enforcement characteristics. Together they define the incentive structure of societies and specifically economies[64].

Dessa forma, as instituições englobam, além das normas jurídicas, o modo, a extensão e a efetividade que de são elas aplicadas, bem como compreendem códigos morais de conduta, crenças e hábitos sociais (*v.g.* o respeito às filas, a prioridade aos idosos e portadores de deficiência, a postura dos motoristas em relação aos pedestres, o nível de tolerância das pessoas em relação à corrupção e outras violações da lei, etc.).

Os pesquisadores ligados a essa linha de pensamento consideram que o crescimento e o desenvolvimento econômico e social dos países dependem diretamente da maneira como as respectivas instituições foram forjadas ao longo da história de cada um, sendo as combinações de melhor resultado aquelas que promovem, dentre outras circunstâncias: respeito à propriedade e aos contratos, segurança jurídica e previsibilidade do comportamento judicial, mercados predominantemente livres[65], educação básica pública de qualidade, tudo dentro de um ambiente democrático[66]

[64] Economic performance through time. **The American Economic Review**, vol. 84, n. 03, jun. 1994, p. 360.

[65] Conforme Amartya Sen, prêmio Nobel de Economia de 1998, "a privação da liberdade econômica pode gerar privação de liberdade social, a privação de liberdade social ou política pode, da mesma forma, gerar privação de liberdade econômica" (*in* **Desenvolvimento como liberdade**. 7. reimp. Trad. Laura Teixeira Motta. São Paulo: Cia. das Letras, 2008, p. 23).

[66] O papel da democracia para o desenvolvimento igualmente é destacado por Amartya Sen (idem, p. 30). Segundo o autor: "O funcionamento da democracia e dos direitos políticos pode até mesmo ajudar a impedir a ocorrência de fomes coletivas e outros desastres econômicos. Os governos autoritários, que raramente sofrem os efeitos de fomes coletivas (ou de outras calamidades econômicas como essa), tendem a não ter estímulos para tomar

que, dentre outras características, conte com eleições periódicas e confiáveis, além da possibilidade de manifestação do pensamento e da crítica de forma livre, seja por meio da imprensa tradicional, seja através das redes sociais da *internet*, sem qualquer espécie de prévia censura ou controle oficial.

Conforme informa Paulo Gala[67], o "volume da literatura novo institucionalista é hoje crescente e, a se julgar pelo número de adeptos, pode-se dizer que essa corrente constitui-se num programa de pesquisa progressivo". Nós mesmos tivemos oportunidade de, mesmo que modestamente, engendrar estudos que relacionam as instituições ao estágio de desenvolvimento dos países[68].

Para finalizar, é preciso dizer que AED, independentemente desta ou daquela escola, pode ostentar, quanto aos resultados das respectivas pesquisas, um viés positivo (AED positiva) ou um viés normativo (AED normativa). Nesse sentido, a AED positiva se "ocupa das repercussões do Direito sobre o mundo real dos fatos"[69]. Noutras palavras, a AED positiva possui um cunho descritivo no sentido de antever os efeitos econômicos a serem gerados por determinada norma ou decisão judicial. Nessa linha, por exemplo:

> quando da formulação de texto normativo que fixe em patamar demasiadamente baixo a multa incidente sobre atrasos no pagamento das despesas condominiais, entende a AED ser obrigatório ponderar que o estímulo à inadimplência será a conseqüência econômica esperada e que, portanto, faltarão os recursos necessários à manutenção dos serviços comuns[70].

Já a AED normativa "se ocupa de estudar se, e como, noções de justiça se comunicam com os conceitos de eficiência econômica, maximização

providências preventivas oportunas. Os governos democráticos, em contraste, precisam vencer eleições e enfrentar a crítica pública, dois fortes incentivos para que tomem medidas preventivas contra aqueles males.

[67] A teoria institucional de Douglass North. **Revista de Economia Política**, vol. 23, n. 2, abr./jun. de 2003, p. 90.

[68] MARTINS, Marcelo Guerra. Tributação, instituições e desenvolvimento. **Revista da Academia Tributária das Américas**, vol. 3, 2011, p. 373-395.

[69] SALAMA, Bruno Meyerhof, ob. cit., p. 09.

[70] FORGIONI, Paula A., ob. cit., p. 54.

da riqueza e maximização de bem-estar[71], ou seja, "a AED normativa nos auxiliará a escolher entre as alternativas possíveis a mais eficiente, i.e., escolher o melhor arranjo institucional dado um valor (vetor normativo) predefinido"[72]. Dessa maneira, a AED normativa tem um cunho mais prescritivo, ou seja, formula e propõe o supostamente mais adequado conteúdo de normas jurídicas ou de decisões judiciais ao atingimento de determinados resultados (ou efeitos).

Evidentemente, a divisão da AED em escolas, conforme acima apresentado, possui finalidade exclusivamente didática, uma vez que, na dinâmica dos estudos e pesquisas acadêmicas, não é raro que ocorra certo amalgamento entre as versões acima vistas.

4. AED como resposta eficiente para os atuais desafios da sociedade da informação

A humanidade vive um período histórico que vem sendo denominado de Sociedade da Informação. Trata-se de "um processo complexo que atravessa as mais diversas áreas da vida social, da globalização dos sistemas produtivos e financeiros à revolução nas tecnologias e práticas de informação e comunicação"[73].

Essa nova e dinâmica organização social apresenta duas características marcantes: 1) o aumento exponencial da criação, transmissão e circulação de conhecimento, informações e ideias/doutrinas; 2) a valorização econômica dos bens imateriais ligados ao conhecimento em níveis superiores aos bens materiais.

No que tange à primeira característica, muito se deve ao avanço tecnológico informacional ocorrido nas últimas décadas, principalmente após a popularização da *internet* a partir da segunda metade dos anos 1990, o que, segundo Irineu Francisco Barreto Júnior[74], representou uma

[71] Ob. cit., p. 09.

[72] Introdução à análise econômica do direito. In: RIBEIRO, Maria Carla Pereira; KLEIN, Vinícius (coords.). **O que é análise econômica do direito.** Belo Horizonte: Fórum, 2011, p. 21.

[73] SANTOS, Boaventura de Sousa. **A globalização e as ciências sociais.** São Paulo: Cortez, 2011. p.12

[74] Atualidade do conceito de sociedade da informação para a pesquisa jurídica. In: PAESANI, Liliana Minardi (coord.). **O direito na sociedade da informação.** São Paulo: Atlas, 2007, p. 62.

revolução que dissolveu "as fronteiras entre telecomunicações, meios de comunicação de massa e informática". Nesse tópico, é certo que a *internet* se apresenta como "um meio de comunicação que permite, pela primeira vez, a comunicação de muitos com muitos, num momento escolhido, em escala global"[75].

O conhecimento, antes restrito aos livros de papel aos quais muitas pessoas não tinham acesso, se espraiou pelos mais longínquos rincões do planeta, e vem ficando cada vez mais acessível, sendo certo que várias instituições de ensino, algumas mundialmente conhecidas, já permitem que sejam acessados por meio eletrônico arquivos contendo livros, artigos, estudos, pareceres, pesquisas, etc. É o caso, por exemplo, da *Harvard Library*, acessível por meio do seguinte endereço eletrônico: <https://library.harvard.edu/>.

Fenômeno semelhante vem se dando em relação às informações, sendo bastante comum que certos acontecimentos ocorridos a milhares de quilômetros sejam conhecidos, quase que ao mesmo tempo, por habitantes de outro continente. Em suma, cada vez mais as informações correm o mundo quase que de modo imediato[76]. É inegável que "More people than ever before are using fixed and mobile phones and accessing the Internet, tapping the wealth of information and applications it provides"[77].

Outro ponto a ser destacado é a crescente facilidade da propagação das mais variadas ideias e doutrinas por meio de redes eletrônicas. Ainda que, dependendo da hipótese, isso possa ser nocivo (*v.g.* a estimulação a atos de racismo, intolerância, terrorismo, crimes financeiros, etc.), há ganhos em outras áreas (*v.g.* o aprimoramento do exercício da cidadania), notadamente porque a *internet* é quase que imune à censura ou controle governamental. De fato, segundo já afirmamos em outra ocasião, "é certo que os governos nunca estiveram tão passíveis de serem observados e

[75] CASTELLS, Manuel. **A galáxia da internet**. Trad. Maria Luiza X. de A. Borges. Rio de Janeiro: Zahar, 2003, p. 08.

[76] Segundo Armand Mattelart, "The global age is not ahead of us; we are already in it" (*in* **The information society**. Trad. p/ ingles Susan G Taponier e James A. Cohen. London: SAGE Publications, 2003, p. 91).

[77] UNITED NATIONS. Economic and Social Comission for Western Asia. **Information Society measurament**: building a common benchmarking model for the ESCWA Region. New York: United Nations, 2011, p. 11.

criticados como agora"[78]. Aliás, alguns efeitos dessa nova realidade já apareceram (*v.g.* a Primavera Árabe que apeou alguns caudilhos do poder; os movimentos de "junho de 2013", cujas convocações não dependeram de partidos, sindicatos ou associações organizadas, etc.).

Como segunda característica da Sociedade da Informação, destacamos o fato do conjunto dos bens imateriais ligados ao conhecimento e à tecnologia (*v.g.* as marcas e patentes, os segredos industriais, etc.) terem passado a valer economicamente mais do que todos os bens materiais produzidos com base nos primeiros. Noutras palavras, segundo Roberto Senise Lisboa[79], atualmente "os ativos do conhecimento, isto é, o capital intelectual, passaram a ser mais importantes para as empresas que os ativos financeiros e físicos". Tanto é assim que, atualmente, "a propriedade intelectual é o maior produto de exportação dos Estados Unidos"[80].

Aliás, há quase quarenta anos, Alvin Toffler[81] já reconhecera a realidade desse fenômeno. Em suas palavras, "a informação tornou-se talvez o negócio mais importante e o que mais cresce no mundo". Na verdade, cada era vivida pela humanidade teve o seu mais relevante fator de produção de riqueza. Não que os outros fatores tenham desaparecido ou perdido completamente a importância; apenas deixaram de ser os protagonistas após certo tempo. Nesse sentido: Na era agrícola, a terra se configurava como o fator primordial da geração de riquezas. Na era industrial a riqueza surge da máquina a vapor e da eletricidade. Na era do conhecimento, a informação e o conhecimento são os atores centrais da produção econômica[82].

É fato que, cada vez mais, "a extensão do ciberespaço acompanha e acelera uma virtualização geral da economia e da sociedade"[83], donde se

[78] MARTINS, Marcelo Guerra. Consciência fiscal e o aperfeiçoamento da cidadania: o problema dos tributos indiretos. **Direito Público**, 73, jan./fev. 2017, p. 79.

[79] O consumidor na sociedade da informação. In: PAESANI, Liliana Minardi (coord.). **O direito na sociedade da informação**. São Paulo: Atlas, 2007, p. 121.

[80] FORGIONI, Paula A. **Fundamentos do antitruste**. 8. ed., São Paulo: Revista dos Tribunais, 2015, p. 313.

[81] **A terceira onda**. 18. ed., São Paulo: Record. 1980, p. 162.

[82] SIQUEIRA JÚNIOR, Paulo Hamilton. Habeas data: remédio jurídico da sociedade da informação. In: PAESANI, Liliana Minardi (Coord.). **O direito na sociedade da informação**. São Paulo: Atlas, 2007, p. 255.

[83] LÉVY, Pierre. **Cibercultura**. São Paulo: Editora 34, 2. ed., 6. reimp., 2007, p. 49.

conclui haver fortes evidencias de que a "sociedade da informação não é um modismo. Representa uma profunda mudança na organização da sociedade e da economia, havendo quem a considere um novo paradigma técnico-econômico"[84].

Dentro desse um cenário informacional consolidado e altamente dinâmico, quase tudo o que se refere ao ambiente jurídico acaba sendo afetado, o que impõe ao direito o desafio de continuar servindo de instrumento de organização e harmonia social, sem perder sua legitimidade e aceitação pelas pessoas. Com efeito, dentre outras nuances, a era informacional é marcada pela consolidação das chamadas relações jurídicas e econômicas "de massa" em que milhões de pessoas simultaneamente relacionam-se não apenas entre si, mas também com governos, entidades paraestatais diversas, grandes empresas, etc.[85].

Em adição, o acentuado dinamismo econômico surgido nessas eras de globalização, em que as relações cada vez mais se internacionalizam, está a exigir do direito (em suas três principais dimensões) respostas mais rápidas e, sobretudo, suficientemente úteis à superação de novos impasses e necessidades sociais. É fato que a globalização avança ao longo do tempo sem dar sinais de que o fenômeno esteja prestes a arrefecer, aliás, muito pelo contrário. Nesse tópico:

> Uma das peculiaridades que distinguem o processo de globalização de toda experiência anterior é que, como conseqüência de sua forma e intensidade, seus efeitos são mais intensos e se superpõem aos anteriores, além de que – à diferença, por exemplo, da regionalização, em que aspectos políticos ou de outra índole podem levar ao fracasso de um processo – por

[84] TAKAHASHI, Takeo. **Sociedade da informação no Brasil**: livro verde. Brasília: Ministério da Ciência e Tecnologia, 2000, p. 31.

[85] Além disso, é certo que a utilização massiva de redes eletrônicas como a *internet* trouxe desafios ligados à proteção da imagem e da privacidade, sendo necessária a edição de instrumentos legais que confiram proteção aos usuários das redes. Daí, no Brasil, houve o surgimento do Marco Civil da Internet (Lei 12.965, de 13 de abril de 2014) e da Lei Geral de Proteção de Dados (Lei 13.709, de 14 de agosto de 2018), o que talvez venha a se constituir em novos ramos do direito (*v.g.* Direito da Internet, Direito Eletrônico, etc.). Esse fenômeno não ocorre apenas no Brasil. Assim, por exemplo, no âmbito da União Europeia, cabe destacar a Diretiva de Proteção de Dados Pessoais de 1995 95/46/CE, seguida pelo *General Data Protection Regulation*, em vigor desde 25 de maio de 2018.

sua própria natureza, sua tendência é de constante ampliação, afetando, embora de forma variada, a todos os países[86].

Diante desse novo e complexo cenário, a análise do direito regida pela tradicional dogmática, que se circunscreve essencialmente à descrição dos conteúdos normativos encontráveis no sistema, tornou-se insatisfatória, para que não se diga obsoleta. Assim, acreditamos que a Análise Econômica do Direito, tanto sob o viés positivo quanto normativo, configura-se numa ferramenta de grande utilidade para, de modo útil e eficiente, trabalhar com o direito nesses tempos de Sociedade da Informação, e isso pode (ou melhor, deve) se manifestar nas três principais dimensões do fenômeno jurídico: 1) a criação normativa; 2) a aplicação das normas e o 3) ensino das normas.

No que tange à criação das normas, é certo que o emprego da AED é de muito grande valia, quiçá mesmo essencial. Como foi visto no decorrer do texto, os seres humanos, na busca por maximizar a eficiência de suas ações (obtenção de maiores benefícios sob os menores custos possíveis), reagem aos incentivos conferidos pelo ambiente normativo-institucional, de modo a fazer ou deixar de fazer algo. Daí a suma importância da AED para que os incentivos gerados pelas normas efetivamente redundem nos comportamentos desejados pelo legislador.

Assim, por exemplo, aumentando-se o número de infrações necessárias para que os motoristas tenham o direito de dirigir suspenso, incentiva-se posturas menos cuidadosas ao volante, o que provavelmente irá ocasionar mais acidentes (e suas consequências, tais como danos materiais, pessoas feridas, inválidas, mortas, etc.). Outra consequência provável, devido ao aumento generalizado do risco no trânsito, será o aumento do preço cobrado nos seguros de automóvel.

Em suma, esse tipo de raciocínio pode (e deve) ser levado a efeito na construção de qualquer norma jurídica, por menor hierarquia que possua.

A importância da AED na dimensão da aplicação das normas já foi acima ventilada, quando foram abordadas questões relativas ao comportamento judicial frente a contratos, leis e outras normas. Nesse sentido,

[86] BAUMAN, Renato. Uma visão econômica da globalização. In: BAUMANN, Renato (org.). **O Brasil e a economia global**. Rio de Janeiro: Campus, 1996, p. 37-38.

é importante que os juízes vislumbrem eventuais efeitos econômicos oriundos de suas decisões, principalmente aquelas potencialmente causadores de distorções mercadológicas, valendo recordar o "caso da soja verde" de Goiás.

Afinal, conforme foi visto, na Sociedade da Informação as relações (jurídicas, econômicas e sociais) cada vez mais se globalizam, com reflexos abrangentes e, sobretudo, muito rápidos diante da circulação quase que instantânea de informações relevantes, o que redunda, dentre outras situações, em oscilações bruscas nas bolsas de valores e em mercados de câmbio, de *commodities* e outros coligados. É sabido que os mercados costumam precificar as expectativas futuras, o que pode alimentar "comportamentos de manada", com potencial para gerarem danos econômicos e distorções mercadológicas de monta.

Não se pode negar que, em certas circunstâncias, o sistema jurídico permite a intervenção judicial nos contratos e outros atos em certas circunstancias. Todavia, pensamos ser de rigor que os juízes bem sopesem aspectos mais amplos do que apenas a relação discutida num caso concreto para, dessa maneira, colocar suas convicções à prova acerca da possibilidade jurídica, oportunidade e extensão de uma eventual revisão contratual. Esse tipo de cuidado prudencial dificilmente poderia ser feito sem o auxílio da AED.

O mesmo vale para a aplicação das leis (e outras normas) que, inclusive em nome da isonomia (valor de grande relevância constitucional), deve ser o mais uniforme possível a todos aqueles que se encontrarem nas mesmas situações jurídicas. Afinal, não basta que todos sejam iguais perante a lei (*in abstractu*), é indispensável que a lei seja aplicada de modo uniforme também (*in concreto*), sob pena de restar prejudicada a legitimidade do direito, elemento angular da estabilidade social.

Sem querer aprofundar, aqui cabe destacar o relevante papel dos Tribunais, principalmente aqueles que estão na cúpula do sistema, na confecção de precedentes vinculantes às instâncias inferiores, o que pode ser levado a efeito por instrumentos como a Súmula Vinculante e a Repercussão Geral (no STF) e os Recursos Repetitivos (no STJ).

Além de promover a isonomia, uma jurisprudência uniforme majora o nível de segurança jurídica em termos de previsibilidade do comportamento judicial, um dos fatores considerados por agentes econômicos para levarem adiante seus investimentos. Nota-se que o Código de Processo

Civil de 2015 deu notáveis passos nessa direção que consideramos correta[87].

Por fim, no que se refere à importância do emprego da AED no ensino do direito, basta recordar que os estudantes de hoje serão os legisladores, juízes, procuradores, advogados, consultores e assessores de amanhã. Dessa forma, quanto mais cedo os métodos da AED forem incorporados pelos acadêmicos, melhormente estarão eles preparados para os desafios que surgirão quando passarem a operar o direito, cada vez mais inserido e influenciado pela conjuntura informacional.

Infelizmente, ao que sabemos, muito poucas as escolas de direito no Brasil já incluíram em suas grades curriculares um curso de Análise Econômica do Direito. Além disso, as matérias tradicionais (Direito Civil, Constitucional, Administrativo, Tributário, etc.) geralmente ainda são ministradas quase que integralmente segundo a antiga dogmática, com pouquíssimas inserções em análises de cunho crítico ou consequencialista, o que revela um descompasso para com as habilidades esperadas do profissional do direito no contexto da Sociedade da Informação.

Conclusões

A Análise Econômica do Direito (também denominada de Direito e Economia, Direito & Economia ou, ainda, *Law and Economics*) é basicamente um método que permite, a partir de certas teorias e postulados oriundos da ciência da economia, prever prováveis consequências ou efeitos das normas jurídicas (AED positiva) ou, ainda, prescrever o conteúdo normativo mais adequado para o atingimento dos efeitos desejados pelo legislador (AED normativa). A AED é aplicável a todos os diversos ramos do direito.

Não se deve confundir Análise Econômica do Direito com a Interpretação Econômica do Direito, visto que esta última somente pode ser utilizada no âmbito da ciência da economia, na medida em que, dentre outras características, muitas vezes equipara (ou funde) figuras e institutos

[87] Para aprofundar, confira, de nossa autoria, Influência da common law na implantação dos precedentes judiciais vinculantes no Brasil na era da sociedade da informação. **Revista Eletrônica do Curso de Direito da Universidade Federal de Santa Maria**, vol. 13, n. 3, p. 1.098-1.131.

jurídicos distintos (notadamente quando os respectivos efeitos econômicos forem assemelhados).

Ainda que que tal simplificação, via de regra, não cause prejuízo à compreensão e utilidade das pesquisas engendradas pela ciência da economia, o mesmo não ocorre na seara do direito, cujas figuras e institutos possuem existência e regramento próprios, não podendo ser ignorados ou fundidos entre si.

O direito (normas) e a economia (modo de organização social) são fenômenos sociais antiquíssimos e que emanam, de modo simultâneo e incessante, estímulos e *feedbacks* recíprocos. Todavia, apenas na segunda metade do século XX é que, nos Estados Unidos, a relação entre o direito e a economia começou a ser estudada de forma sistematizada e metodológica. Daí terem nascido algumas escolas da AED, tais como a Escola Fundacional, que posteriormente evoluiu para a Escola Pragmática; a Escola Regulatória e as Escolas Institucionalistas. Essa divisão é sobretudo didática, não sendo raro observar nas pesquisas levadas a efeito na órbita da AED um certo amalgamento entre as linhas de pensamento das diversas escolas.

No contexto da Sociedade da Informação, notadamente após a popularização da *internet*, o aumento exponencial da circulação, em nível global, de conhecimento, informações e ideias, consolidou as chamadas relações jurídicas de massa que envolvem simultaneamente milhões de pessoas, diversos entes governamentais e grandes empresas. Por conseguinte, os efeitos econômicos advindos dessa nova conjuntura, extremamente dinâmica e complexa, passaram a ser globais, profundos e, sobretudo, muito rápidos.

Todo esse novel cenário passou a exigir dos operadores do direito maior dinamismo, precisão e efetividade nas respostas requeridas pela sociedade, o que, há certo tempo, não é mais plenamente resolvido pela tradicional dogmática jurídica. Daí o porquê considerarmos a AED como o método que gera as melhores respostas aos desafios próprios da era informacional, e isso pode (ou melhor, deve) se manifestar sobre as três principais dimensões do fenômeno jurídico: 1) a criação das normas; 2) a aplicação das normas e o 3) ensino das normas.

Referências

AMARAL, Gustavo. Direito, escassez & escolha. Rio de Janeiro: Renovar, 2001.

ARIDA, Pérsio. A pesquisa em direito e em economia: em torno da historicidade da norma. In: ZYLBERSZTAJN, Décio; SZTAJN, Raquel (orgs.). Direito & economia. Rio de Janeiro: Elsevier, 2005, p. 60-73.

BARRETO JÚNIOR, Irineu Francisco. Atualidade do conceito de sociedade da informação para a pesquisa jurídica. In: PAESANI, Liliana Minardi (coord.). O direito na sociedade da informação. São Paulo: Atlas, 2007, p. 61-77.

BAUMAN, Renato. Uma visão econômica da globalização. In: BAUMANN, Renato (org.). O Brasil e a economia global. Rio de Janeiro: Campus, 1996, p. 37-38.

BEVILAQUA, Clóvis. Código Civil dos Estados Unidos do Brasil. 10. ed., Rio de Janeiro: Livraria Francisco Alves, vol. III, 1955.

BOARATI, Vanessa. Economia para o direito. Barueri: Manole, 2006.

BRASIL. Constituição da República dos Estados Unidos do Brasil, de 24 de fevereiro de 1891. Disponível em: <http://www.planalto.gov.br/ccivil_03/constituicao/constituicao91.htm>. Acesso em: 30 mai. 2019.

BRASIL. Constituição da República dos Estados Unidos do Brasil, de 16 de julho de 1934. Disponível em: <http://www.planalto.gov.br/ccivil_03/constituicao/constituicao34.htm>. Acesso em: 30 mai. 2019.

BRASIL. Constituição da República dos Estados Unidos do Brasil, de 18 de setembro de 1946. Disponível em: <http://www.planalto.gov.br/ccivil_03/constituicao/constituicao46.htm>. Acesso em: 30 mai. 2019.

BRASIL. Constituição da República dos Estados Unidos do Brasil, de 10 de novembro de 1937. Disponível em: <http://www.planalto.gov.br/ccivil_03/Constituicao/Constituicao37.htm>. Acesso em: 30 mai. 2019.

BRASIL. Constituição da República Federativa do Brasil, de 24 de janeiro de 1967. Disponível em: <http://www.planalto.gov.br/ccivil_03/constituicao/constituicao67.htm>. Acesso em: 30 mai. 2019.

http://www.planalto.gov.br/ccivil_03/constituicao/constituicao67.htm

BRASIL. Constituição da República Federativa do Brasil, de 05 de outubro de 1988. Disponível em: <http://www.planalto.gov.br/ccivil_03/constituicao/constituicaocompilado.htm>. Acesso em: 30 mai. 2019.

BRASIL. Constituição Política do Império do Brasil, de 25 de março de 1824. Disponível em: <http://www.planalto.gov.br/ccivil_03/Constituicao/Constituicao24.htm>. Acesso em: 30 mai. 2019.

BRASIL. Lei 8.078, de 11 de setembro de 1990 (Código de Defesa do Consumidor). Disponível em: <http://www.planalto.gov.br/ccivil_03/leis/l8078.htm>. Acesso em: 26 mai. 2019.

BRASIL. Lei 12.529, de 30 de novembro de 2011. Disponível em: <http://www.planalto.gov.br/ccivil_03/_Ato2011-2014/2011/Lei/l12529.htm>. Acesso em: 15 jun. 2019.

BRASIL. Lei 12.965, de 23 de abril de 2014. Disponível em: <http://www.planalto.gov.br/ccivil_03/_ato2011-2014/2014/lei/l12965.htm>. Acesso em 10 jun. 2019.

BRASIL. Lei 13.709, de 14 de agosto de 2018. Disponível em: <http://www.planalto.gov.br/ccivil_03/_Ato2015-2018/2018/Lei/L13709.htm>. Acesso em 10 jun. 2019.

CALABRESI, Guido. Il futuro dell'analisi economica del diritto. Sociologia del Diritto, n. XVII-1-2, 1990, p. 47-54.

CARVALHO, Cristiano. Teoria do sistema jurídico: direito, economia e tributação. São Paulo: Quartier Latin, 2005.

CARVALHO, Cristiano da Rosa. Direito tributário e análise econômica do direito: uma introdução. In: LIMA, Maria Lúcia L. M. Pádua (coord.). Direito e economia 30 anos de Brasil. São Paulo: Saraiva, 2012, p. 21-52.

CASTELLS, Manuel. A galáxia da internet. Trad. Maria Luiza X. de A. Borges. Rio de Janeiro: Zahar, 2003.

COELHO, André Felipe Canuto. A necessária interação entre o direito e a economia diante da regulação do estado na ordem econômica. Revista de Direito Administrativo & Constitucional, n. 27, jan./mar. 2007, p. 185-206.

COOTER Robert; ULEN Thomas. Direito & economia. Trad. Luís Marcos Sander e Francisco Araújo da Costa. Porto Alegre: Bookman, 2010.

COULANGES. Fustel de. A cidade antiga. Trad. Fernando Aguiar. 8. ed.. Lisboa: Livraria Clássica, 1954, vol. 1.

DIAS, Jean Carlos. Análise econômica do processo civil brasileiro. São Paulo: Método, 2009.

DUERSEN, Felipe van. O Brasil tem mais assassinatos do que todos esses países somados. Super Interessante, 08/10/2019. Disponível em: <https://super.abril.com.br/blog/contaoutra/o-brasil-tem-mais-assassinatos-do-que-todos-estes-paises-somados/>. Acesso em: 12 jun. 2019.

ENCYCLOPAEDIA BRITANNICA. Code of Hamurabi. Babylonian Laws. Disponível em: <https://www.britannica.com/topic/Code-of-Hammurabi>. Acesso em: 25 mai. 2019.

EUROPEAN UNION. General Data Protection Regulation, de 27 de abril de 2016. Disponível em: <https://eur-lex.europa.eu/legal-content/EN/TXT/PDF/?uri=CELEX:32016R0679>. Acesso em: 10 jun. 2019.

FARACO, Alexandre Ditzel; SANTOS, Fernando Muniz. Análise econômica do direito e possibilidades aplicativas no Brasil. Revista de Direito Público da Economia, n. 09, jan./mar. de 2005, p. 27-61.

FARINA, Elizabeth Maria Mercier Querido; AZEVEDO, Paulo Furquim de; SAES, Maria Sylvia Macchione. Competitividade: mercado, estado e organizações. São Paulo: Singular, 1997.

FERES, Marcos Vinício Chein. Do princípio da eficiência econômica. Revista do IBRAC, vol. 08, nº 08, p. 23-46, 2001.

FORGIONI, Paula A. Análise econômica do direito: paranóia ou mistificação? Revista do Tribunal Regional Federal da 3ª Região, n. 77, mai./jun. de 2006, p. 35-61.

FORGIONI, Paula A. Fundamentos do antitruste. 8. ed., São Paulo: Revista dos Tribunais, 2015.

GALA, Paulo. A teoria institucional de Douglass North. Revista de Economia Política, vol. 23, n. 2, abr./jun. de 2003, p. 89-105.

GASTALDI, J. Petrelli. Elementos de economia política. 5. ed., São Paulo: Saraiva, 1970.

GICO JÚNIOR, Ivo Teixeira. Introdução à análise econômica do direito. In: RIBEIRO, Maria Carla Pereira; KLEIN, Vinícius (coords.). O que é análise econômica do direito. Belo Horizonte: Fórum, 2011, p. 17-26.

GOMES, Orlando. Contratos. 15. ed. Rio de Janeiro: Forense, 1995.

LÉVY, Pierre. Cibercultura. São Paulo: Editora 34, 2. ed., 6. reimp., 2007.

LISBOA, Roberto Senise. O consumidor na sociedade da informação. In: PAESANI, Liliana Minardi (coord.). O direito na sociedade da informação. São Paulo: Atlas, 2007, p. 113-142.

MARTINS, Marcelo Guerra. Tributação, propriedade e igualdade fiscal: sob elementos de direito & economia. Rio de Janeiro: Elsevier, 2011.

MARTINS, Marcelo Guerra. Tributação, instituições e desenvolvimento. Revista da Academia Tributária das Américas, vol. 3, 2011, p. 373-395.

MARTINS, Marcelo Guerra. Consciência fiscal e o aperfeiçoamento da cidadania: o problema dos tributos indiretos. Direito Público, 73, jan./fev. 2017, p. 75-94.

MARTINS, Marcelo Guerra; GARCIA, Gustavo; MARCACINI, Augusto. Influência da common law na implantação dos precedentes judiciais vinculantes no Brasil na era da sociedade da informação. Revista Eletrônica do Curso de Direito da Universidade Federal de Santa Maria, vol. 13, n. 3, p. 1.098-1.131.

MATTELART, Armand. The information society. Trad. p/ ingles Susan G Taponier e James A. Cohen. London: SAGE Publications, 2003.

MICHELS, Gilson Wessler. Desenvolvimento e sistema tributário. In: BARRAL, Welber (org.). Direito e desenvolvimento: análise da ordem jurídica brasileira sob a ótica do desenvolvimento São Paulo: Singular, 2005, p. 225-258.

MONCELLIN, Sandra. Economia criminale e atto economico: brevi considerazioni. Revista Trimestrale di Diritto Penale dell'Economia. Ano XI, n. 04, oct./dez. de 1998, p. 1.023-1.033.

MURPHY, Liam; NAGEL, Thomas. O mito da propriedade. Trad. Marcelo Brandão Cipolla. São Paulo: Martins Fontes, 2005.

NUSDEO, Fábio. Curso de economia: introdução ao direito econômico. 4. ed., São Paulo: Revista dos Tribunais, 2005.

PINHEIRO, Armando Castelar. Direito e economia num mundo globalizado: cooperação ou confronto? In: TIMM, Luciano Benetti (org.). Direito & economia. Porto Alegre: Livraria do Advogado, 2008, p. 19-47.

POSNER, Richard A. Problemas de filosofia do direito. Trad. Jefferson Luiz Camargo. São Paulo: Martins Fontes, 2007a.

POSNER, Richard A. El análisis económico del derecho. 2. ed. Trad. para o espanhol de Eduardo L. Suárez. México: Fondo de Cultura Económica, 2007b.

RADBRUCH, Gustav. Introdução à ciência do direito. Trad. Vera Barkow. São Paulo: Martins Fontes: 1999.

REZENDE, Cristiane Leles. Pacta sunt servanda? Quebra dos contratos de soja verde. 2008. (Doutorado em Economia) Faculdade de Economia, Administração e Contabilidade da Universidade de São Paulo. São Paulo. Disponível em: <http://www.teses.usp.br/teses/disponiveis/12/12139/tde-07042008-143732/pt-br.php>. Acesso em: 15 mai. 2019.

RODRIGUES, Vasco. Análise económica do direito. Coimbra: Almeidina, 2007.

ROSSETTI, José Paschoal. Introdução à economia. 12. ed.. São Paulo: Atlas, 1987.

ROTH, João Luiz. Por que não crescemos como os outros países? São Paulo: Saraiva, 2006.

SALAMA, Bruno Meyerhof. O que é pesquisa em direito e economia? Cadernos Direito GV, vol. 05, n. 02, mar. 2008, p. 21. Disponível em: <http://bibliotecadigital.fgv.br/dspace/bitstream/handle/10438/2811/caderno%2520direito%252022.pdf?sequence=1&isAllowed=y >. Acesso em: 19 mai. 2019.

SANTOS, Boaventura de Sousa. A globalização e as ciências sociais. São Paulo: Cortez, 2011.

SCHOUERI, Luís Eduardo. Normas tributárias indutoras e intervenção econômica. Rio de Janeiro: Forense, 2005.

SEN, Amartya. Desenvolvimento como liberdade. 7. reimp. Trad. Laura Teixeira Motta. São Paulo: Cia. das Letras, 2008.

SIQUEIRA JÚNIOR, Paulo Hamilton. Habeas data: remédio jurídico da sociedade da informação. In: PAESANI, Liliana Minardi (coord.). O direito na sociedade da informação. São Paulo: Atlas, 2007, p. 251-274.

SZTAJN, Raquel. Law and economics. In: ZYLBERSZTAJN, Décio; SZTAJN, Raquel (orgs.). Direito & economia. Rio de Janeiro: Campus, 2005, p. 74-83.

SZTAJN, Raquel. VERSOÇA, Haroldo Malheiros Dulcrec. A incompletude do contrato de sociedade. Revista de Direito Mercantil Industrial Econômico e Financeiro. Vol. 42, n. 131, jul./set. 2003, p. 07-20.

TAKAHASHI, Takeo. Sociedade da informação no Brasil: livro verde. Brasília: Ministério da Ciência e Tecnologia, 2000. Disponível em: <https://www.

governodigital.gov.br/documentos-e-arquivos/livroverde.pdf>. Acesso em: 15 jun. 2019.

TIMM, Luciano Benetti. Ainda sobre a função social do direito contratual no Código Civil brasileiro: justiça distributiva *versus* eficiência econômica. In: TIMM, Luciano Benetti (org.). Direito & economia. Porto Alegre: Livraria do Advogado, 2008, p. 63-96.

TOFFLER, Alvin. A terceira onda. 18. ed., São Paulo: Record. 1980.

TOMAZETTE, Marlon. A viabilidade da análise econômica do direito no Brasil. Revista Tributária e de Finanças Públicas, n. 75, 2007, p. 175-198.

UNITED NATIONS. Economic and Social Comission for Western Asia. Information Society measurament: building a common benchmarking model for the ESCWA Region. New York: United Nations, 2011. Disponível em: <https://www.unescwa.org/publications/information-society-measurement-building-common-benchmarking-model-escwa-region>. Acesso em: 15 jun. 2019.

VAZ, Isabel. Direito econômico das propriedades. Rio de Janeiro: Forense, 1993.

VIEGAS, Cláudia. Economia da concorrência: estruturas de mercado. In: SCHAPIRO, Mário; CARVALHO, Vinícius Marques de; CORDOVIL, Leonor (coords.). Direito econômico concorrencial. 2. tiragem. São Paulo: Saraiva, 2014, p. 21-46.

WEBER, Marx. História geral da economia. Trad. Klaus Von Puschen. São Paulo: Centauro, 2006.

7. Populismo Digital e Princípio Democrático: o Problema da Censura Reversa como Método de Comunicação

Rubens Beçak
João Victor Rozatti Longhi

Introdução

Muito mudou desde o início dos estudos envolvendo a intersecção entre a evolução do princípio democrático e o uso em larga escala das tecnologias da informação e comunicação, doravante TICs. No início, predominavam conclusões em tom de entusiasmo acerca do potencial as tecnologias para a propulsão de um processo evolutivo da democracia ao redor do mundo.

Mas tal atmosfera vem paulatinamente cedendo espaço a críticos, passando-se a investigar em que medida a Tecnologia não tem de fato corroborado com o processo de erosão das democracias ao redor do mundo. Especialmente com a tendência de ascensão de regimes populistas nos últimos anos.

Inserto neste contexto, este trabalho tem por recorte alguns traços semelhantes nas técnicas de comunicação destes regimes, tanto em períodos eleitorais como após instaurados.

Na primeira parte, busca descrever brevemente o contexto das TICs em paralelo com a evolução da deliberatividade democrática, procurando contrastar visões em que prevalece ainda a possibilidade de incremento da participação via Rede, ao mesmo passo que visa analisar também os desafios para tal incremento na atualidade. Ou seja, dentro do mais novo componente que são os regimes acima descritos.

Na segunda parte, o foco é o que o que se tem denominado de populismo digital, descrevendo-se alguns casos em que as tecnologias efetivamente tem se tornado parte do processo de ocaso das democracias e se tornado entrave ao até então contínuo processo de evolver democrático.

Chega-se à terceira parte, centro deste trabalho, para se descrever o conceito de censura reversa, identificado especialmente pela doutrina dos Estados Unidos como exemplo da necessidade de se repensar as bases para a regulação do *free speech*.

1. As tecnologias da informação e comunicação e a evolução do princípio democrático: esperanças e desafios na atualidade

Desde a popularização das Tecnologias da Informação e Comunicação (TICs), com destaque para a Internet e seus desdobramentos posteriores, um dos principais problemas de pesquisa tem sido o de seu papel no incremento e evolução dos meios de participação democrática, ou, simplesmente com um meio de promoção da evolução do princípio democrático.[1]

Em linhas gerais, partindo-se da noção de democracia deliberativa[2], a Internet tem sido fonte de estudos em perspectiva dita

[1] Para maiores aprofundamentos quanto ao evolver do princípio democrático BEÇAK, Rubens. Democracia: hegemonia e aperfeiçoamento. São Paulo: Saraiva, 2014. *passim*. Quanto ao recorte às teconologias da Informação e comunicação, V. LONGHI, João Victor Rozatti. Processo legislativo interativo: interatividade e participação por meio das Tecnologias da Informação e Comunicação. Curitiba: Juruá, 2017. Segunda parte.

[2] Acerca de democracia deliberativa, distinguindo as concepções substancial (Rawls) e procedimental (Habermas), SOUZA NETO, Cláudio Pereira de. Teoria constitucional e democracia deliberativa: um estudo sobre o papel do direito na garantia das condições para a cooperação na deliberação democrática. Rio de Janeiro: Renovar, 2006. p. 156. Sobre a noção habermasiana, que tem permeado uma série significativa de estudos sobre a teoria democrática, dissertam Daniel Sarmento e Cláudio Pereira de Souza Neto: Na perspectiva habermasiana, a democracia não se identifica com o governo das maiorias. Ela não representa apenas uma forma de agregação de interesses individuais conflitantes, que permita a prevalência das posições que favoreçam ao maior número de pessoas. A democracia é deliberativa, baseada no diálogo social e nas interações travadas pelos cidadãos no espaço público. É o embate entre argumentos e contra-argumentos no espaço público e nos fóruns oficiais que racionaliza e legitima o processo decisório democrático. Na deliberação, os diversos participantes podem expor os seus pontos de vista e criticar os argumentos oferecidos pelos demais, com liberdade e igualdade. Para que um contexto propício a esta troca de argumentos e contra-argumentos possa se instaurar, as garantias do Estado de Direito são fundamentais. Sem liberdade e sem igualdade – o que o Estado de Direito deve assegurar – não há diálogo verdadeiro, e a deliberação perde seu potencial legitimador e racionalizador.

"otimista",[3] de modo a contribuir potencialmente com e seu evolver, tomando feições institucionais e podendo resultar até mesmo em produtos concretos, quando se fala, por exemplo, no processo legislativo.[4]

Isto porque, ao longo dos últimos anos, foi-se construindo certo consenso de que a Internet não é apenas vista como lócus de expressão e de manifestação da opinião dos cidadãos, mas objeto de análise por parte dos representantes como termômetro da soberania popular, base ontológica do sistema democrático.

Contudo, tal perspectiva predominantemente esperançosa do papel das tecnologias como meio de promoção do princípio democrático vem contemporaneamente cedendo espaço para visões em que as críticas para sua implementação têm ganho terreno, prevalecendo.

Isto porque, estudos mais recentes tem se atentado para os riscos apontados como aptos a romper com a ideia de a tecnologia representar de fato uma ruptura significativa com os entraves do evolver democrático.

Por exemplo, a visão de Yochai Benkler. Em "A riqueza das redes", sinteticamente, trabalhava a ideia de que um dos desdobramentos mais emblemáticos do processo crescente de complexificação da esfera pública

SARMENTO, Daniel; SOUZA NETO, Cláudio Pereira de. Direito constitucional: teoria, história e métodos de trabalho. 2. ed. Belo Horizonte: Forum, 2017. p. 222.

[3] A distinção entre ciberotimistas e ciberpessimistas é didática, porém superficial e insuficiente para medir as exatas nuances de cada autor e seus respectivos recortes nos estudos entre democracia e tecnologia. Daí porque se falar em "riscos e desafios vs. esperanças" parece refletir melhor o *background* teórico. Porém, a doutrina nacional elenca entre os "pessimistas da Internet", dentre outros, Tim Wu, Eli Pariser, Andrew Keen, Cass Sunstein, Evgeny Morozov. Cf. MAGRANI, Eduardo. Democracia conectada: a Internet como ferramenta de engajamento politico-democrático. Curitiba: Juruá, 2014. p. 100 et seq. Já entre os "otimistas", estariam Yochai Benkler, Manuel Castells e Pierre Lévy. Cf. BERNARDES, Maciele Berger. Democracia na Sociedade Informacional: o desenvolvimento da democracia digital nos municípios brasileiros. São Paulo: Saraiva, 2013. p. 45 et seq. Dentre os pessimistas, é possível se acrescer a visão de Siva Vaidhyanathan. Nesse sentido, V. Também BEÇAK, Rubens, LONGHI, João Victor Rozatti. Internet como esfera pública global e o papel atual dos Parlamentos no processo legislativo. in Revista de Cultura e Extensão da USP, São Paulo, n. 13, p. 43-53, maio 2015. Disponível em: *http://dx.doi.org/10.11606/issn.2316-9060.v13i0p43-53*. Acesso em: 15 jun. 2019.

[4] Nesse sentido, Perez Luño: "*La teledemocracia puede contribuir al logro de uno de los más importantes retos de los Estados de derecho de inequívoca orientación democrática: la participación real y consciente de los ciudadanos en el proceso legislativo.*" PEREZ LUÑO, António-Enrique. *¿Ciberciudadaní@ o ciudadaní@.com*? Barcelona: Gedisa editorial, 2004. p. 80.

a partir do desenvolvimento de um ambiente favorável ao exercício das liberdades comunicativas seria o estabelecimento de muitas esferas públicas interconectadas.[5]

Isto porque as transformações teriam, por um lado, dado mais voz ao cidadão comum ao mesmo passo que se aumentou sua capacidade de adquirir conteúdo qualificado.[6]

Hoje, contudo, Yochai Benkler, Ral Roberts e Robert Farris se debruçam sobre a atual estrutura propagandística da Internet sob ótica inicialmente diversa. Descrevem os autores sua hipótese:

> A maior parte deste livro compreende análises detalhadas de grandes conjuntos de dados, estudos de caso do surgimento de quadros amplos e narrativas particulares e síntese com o trabalho de outros que tentaram entender o que aconteceu em níveis abstratos e concretos. *Nosso objetivo é entender quais atores foram responsáveis por essa transformação da esfera pública americana e como essa nova esfera pública operou através desses atores, de modo a torná-la tão vulnerável à desinformação, propaganda e apenas pura besteira.* Nosso foco em dados é complementado por um esforço para entender o que vemos hoje no contexto histórico, tanto político quanto cultural.[7]

[5] O autor parte da ideia de que, coletivamente, a Rede aumenta o capital social associado à coletividade em análise, com fortalecimento dos laços de cooperação entre os membros envolvidos e, no plano individual, tal estrutura social e econômica melhora as capacidades práticas dos indivíduos em três dimensões: 1. fazer mais para e por si só (autonomia); 2. fortalecer laços comunitários, sem vínculos pecuniários ou a modelos hierárquicos tradicionais de organização (Estado, empregador, etc.); e 3. aumentar a importância de organizações formais que operam fora da esfera do mercado. Cf. BENKLER, Yochai. *The wealth of networks: how social production transforms markets and freedom*. New Heaven: Yale University Press. p. 8. Quanto aos seus reflexos na esfera política, esse novo ambiente de emancipação individual se reverte em uma estrutura diversa da esfera pública tradicional, que denomina "esfera pública conectada", construída a partir da multiplicidade de esferas públicas. Cf. Idem. p. 214.

[6] Há também autocrítica na visão apresentada por Benkler originalmente. Por exemplo, a concentração de poder nas mãos dos grandes provedores de aplicações (como Google, Facebook, etc.); o receio de que a estrutura descentralizada da Internet contemporânea viesse a se desfazer em prol de uma realidade em que há um alto grau de concentração de poder econômico com forte influência sobre a seleção de conteúdo, dentre outras. Igualmente a semente do que posteriormente seria popularizado conhecido como "Bolha dos Filtros". Cf. Idem. p. 241 et seq,

[7] No original: "*The bulk of this book comprises detailed analyses of large data sets, case studies of the emergence of broad frames and particular narratives, and synthesis with the work of others who have*

Ao longo da obra, cuja análise não pode ser esgotada neste excerto, restam claras certas premissas, quais sejam, em síntese, de que a tecnologia não é a única responsável pelo processo de erosão de certos pilares da democracia contemporaneamente, mas que a maneira como vem sendo utilizada tem por efeito inegável o aumento das preocupações acerca do tema.[8]

Igualmente, o crescimento e fortalecimento dos interesses privados dos agentes que fazem a Rede funcionar e podem ferir de morte os passos dados em rumo à utilização das TICs para o aprimoramento democrático, também com riscos a direitos fundamentais como privacidade e liberdade de expressão.

Dessa maneira, pode-se afirmar que a premissa de que as TICs podem ser um instrumento a aprimorar e alargar as bases da participação

tried to make sense of what happened at both abstract and concrete levels. Our goal is to understand which actors were responsible for this transformation of the American public sphere, and how this new public sphere operated through those actors so as to make it so vulnerable to disinformation, propaganda, and just sheer bullshit. Our heavy focus on data is complemented by an effort to make sense of what we see today in historical context, both political and cultural." BENKLER, Yochai; FARIS, Robert; ROBERTS, Hal. *Network Propaganda. Manipulation, Disinformation and radicalization in american politics.* Oxford: Oxford University Press, 2018. p. 7-8. G.n.

[8] Bem como não tem um tom apenas pessimista, já que vê a possibilidade de superação para o problema no futuro. Nesse sentido a conclusão dos autores: "*Our study is, ironically, both optimistic and pessimistic about the possibilities for democracy in an age of ubiquitously networked communications. It is optimistic because it suggests that the introduction of the internet and social media docs not itself put pressure on democracy as such. Different countries, with different histories, institutional structures, and cultural practices of collective sense-making need not fear the internets effects. There is no echo chamber or filter-bubble effect that will inexorably take a society with a well-functioning public sphere and turn it into a shambles simply because the internet comes to town. The American online public sphere is a shambles because it was grafted onto a television and radio public sphere that was already deeply broken. Even here, those parts of the American public sphere that were not already in the grip of a propaganda feedback loop and under the influence of hyperpartisan media dedicated to a propagandist project did not develop such a structure as a result of the internets development. In fact, after the election of Donald Trump, online communications outside of the right-wing media ecosystem became more mainstream-focused, not less; and this was true even on Facebook, the most polluted of online platforms. These observations suggest that professional journalism continues to play a critical role in anchoring public debate in facts and evidence based norms and that it functions within a vibrant network of nontraditional sites that constitute a more decentralized, participatory networked public sphere that can work around and through its interactions with the mainstream to diversify expression, counter some of the failure modes of the mainstream, and make mobilization more democratic.*" Id. p. 386.

democrática permanece. Contudo, tem chamado atenção a medida em que seu uso em larga escala tem recrudescido os desafios ao aprofundamento da democracia, destacando-se os de natureza política, acerca dos riscos de manutenção de que as decisões políticas estejam tomando ares totalitários com riscos aos direitos fundamentais, especialmente os de minorias, com clara contribuição especialmente da Internet.

E dois direitos fundamentais, neste momento, ganham especial atenção: a liberdade de expressão e a privacidade.

No tocante a este último, os fatos e estudos recentes cada vez mais revelam que a tutela ao direito à privacidade tem tomado rumos extremamente preocupantes. Isto porque, compreendida como raiz das liberdades públicas ou direitos fundamentais de primeira dimensão, a privacidade na Rede é talvez um dos direitos mais vilipendiados pelos seus *players*, seja eles privados, que mercantilizam o tráfego de dados pessoais sem pudor, ou pertencentes ao poder público, evidenciando a cada dia a fragilidade dos cidadãos perante a vigilância do Estado.[9]

Mas é no concernente à liberdade de expressão que este trabalho se delimitará. Afinal, conforme se asseverou, a Internet sempre carreou esperanças de ser um ambiente de grande desenvolvimento das liberdades comunicacionais em geral. Contudo, tal contexto encontra-se ameaçado pelo excesso de poderes tanto dos provedores privados como de certos atores do poder público, que agem contrariamente à lei – quando não se locupletam das lacunas deixadas pela falta de regulação específica – para vulnerar sensivelmente as liberdades comunicacionais.

[9] Acerca da questão da privacidade, Siva Vaidhanathan, quem é categórico em concluir ser impossível, hoje, o Facebook não vigiar os usuários mesmo desconectados: "*Through what we reveal on our profiles, other Facebook users can watch and track us as we build or break relationships with others, move around, recommend and comment on various posts, and express our opinions and preferences. And governments use Facebook to spy on citizens or anyone they consider suspicious, either by establishing Facebook accounts that appear to be those of friends or allies or by breaking through Facebook security to gather data directly. [...]* ***Basically there is no way to opt out fully from Facebook's ability to track you.***" VAIDHYANATHAN, Siva. *Anti-social Media: How Facebook disconnect us and undermines democracy.* Oxford: Oxford University Press, 2018. p. 58. g.n.

2. Populismo digital: as tecnologias da informação e comunicação como desafio ao evolver democrático

Em 2013, a chamada "primavera árabe" e seus resultados políticos posteriores[10] marcaram um fenômeno de ascensão ao poder de regimes autoritários, em sequência de eventos decorrente das mobilizações sociais naquele momento histórico, marcando um período de mudanças significativas para o estudo dos impactos dos movimentos sociais na Internet.[11]

O episódio é mais um exemplo de como o tom de otimismo inicial acerca do papel das redes sociais, especialmente na questão do empoderamento do cidadão comum e da participação política, mudou.[12]

Com efeito, visualizou-se a ascensão do chamado 'ativismo virtual', que passou a ter suas feições remodeladas para além das interações de outrora: da luta por causas ligadas à defesa de direitos humanos, democracia e participação, cresceu e continua a aumentar o número de pessoas com caráter "anti-globalista", que questionam não só fatos até então tidos por consensuais, como o aquecimento global, como a nocividade do discurso de ódio racista, xenofóbico, misógino.

Ao fim e ao cabo, tais grupos em muitas de suas atuações questionam ou se posicionam contrariamente à existência de instituições basilares para se operacionalizar o que se compreende atualmente por democracia – eleições, Parlamentos, Cortes Constitucionais – ou mesmo os próprios Direitos que dão base ao princípio democrático.

[10] Cf. LYNCH, Mark. *The Arab uprising: the unfinished revolutions of the Middle East.* Nova Iorque: Public Affairs, 2013, p. 11. Para maiores aprofundamentos, BEÇAK, Rubens; LONGHI, João Victor Rozatti. O papel das tecnologias da comunicação em manifestações populares: a primavera árabe e as jornadas de junho no Brasil. Revista Eletrônica do Curso de Direito da UFSM, Santa Maria, v. 10, n. 1, pp. 388-405, out. 2015. p. 391.

[11] *"At the heart of the culture of contemporary social movements there lies a third fundamental tension: that between evanescence and fixity. On the one hand, contemporary popular movements are characterized by 'liquid' forms of organizing; in which the use of social media by social networking sites is geared towards superseding the authoritarian tendencies of 'solid' organizations like parties and trade unions, in the effort of avoiding the 'iron law of oligarchy'. On the other hand, these movements require the invocation of a sense of locality or 'net locality', which involves bestowing them with some degree of fixity, a 'nodal point' in their texture of participation."* GERBAUDO, Paolo. Tweets and the streets: social media and contemporary activism. Londres: Pluto Press, 2012. p. 166.

[12] Cf. KEEN, Andrew. *The internet is not the answer.* Londres: Atlantic, 2015. p. 140-142.

Nesse sentido, completa Paolo Gerbaudo:

> O culto da participação problematiza a utopia e a prática, fins e meios; o mundo que queremos construir e as maneiras pelas quais podemos construí-lo. A ação coletiva corre o risco de se tornar meramente terapêutica e não emancipatória, e sua natureza é mais ética e quase religiosa do que política. Essa tendência, que reflete a misteriosa ressonância entre o neoanarquismo e o neoliberalismo em sua reflexão comum das tendências narcísicas individualistas, considera todos os movimentos em direção à formalização como necessariamente equivalentes à ossificação e à esclerotização, e não, por exemplo, à maturação.[13]

Como produto – ou insumo – desta guinada no ambiente virtual está o aumento de um conteúdo tóxico produzido nas Redes sociais marcado por notícias falsas, ataques pessoais a indivíduos ou grupos de pessoas, discursos de ódio, noticias falsas (*fake news*), os quais, em suma, ilustram as violações da dignidade humana, ensejando questionamento sobre a necessidade de estabelecimento de parâmetros ao exercício da liberdade de expressão para preservação de outros valores fundamentais da personalidade.

As aplicações de Internet, hoje, ao invés de promoverem um ambiente mais saudável para o debate aberto de ideias acabaram criando um largo espaço para o enviesamento de conteúdo, fortalecendo as bolhas dos filtros[14] e, como produto, os radicalismos político-ideológicos, como alerta Siva Vaidhyanathan:

13 GERBAUDO, Paolo. The mask and the flag: populism, citizenship and global protest. Oxford: Oxford University Press, 2017, p. 244. No original: "*The cult of participation problematically conflates utopia and praxis, ends and means; the world we want to build and the ways in which we can build it. Collective action runs the risk of becoming merely therapeutic rather than emancipatory, and its nature more ethical and quasi-religious instead of political. This tendency, which reflects the uncanny resonance between neoanarchism and neo liberalism in their common reflection of individualistic narcissistic tendencies, considers all moves towards formalisation as necessarily equating to ossification and sclerotisation rather than, for example, maturation.*"

14 Acerca do problema da Bolha dos filtros, Eli Pariser: "[...] quanto mais personalizadas forem suas ofertas de informação, mais anúncios eles conseguirão vender e maior será a chance de que você compre os produtos oferecidos." PARISER, Eli. O filtro invisível. O que a Internet está escondendo de você. Trad. Diego Alfaro. Rio de Janeiro: Zahar, 2012. p. 13.

> A história do Facebook foi contada bem e frequentemente. Mas merece uma análise profunda e crítica no momento crucial. De alguma forma, o Facebook foi transformado de um inocente *site* criado por estudantes de Harvard em uma força que, embora possa tornar a vida um pouco mais prazerosa, torna a democracia muito mais desafiadora. É uma história de arrogância e boas intenções, um espírito missionário e uma ideologia que vê o código de computador como o solvente universal para todos os problemas humanos. E é uma acusação de como as mídias sociais promoveram a deterioração da cultura democrática e intelectual em todo o mundo.[15]

Semelhantemente, Evgeny Morozov, que indica que a política desdobrada do conceito de *e-democracia* parece revelar como uma *cyber-utopia*[16].

Dessa maneira, cada vez mais se distancia do ideal de uma democracia digital para a constatação de um ambiente que favorece a superficialidade informacional na tomada de decisão política e a agressividade em relação aos críticos, sufocando minorias pela confusão de democracia com demagogia. Portanto, uma nova forma de populismo: o populismo digital. "O que estamos assistindo através destes diversos fenômenos é o que poderia ser descrito como 'afinidade eletiva' entre mídias sociais e populismo: as mídias sociais favorecem movimentos populistas contra o '*establishment*'", reflete Paolo Gerbaudo.[17]

O que não se restringe ao momento prévio às eleições, mas se estende ao longo de seu exercício do poder, onde este suporte popular passa, mais uma vez, pelo uso maciço das redes sociais pelos 'líderes' – eleitos ou não – das redes sociais. Agora com a possibilidade de comunicação

[15] VAIDHYANATHAN, Siva. Anti-social media: how Facebook disconnects us and undermines democracy. Oxford: Oxford University Press, 2018, p. 3. No original: "*The story of Facebook has been told well and often. But it deserves a deep and critical analysis at crucial moment. Somehow Facebook devolved from an innocent social site hacked together by Harvard Students into a force that, while it may make personal life just a little more pleasurable, makes democracy a lot more challenging. It's a story of hubris of good intentions, a missionary spirit, and an ideology that sees computer code as the universal solvent for all human problems. And it's an indictment of how social media has fostered the deterioration of democratic and intellectual culture around the world.*"

[16] MOROZOV, Evgeny. The net delusion: the dark side of Internet freedom. Nova Iorque: Public Affairs, 2011. p. 320.

[17] GERBAUDO, Paolo. Social media and populism: an elective affinity? Media, Culture & Society, Londres, v. 40, n. 5, p. 745-753, 2018. p. 746.

direta com seus seguidores – sejam inteligências humanas ou artificiais – quem, por seu turno, compartilham, comentam, respondem às postagens contrárias, rapidamente e em tempo real, tem-se um novo formato de suposta participação interativa com o poder de, em segundos, gerar repercussão na Rede.

Atendo-se ao presidente norte-americano Donald Trump, exemplo emblemático deste momento histórico, é perceptível a mudança de atitude dos líderes globais, pois, em termos de técnica comunicacional. Trump se vale quase que exclusivamente da rede social *Twitter* para expressar suas visões e, de modo geral, se comunicar com seus representados, havendo quem o chame ironicamente de "*Twitter-in-chief*"[18], em menção à função presidencial de "*Commander in Chief*" prevista na Constituição norte-americana (Artigo II, Seção 2).[19]

Nas postagens de Donald Trump, observa-se a presença usual de textos curtos e de linguagem simples, compreensível e de fácil apreensão por parte do seguidor. Quanto ao conteúdo, por sua vez, nota-se uma mistura de opiniões pessoais com fatos controversos, que posteriormente são contestados pela mídia tradicional pela natureza polêmica e permeada por *Fake News*, teorias da conspiração, ironias etc.

Fenômeno chamado de "populismo 3.0", ou simplesmente "populismo digital", marcado pela presença de um ambiente de desinformação generalizada e de ataques sistemáticos às instituições democráticas, no qual as liberdades de expressão e comunicação passam a ser alvo em potencial, dentre outros direitos fundamentais intimamente ligados à dignidade humana.

E, curiosamente, conforme se verá, os ataques à liberdade de expressão se exercem não pelo impedimento de se expressar, mas pelo excesso proporcionado por um ambiente em que, supostamente, se é livre para falar.

[18] ANDERSON, Bryan. *Tweeter-in-Chief: a content analysis of President Trump's tweeting habits.* Elon Journal of Undergraduate Research in Communications, v. 8, n. 2, outono de 2017. p. 36 *et seq.*

[19] UNITED STATES OF AMERICA. *The Senate. Constitution of the United States.* Disponível em: <https://www.senate.gov/civics/constitution_item/constitution.htm>. Acesso em: 25 jun 2019.

3. A escassez da atenção e a bolha dos filtros como ambiente propício à censura reversa

> "Em outras palavras, se um dia era difícil de falar, hoje é difícil ser escutado"
> Tim Wu[20]

A frase do autor sintetiza com propriedade o ambiente informacional que se insere na atualidade. Com efeito, seus estudos relatam que hoje a informação é abundante e falar em tese é fácil, ao mesmo passo que o tempo e a atenção do ouvinte têm se tornado a cada dia valiosas *commodities* já que sujeitos à escassez.

É o que Wu em obra específica dedicada ao tema descreve como economia da atenção:

> Eu uso a metáfora da colheita porque a atenção tem sido amplamente reconhecida como uma mercadoria, como trigo, gordura animal ou petróleo bruto. As indústrias existentes há muito tempo dependem dela para impulsionar as vendas. E as novas indústrias do século XX transformaram-na em uma espécie de moeda que poderiam imprimir. Começando com o rádio, cada novo meio de comunicação atingiria sua viabilidade comercial através da revenda da atenção que poderia capturar em troca de seu conteúdo "livre".[21]

Dado ao volume informacional impossível de ser consumido por um ser um humano, a atualidade revela o que chama de "*homo distractus*", ilustrado por aquele que senta para ler um simples e-mail e passa horas sentado ao computador vendo redes sociais, vídeos, notícias e publicidade, perdendo a noção do tempo.[22]

[20] WU, Tim. *Is the first amendment obsolete?* BOOLINGER, Lee C.; STONE, Geoffrey R. *The Free Speech Century*. Oxford: Oxford University Press, 2019. p. 276.

[21] No original: *"I use the crop metaphor because attention has been widely recognized as a commodity, like wheat, pork bellies, or crude oil. Existing industries have long depended on it to drive sales. And the new industries of the twentieth century turned it into a form of currency they could mint. Beginning with radio, each new medium would attain its commercial viability through the resale of what attention it could capture in exchange for its "free" content."* WU, Tim. *The Epic Scramble to get inside our heads*. New York: Vintage Books, 2016. p. 6. Tradução livre.

[22] Cf. Id. p. 6-7. Ilustra o autor quando narra o fato de que o noticiário nacional na TV já não tem a mesma força de atingir imediatamente a população, mesmo quando o presidente

Tal ambiente fez surgirem os "mercadores da atenção", intermediários que lucram por oferecer o conteúdo mais propício a prender a atenção do consumidor levando à disputa pela melhor personalização de acordo com seu perfil.

Como dimensão política do fenômeno, dessa forma, surge um ambiente informacional marcado por "bolhas de informação" em que o cidadão se atenta cada vez mais para conteúdos que corroborem sua atual opinião e reiterem suas convicções ideológicas naquele momento, levando a um ambiente de contínua radicalização e polarização. Em última análise, tal situação enfraquece a base da democracia deliberativa: a esfera pública.[23]

Percebendo tal fraqueza, regimes e líderes de tendências autocráticas – por vezes levados ao poder como produto de radicalização e não de debate – adaptam-se a este ambiente promovendo desinformação e extremismo como política de comunicação. Afinal, parte-se da constatação de que uma das maneiras mais eficientes de se controlar o exercício das liberdades comunicacionais – de expressão, opinião e comunicação – é atingir a atenção do espectador e, assim, não impedem diretamente alguém de se manifestar, mas buscam sobrepor a visão do poder constituído sobre a da oposição.

Assim, em que pese muitos tenham previsto no passado os desafios que hoje se enfrenta no concernente à liberdade de expressão e o problema da bolha dos filtros referente à redução dos curtos para o exercício do

consome grande parte – quando não toda – a atenção da mídia. Toda a população está, assim, distraída e dispersa. *"Gone are the days that the CBS evening News might reach the nation automatically, or whatever madethe front cover of the New York times was known to all. The challenge, paradoxically, has only increased in an age when the presidente himself consumes so much of media's attention. The Population is distracted and, making it difficult even for those with substantial resources to reach an audience."* WU, Tim. *Op. Cit.* 2019. p. 278.

[23] Sobre a consequencia para democracia deliberativa, Cass Sunstein: "*Suppose that people with certain political conviction find themselves learning about more and more authors with the same view, and thus strengthening their preexisting judgments, only because most of what what they are encouraged to read says the same thing. In a democratic society, might this not be troubling? The underlying issues here are best approached through two different routes. The first involves an unusual and somewhat exotic constitutional doctrine, based on the idea of "public forum". The second involves a general constitutional idea, indeed the most general idea of all: deliberative democracy.*" SUNSTEIN, Cass. *#Republic: divided democracy in the age of social media*. Princeton: Princeton University Press, 2018. p. 34.

free speech, conclui que poucos anteviram que este ambiente de extrema facilidade para o exercício das liberdades comunicacionais seria o próprio meio de se limitar a liberdade de expressão.[24]

Wu ainda elenca três formas contemporâneas do que considera métodos de intervenção na liberdade de expressão que não são censura direta: 1. Assédios (*harassment*) e ataques online; 2. Distorções de informação e "inundação" (*flooding*), também chamado de censura reversa; e 3. Controle das principais plataformas de manifestação de opinião.[25]

Restringindo-se à segunda, destaca-se que autor conceitua censura reversa, *flooding* ou *astroturfing*[26] como uma técnica de contra programação com quantidade suficiente de informação para sufocar discursos desfavoráveis, ou ao menos para distorcer o ambiente informacional. Politicamente, censura reversa motivada geralmente envolve a divulgação maciça de *Fake News* (ou propaganda radical) para distrair e desacreditar as críticas. Independente de onde venha, esta técnica é claramente qualificada como

[24] Cf. Op. Cit. 2019. p. 278-279. A autora lembrada como exceção é Danielle Keats Citron, quem no passado alertou para tais riscos. Cf. CITRON, Danielle Keats. *Cyber Civil Rights*. December 18, 2008. Boston University Law Review, Vol. 89, pp. 61-125, 2009; U of Maryland Legal Studies Research Paper No. 2008-41. Disponível em: https://ssrn.com/abstract=1271900. Acesso em: 17 jun 2019.

[25] Cf. WU, Tim. *Op. Cit.* 2019. p. 280.

[26] *Astroturf* é um termo usado pela imprensa norte-americana para designar a simulação de um movimento popular espontâneo. Sua origem remonta à década de 1980 quando um senador americano do Texas, Lloyd Bentsen, durante os debates legislativos que determinariam o aumento das indenizações a serem pagas em seguros de vida passou a receber cartas supostamente escritas por populares com críticas à proposta. Como o posicionamento beneficiaria as seguradoras, em matéria publicada pelo jornal Washington Post, afirmou o politico que uma pessoa do Texas saberia dizer a diferença entre *grassroots* – raízes de grama natural – e 'Astro Turf' – marca de grama artificial criada pela Monsanto". Cf. SILVA, Daniel Reis. O *astroturfing* como um processo comunicativo: a manifestação de um público simulado, a mobilização de públicos e as lógicas de influência na opinião pública. Dissertação de Mestrado apresentada ao Programa de Pós Graduação em Comunicação da Universidade Federal de Minas Gerais, Universidade Federal de Minas Gerais. Belo Horizonte, 2013. p. 14. Disponível em: http://www.bibliotecadigital.ufmg.br/dspace/bitstream/handle/1843/BUBD-AQVFLS/silva__daniel_reis._o_astroturfing_como_processo_comunicativo__disserta__o__final___1_.pdf?sequence=1. Acesso em: 24 mai. 2019.

forma de controle de opinião que tem por alvo o ouvinte, espectador ou leitor e não quem produz o conteúdo.[27]

Como exemplos, cita Rússia e China, asseverando que esta última paga mais de 2 milhões de pessoas pagas para postarem online em nome do partido comunista. Conclui que, em um mundo de atenção escassa, esses tipos de métodos são mais efetivos do que seriam em décadas anteriores. Quando espectadores tem acesso de dados limitado (*bandwidth*) para se dedicarem a determinado tema, eles raramente se aprofundarão, sendo menos provável que escutem opiniões diversas às suas. Logo, em tal ambiente, *flooding* pode ser mais eficiente que outras formas de censura.[28]

Em adendo, como consequência, os ataques à mídia tradicional e, especialmente, o uso crescente de robôs, perfis falsos movidos por inteligência artificial em sites de redes sociais, também conhecidos como "bots".

Na última semana das eleições americanas de 2016, estima-se que o conteúdo tóxico – falso ou contendo *ciberbullying* – equiparou-se ou foi mais influente ainda do que os meios de comunicação profissionais. Processo que não se restringiu apenas ao período eleitoral mas continuou e continua sendo usado pelo governo americano para influenciar a opinião pública, como ocorreu nas discussões sobre a quebra e neutralidade da rede pela *Federal Communications Commission*.[29]

Como enfrentamento do problema, Wu propõe, em linhas gerais, dois possíveis caminhos. Por serem pouco claros os limites entre público e privado na promoção da censura reversa, o primeiro seria o abandono da doutrina da *state action*, havendo a necessidade de aplicação dos direitos fundamentais nas relações privadas. A segunda seria uma reinterpretação da primeira emenda americana, atualizando-se os limites já consagrados em alguns precedentes para adapta-los à realidade da Internet.

[27] *"Reverse censorship, which is also called flooding, is another contemporary technique of speech control. With robots in so-called as astroturfing, it relies on counterprogramming with a sufficient volume of information to drown out motivated reverse censorship often involves the dissemination of fake news (or atrocity propaganda) to distract and discredit. Whatever form it takes, this technique clearly qualifies as listener-targeted speech control."* Id. p. 282.

[28] Cf. Id. p. 283.

[29] Cf. Idem. p. 284.

Como consequência do primeiro, seria possível a responsabilização civil ou até criminal de agentes públicos e/ou políticos quando tais ataques sistemáticos são oriundos de "disparos" efetuados por eles. O autor cita como possível modelo de responsabilidade civil as regras de direitos autorais, que são rígidas com terceiros de modo a coibir ilegalidades praticadas por usuários.[30] Não fica claro contudo se as regras diversas no tocante à responsabilidade civil por conteúdo inserido por terceiros alterariam o consagrado princípio do *notice and takedown* da Seção 230 do *U.S. Code*, inspiração para o sistema adotado pelo Marco Civil da Internet brasileiro, com a peculiaridade de exigir-se, aqui, que a notificação seja judicial como regra.

Por último, sugere uma série de alterações legislativas para o *aggiornamento* da primeira emenda, destacando-se a necessidade de leis federais "*anti-cyberstalking*" e "*antitrolling*" como forma de coibir o uso dos "*bots*" para a promoção de ataques sistemáticos de "*trolling*" contra jornalistas; vedação de grandes provedores e conglomerados de mídia receberem dinheiro estrangeiro para publicidade e propaganda; Determinação aos *players* da Rede para agirem como "*public trustees*" e executarem políticas de conteúdo bloqueiem "*bots*", perfis falsos, etc.[31]

Conforme já salientado, o autor apenas lança as ideias, revelando posteriormente que mesmo tais medidas seriam provavelmente insuficientes para combater as sofisticadas práticas de censura reversa.

Não obstante, chama atenção o importante fato de que, mesmo nos EUA, apontado supostamente o paradigma de ausência de restrição ao conteúdo do discurso, se esteja cogitando criar regras. Ou, em outros termos, trata-se de revelação extrair-se da doutrina americana posicionamento que vê na regulamentação um meio necessário para a proteção do direito à liberdade de expressão e não para sua violação.

Como já se conclui no passado,[32] é necessário um repensar para as regras de responsabilidade dos provedores por conteúdo inserido por

[30] Cf. Id. p. 287.

[31] Cf. Id. p. 287.

[32] Já esboçamos tal conclusão em várias ocasiões, sendo a mais recente LONGHI, João Victor Rozatti. Marco Civil da Internet: breves considerações sobre seus fundamentos, princípios e análise crítica do regime de responsabilidade civil dos provedores. *in* MARTINS, Guilherme Magalhães; LONGHI, João Victor Rozatti (Org.). Direito Digital: Direito Privado e Internet. 2. ed. Indaiatuba: Foco, 2019. p. 151 et seq. Com efeito, a fundamentação sempre partiu

terceiros, assumindo-se que perfis falsos, *fake news*, discurso de ódio e outros conteúdos tóxicos carecem de regras diversas das que partem da premissa de que a expressar-se sem limites representa tutelar o direito fundamental à liberdade de expressar-se.

Conclusões

Conforme se averiguou brevemente ao longo deste trabalho, as hipóteses de parte significativa da doutrina acerca do papel das TICs na evolução da democracia deliberativa tem tomado rumos diversos.

Onde antes prevalecia uma visão dita otimista do papel da Internet na evolução democrática, o tom hoje parece ser mais crítico acerca de como a Tecnologia acaba até mesmo por contribuir com o recrudescimento de autoritarismos, representando um lócus de propagação de conteúdos que incentivam a violação de direitos fundamentais através de conteúdos tóxicos.

Após breve descrever deste novo contexto, procurou-se asseverar, entretanto, que a resposta deve ser uma postura científica que compreenda as críticas como desafios e parta da hipótese de que é possível combater as mazelas trazidas por este novo momento.

da necessidade de proteção do usuário de Internet como consumidor, estabelcendo-se como ponto de partida um regime de responsabilidade em que os provedores tratassem o conteúdo tóxico – notícias falsas, perfis falsos, racismo, homofoba, misoginia e discursos de ódio em geral – como riscos criados pelo modelo de negócio pelo qual prestavam serviços no mercado de conusmo. Não obstante, após o advendo do Marco Civil e com a própria evolução da jurisprudência do STJ (especialmente) e STF, foi-se se consagrando interpretação da regra de notificação para retirada diversa da visão consumeirista. Ou seja, foi-se construindo doutrina que acreditava que a responsabilidade dos provedores seria por culpa, de natureza subjetiva, e somente após a notificação com conteúdo específico – indicando os *links* – e a omissão por certo tempo por parte do provedor – consagrando-se jurisprudencialmente 24 horas como prazo razoável – é que haveria possibilidade de responsabilização subsidiária do provedor. Tal situação, embora vista por nós como demasiado protetiva em favor dos provedores, acabou por ser ainda mais dura com o usuário brasileiro, quem deve, como regra, obter provimento judicial para a responsabilização por conteúdo ilícito. A doutrina que prevaleceu tinha como um dos pilares a comparação com os Estados Unidos, asseverando-se que aquele seria o sistema idela à medida que melhor tutelaria a liberdade de expressão. Portanto, importante repisar a importância de que se esteja preconizando um repensar das regras sobre o tema por lá como meio de proteção da liberdade de expressão.

Posteriormente, descendo-se em minúcias, procurou-se então dissertar acerca do conceito de populismo digital, cunhado especialmente pela doutrina Europeia, compreendendo-se as bases em que se fundamentam os novos regimes autoritários quando lidos em interseção com as tecnologias.

Concluiu-se que a ascensão destes regimes populistas tem como um dos pilares fundamentais suposto incentivo à participação política, baseando-se as decisões tomadas pela elite em uma compreensão de que o princípio da maioria – que lastreia e sempre lastreou os resultados eleitorais – deve ser o mote de toda posição. Esquece-se, portanto, que os direitos fundamentais são em essência mecanismos milenares de tutela das minorias e a subversão das instituições postas à proteção da maioria representam uma ameaça aos direitos dos cidadãos.

Posto em linhas gerais o que se compreende como populismo digital, procurou-se narrar o contexto comunicacional que marcou sua chegada ao poder e, por seu turno, impõe técnicas de comunicação fulcrais para a consolidação destes regimes.

Desta maneira, chega-se ao conceito de *flooding*, *astroturfing* ou censura reversa.

Em uma Internet dominada por poucos e gigantescos conglomerados empresariais aliada a um regime de responsabilidade de regulação insuficiente ou com regras favoráveis a tais *players*, a censura reversa revela uma técnica de comunicação que procura inundar o ambiente informacional e construir uma imagem de maioria artificial de defensores da posição política dominante nas esferas públicas conectadas.

Em um ambiente onde é fácil falar, mas difícil ser ouvido, usa-se de ameaças dirigidas a políticos de oposição, discurso de ódio a minorias, notícias falsas, e outros conteúdos tóxicos, muitas vezes amplificados com o uso de perfis falsos, "*bots*" e mesmo inteligência artificial.

Como resposta possível, no âmbito jurídico, identifica-se na própria doutrina norte-americana, em tese de posicionamento amplamente desfavorável à imposição de limites à liberdade de expressão e responsabilização dos provedores por conteúdos inseridos por terceiros, sinalização da necessidade de se alterarem duas premissas acerca da doutrina estadunidense do *free speech*: a superação da *state action* e a necessidade de limitação de determinadas formas de conteúdo, inclusive com imposição de responsabilidade aos provedores.

Tendo-se em conta que a adoção do regime de responsabilidade dos provedores por conteúdo inserido por terceiro no marco civil da Internet no Brasil busca, em tese, proteger a liberdade de expressão pela ausência de responsabilidade dos provedores sem notificação judicial com local específico do conteúdo, reitera-se a necessidade e urgência de também se repensar o sistema brasileiro para a construção de uma esfera pública online que represente um ambiente propício ao debate.

Referências

ANDERSON, Bryan. Tweeter-in-Chief: a content analysis of President Trump's tweeting habits. Elon Journal of Undergraduate Research in Communications, v. 8, n. 2, outono de 2017.

BEÇAK, Rubens; LONGHI, João Victor Rozatti. Internet como esfera pública global e o papel atual dos Parlamentos no processo legislativo. in Revista de Cultura e Extensão da USP, São Paulo, n. 13, p. 43-53, maio 2015. Disponível em: http://dx.doi.org/10.11606/issn.2316-9060.v13i0p43-53. Acesso em: 15 jun. 2019.

BEÇAK, Rubens; LONGHI, João Victor Rozatti. O papel das tecnologias da comunicação em manifestações populares: a primavera árabe e as jornadas de junho no Brasil. Revista Eletrônica do Curso de Direito da UFSM, Santa Maria, v. 10, n. 1, pp. 388-405, out. 2015.

BEÇAK, Rubens. Democracia: hegemonia e aperfeiçoamento. São Paulo: Saraiva, 2014. passim.

BENKLER, Yochai; FARIS, Robert; ROBERTS, Hal. Network Propaganda. Manipulation, Disinformation and radicalization in american politics. Oxford: Oxford University Press, 2018.

BENKLER, Yochai. The wealth of networks: how social production transforms markets and freedom. New Heaven: Yale University Press.

BERNARDES, Maciele Berger. Democracia na Sociedade Informacional: o desenvolvimento da democracia digital nos municípios brasileiros. São Paulo: Saraiva, 2013.

CITRON, Danielle Keats. Cyber Civil Rights. December 18, 2008. Boston University Law Review, Vol. 89, pp. 61-125, 2009; U of Maryland Legal Studies Research Paper No. 2008-41. Disponível em: https://ssrn.com/abstract=1271900. Acesso em: 17 jun 2019.

GERBAUDO, Paolo. Social media and populism: an elective affinity? Media, Culture & Society, Londres, v. 40, n. 5, p. 745-753, 2018.

GERBAUDO, Paolo. The mask and the flag: populism, citizenship and global protest. Oxford: Oxford University Press, 2017.

GERBAUDO, Paolo. Tweets and the streets: social media and contemporary activism. Londres: Pluto Press, 2012.

KEEN, Andrew. The internet is not the answer. Londres: Atlantic, 2015.

LONGHI, João Victor Rozatti. Marco Civil da Internet: breves considerações sobre seus fundamentos, princípios e análise crítica do regime de responsabilidade civil dos provedores. in MARTINS, Guilherme Magalhães; LONGHI, João Victor Rozatti (Org.). Direito Digital: Direito Privado e Internet. 2. ed. Indaiatuba: Foco, 2019.

LONGHI, João Victor Rozatti. Processo legislativo interativo: interatividade e participação por meio das Tecnologias da Informação e Comunicação. Curitiba: Juruá, 2017.

LYNCH, Mark. The Arab uprising: the unfinished revolutions of the Middle East. Nova Iorque: Public Affairs, 2013.

MAGRANI, Eduardo. Democracia conectada: a Internet como ferramenta de engajamento politico-democrático. Curitiba: Juruá, 2014.

MOROZOV, Evgeny. The net delusion: the dark side of Internet freedom. Nova Iorque: Public Affairs, 2011.

PARISER, Eli. O filtro invisível. O que a Internet está escondendo de você. Trad. Diego Alfaro. Rio de Janeiro: Zahar, 2012.

PEREZ LUÑO, António-Enrique. ¿Ciberciudadaní@ o ciudadaní@.com? Barcelona: Gedisa editorial, 2004.

SARMENTO, Daniel; SOUZA NETO, Cláudio Pereira de. Direito constitucional: teoria, história e métodos de trabalho. 2. ed. Belo Horizonte: Forum, 2017.

SILVA, Daniel Reis. O *astroturfing* como um processo comunicativo: a manifestação de um público simulado, a mobilização de públicos e as lógicas de influência na opinião pública. Dissertação de Mestrado apresentada ao Programa de Pós Graduação em Comunicação da Universidade Federal de Minas Gerais, Universidade Federal de Minas Gerais. Belo Horizonte, 2013. Disponível em: http://www.bibliotecadigital.ufmg.br/dspace/bitstream/handle/1843/BUBD-AQVFLS/silva__daniel_reis._o_astroturfing_como_processo_comunicativo__disserta__o__final___1_.pdf?sequence=1. Acesso em: 24 mai. 2019.

SOUZA NETO, Cláudio Pereira de. Teoria constitucional e democracia deliberativa: um estudo sobre o papel do direito na garantia das condições para a cooperação na deliberação democrática. Rio de Janeiro: Renovar, 2006.

SUNSTEIN, Cass. #Republic: divided democracy in the age of social media. Princeton: Princeton University Press, 2018.

UNITED STATES OF AMERICA. The Senate. Constitution of the United States. Disponível em: <https://www.senate.gov/civics/constitution_item/constitution.htm>. Acesso em: 25 jun 2019.

VAIDHYANATHAN, Siva. Anti-social Media: How Facebook disconnect us and undermines democracy. Oxford: Oxford University Press, 2018.

WU, Tim. Is the first amendment obsolete? BOOLINGER, Lee C.; STONE, Geoffrey R. The Free Speech Century. Oxford: Oxford University Press, 2019.

WU, Tim. The Attention Merchants: the epic scramble to get inside our heads. New York: Vintage Books, 2016.

8. Desinformação nos Movimentos Sociais Digitais: um Atentado às Liberdades

JULIANA LEANDRA MARIA NAKAMURA GUILLEN DESGUALDO

Introdução

"Haverá bloqueio das contas poupança"; "Os benefícios assistenciais serão extintos"; "O Papa Francisco endossou a candidatura de Donald Trump". Na era da informação, poder-se-ia angariar votos a partir da ampla divulgação das frases anteriores em meios digitais e redes sociais, dado o carisma do atual pontífice, atribuindo credibilidade ao então candidato à presidência dos Estados Unidos da América, ainda em 2016. É possível que, de fato, este possa ser considerado um dos muitos elementos que conduziu Donald Trump à presidência dos Estados Unidos. Porém, trata-se de um falso endosso, disseminado nas redes sociais, exatamente com o propósito de desinformar, assim como as duas primeiras afirmações no sentido de que, no Brasil, seriam adotadas medidas econômicas que causariam potencial prejuízo, sem adentrar no mérito de legalidade. A era da informação também está envolta em desinformação.

A desinformação, quer seja no âmbito político, quer seja social e até mesmo para questões relacionadas a direitos fundamentais, vem-se mostrando atentatória às liberdades, na medida em que mecanismos de seu controle acabam passando, invariavelmente, pelo (controle) da informação também, adentrando num delicado limite entre regulação e censura, esta última, agressiva às conquistas em Estados de Direito e regimes democráticos.

Neste artigo, pretende-se lançar um olhar sobre o tema da desinformação na perspectiva do comprometimento das liberdades.

1. Considerações sobre a desinformação e a pós-verdade

Partindo-se da premissa de que a informação é um conjunto de dados organizados, bem como seu uso caracteriza uma das vertentes da liberdade, na perspectiva de direito fundamental, a desinformação pode ser compreendida com um conjunto de dados organizados sem, contudo, constituir-se num direito.

Confira-se.

Tomando-se por base o direito à informação e acesso a dados, pressupõe-se a veracidade e idoneidade de seu conteúdo. Nesse sentido, algumas ponderações acerca da verdade e da pós-verdade.

Os antigos[1] compreendiam a verdade sob 3 (três) conotações:

I. Revelação grega (*aletheia*) de uma lembrança esquecida;
II. Precisão latina do testemunho (*veritas*);
III. Confiança judaico-cristã da promessa (*emunah*).

E três eram os opostos à verdade:

I. Ilusão;
II. Falsidade;
III. Mentira.

Se, até a Modernidade, prevalecia a subjetividade como critério para a verdade, o racionalismo de Descartes, encontrou na *razão* um novo ponto de segurança, capaz de reunir evidência material e certeza psicológica, diferentemente da *subjetividade* até então associada à descoberta[2]. A verdade, como subjetivação do pensamento, teve, em Descartes, a exclusão de dois elementos: o sonho e a loucura, retomadas por Freud.

Foucault entendia que a verdade se tornava indiferente e inerme em termos ético-políticos, que é uma das características da modernidade: a universalidade e o desprendimento em relação à autoridade. Por um lado, a verdade tornou-se acessível a todos, tornando-os iguais perante a lei; por outro lado, perdeu a verdade quanto à sua potência transformativa, nas perspectivas ética, política e estética.

[1] DUNKER, Christian. *Subjetividade em tempos de pós-verdade. In*: DUNKER, Christian... [et all]. Porto Alegre: Dublinense, 2017, p. 18.

[2] DUNKER, Christian. *Subjetividade em tempos de pós-verdade. In*: DUNKER, Christian... [et all]. Porto Alegre: Dublinense, 2017, p. 16.

A verdade era um conceito meramente operacional.

No pós-modernismo, por volta de 2001, a teoria da cultura trilhava alianças com concepções econômicas e políticas, de modo que fosse possível agregar progressos científicos e cognitivos, com o sentimento de fazer parte da diferença, mediante opções construídas (de profissão, formas de amar, modalidades de governo e de família, corpo, cultura).

Querendo ou não, a forma de pensar e praticar relações refletem valores, sejam da diversidade ou da segregação, sejam da tolerância ou da violência identitária. E, com os atentados às torres gêmeas do WTC, em NYC, no ano de 2001, a tolerância religiosa se transformou na perseguição a muçulmanos, por exemplo. O relativismo cultural da verdade sofreu a inversão da guerra ao terror.

A pós-verdade é uma verdade contextual, "*que não pode ser escrita, posta no bolso e reapresentada amanhã, como garantia de fidelidade, compromisso ou esperança gerada pela palavra*"[3]. Está amparada na subjetividade, com implicações políticas, morais e institucionais, afetando cotidianamente nossas relações.

Em 2011, a pós-verdade de armas químicas justificou ataques ao Iraque pelos Estados Unidos, tendo-se verificado, posteriormente, tratar-se uma "*mentira técnica*", de uma ficção, vale dizer, prepondera o irracionalismo, diluído em conversas globalmente estabelecidas nas redes sociais, nas quais relativiza-se o aquecimento global a uma mera "hipótese", bem como coloca-se sob suspeição a indução de autismo por vacinação, a negativa do holocausto, dentre outras inúmeras *fake news*.

A verdade era subjetivação do pensamento que, na Modernidade, passou a produto da racionalidade e encontra um ponto que retoma a subjetivação na hipermodernidade: a pós-verdade é uma "*reação negativa ao aprofundamento do programa cultural e político do pós-modernismo*", é o "*falso contrário necessário do pós-modernismo*" (assim como, num romance policial, um falso assassino que torna possível a investigação).

A desinformação se propaga quer individualmente, quer organizadamente, seja pelo propósito de firmar-se como uma verdade, tal como a de suposta inexistência de aquecimento global, por exemplo, seja para promover consequências que afetam interesses pontuais, locais, regionais,

[3] DUNKER, Christian. *Subjetividade em tempos de pós-verdade*. *In*: DUNKER, Christian... [et all]. Porto Alegre: Dublinense, 2017, p. 19.

nacionais ou internacionais, a exemplo dos movimentos que conduziram à votação pela saída da Grã-Bretanha da Comunidade Europeia (Brexit).

Engana-se, no entanto, quem pensa que a desinformação é uma novidade do século XXI. Um dos grandes eventos de desinformação em veículos de comunicação no período que antecedeu a 2ª Guerra Mundial, fato notório, foi registrado na década de 1940, com a divulgação, por uma emissora de rádio norte-americana (CBS), de que o mundo teria sido invadido por marcianos. Durante aproximadamente uma hora, a notícia se espalhou e disseminou pânico generalizado. Soube-se, depois, tratar-se de uma radionovela baseada na obra de H. G. Wells. Ainda que o mal-entendido tenha sido esclarecido, durante o período no qual prevaleceu a desinformação, reinou a falsa notícia.

A própria Alemanha do período entre guerras[4] teve o povo alimentado por noções falaciosas de um lado e, de outro lado, pelo enfraquecimento decorrente da derrota na 1ª Guerra Mundial, o que fragilizou e expôs à vulnerabilidade, de modo que os Discursos ao povo alemão – supostamente – legitimaram o nacionalismo extremo a ponto de encampar todas as medidas contra (mas não apenas) os judeus, a partir da subtração de cidadania, conforme explorado na obra de Hannah Arendt[5]. As consequências daí advindas são de conhecimento geral[6].

As noções equivocadas sob o aspecto fático são inúmeras e com origens das mais variadas. Há quem, ainda hoje, creia que os dinossauros e os homens conviveram[7].

[4] Refere-se aqui à 1ª e 2ª Guerras Mundiais.

[5] ARENDT, Hannah, 1906-1975. *Origens do totalitarismo*. Tradução: Roberto Raposo. São Paulo: Companhia das Letras, 2012, *passim*.

[6] Apesar disso, há quem propague, falsamente e sem qualquer constrangimento, a negativa do holocausto, contrariando a história e a verdade objetiva.

[7] Nesse sentido, Carl Sagan aponta que, na década de 1990, 63% dos adultos norte-americanos não sabiam que o último dinossauro morreu milhões de anos antes do primeiro ser humano. *In*: SAGAN, Carl. *O mundo assombrado pelos demônios: a ciência vista como uma vela no escuro*. Tradução: Rosaura Eichemberg. São Paulo: Companhia das Letras, 1996, p. 314. Refletindo sobre esses dados, talvez a saga dos filmes Parque dos Dinossauros tenha melhorado – ou não – essa percepção equivocada, mas o Carl Sagan enumera outras falsas percepções, tais como o desconhecimento de que o Sol é uma estrela e que a Terra gira em torno do Sol.

A desinformação pode advir, na mídia, por exemplo, a partir dos noticiários (ditos sensacionalistas). No Brasil, a saga do bebê diabo teve início em maio de 1975, num jornal impresso, com a seguinte manchete: "*Nasceu o bebê diabo*". O bebê teria nascido em São Bernardo do Campo, no Estado de São Paulo. Por mais que, hoje, pareça desmedida piada, o factoide rendeu inúmeras manchetes no período subsequente, induzindo pessoas a acreditarem[8] e temerem o ser com características peculiares.

O que levaria as pessoas a acreditarem numa clara *fake news*[9] como essa?

A pós-verdade traz a reflexão prática e política sobre o que se deve entender por verdade e a *autoridade* que é suposta. Francis Bacon já preconizava, no século XVII, que "*um homem acredita mais facilmente no que gostaria que fosse verdade*"[10].

Na hipermodernidade[11], mais vale o carisma de quem faz uma afirmação, verdadeira ou não, do que seu conteúdo, cedendo-se aí um "campo" para a difusão de desinformação, um risco numa sociedade cujo capital produtivo tem em seu epicentro a informação.

[8] Algumas das matérias publicadas sobre o "bebê diabo": "Bebê diabo do ABC pesa 5 quilos"; "Santo previu o bebê-diabo", "Povo vê novo bebê-diabo do ABC". *In*: DE CAMPOS JR, Celso...[et al.]. *Nada mais que a verdade: a extraordinária história do jornal Notícias Populares*. ed. rev., atual. e amp. São Paulo: Summus Editoral, 2011, p. 99-108.

[9] Emprega-se aqui a expressão *fake news* como notícia falsa, atrelada diretamente a desinformação.

[10] A crítica de Francis Bacon é a seguinte: "*A compreensão humana não é um exame desinteressado, mas recebe infusões da vontade e dos afetos; disso se originam ciências que podem ser chamadas "ciências conforme a nossa vontade". Pois um homem acredita mais facilmente no que gostaria que fosse verdade. Assim, ele rejeita coisas difíceis pela impaciência de pesquisar; coisas sensatas, porque diminuem a esperança; as coisas mais profundas da natureza, por superstição; a luz da experiência, por arrogância e orgulho; coisas que são comumente aceitas, por deferência à opinião do vulgo. Em suma, inúmeras são as maneiras, e à vezes imperceptíveis, pelas quais os afetos colorem e contaminam o entendimento.*" *In:* BACON, Francis. *Novum organum*. Tradução José Aluysui Reis de Andrade. São Paulo: Abril, 1973.

[11] Tal como destacado em nossa tese de Doutoramento defendida na PUC/SP, trata-se de um novo momento da era moderna, fruto de diálogos decorrentes dos processos pós-modernos, com o excesso de acumulação e a experiência efêmera. *In*: GUILLEN DESGUALDO, Juliana L M N. *Da liberdade clássica à liberdade cibernética: por uma reconstrução de valor*. Tese de Doutoramento. PUC/SP. Ano da defesa: 2017, p. 101. O surgimento de tempos hipermodernos foi prenunciado em 2004 por Gilles Lipovestky, como desestruturação da tradição, tendo o *medo* como ator. *In*: LIPOVETSKY, Gilles. *Os tempos hipermodernos*. Tradução Mário Vilela. São Paulo: Barcarolla, 2004, *passim*.

Havendo desinformação, vale dizer, dados parcial ou totalmente desatrelados (desconectados) da verdade, tal como ocorre quando há difusão de propaganda enganosa, de notícias falsas, capazes de se tornarem fontes de desenvolvimento de percepções equivocadas, como um potencial para distorcer a realidade. A desinformação, hoje, movimenta uma verdadeira indústria, capaz de manipular as massas a fim de atingir seus propósitos e expondo a risco as liberdades.

2. Movimentos sociais digitais

Os movimentos sociais, segundo Castells[12], são o que dizem ser, ou seja, são práticas autodefinidas, mostrando-se com características próprias decorrentes do processo comunicacional, propiciado pelos veículos de comunicação em massa, especialmente a internet e as redes sociais na contemporaneidade.

Tratam-se de situações que tem origem em uma reação a algo, seja com objetivo de conservar ou alterar, ou simplesmente pronunciar. Na leitura de Castells e Touraine, os movimentos sociais podem ser categorizados de acordo com os princípios da identidade, do adversário e a visão. Sem adentrar numa análise meritória, é de se observar que os movimentos costumam ter um objetivo, seja em oposição ou apoio a dada situação. Nesse sentido, manifestações populares por iniciativa – ou não – de movimentos sociais no Brasil nos últimos anos vêm-se colocando a favor e contra, sem que se avalie se bom ou ruim. São fatos, cabendo aqui relacioná-los no ambiente digital de desenvolvimento e ameaça representada pela desinformação.

Não se pretende tratar de movimentos sociais organizados por afinidade de propósito antes da internet, tais como o MST[13], por exemplo, mas daqueles movimentos sociais digitais, assim entendidos como originados a partir das redes sociais, a exemplo do MBL[14] ou MPL[15]. As considerações

[12] CASTELLS, Manuel. *O poder da identidade*; tradução Klauss Brandini Gerhardt (*A era da informação: economia, sociedade e cultura; v.2*). 8. ed. São Paulo: Paz e Terra, 2013, p. 94.

[13] A sigla MST designa Movimento dos Sem-Terra, que surgiu no Brasil entre os anos 1970 e 1980. Disponível em: <http://www.mst.org.br>. Acesso em: 27.jun.2019.

[14] Movimento Brasil Livre. Brasil.

[15] Movimento Passe Livre. Brasil.

aqui ventiladas aplicam-se indistintamente, sem que explore as pautas de cada um e cada qual.

Conforme apontado por Germano Schwartz[16], no século XXI, a informação é ponto novo nos movimentos sociais. Desde a Primavera Árabe, passando pelo *Occupy Wall Street* e Junho/2013 (no Brasil), para mencionar alguns, em comum todos se apresentaram como resultados, diretos ou indiretos, de mobilização por meio da internet e das redes sociais.

A capilaridade e a velocidade de trânsito de dados pela internet é capaz de promover mobilizações em minutos, quer oriundos especificamente de movimentos sociais, quer não. As reações se propagam rapidamente em todas áreas, seja em função de algum evento que faz cair a bolsa de valores da China, por exemplo, quer pela devastação de uma área por força de um eventual natural (a exemplo dos tsunamis que atingiram regiões do Pacífico em 2006) ou qualquer outra situação.

Schwartz analisa os movimentos sociais do século XXI a partir das teses do *collective behavior*, pontuando que são, nessa medida, irracionais e resultado de agravos, problemas resultantes de comportamento coletivo[17]. Entende-se, nessa medida que se trata de uma consequência da massa[18]. Massa que é, para Canetti[19], tão antiga quanto a humanidade, e que Baudrillard[20] aponta como característica da modernidade. Tomada aqui como multidão, a massa não é organizada por classe, mas está em todas elas[21].

[16] SCHWARTZ, Germano. *As constituições estão mortas?: momentos constituintes e comunicações constitucionalizantes dos novos movimentos sociais do século XXI*. Rio de Janeiro: Lumen Juris, 2018, p. 53.

[17] SCHWARTZ, Germano. *As constituições estão mortas?: momentos constituintes e comunicações constitucionalizantes dos novos movimentos sociais do século XXI*. Rio de Janeiro: Lumen Jurs, 2018, p. 58.

[18] Sobre o conceito de massa, confira-se Jean Baudrillard, Elias Canetti, Ortega Y Gasset. Adota-se a noção de massa como multidão.

[19] CANETTI, Elias. *Massa e poder*. Tradução Sergio Tellaroli. São Paulo: Companhia das Letras, 1995, p. 47-48.

[20] BAUDRILLARD, Jean. *À sombra das maiorias silenciosas ou o fim do social e o surgimento das massas (A L'Ombre des Majorités Silencieuses ou La Fin du Social: L'Extase du Socialisme)*. Tradução Sueli Bastos. São Paulo: Brasiliense, 1985, p. 09-10.

[21] Ortega Y Gasset, conforme destacado em nossa tese, atribuiu essa condição aos seguintes fatores: democracia liberal, experimentação científica e industrialismo. Para o autor, aquele que não acompanhou esses processos, designado de *homem-massa* se caracteriza pela livre

Os movimentos sociais podem ter por objetivo alguma mudança do *status quo* que, se verificada, também acarretará outras mudanças e novas situações potencialmente ensejadoras de novos movimentos sociais, numa retroalimentação. Esse resultado revela estarem plasmados, potencialmente, em conflitos sociais encampados por diversos atores, aos quais aderem, por interesse ou identidade de pauta, as massas (não em sua integralidade, evidentemente, mas em termos quantitativos, por um sentimento comum).

E aí vale frisar que as massas se deixam levar. O *agir* em massa é explicado por Canetti, como uma reação aos demais que se estão na mesma condição. Se uma pessoa começa correr dentro de um ambiente fechado, gritando, após ouvir-se um estrondo, a tendência é de que as demais pessoas ao redor corram também. É um efeito de massa.

Por vezes, pode haver movimento social guiado por esse mesmo sentimento de massa, ainda que se vislumbre, supostamente, um objetivo por identidade de causa. A desinformação atinge os movimentos sociais, seja pela propagação de inverdades acerca de seus propósitos, colocando sob suspeita sua legitimidade, seja pela alimentação de pautas fundadas em *fake news*. O risco que a desinformação apresenta é bidirecional.

As *fake news* apresentam-se não só de forma escrita, mas também por meio de manipulação de imagens por *deepfake*[22]. Recentemente, o discurso de Nancy Pelosi[23] foi manipulado de modo a levar a crer que estava com sintomas de embriaguez. O vídeo rapidamente espalhou-se e *viralizou*[24]. Não foi o primeiro. Também recentemente, o fundador do Facebook, Mark Zuckerberg também teve sua fala manipulada num vídeo publicado na rede social Instagram.

expansão de seus desejos vitais e ingratidão radical pelo que tornou possível a facilidade de sua existência. *In*: ORTEGA Y GASSET, José. *A rebelião das massas* (*La rebelión de las masas*). Tradução Felipe Denardi. Campinas, SP: Vide Editorial, 2016, p. 128-130.

[22] A *deepfake* utiliza inteligência artificial para manipular vídeos. Sobre o vídeo do falso Zuckerberg, confira-se em matéria da IstoÉ. Disponível em: https://istoe.com.br/instagram-vai-manter-video-manipulado-com-falso-zuckerberg/. Acesso em: 27.jun.2019.

[23] Presidente da Câmara, nos Estados Unidos da América, num discurso em Bruxelas, após assembleia parlamentar da OTAN, em maio de 2019. Disponível em: <https://oglobo.globo.com/mundo/video-manipulado-faz-lider-democrata-parecer-bebada-viraliza-nas-redes-23691013>. Acesso em: 27.jun.2019.

[24] Considera-se *viral* tudo o que é divulgado e replicado, comentado nas redes sociais.

No Brasil, as notícias supostamente falsas envolvendo ministros do Supremo Tribunal Federal deram ensejo a abertura de Inquérito em março de 2019, a pedido do presidente da corte, por atingirem a honra dos magistrados[25]. Ao tempo de conclusão deste artigo, a expectativa é de julgamento em agosto de 2019.

Num momento de incertezas, tal como já prenunciou Adorno, discute-se, dentre outras pautas, eventual regulação para combater a desinformação, mais precisamente colocada como *fake news*, trazendo à luz algumas necessárias considerações sobre a linha tênue que separa a regulação da censura, a partir de um olhar sobre as liberdades como direitos humanos.

3. Breves notas sobre as liberdades como direitos humanos

A ideia de fortalecimento da efetividade de direitos teve especial lugar com o advento da Magna Carta, de 1215, que se revelou uma carta de liberdade[26]. Sempre houve na história, porém, um conceito, ainda que vago, de direitos e, nesse sentido, vale observar o desenvolvimento da filosofia grega e romana a respeito do assunto. Entretanto, a materialização de direitos, de liberdades, teve na Magna Carta um ponto essencial para a exteriorização de direitos e mecanismos para sua eficácia. Essa evolução histórica culminou no desenvolvimento da ideia de dignidade da pessoa humana.

A noção de dignidade da pessoa humana, em Kant, preconiza que o homem é um fim em si mesmo, não podendo ser utilizado como instrumento. Se, antes, no período medieval, prevalecia a noção teológica, com o Copérnico, o embrião da visão antropológica, acentuada pelo primado da dignidade, do respeito a direitos. E os direitos humanos surgiram como consequência dos movimentos filosóficos oriundos do século XVII.

Com o advento da Revolução Francesa, de 1789 e dos direitos que se seguiram protegidos como de 1ª dimensão, 2ª, 3ª e, quiçá, 4ª e 5ªs dimensões, os direitos humanos receberam cada vez mais proteção no âmbito internacional, especialmente após a 2ª Guerra Mundial, com a aprovação, pela Assembleia das Nações Unidas, da Declaração Universal dos Direitos Humanos, em 1948.

[25] Disponível em: http://www.stf.jus.br/portal/cms/verNoticiaDetalhe.asp?idConteudo=406357. Acesso em: 27.jun.2019.

[26] NEVES, Marcelo. *Transconstitucionalismo*. São Paulo: WMF Martins Fontes, 2009, p. 19.

Não só no Brasil, mas em diversos países mundo afora, ainda há uma forte tendência de crescimento de proteção da dignidade da pessoa humana. Seu conteúdo é de tamanha relevância que foi alçado ao status de princípio, ou seja, de uma norma cujo aspecto axiológico é tal que se coloca acima de outras normas jurídicas, orientando-as. Na Constituição Federal da República do Brasil, de 1988, é um dos fundamentos da República, previsto no art. 1º, III. Deste vetor, emergem outros direitos fundamentais, liberdades positivas que demandam do Estado providências para assegurar seu livre exercício.

Dentre esses direitos, o direito à informação, garantia individual fundamental na legislação brasileira. Mas será que o direito à informação corresponde ao direito à verdade? E se corresponde à verdade, como distinguir a informação da verdade?

Numa leitura da Declaração Universal dos Direitos Humanos[27], é possível afirmar que o direito à informação corresponde, sim, ao direito à verdade, na medida em que distingue ideia de informação. Assim, se a ideia é individual e corresponde a aspectos subjetivos relacionados à opinião, a informação há de representar uma verdade objetiva.

Ao mesmo tempo, considerando o direito à informação como um direito de 4ª geração, não se pode deixar de lado trata-se, no âmbito constitucional, de uma liberdade protegida individualmente como direito a seu acesso, bem como liberdade de informar e de ser informado coletivamente, para designar a liberdade de imprensa.

Na visão de Hannah Arendt, acompanhada por Celso Lafer[28], o direito à informação é uma condição para uma autêntica liberdade, no sentido de que sem ele não há possibilidade de ação conjunta, geradora de poder.

Por meio da liberdade de comunicação, informação e opinião, é possível a criação de espaço público, cuja transparência depende diretamente do direito à informação. Este, por sua vez, relaciona-se com a democracia

[27] O artigo 19 da Declaração Universal dos Direitos Humanos dispõe: "*Art. 19. Toda pessoa tem direito à liberdade de opinião e expressão; este direito inclui a liberdade de, sem interferência, ter opiniões e de procurar, receber e transmitir informações e ideias por quaisquer meios e independentemente de fronteiras.*"

[28] LAFER, Celso. *A reconstrução dos direitos humanos: um diálogo com o pensamento de Hannah Arendt.* São Paulo: Companhia das Letras, 1998, p. 40.

como condição de possibilidade de manutenção da verdade[29]. Em sentido diverso da veracidade, a obra de Hannah Arendt[30] aponta os efeitos nefastos daquilo que aqui se denomina desinformação ou *fake news*, num cenário totalitário e de extremos que conduziram à banalidade do mal, termo por ela cunhado.

É de se esperar que as liberdades conquistadas sejam protegidas, evitando sua corrosão e desrespeito, daí a importância de normas jurídicas e políticas públicas que resguardem estas prerrogativas. É a vedação ao retrocesso, que, espera-se, seja uma preocupação internacional.

Conclusões

O atual momento é de antagônicos que se mostram presentes com força: a informação e a desinformação. A era da informação acena com a mudança paradigmática verificada nas últimas décadas, com a ascensão do acesso ao próprio conhecimento, por meio da facilidade de transmissão de dados. A mesma tecnologia que agrega valores, também os fragiliza nas esferas fundamentais das liberdades, com a profusão de desinformação.

O volume de dados é tamanho que não é possível seu adequado processamento para gerar conhecimento, de modo que a informação é facilmente esquecida, dando margem para a desinformação penetrar sorrateiramente. Apesar do direito à informação ser considerado um direito fundamental e correspondente à verdade, o elemento de racionalismo deu lugar à subjetividade, razão pela qual fala-se em pós-verdade.

A era da pós-verdade é aquela na qual cada um acredita no que quer, na qual mais vale a pessoa que transmite a informação do que seu conteúdo, verdadeiro ou não: a estrutura é de show; a atitude é *estética*. As demonstrações de autoridade da verdade perdem espaço para o carisma e estilo do agente. O ambiente discursivo da pós-verdade privilegia "*circunstâncias nas quais fatos objetivos têm menos influência em moldar a opinião pública do que apelos à emoção e a crenças pessoais*"[31]. A tolerância pós-moderna é aquela

[29] LAFER, Celso. *A reconstrução dos direitos humanos: um diálogo com o pensamento de Hannah Arendt*. São Paulo: Companhia das Letras, 1998, p. 41; 381-429.

[30] ARENDT, Hannah, 1906-1975. *Origens do totalitarismo*. Tradução: Roberto Raposo. São Paulo: Companhia das Letras, 2012, *passim*.

[31] DUNKER, Christian. *Subjetividade em tempos de pós-verdade*. *In*: DUNKER, Christian... [et all]. Porto Alegre: Dublinense, 2017, 23.

na qual os fins justificam os meios. Se o resultado final foi atingido, os meios para seu alcance ficam legitimados. É nessa medida que a eficácia da pós-verdade guarda relação com o esquecimento, pois aquilo que não é esquecido, mais dificilmente é objeto de credulidade num ambiente de *fake news*. Tal como menciona Matthew D'Ancona, "*o truque é propiciar entretenimento disruptivo como distração da ciência laboriosa*"[32].

A aceitação, pelo grupo social, dependerá da maior ou menor incidência de *fake news*, tendo em vista que o momento atual, apesar do racionalismo, é de pós-verdade, podendo impactar nos diversos espaços públicos e searas de convivência, bem como nos movimentos sociais digitais, em face da velocidade de tráfego de dados na rede mundial de computadores. Os movimentos sociais digitais são diretamente impactados, positiva e negativamente num ambiente de desinformação, uma vez que as *fake news* podem contribuir para pautas ilegítimas ou prejudicar aquelas alicerçadas sobre propósitos relacionados a verdade objetiva.

Sem deixar de lado os novos aplicativos e programas que, a exemplo da *deepfake*, falsificam imagens, regulamentar *fake news*, apesar do cenário potencialmente vulnerável, sem esbarrar na censura e nas liberdades é um desafio de difícil solução pois sacrificará algum direito. A humanidade caminha a passos incertos e não é possível a previsão do futuro, mas tão somente sua especulação, buscando a cautela e prevenção para o resguardo dos valores básicos fundantes, dos direitos humanos, do mínimo existencial, na esteira da luta pelos direitos. Afinal, as liberdades, assim entendidas como direitos, são objeto de conquista, e não de retrocesso. O contrário pode resultar num retorno a tempos indesejados de privação de espaços públicos. Sem pretender esgotar o assunto, essas eram as breves considerações sobre o tema.

Referências

ARENDT, Hannah, 1906-1975. *Origens do totalitarismo*. Tradução: Roberto Raposo. São Paulo: Companhia das Letras, 2012.

BACON, Francis. *Novum organum*. Tradução José Aluysui Reis de Andrade. São Paulo: Abril, 1973.

[32] D'ANCONA, Matthew. *Pós-verdade*. Tradução Carlos Szlak. Barueri, SP: Faro Editorial, 2018, p. 47.

BAUDRILLARD, Jean. *À sombra das maiorias silenciosas ou o fim do social e o surgimento das massas (A L´Ombre des Majorités Silencieuses ou La Fin du Social: L´Extase du Socialisme)*. Tradução Sueli Bastos. São Paulo: Brasiliense, 1985.

CANETTI, Elias. *Massa e poder*. Tradução Sergio Tellaroli. São Paulo: Companhia das Letras, 1995.

CASTELLS, Manuel. *O poder da identidade*; tradução Klauss Brandini Gerhardt (*A era da informação: economia, sociedade e cultura; v.2*). 8. ed. São Paulo: Paz e Terra, 2013.

D´ANCONA, Matthew. *Pós-verdade*. Tradução Carlos Szlak. Barueri, SP: Faro Editorial, 2018.

DE CAMPOS JR, Celso...[et al.]. *Nada mais que a verdade: a extraordinária história do jornal Notícias Populares*. ed. rev., atual. e amp. São Paulo: Summus Editoral, 2011.

DUNKER, Christian. *Subjetividade em tempos de pós-verdade*. *In*: DUNKER, Christian... [et all]. Porto Alegre: Dublinense, 2017.

GUILLEN DESGUALDO, Juliana L M N. *Da liberdade clássica à liberdade cibernética: por uma reconstrução de valor*. Tese de Doutoramento. São Paulo: Pontifícia Universidade Católica. Ano da defesa: 2017.

LAFER, Celso. *A reconstrução dos direitos humanos: um diálogo com o pensamento de Hannah Arendt*. São Paulo: Companhia das Letras, 1998.

LIPOVETSKY, Gilles. *Os tempos hipermodernos*. Tradução Mário Vilela. São Paulo: Barcarolla, 2004.

SAGAN, Carl. *O mundo assombrado pelos demônios: a ciência vista como uma vela no escuro*. Tradução: Rosaura Eichemberg. São Paulo: Companhia das Letras, 1996.

ORTEGA Y GASSET, José. *A rebelião das massas* (*La rebelión de las masas*). Tradução Felipe Denardi. Campinas, SP: Vide Editorial, 2016.

NEVES, Marcelo. *Transconstitucionalismo*. São Paulo: WMF Martins Fontes, 2009.

SCHWARTZ, Germano. *As constituições estão mortas?: momentos constituintes e comunicações constitucionalizantes dos novos movimentos sociais do século XXI*. Rio de Janeiro: Lumen Juris, 2018.

Sites pesquisados

<http://www.mst.org.br>. Acesso em: 27.jun.2019

<https://istoe.com.br/instagram-vai-manter-video-manipulado-com-falso-zuckerberg/>. Acesso em: 27.jun.2019.

<https://oglobo.globo.com/mundo/video-manipulado-faz-lider-democrata-parecer-bebada-viraliza-nas-redes-23691013>. Acesso em: 27.jun.2019.

<http://www.stf.jus.br/portal/cms/verNoticiaDetalhe.asp?idConteudo=406357>. Acesso em: 27.jun.2019.

9. Censura, Segredo e Sigilo: a Sociedade Contemporânea e o Judiciário nos Trinta Anos da Constituição Cidadã

Felipe Chiarello de Souza Pinto
Ruth Carolina Rodrigues Sgrignolli

Introdução

Embora a sociedade viva sob a égide da liberdade de expressão, como um direito individual de exercício do que há de mais íntimo que é o pensamento e da expressão que nos enleva no núcleo social, e como um direito coletivo da prática do exercício da cidadania no Estado democrático, a história dos dias de sigilos, segredos e censuras ainda assombram muitas lembranças.

Se por um lado, a Constituição Federal de 1988 garante aos cidadãos a liberdade de expressão (CF, artigos 5º, IV e 220), a liberdade artística, cultural (CF, artigo 5º, IX), a liberdade de cátedra (art. 206, I a IV) e a vedação à censura (artigo 5º, IX e 220, § 2º), por outro lado, ela indica os limites dessa liberdade, quando veda o anonimato (art. 5º, IV), assegura o direito de resposta e indenização quando há dano moral ou de imagem (art. 5º, V).

Além disso, a Constituição garantiu ao cidadão o direito à intimidade, por meio da inviolabilidade da liberdade de consciência e credo (art. 5º, VI), inviolabilidade da intimidade (art. 5º, X), o sigilo da correspondência (art. 5º, XII) e o sigilo de fonte (art. 5º, XIV).

Esses direitos foram se consolidando ao longo dos trinta anos da Constituição Federal de 1988 por meio de Ações Diretas de Inconstitucionalidade, Ações por Descumprimento de Preceito Fundamental e outros instrumentos processuais que demandaram do Supremo Tribunal Federal o controle de constitucionalidade de leis do Poder Público que contrariassem preceitos ou princípios constitucionais.

Seja o direito pela manifestação religiosa, ou o direito pela exibição de peças teatrais, ou ainda o direito de publicar charges políticas e tantos outros temas, o fato é que os direitos contidos na Constituição estão consolidados e os Poderes constituídos (art. 2º, CF) vêm exercendo seus papéis, dentro do que Robert Dahl[1] chama de *compreensão esclarecida*, que garante aos cidadãos influenciar o *programa de planejamento* dos governantes.

Foi com o pensamento nesse frenesi do novo constitucionalismo, com seu caráter participativo e questionador, que pensamos em retomar temas caros à liberdade de expressão: a censura, o sigilo e o segredo.

Assim, considerando o exercício de democracia que está sendo feito nos últimos trinta anos, decidiu-se pela construção desse texto utilizando-se o método hipotético-dedutivo e usando como base doutrina, as disposições legais (Legislativo), as suas regulamentações (Executivo) e os controles de constitucionalidade feitos pelo Supremo Tribunal Federal (Judiciário) em algumas ações de temas correlatos a esse trabalho, que são referência ao tema tão caro que é a liberdade de expressão.

1. Segredos guardados a sete chaves

Reza a lenda que duas pessoas podem guardar um segredo, se uma delas estiver morta. A palavra segredo tem origem latina *secretu* e significa aquilo que não pode ser revelado. O segredo é o que há no recôndito do ser[2].

> *O segredo toca as potencialidades do próprio desejo, dentro de suas intermitências, sua vulnerabilidade, seu vai e vem infinito, sua insuperável ambiguidade entre o dizer e o calar-se, entre a confissão e o silêncio, a consciência e a ignorância*[3].

Para a psicologia, o segredo, o conteúdo escondido tem a ver com a vida íntima e não revelada de alguém, em que, dentro de uma relação com o outro envolve o poder: o que revela ou não, o que abandona, realiza, dá liberdade ou recusa.

[1] DAHL, Robert A. Sobre a democracia. Brasília: Universidade de Brasília, 2009. P. 110

[2] FERREIRA, Aurélio Buarque de Holanda. *Novo dicionário Aurélio da Língua portuguesa.* 4ª edição. Curitiba: Positivo, 2009, p. 1820.

[3] FLORENCE, Jean. A Propósito do Segredo. Psicologia: Teoria e Pesquisa. Mai-Ago 1999, Vol. 15 n. 2, pp. 163-166. Disponível em: http://www.scielo.br/pdf/ptp/v15n2/a09v15n2.pdf, acesso em 28.jun.2019.

Ensina Ceneviva[4], que os termos sigilo e segredo não devem ser interpretados da mesma forma, já que envolvem diferentes objetos e sujeitos envolvidos.

Assim, "*para o direito, o segredo constitui um fato a omitir: é aquilo que não pode e, em determinadas circunstâncias, não deve ser revelado, mesmo que não tenha acontecido total ou parcialmente*", tal como seria o segredo de justiça previsto no artigo 93, IX da Constituição Federal[5], que não obstante se tratar de segredo, é indicado no texto legal como o "sigilo" para preservação da intimidade do interessado (desde que não prejudique o interesse público), além do segredo do voto, contido no artigo 14 da Constituição Federal. Afinal, o que pode ou deve o Estado de deixar de revelar?

A regra constitucional é a transparência, como decorre do artigo 37[6] da Constituição.

Mas a Lei 12.572/14, Lei de Acesso à Informação, que regulamentou o artigo XXXIII[7], artigo 37 II, §3º[8] e artigo 216, § 2º[9] da Constituição Federal, definiu e delimitou o uso dos termos "sigilo" e "segredo", quando em seu artigo 22 dispôs que, apesar da defesa ao acesso à informação, a

[4] CENEVIVA, Walter. *Segredos profissionais.* São Paulo: Malheiros, 1996, p. 13.

[5] BRASIL. Constituição Federal: "Art. 93. Lei complementar, de iniciativa do Supremo Tribunal Federal, disporá sobre o Estatuto da Magistratura, observados os seguintes princípios: IX todos os julgamentos dos órgãos do Poder Judiciário serão públicos, e fundamentadas todas as decisões, sob pena de nulidade, podendo a lei limitar a presença, em determinados atos, às próprias partes e a seus advogados, ou somente a estes, em casos nos quais a preservação do direito à intimidade do interessado no sigilo não prejudique o interesse público à informação."

[6] BRASIL. Constituição Federal: "Art. 37. A administração pública direta e indireta de qualquer dos Poderes da União, dos Estados, do Distrito Federal e dos Municípios obedecerá aos princípios de legalidade, impessoalidade, moralidade, publicidade e eficiência (...)"

[7] BRASIL. Constituição Federal: "Art. 5º (...) XXXIII – todos têm direito a receber dos órgãos públicos informações de seu interesse particular, ou de interesse coletivo ou geral, que serão prestadas no prazo da lei, sob pena de responsabilidade, ressalvadas aquelas cujo sigilo seja imprescindível à segurança da sociedade e do Estado."

[8] BRASIL. Constituição Federal: "Art. 37 (...) § 3º A lei disciplinará as formas de participação do usuário na administração pública direta e indireta, regulando especialmente: (...) II – o acesso dos usuários a registros administrativos e a informações sobre atos de governo, observado o disposto no art. 5º, X e XXXIII.

[9] BRASIL. Constituição Federal: "Art. 216 (...) § 2º Cabem à administração pública, na forma da lei, a gestão da documentação governamental e as providências para franquear sua consulta a quantos dela necessitem.

lei não excluiu as hipóteses legais de sigilo e de segredo de justiça nem as hipóteses de segredo industrial decorrentes da exploração direta de atividade econômica pelo Estado ou por pessoa física ou entidade privada que tenha qualquer vínculo com o poder público[10].

Assim, ficou estabelecido, pelo artigo 23 dessa lei as matérias imprescindíveis à segurança da sociedade ou do Estado e que por isso são passíveis de classificação, sendo elas: (i) as informações cuja divulgação ou acesso irrestrito possam um risco à defesa e a soberania nacionais ou a integridade do território nacional; (ii) assuntos que prejudicarem ou colocarem em risco a condução de negociações ou as relações internacionais do país, ou as informações que tenham sido fornecidas em caráter sigiloso por outros Estados e organismos internacionais; (iii) informações que coloquem em risco a vida, a segurança ou a saúde da população; (iv) que ofereçam elevado risco à estabilidade financeira, econômica ou monetária do país; (v) que prejudiquem ou causem risco a planos ou operações estratégicos das Forças Armadas e a projetos de pesquisa e desenvolvimento científico ou tecnológico, assim como a sistemas, bens, instalações ou áreas de interesse estratégico nacional; (vi) assuntos que coloquem em risco a segurança de instituições ou de altas autoridades nacionais ou estrangeiras e seus familiares; (vii) ou ainda comprometam as atividades de inteligência, bem como de investigação ou fiscalização em andamento, relacionadas com a prevenção ou repressão de infrações.

As classificações a que estão sujeitas essas matérias são: ultrassecreta, secreta ou reservada e a diferenciação entre elas do prazo máximo de restrição de acesso à informação é de 25 (vinte e cinco) anos de restrição para a informação ultrassecreta, 15 (quinze) anos para secreta e a reservada, 5 (cinco) anos[11].

[10] BRASIL. Lei 12.572/14. "Art. 22. O disposto nesta Lei não exclui as demais hipóteses legais de sigilo e de segredo de justiça nem as hipóteses de segredo industrial decorrentes da exploração direta de atividade econômica pelo Estado ou por pessoa física ou entidade privada que tenha qualquer vínculo com o poder público."

[11] BRASIL. Lei 12.572/14. "Art. 24. A informação em poder dos órgãos e entidades públicas, observado o seu teor e em razão de sua imprescindibilidade à segurança da sociedade ou do Estado, poderá ser classificada como ultrassecreta, secreta ou reservada. § 1º Os prazos máximos de restrição de acesso à informação, conforme a classificação prevista no caput, vigoram a partir da data de sua produção e são os seguintes: I – ultrassecreta: 25 (vinte e cinco) anos; II – secreta: 15 (quinze) anos; e III – reservada: 5 (cinco) anos."

O Estado é competente para fazer avaliar se a informação de ser sigilosa e qual sua classificação[12] e para essa diferenciar a informação entre secreta, ultrassecreta ou reservada, é preciso avaliar o interesse público da informação, usando o critério menos restritivo possível, considerados: (i) a gravidade do risco ou dano à segurança da sociedade e do Estado; e (ii) o prazo máximo de restrição de acesso ou o evento que defina seu termo final[13].

Portanto, o que define o que o Estado deve ou não revelar é uma lista taxativa de matérias previstas em lei sujeitas ao "segredo de Estado", passível de sanção, quando não atendidas[14].

Diferente do Brasil, os Estados Unidos definiram quando a informação é passível de ser revelada ou não por meio do *leading case* sobre o tema, o caso Estados Unidos versus Reynolds.

O caso diz respeito a alguns civis que morreram dentro de uma aeronave militar que se acidentou quando estava testando equipamentos eletrônicos, em uma missão altamente secreta da Força Aérea americana. A perícia sobre as mortes foi resolvida internamente e era classificada como secreta. Quando os interessados moveram ação contra a Força Aérea, alegando negligência, foi requerida a exibição dos relatórios sobre o acidente e reparação do dano. A justiça de primeira instância julgou procedente o pleito. Todavia, quando o processo chegou à Suprema Corte, ela reverteu o resultado do julgamento e justificou seu entendimento com base em duas premissas: (i) é preciso que exista um registro de pedido formal de prerrogativa pelo chefe do departamento que detém o controle sobre a informação sigilosa, indicando sua avaliação pessoal sobre a necessidade do sigilo e (ii) a própria corte deve avaliar se as circunstancias são

[12] BRASIL. Lei 12.572/14. "Art. 25. É dever do Estado controlar o acesso e a divulgação de informações sigilosas produzidas por seus órgãos e entidades, assegurando a sua proteção."

[13] BRASIL. Lei 12.572/14. Art. 24. (...) § 5º Para a classificação da informação em determinado grau de sigilo, deverá ser observado o interesse público da informação e utilizado o critério menos restritivo possível, considerados: I – a gravidade do risco ou dano à segurança da sociedade e do Estado; e II – o prazo máximo de restrição de acesso ou o evento que defina seu termo final.

[14] O artigo 32 da Lei de Acesso à Informação (Lei 12.572/14) lista as condutas incompatíveis com a função de divulgar ou não determinado assunto pelo agente público e pelo militar.

apropriadas para o pleito da prerrogativa do sigilo, e deve fazê-lo sem forçar a revelação da informação que justo se quer proteger[15].

Assim, a Suprema Corte definiu quando o governo pode desobedecer a ordem judicial que determina que se revele informações sigilosas em processos cíveis. O privilégio do segredo pertence ao governo e pode ser pleiteado pelo chefe do departamento que detém o controle sobre a informação que não se pode revelar[16].

Importante ressaltar, embora não seja propriamente o tema desse trabalho, que, nessa confusão semântica entre segredo e sigilo, há outros assuntos importantes que devem deixar de ser revelados, ou melhor, que devem ser segredados, por força de lei, tais quais os segredos de comércio (artigo 206 da Lei 9.279/1996[17]); o segredo de justiça (artigo11, parágrafo único[18] e 189[19] do Código de Processo Civil); o segredo profissional

[15] Importante ressaltar que no caso United States v. Reynolds, a Suprema Corte não indeferiu o pleito, mas apens o uso da informação sigilosa como prova no processo.

[16] GARVEY, Todd, LIU, Edward C. *The State Secrets Privilege: Preventing the Disclosure of Sensitive National Security Information During Civil Litigation,* CRS- Report for Congress, 2011, p. 2 a 3. Disponível em: https://fas.org/sgp/crs/ secrecy/R41741.pdf, acesso em 01.jul. 2019.

[17] BRASIL. Lei 9.279/1996. "Art. 206. Na hipótese de serem reveladas, em juízo, para a defesa dos interesses de qualquer das partes, informações que se caracterizem como confidenciais, sejam segredo de indústria ou de comércio, deverá o juiz determinar que o processo prossiga em segredo de justiça, vedado o uso de tais informações também à outra parte para outras finalidades." A mesma Lei prevê o sigilo das patentes por trinta anos, conforme artigo 30.

[18] BRASIL. Código de Processo Civil (Lei 13.105/2013): "Art. 11. Todos os julgamentos dos órgãos do Poder Judiciário serão públicos, e fundamentadas todas as decisões, sob pena de nulidade. Parágrafo único. Nos casos de segredo de justiça, pode ser autorizada a presença somente das partes, de seus advogados, de defensores públicos ou do Ministério Público".

[19] BRASIL. Código de Processo Civil (Lei 13.105/2013): "Art. 189. Os atos processuais são públicos, todavia tramitam em segredo de justiça os processos: I – em que o exija o interesse público ou social; II – que versem sobre casamento, separação de corpos, divórcio, separação, união estável, filiação, alimentos e guarda de crianças e adolescentes; III – em que constem dados protegidos pelo direito constitucional à intimidade; IV – que versem sobre arbitragem, inclusive sobre cumprimento de carta arbitral, desde que a confidencialidade estipulada na arbitragem seja comprovada perante o juízo."

(artigo 388, II[20] e 488, II[21] do Código de Processo Civil)[22], sem deixar de considerar as previsões legais de cada profissão); o segredo fiscal (artigo 198 do Código Tributário Nacional[23]); entre outros.

2. Censura: apesar de você, amanhã há de ser outro dia

No começo da década de 70 um crime abalou Brasília. Ana Lídia Braga, uma garota de sete anos foi encontrada sem vida em uma vala comum.

Os suspeitos do crime foram o irmão, Álvaro Henrique Braga, Alfredo Buzaid Júnior (filho do então Ministro da Justiça, Alfredo Buzaid), Eduardo Ribeiro Resende (filho do senador Eurico Rezende e dono do sítio onde teria acontecido o crime) e Raimundo Lacerda Duque (traficante de drogas de Brasília). Sem provas suficientes, o caso foi encerrado e a discussão sobre o caso, deu-se por encerrada:

> Fica terminantemente proibida a divulgação, através dos meios de comunicação social, de notícias, comentários, transcrições e referências sobre o caso Ana Lídia.[24]

No início da década de 1980 apareceram novos indícios e, novamente houve tentativa de apurar o crime por meio da exumação do corpo de Alfredo Buzaid Jr. (que teria falecido em um acidente em 1975), no

[20] BRASIL. Código de Processo Civil (Lei 13.105/2013): "Art. 388. A parte não é obrigada a depor sobre fato: (...) II – a cujo respeito, por estado ou profissão, deva guardar sigilo."

[21] BRASIL. Código de Processo Civil (Lei 13.105/2013): "Art. 448. A testemunha não é obrigada a depor sobre fatos: II – a cujo respeito, por estado ou profissão, deva guardar sigilo."

[22] O Código Penal (Decreto-lei 2848/40) também dispõe sobre esse tema e fixa pena de detenção ou multa para quem revelar, sem justa causa, segredo, de que tem ciência em razão de função, ministério, ofício ou profissão, e cuja revelação possa produzir dano a outrem (no art. 154) e revelar fato de que tem ciência em razão do cargo e que deva permanecer em segredo, ou facilitar-lhe a revelação (no seu artigo 325).

[23] BRASIL. Código Tributário Nacional (Lei 5.172/1966): "Art. 198. Sem prejuízo do disposto na legislação criminal, é vedada a divulgação, por parte da Fazenda Pública ou de seus servidores, de informação obtida em razão do ofício sobre a situação econômica ou financeira do sujeito passivo ou de terceiros e sobre a natureza e o estado de seus negócios ou atividades."

[24] Disponível em: http://velhasreportagens.blogspot.com/2016/05/04031986-policia-exuma-o-corpo-de.html, acesso em 28.jun.2019.

entanto, a exumação feita traria à tona apenas as ossadas de outras pessoas ali enterradas e não dele próprio[25]. O crime nunca foi desvendado.

Esse e outros fatos que aconteceram durante a ditadura militar eram sujeitos à censura, tal como se vê da publicação acima, ordenada pelo Departamento da Polícia Federal.

Essa história, como tantas outras histórias de crimes bárbaros que aconteceram durante a ditadura, além do desaparecimento continuado de pessoas, foram tratados, durante muitos anos, como censurados.

A Constituição Federal de 1988 pôs fim à censura da liberdade de expressão na previsão contida em cláusula pétrea do artigo 5º, IX, e mais para frente, no artigo 220, §2º, já dentro do capítulo da Comunicação Social.

A liberdade de expressão é um direito da essência do ser humano, por meio do qual ele se realiza em sociedade, tendo um caráter individual da expressão do ser e um caráter coletivo, quando expressa a vontade popular, a opinião, quando assume o caráter informativo.

Mas as ditaduras são tempos de exceção e impõem os rigores dos censores, iniciando-se, muitas vezes, na justificada necessidade de se regatar valores morais e os bons costumes, além de dar cabo dos comunistas, dos inimigos da pátria, ou de quaisquer outros que justifiquem o artifício pelo qual os poderosos afastam o povo das informações que não lhes interessem revelar.

Foi essa justificativa que Getúlio Vargas usou para outorgar a Constituição de 1937, período do governo marcado por pelo Golpe de Estado, que diluiu o Congresso, e deu-lhe poderes totais para perpetuar seu governo. A censura era matéria constitucional, imposta a manifestações contrárias à moralidade pública e aos bons costumes, especialmente destinada à proteção da infância e da juventude (item 15 do artigo 122, alínea b[26]).

[25] Na época, chegou-se a cogitar que o Alfredo Buzaid Jr. pudesse estar vivo. Disponível em: https://jornaldebrasilia.com.br/cidades/relembre-o-caso-do-assassinato-de-ana-lidia-que-chocou-o-pais-em-1973/, http://especiais.correiobraziliense.com.br/caso-ana-lidia-45-anos-de-impunidade, https://epoca.globo.com/gustavo-pacheco/o-11-de-setembro-de-brasilia-23054379, todos os acessos em 28.jun.2019.

[26] BRASIL. Constituição Federal de 1937: "Art. 122 (...) 5) todo cidadão tem o direito de manifestar o seu pensamento, oralmente, ou por escrito, impresso ou por imagens, mediante as condições e nos limites prescritos em lei. A lei pode prescrever: a) com o fim

E na sequência, em 1939, é criado, por meio de Decreto-lei nº 1.915[27] o órgão que seria o primeiro cuja existência destinava-se especificamente à censura da imprensa e de fazer a propaganda do Regime: Departamento de Imprensa e Propaganda, o DIP.

O DIP foi responsável não apenas pelas censuras[28], mas pelo estímulo ao conteúdo nacional, por meio da "Hora do Brasil", que tinha como objetivo difundir, ampla e sistematicamente os números musicais ao literários que manifestem o pensamento brasileiro[29], além da previsão de levar aos ouvintes por intermédio da radiodifusão oficial, tudo o que pudesse fixar-lhes a atenção sobre as atividades brasileiras em todos os domínios do conhecimento humano[30].

Em 1945 o Departamento de Imprensa e Propaganda, foi extinto por meio do Decreto-Lei nº7.582 de 25/05/1945 e o órgão responsável por

de garantir a paz, a ordem e a segurança pública, a censura prévia da imprensa, do teatro, do cinematógrafo, da radiodifusão, facultando à autoridade competente proibir a circulação, a difusão ou a representação; b) medidas para impedir as manifestações contrárias à moralidade pública e aos bons costumes, assim como as especialmente destinadas à proteção da infância e da juventude."

[27] O Decreto-lei nº 1.915, de 27 de dezembro de 1939 foi regulamentado pelo Decreto nº 5.077, de 29 de dezembro de 1939.

[28] Gilberto (Folha de São Paulo) "Ficando por enquanto no DIP, ele exercia também controle sobre a publicidade?" JOEL (jornalista durante o Estado Novo) "O DIP exercia um duplo controle: um controle autoritário proibitivo, da censura propriamente dita. E tinha o controle através da corrupção. O caso da isenção para a importação do papel da imprensa. Você importava o papel da Finlândia, do Canadá, mas tudo sob o controle do DIP. E tinha o derrame de dinheiro, que era tentador. Por exemplo, o DIP criou uma série de livros pequenos, tudo sobre o Getúlio: "Vargas e o Teatro", "Vargas e o Cinema", "Vargas e a Literatura". Pagavam um dinheirão, em termos de época. Um pobre intelectual que ganhava, vamos dizer, Cr$ 1.500,00 com a edição de um romance, eles botavam dez mil cruzeiros no bolso dele para escrever quarenta páginas sobre a coisa. Isso era um negócio terrível. Poucos resistiram". Entrevista de Joel Silveira para Gilberto Negreiros em 1979. Disponível em: http://almanaque.folha.uol.com.br/memoria_5.htm, acesso em 02.jul.2019.

[29] BRASIL. pelo Decreto nº 5.077, de 29 de Dezembro de 1939: "Art. 7º (...) f) difundir, ampla e sistematicamente, na 'Hora do Brasil", números musicais au literários que manifestem o pensamento brasileiro"

[30] BRASIL. pelo Decreto nº 5.077, de 29 de Dezembro de 1939: "Art. 7º (...) a) levar aos ouvintes radiafônicos nacionais e estrangeiros, por intermédio da Rádio-difusão oficial, tudo o que possa fixar-lhes a atenção sobre as atividades brasileiras em todos os domínios do conhecimento humano"

coordenar e difundir toda espécie de informações relativas ao Brasil passou a se chamar Departamento Nacional de Informações (posteriormente extinto por meio do Decreto-Lei 9.788 de 06/09/1946, sob os auspícios da Constituição democrática de 1946, que seria promulgada doze dias depois[31]).

Mas a democracia durou oito anos apenas.

A ditadura dos militares, que teve início em 31 de março de 1964, foi permeada de casos de violência e desaparecimento de pessoas, imposição de silêncio aos meios de comunicação e abusos de todas as ordens.

> *De 1964 em diante o projeto de centralização da censura federal obteve maior atenção dos governos militares. Entre 1964 e 1965, várias medidas foram tomadas para sistematizar o trabalho da censura, entre as quais podemos citar: 1) a convocação de servidores para avaliar as normas da censura; 2) a adequação da estrutura ao regulamento policial; 3) a constituição de grupos para analisar roteiros de filmes, programas de televisão e scripts de peças; 4) a criação de uma comissão que visava discutir questões polêmicas e examinar a legislação; e 5) a instituição de um grupo de trabalho responsável por uniformizar os critérios da censura e assessorar as delegacias regionais no exercício da censura dos filmes que não ultrapassassem os limites dos estados.*[32]

Os Atos Institucionais foram os documentos editados para impor as regras: eram documentos cerceadores de direitos. O primeiro, deu-se a tomada do poder pelos Comandantes-em-chefe das Forças Armadas, que podiam suspender direitos políticos e cassar mandatos legislativos[33]. O Segundo alterou a Constituição[34] para tornar indireta a eleição para

[31] A Constituição Federal de 1946 foi promulgada em 18/09/1946.

[32] GARCIA, Miliandre. A censura de costumes no Brasil: da institucionalização da censura teatral no século XIX à extinção da censura da constituição de 1988. p.23. Disponível em: http://www.bn.gov.br/sites/ default/files/documentos/producao/pesquisa/ censura-costumes-brasil-institucionalizacao- censura-teatral//miliandregarcia. pdf, acesso em 02.jul.2019.

[33] BRASIL. Ato Institucional nº 1, de 9 de abril de 1964. Modifica a Constituição do Brasil de 1946 quanto à eleição, ao mandato e aos poderes do Presidente da República; confere aos Comandantes-em-chefe das Forças Armadas o poder de suspender direitos políticos e cassar mandatos legislativos, excluída a apreciação judicial desses atos; e dá outras providências.

[34] BRASIL. Ato Institucional nº 2, de 27 de outubro de 1965. Modifica a Constituição do Brasil de 1946 quanto ao processo legislativo, às eleições, aos poderes do Presidente

presidente da República e determinou a dissolução de todos os partidos políticos então existentes, o aumento do número de ministros do STF para garantir ao governo a maioria e obscurecer a distinção entre justiça ordinária e justiça revolucionária[35]. Em seguida, foi editado o ato que determinou eleições indiretas para governador e vice-governador e fixando que esses governadores indicassem os prefeitos e vice-prefeitos dos municípios (cassação de mandatos nas assembleias estaduais)[36].

Em 1966 começou a discussão sobre a promulgação de uma nova Constituição que deveria incorporar todos os elementos permanentes dos atos institucionais e complementares, editados a partir de 1964[37].

Assim, em 24 de janeiro de 1967 foi promulgada a nova Constituição. E, no final desse mesmo ano, em 13 de dezembro foi editado o AI-5[38], que endureceu a ditadura para enfrentar a crescente mobilização popular.

A partir desse momento, foram presos diversos jornalistas e políticos que haviam manifestado sua oposição ao governo dentro ou fora do Congresso. Costa e Silva defendeu que o AI-5 não fora "a melhor das

da República, à organização dos três Poderes; suspende garantias de vitaliciedade, inamovibilidade, estabilidade e a de exercício em funções por tempo certo; exclui da apreciação judicial atos praticados de acordo com suas normas e Atos Complementares decorrentes; e dá outras providências

35 Disponível em: http://www.fgv.br/cpdoc/acervo/dicionarios/verbete-tematico/atos-institucionais, acesso em 02.jul.2019.

36 BRASIL. Ato Institucional nº 3, de 5 de fevereiro de 1966. Dispõe sobre eleições indiretas nacionais, estaduais e municipais; permite que Senadores e Deputados Federais ou Estaduais, com prévia licença, exerçam o cargo de Prefeito de capital de Estado; exclui da apreciação judicial atos praticados de acordo com suas normas e Atos Complementares decorrentes.

37 BRASIL. Ato Institucional nº 4, de 12 de dezembro de 1966. Convoca o Congresso Nacional para discussão, votação e promulgação do Projeto de Constituição apresentado pelo Presidente da República e dá outras providências

38 BRASIL. Ato Institucional nº 5, de 13 de dezembro de 1968. Suspende a garantia do habeas corpus para determinados crimes; dispõe sobre os poderes do Presidente da República de decretar: estado de sítio, nos casos previstos na Constituição Federal de 1967; intervenção federal, sem os limites constitucionais; suspensão de direitos políticos e restrição ao exercício de qualquer direito público ou privado; cassação de mandatos eletivos; recesso do Congresso Nacional, das Assembleias Legislativas e das Câmaras de Vereadores; exclui da apreciação judicial atos praticados de acordo com suas normas e Atos Complementares decorrentes; e dá outras providências.

soluções, mas sim a única" para combater a "ansiada restauração da aliança entre a corrupção e a subversão".[39]

Uma pesquisa elaborada pela Comissão de Anistia do Ministério da Justiça e entregue à Comissão Nacional da Verdade dos Jornalistas[40] sobre violações de direitos humanos contra jornalistas no período da ditadura militar no Brasil, baseada em 50 requerimentos encaminhados por jornalistas ou seus familiares à Comissão de Anistia (em fases distintas de tramitação processual) obteve o seguinte resultado:

> O monitoramento pelos órgãos de repressão foi o tipo de violação de direitos mais citado (32,5%), seguido por 30 episódios de prisão (23,3%) e 16 de tortura (12,4%). A clandestinidade e a cassação de direitos políticos atingiram cerca de 10% dos jornalistas. O exílio obteve 9,3% do total de perseguições identificadas nos processos. O banimento e a expulsão foram relatados apenas uma vez cada. A Comissão Nacional da Verdade dos Jornalistas Brasileiros também teve acesso e disponibiliza nesse relatório parcial, uma lista com 27 jornalistas mortos e desaparecidos durante a ditadura militar (1964-1985).

Em 1972 foi formalizada a existência do DCDP – Divisão de Censura de Diversões Públicas, órgão responsável pela censura contra o rádio, o cinema e a televisão, desde 1964 contra assuntos que atentassem contra a moral e os bons costumes da sociedade brasileira. Em 1972 a DCPP assumiu, também, a função de censura para fazer o controle político, ou seja, proibição de filmes, músicas e peças teatrais com viés político.

A DCPC era subordinada ao ministro da Justiça e ao Diretor-Geral do Departamento de Polícia Federal, e seu papel era fornecer "laudos técnicos" – pareceres – a fim de confirmar ou não o conteúdo proibitivo

[39] Disponível em; http://www.fgv.br/cpdoc/ acervo/dicionarios/verbete-tematico/atos-institucionais, acesso em 02.jul.2019.

[40] RELATÓRIO DA COMISSÃO NACIONAL DA VERDADE DOS JORNALISTAS – FENAJ. *Pela memória, pela verdade dos jornalistas brasileiros – 1964 a 1985* – Realização FENAJ e Sindicatos dos Jornalistas dos Estados do Alagoas, Dourados/MS, Goiás, Distrito Federal, Espírito Santo, Rio de Janeiro, São Paulo, Santa Catarina e Rio Grande do Sul. https://www.fenaj.org.br/wp-content/uploads/2018/12/FENAJ-Relat%C3%B3rio-Comiss%C3%A3o-Verdade-Jornalistas.pdf

de um determinado material, tudo nos termos do Decreto nº 73.332, de 19/12/1973. Tudo dentro da lei.

De acordo com documento do Arquivo Nacional, *"ao final da década de 1960 foram criadas as estruturas da polícia política, da propaganda política e da censura, no contexto do acirramento das atividades de oposição ao regime"*.[41] A previsão legal para censura estava calcada no Decreto-lei nº 1.077, de 26/01/1970.

> Enquanto o AI-5 esteve em vigor, entre 1968 e 1978, qualquer veículo de comunicação passava por inspeção da pauta por agentes autorizados. O Conselho Nacional de Telecomunicações (CONTEL) era o responsável pela censura dos meios de comunicação, e, orientado pelos órgãos de segurança – especialmente o SNI e os DOPS – vetava notícias ou manifestações artísticas dissidentes[42].

A Divisão de Censura de Diversões Públicas foi extinta com a promulgação da Constituição de 1988[43]. Interessante notar que em de 2006 começaram debates sobre a classificação indicativa e anos depois (2012)[44], o Ministério da Justiça publicou uma série de Portarias que definiam a política a ser adotada pelos veículos de comunicação a fim de que se protegesse a infância e a juventude de conteúdos inapropriados para certas idades.

Assim, o Ministério da Justiça, com fundamento no artigo 254 da Lei nº 8.069/90 (Estatuto da Criança e do Adolescente) tornou a

[41] Disponível em: http://dibrarq.arquivonacional.gov.br/index.php/divisao-de-censura-de-diversoes-publicas-dcdp;isaar?sf_culture=es&limit=10, acesso em 04.jul.2019.

[42] Disponível em: http://dibrarq.arquivonacional.gov.br/index.php/divisao-de-censura-de-diversoes-publicas-dcdp;isaar?sf_culture=es&limit=10, acesso e 04.jul.2019.

[43] Em artigo apresentado no XXXII Congresso Brasileiro de Ciências da Comunicação da Intercom- Sociedade Brasileira de Estudos Interdisciplinares da Comunicação em Curitiba, PR,de 4 a 7 de setembro de 2009, Sandra Reimão explica que "O DCDP foi substituído pelo Departamento de Justiça e Classificação e os censores, quando possível, foram aproveitados no serviço público como delegados ou peritos." Disponível em: http://www.intercom.org.br/papers/nacionais/2009/resumos/R4-1041-1.pdf, acesso em 05.jul.2019.

[44] Manual da Classificação Indicativa de 2012 (versão que foi revogada), disponível em: https://www.justica.gov.br/seus-direitos/classificacao/manual-da-nova-classificacao-indicativa.pdf, acesso em 04.jul.2019.

classificação indicativa obrigatória e seu não cumprimento sujeito à penalidades.

Em 31/08/2016 o Supremo Tribunal Federal pôs fim à arbitrariedade, afastando a sombra ditatorial encerrada na norma, considerando que:

> A classificação dos produtos audiovisuais busca esclarecer, informar, indicar aos pais a existência de conteúdo inadequado para as crianças e os adolescentes. O exercício da liberdade de programação pelas emissoras impede que a exibição de determinado espetáculo dependa de ação estatal prévia. A submissão ao Ministério da Justiça ocorre, exclusivamente, para que a União exerça sua competência administrativa prevista no inciso XVI do art. 21 da Constituição, qual seja, classificar, para efeito indicativo, as diversões públicas e os programas de rádio e televisão, o que não se confunde com autorização. Entretanto, essa atividade não pode ser confundida com um ato de licença, nem confere poder à União para determinar que a exibição da programação somente se dê nos horários determinados pelo Ministério da Justiça, de forma a caracterizar uma imposição, e não uma recomendação[45].

Com base nessa decisão, houve uma reformulação da Cartilha da Classificação Indicativa e publicação de novas regras (Portaria nº 1.189 de 03/08/ 2018) com vistas à atender à regra indicativa dos conteúdos audiovisuais e não mais fixando critérios punitivos pela sua não observância,

[45] SUPREMO TRIBUNAL FEDERAL. ADI 2404/DF – Distrito Federal. Ação Direta De Inconstitucionalidade. Relator(a): Min. DIAS TOFFOLI. Julgamento em 31/08/2016, pelo Tribunal Pleno. Publicado DJe 31/07/17. Requerente: Partido Trabalhista Brasileiro –PTB, Requerido: Presidente da República e Congresso Nacional. Amicus Curie: Associação Brasileira De Emissoras De Rádio E Televisão – ABERT; Agência De Notícias Dos Direitos Da Infância – ANDI; Instituto De Estudos Socioeconômicos – INESc; CONECTAS Direitos Humanos e Instituto ALANA. Decisão: O Tribunal, por maioria e nos termos do voto do Relator, julgou procedente o pedido formulado na ação direta para declarar a inconstitucionalidade da expressão "em horário diverso do autorizado", contida no art. 254 da Lei nº 8.069/90, vencido, em parte, o Ministro Marco Aurélio, que julgava procedente em maior extensão, e os Ministros Edson Fachin, Rosa Weber e Ricardo Lewandowski (Presidente), que davam interpretação conforme ao dispositivo impugnado. Não votou o Ministro Roberto Barroso por suceder ao Ministro Ayres Britto. Ausente, nesta assentada, o Ministro Gilmar Mendes. Plenário, 31.08.2016.

já que "*muito mais deletério à criança, ao adolescente, do que uma programação que os pais autorizem ela a assistir é o Estado não informar e não educar.*"[46]

3. O seu limite começa onde termina o do outro?

Privacidade é uma palavra que se origina do termo privação (do latim *privat*), é privar da informação[47], é limitar o acesso de informações a uma pessoa, à sua intimidade[48]. É aquilo que não é público, ou aquilo sobre o que incide um direito personalíssimo que é a intimidade, a vida privada, a honra e a imagem das pessoas, conforme inciso X do artigo 5º da Constituição Federal, sujeitando o violador desses direitos a indenizar o dano material ou moral decorrente.

Em algumas situações a violação da privacidade pode implicar em conduta sujeita à aplicação de penalidade (artigo 12 da Lei 12.965/2014[49], em previsão sobre a proteção aos registros, aos dados pessoais e às comunicações privadas na Internet) e até criminosa (conforme artigos 154 A e B, além dos artigos 266 e 298 do Código Penal, que cuidam da tipificação criminal de delitos informáticos[50]).

Assim definiu a Ministra Carmen Lúcia em seu voto da Ação Direta de Inconstitucionalidade nº 4815-DF[51]:

[46] BRASIL. Supremo Tribunal Federal. Ação Direta de Inconstitucionalidade 2404, nas Incidências orais ao voto do Ministro relator, Dias Toffoli, p. 49.

[47] FERREIRA, opus cit., p. 1.632.

[48] Sigilo profissional e código de Ética dos Psicólogos http://www.crpsp. org.br/portal/ comunicacao/ jornal_crp/163/ frames/fr_questoes_ eticas.aspx, acesso em 30.jun.2019.

[49] BRASIL. "Lei 12.965/14: Art. 12. Sem prejuízo das demais sanções cíveis, criminais ou administrativas, as infrações às normas previstas nos arts. 10 e 11 ficam sujeitas, conforme o caso, às seguintes sanções, aplicadas de forma isolada ou cumulativa: I – advertência, com indicação de prazo para adoção de medidas corretivas;
II – multa de até 10% (dez por cento) do faturamento do grupo econômico no Brasil no seu último exercício, excluídos os tributos, considerados a condição econômica do infrator e o princípio da proporcionalidade entre a gravidade da falta e a intensidade da sanção."

[50] Esses artigos do Código Penal foram acrescidos ou alterados pela Lei 12.737/12.

[51] SUPREMO TRIBUNAL FEDERAL. ADI 4815 / DF – Distrito Federal. Ação Direta De Inconstitucionalidade. Ministra Relatora Cármen Lúcia. Julgamento em 10/06/2015, pelo Tribunal Pleno, Publicado no DJe em 01/02/2016. Requerente Associação Nacional Dos Editores De Livros – ANEL. Intimado: Presidente da República e Congresso Nacional. Amicus Curie: Instituto Histórico E Geográfico Brasileiro – IHGB; ARTIGO 19 Brasil; Academia Brasileira De Letras; Associação Eduardo Banks; Conselho Federal da Ordem Dos

Sejam como forem consideradas e conceituadas intimidade e privacidade, duas observações se impõem para os fins de interpretação das normas civis questionadas e sua compatibilidade com esses direitos constitucionalmente assegurados. A primeira refere-se à circunstância constitucional de se distinguirem intimidade e privacidade para os fins de definição do seu conteúdo na forma protegida no sistema jurídico fundamental brasileiro e de sua eficácia social. A segunda respeita à esfera de sua definição, que não é a mesma para todos, pois o maior ou menor resguardo de espaço indevassável da vida pessoal aos olhos dos outros altera-se de acordo com a escolha feita pelo sujeito de direito a submeter-se a atividade que a) componha, ou não, os quadros de agentes das instituições estatais, sujeitas estas à transparência plena para ciência e controle dos cidadãos. Vem dos Antigos que aquele que não se quer expor ao público há de se manter nos umbrais da porta de casa, em cujo espaço, naquele período histórico, era sinônimo de segredo; b) promova as suas atividades em público e para o público, do qual extraia a sua condição profissional e pessoal, difíceis como são os lindes de uma e outra quando o nome, a profissão ou a função extraem do público o seu desempenho e do qual dependa o seu êxito. Quem busca a luz não há de exigir espaço intocado de sombra; ou c) extraia ou retire dos cidadãos, pelo exercício de sua função ou atividade, os ganhos materiais, profissionais ou de reconhecimento, com os quais se dá a viver, pelo que há de ser por eles conhecido.". (...) "Ninguém se engane: o buraco da fechadura atrai. Às vezes trata-se apenas de curiosidade malsã, outras, de vontade de saber o que há no quarto trancado. Segredo é comichão no olhar. As portas hoje não têm tranca, mas se selam mais as casas que antes. E há as câmeras que, a propósito de segurança, gravam, mostram e espalham-se em redes que repercutem no mundo em questão de segundos o que se quer e o que não se deseja mostrar. O tempo é outro. Não adianta chorar. 'Sorria, você está sendo filmado'.

Advogados Do Brasil – CFOAB; Instituto Dos Advogados De São Paulo – IASP; INSTITUTO AMIGO. O Tribunal, por unanimidade e nos termos do voto da Relatora, julgou procedente o pedido formulado na ação direta para dar interpretação conforme à Constituição aos artigos 20 e 21 do Código Civil, sem redução de texto, para, em consonância com os direitos fundamentais à liberdade de pensamento e de sua expressão, de criação artística, produção científica, declarar inexigível o consentimento de pessoa biografada relativamente a obras biográficas literárias ou audiovisuais, sendo por igual desnecessária autorização de pessoas retratadas como coadjuvantes (ou de seus familiares, em caso de pessoas falecidas).

Em vários momentos, o Supremo Tribunal Federal se posicionou[52] no sentido de que as questões relativas à privacidade devem ser sempre interpretadas em benefício da liberdade de expressão. Nesse caso, além do rigor da técnica jornalística de apuração dos fatos para divulgação de notícia ou fato, é preciso que se considere, no caso de possível violação do direito à intimidade, o direito de ação e a garantia da ampla defesa e do contraditório, além de contar também com a checagem e ponderação por parte do leitor/telespectador.

4. Sigilos

Sigilo é uma palavra latina, originária do termo *sigillu*, que significa selo. Os italianos chamam de *sigilo* o lacre em cera usado para fechar cartas, ou seja, é a informação que deve ser protegida, tal qual define a Constituição Federal, o sigilo da correspondência e das comunicações telefônicas (art. 5, XII, CF) e o sigilo de fonte quando necessário ao exercício profissional (art. 5º, XIV, CF).

O sigilo da correspondência e da comunicação telefônica, cujo limite se dá, de acordo com esse mesmo inciso do artigo 5º da Constituição Federal, para fins de investigação criminal. Para a Lei nº 9.296, de 24.07.96, que regulamentou o artigo, a interceptação da comunicação para prova em investigação criminal e em instrução processual penal, dependerá de ordem do juiz competente da ação principal, sob segredo de justiça.

O assunto é polêmico e as circunstância da quebra desse sigilo, ponderadas pelo juízo, embora devam acontecer em conformidade com a lei, podem ser interpretadas e por isso o assunto revela um leque de possibilidades.[53]

[52] Acórdãos relativos à matéria de liberdade de expressão: Ação por descumprimento de preceito fundamental (ADPF) nº130 que entendeu que a Lei de Impressa (Lei 5250/67) não se coadunava com a ordem constitucional vigente, Ação Direta de Inconstitucionalidade 4451, que tratou da questão do humor nas eleições, a citada Ação Direta de Inconstitucionalidade nº2404, sobre a Classificação Indicativa e a Ação Direita de Inconstitucionalidade nº4815, a qual está citada acima.

[53] Como na Ação Penal 1003 (Constitucional. Processual Penal. Ação 1003/DF – DISTRITO FEDERAL. Relator Min. Edson Fachin. Relator p/ Acórdão: Min. Dias Toffoli. Revisor Min. Min. Celso de Mello. Julgado em 19/06/2018, pela Segunda Turma. Publicado no DJe em 06/12/2018, cujo autor é o Ministério Público Federal em face de Gleisi H. Hoffmann, Paulo Bernardo e Ernesto Kugler Rodrigues. Asst. Petróleo Brasileiro S.A. – PETROBRÁS),

Sobre esse tema, a Reclamação 9.428-DF de 2010[54] parece relevante não apenas pela comoção que o caso teve, na época, mas por discutir em um único caso a liberdade de expressão, a violação do sigilo de comunicação, o direito ao segredo de processo administrativo e o sigilo de fonte de informação jornalística.

O caso deu-se depois o jornal O Estado de São Paulo foi proibido, por meio de uma liminar em Agravo de Instrumento do Tribunal de Justiça do Distrito Federal a publicar matéria jornalística que que mostrava que gravações que ligavam o então presidente do Senado, com a contratação de parentes e afilhados políticos investigados em uma ação da Polícia Federal (em 2009)[55]. A liminar foi obtida com o fundamento de que o processo administrativo corre em segredo de justiça (art. 5º, X e XXXIII, CF)[56]

em que a quebra de sigilo telefônico foi considerada legal, embora a ação tenha sido julgada improcedente, por maioria. Em sentido contrário a essa decisão, vale a pena citar o Recurso Extraordinário com Agravo nº 1.042.075/RG, com Repercussão Geral, cuja decisão entendeu que houve violação de sigilo, conforme quando a autoridade policial realizou perícia em aparelho celular encontrado fortuitamente no local do crime. Acesso à agenda telefônica e ao registro de chamadas sem autorização judicial. Foi reconhecida aqui a ilicitude da prova (CF, art. 5º, INCISO LVII) por violação do sigilo das comunicações (CF, art. 5º, incisos XII). questão eminentemente constitucional. Rel. Min. Dias Toffoli, j. 23/11/2017, Plenário. DJe 12/12/2017.

[54] SUPREMO TRIBUNAL FEDERAL. RECLAMAÇÃO Rcl 9428 / DF – DISTRITO FEDERAL Ministro Relator César Peluso. Julgado em 10/12/2009, pelo Tribunal Pleno. Publicado no DJe em 25/06/2010. Requerente: O ESTADO DE S. Requerido: Fernando José Macieira Sarney. O Tribunal, por maioria, não conheceu do pedido, julgando extinto o processo sem julgamento de mérito, contra os votos dos Senhores Ministros Carlos Britto, Carmén Lúcia e Celso de Mello. Votou o Presidente, Ministro Gilmar Mendes. Não votou o Senhor Ministro Marco Aurélio por ter-se ausentado ocasionalmente. Ausente, licenciado, o Senhor Ministro Joaquim Barbosa.

[55] Disponível em: https://exame.abril.com.br/brasil/stf-mantem-censura-ao-estadao-em-operacao-contra-familia-sarney/ e https://politica.estadao.com.br/noticias/geral, lewandowski-derruba-censura-ao-estado-no-caso-boi-barrica,70002596111 e https://www.migalhas.com.br/Quentes/17,MI305572,41046-Acao+de+Fernando+Sarney+que+levou+a+censura+do+Estadao+e+julgada, todos acessados em 05.jul.2019.

[56] Além desses dois incisos do artigo 5º, existe previsão constitucional no artigo 37, parágrafo 3º, II, conforme se lê: "A lei disciplinará as formas de participação do usuário na administração pública direta e indireta, regulando especialmente: (...) II – o acesso dos usuários a registros administrativos e a informações sobre atos de governo, observado o disposto no art. 5º, X e XXXIII." No Código de Processo Penal (Decreto-lei 3689/41): "Art. 20. A autoridade assegurará no inquérito o sigilo necessário à elucidação do fato ou exigido

A defesa do jornal entendeu que a decisão do Tribunal contrariava acórdão do Supremo Tribunal Federal – STF que julgou, de forma paradigmática, a liberdade de expressão e suas decorrências na Ação por Descumprimento Fundamental (ADPF) n°130.

Com esse fundamento o jornal interpôs o processo de Reclamação ao STF, que, embora tenha extinto o processo sem julgamento de mérito, por não ver identidade da questão discutida pelo jornal e do aresto suscitado[57], travou importante debate acerca da liberdade de expressão, censura judiciária, crítica jornalística, conforme se extrai do voto do Ministro Celso Mello:

> A crítica jornalística, quando inspirada pelo interesse público, não importando a acrimônia e a contundência da opinião manifestada, ainda mais quando dirigida a figuras públicas com alto grau de responsabilidade na condução dos interesses de certos grupos da coletividade, não traduz nem se reduz, em sua expressão concreta, à dimensão do abuso da liberdade de imprensa, não se revelando suscetível, por isso mesmo, em situações de caráter ordinário, de sofrer qualquer repressão estatal ou de se expor a qualquer reação hostil do ordenamento positivo.

Esse caso foi julgado definitivamente em favor do jornal[58], mas depois de mais de nove anos dos acontecimentos narrados. Embora a decisão resulte em perspectiva favorável à liberdade de expressão, o tempo de 'espera' pode ser determinante para dar efeito à notícia e, em último caso, para servir ao eleitor como farol norteador sobre seu candidato.

Situação semelhante aconteceu em julgamento de 2002, com outra empresa de comunicação que havia publicado matéria que imputava ao ex-governador do Rio de Janeiro conduta criminosa, cujas provas se

pelo interesse da sociedade." E artigos 8º e 10º da Lei 9.296/96, que tratam do sigilo das investigações judiciais.

[57] "Não há identidade entre a questão jurídica decidida nos autos da Reclamação e a decidida nessa arguição de descumprimento de preceito fundamental, de modo que, não obstante compreensíveis e justo o propósito de ver logo julgada sua relevantíssima pretensão jornalística, o reclamante recorreu à via imprópria para lográ-lo", Min. Relato César Peluso, da Reclamação 9428/DF, página 20 da decisão.

[58] Agravo Regimental no Recurso Extraordinário nº840.718.

tratavam de gravações, fitas ou transcrições obtidas por meio de interceptação telefônica não autorizada, o que configuraria crime (art. 5º, XII e artigo 151, §1º, I[59] do Código Penal).

Assim, o autor da ação obteve limitar em juízo de primeira instância, ratificada em sede de liminar em Agravo de Instrumento no Tribunal de Justiça, que entendeu que "Controle da legalidade da conduta dos órgãos de imprensa que não se confunde com censura, que é ato do Poder Público de Polícia, através de censores, e não do judiciário"[60].

O caso chegou ao Supremo Tribunal Federal como medida cautelar nº 2.702. Superadas as questões processuais, a pesar do Ministro Relator, Sepúlveda Pertence, não ter decidido a questão, ele, por outro lado, deferiu o pedido para que o Recurso Extraordinário interposto fosse processado.

Em 2015 o Ministro Dias Toffoli pôs fim ao embate quando defendeu que, nesse caso, o cerne da questão posta nos autos não estava centrada "na proibição de divulgação das informações e na liberdade de imprensa, bem como na inviolabilidade à intimidade, mas sim na ilicitude perpetrada quando da obtenção do produto objeto da notícia".

E entendeu ainda que "a liberdade de imprensa, ainda que apoiada na relevância pública e na veracidade das informações relativas a agente público detentor de mandato eletivo, não pode justificar a quebra do sigilo das comunicações telefônicas sem prévia autorização."[61]

[59] BRASIL. Decreto-lei 2848/40: "Art. 151 – Devassar indevidamente o conteúdo de correspondência fechada, dirigida a outrem: Pena – detenção, de um a seis meses, ou multa. § 1º – Na mesma pena incorre: I – quem se apossa indevidamente de correspondência alheia, embora não fechada e, no todo ou em parte, a sonega ou destrói"

[60] SUPREMO TRIBUNAL FEDERAL. MEDIDA CAUTELAR NA PETIÇÃO Pet 2702 MC / RJ – RIO DE JANEIRO. Ministro Relato Sepúlveda Pertence. Julgado pelo Tribunal Pleno em 12/09/2002. Publicado no DJe em 19/09/2003. Requerente: INFOGLOBO Comunicações Ltda. Requerido: Anthony William Garotinho Matheus De Oliveira em pg. 808.

[61] SUPREMO TRIBUNAL FEDERAL. RECURSO EXTRAORDINÁRIO 638360/ RJ – RIO DE JANEIRO. Ministro Relator Dias Toffoli. Julgado em 10/12/2015. Publicado no DJe em 01/02/2016. Requerente: INFOGLOBO Comunicações Ltda; Globo Comunicação e Participações S/A, O Estado de São Paulo e Infoglobo Comunicações Requerido: Anthony William Garotinho Matheus De Oliveira. Negou seguimento ao recurso extraordinário. Decisão repetida no Agravo em Rec. Extr. Nº ARE 854343 / RJ – RIO DE JANEIRO

Interessante notar que em nenhum desses casos foi suscitado o papel da fonte de informação do jornalista, como aconteceu na decisão de Agravo da Reclamação 21.504[62].

Uma matéria jornalística de determinada cidade do interior de São Paulo teria divulgado, em televisão, que o Reclamante da ação exercia a atividade de policial militar e segurança privado de determinado condomínio, onde intimidava os moradores a pedido da síndica. Devido aos eventos noticiados, a Polícia Militar paulista instaurou procedimento disciplinar contra o Reclamante e impôs punição, o que também foi divulgado pela empresa recorrida.

Mas houve pedido para que retirasse a matéria do site da empresa, o que foi deferido em juízo de primeira instância e, posteriormente modificado na Reclamação, considerando que, de fato, a decisão inicial contrariava o conteúdo do aresto proferido na ADPF 130. E fixou ainda o entendimento de que:

> A prerrogativa do jornalista de preservar o sigilo da fonte (e de não sofrer qualquer sanção, direta ou indireta, em razão da prática legítima dessa franquia outorgada pela própria Constituição da República), oponível, por isso mesmo, a qualquer pessoa, inclusive aos agentes, autoridades e órgãos do Estado, qualifica-se como verdadeira garantia institucional destinada a assegurar o exercício do direito fundamental de livremente buscar e transmitir informações.

Nesse caso, o STF ratificou o entendimento de que a liberdade de imprensa assegura aos profissionais da comunicação transmitir ideias e informações, reservada a possibilidade de intervenção judicial, em caso de abuso do direito e feito *a posteriori*.

62 SUPREMO TRIBUNAL FEDERAL. RECLAMAÇÃO Rcl 21504 AgR / SP – SÃO PAULO. Ministro Relator Celso Mello. Julgado em 17/11/2015, pela Segunda Turma. Publicado no DJe em 11/15/2015. Requerente: Anselmo Ferreira Caba. Requerido: Empresa Paulista De Televisão S/A. Decisão: A Turma, por votação unânime, negou provimento ao recurso de agravo, nos termos do voto do Relator. Presidência do Senhor Ministro Dias Toffoli. 2ª Turma, 17.11.2015.

Conclusões

Tratar sobre temas relativos à liberdade de expressão, quando feito de maneira positiva, ou seja, em relação ao direito que se tem e cuja concretização depende de uma atitude positiva, é sempre desafiador, devido à margem tênue do limite entre o revelar e o proteger que impõe a Constituição Federal.

Tratar sobre esse mesmo tema sob o viés negativo, ou a conduta omissiva, o deixar de fazer, revela-se um exercício de delicadeza extrema, já que envolve, não apenas com as normas tão fluidas sobre o que o Estado pode manter como secreto quanto, envolve ainda questões de ordem emotivas como é, para uma jovem democracia como a brasileira, os grilhões da censura vivida até pouco tempo.

Dessa maneira, o que se buscou mostrar no presente trabalho foi a diferenciação entre as situações que envolvem o segredo, a censura e o sigilo e como as confusões semânticas podem se relevar em confusões jurídicas.

Procurou-se tratar como segredo as informações sobre as quais o Estado tem prerrogativa de legal de não divulgar e defendeu-se que contrariamente à censura, o sigilo resguarda coisas como a intimidade, a vida privada e a fonte de informação. A censura simplesmente não cabe mais, em nenhuma circunstância, sobretudo pela mácula que seu silêncio legou.

Considerando isso, seria de bom alvitre esclarecer que, casos importantes sobre esses assuntos deixaram de ser apontados aqui, como o caso da Voz do Brasil (tema sobre o qual o Supremo Tribunal Federal decidiu não decidir[63]), bem como outros assuntos relevantes que têm sido suscitados em tempos de mídia digital. Mas não seria possível engrossar mais um texto que nasceu como uma provocação para se pensar sobre as liberdades, movimentos sociais e o papel da justiça nesses trinta anos de Constituição Federal de 1988.

O pleito para que a liberdade de expressão seja a força motriz de uma democracia plena, feita com a proteção judicial efetiva, é certamente o método mais eficiente de assegurar os direitos fundamentais, direitos

[63] Sobre o tema, sugerimos a leitura do texto *Liberdade de expressão e o fim do programa a Voz do Brasil*, de CENEVIVA, Walter Vieira; FERREIRA, Izabel Cristina Pinheiro Cardoso Pantaleão, publicado na Revista Direito na Economia Digital – RFDED, Belo Horizonte, ano 2, n. 02, p. 251-277, jan./jun. 2018.

transnacionais, que ganham uma nova perspectiva com a velocidade e com penetração da comunicação digital e, mais ainda, com o protagonismo do cidadão, que vem testando o exercício dessa 'nova' cidadania.

Referências

ABREU, Alzira. WELTMAN, Fernanda Lattman. KORNIS. Mônica. *Mídia e política no Brasil: jornalismo e ficçao.* Sao Paulo: FGV, 2003.

BRIGGS, Asa, BURKE, Peter, *Uma história Social da Mídia,* Rio de Janeiro: Zahar, 2006

CENEVIVA, Walter. *Segredos profissionais.* São Paulo: Malheiros, 1996.

CENEVIVA, Walter Vieira; FERREIRA, Izabel Cristina Pinheiro Cardoso Pantaleão. Liberdade de expressão e o fim do programa A Voz do Brasil. Revista Fórum de Direito na Economia Digital – RFDED, Belo Horizonte, ano 2, n. 02, p. 251-277, jan./jun. 2018.

COMPARATO, Fabio Konder. *A democratização dos meios de comunicação de massa,* Revista da USP, São Paulo, n. 48, dez./fev. 2000/2001.

DAHL, Robert A. *Sobre a democracia.* Brasília: Universidade de Brasília, 2009.

DEFLEUR, Melvin L., BALL-ROKEACH, Sandra, *Teorias da Comunicação de massa,* Rio de Janeiro: Jorge Zahar Editor, 1993.

FLORENCE, Jean. A Propósito do Segredo. Psicologia: Teoria e Pesquisa. Mai-Ago 1999, Vol. 15 n. 2, pp. 163-166. Disponível em: http://www.scielo.br/pdf/ptp/v15n2/a09v15n2.pdf, acesso em 28.jun.2019.

GARCIA, Miliandre. *A censura de costumes no Brasil: da institucionalização da censura teatral no século XIX à extinção da censura da constituição de 1988.* p.23. Disponível em: http://www.bn.gov.br/sites/default/files/documentos/producao/pesquisa/censura-costumes-brasil-institucionalizacao-censura-teatral//miliandregarcia.pdf, acesso em 02.jul.2019.

GARVEY, Todd, LIU, Edward C. The State Secrets Privilege: Preventing the Disclosure of Sensitive National Security Information During Civil Litigation, CRS- Report for Congress, 2011, p. 2 a 3. Disponível em: https://fas.org/sgp/crs/secrecy/R41741.pdf, acesso em 01.jul.2019.

PINTO, Felipe Chiarello de Souza. *A ética médica em face da liberdade de expressão, comunicação e sigilo profissional.* 2006. 279 f. Tese (Doutorado) – Curso de Pós-Graduação Stricto Senso em Direito Constitucional, Pontifícia Universidade Católica de São Paulo, São Paulo, 2006. Cap. 01240000. Disponível em: <http://livros01. livros-gratis.com.br/cp009264.pdf>. Acesso em: 21 ago. 2018.

PINTO, Felipe Chiarello de Souza. *Os símbolos nacionais e a liberdade de expressão.* São Paulo: Max Limonad, 2001.

REIMÃO, Sandra. *O Departamento de Censura e Diversões Públicas e a censura a livros de autores brasileiros 1970 –1988.* XXXII Congresso Brasileiro de Ciências da Comunicação da Intercom- Sociedade Brasileira de Estudos Interdisciplinares da Comunicação em Curitiba, PR, 4 a 7 de setembro de 2009. Disponível em: http://www.intercom.org.br/ papers/nacionais/2009/ resumos/R4-1041-1.pdf, acesso em 02.jul.2019.

RIBEIRO. Ana Paula. SACRAMENTO. Igor. ROXO. Marcos. *História da televisão no Barsil.* São Paulo: Contexto, 2010.

SGRIGNOLLI, Ruth Carolina Rodrigues. *Liberdade de expressão e o regime jurídico da televisão e do rádio.* Curitiba: CRV. 2017.

VAZ, Ana Lucia. *A ideologia da liberdade de imprensa: narrativas sobre a transição democrática.* Intercom – Sociedade Brasileira de Estudos Interdisciplinares da Comunicação. XXXVIII Congresso Brasileiro de Ciências da Comunicação – Rio de Janeiro, RJ – 4 a 7/9/2015. Disponível em: http://portalintercom.org.br/anais/nacional2015/resumos/R10-3937-2.pdf, acesso em 02.jul.2019.

Sites pesquisados

http://memoriasdaditadura.org.br/origens-do-golpe/, acesso em 01.jul.2019.

http://www4.pucsp.br/comissaodaverdade/mortos-e-desaparecidos-contextualizacao.html, acesso em 01.jul.2019.

http://www4.pucsp.br/comissaodaverdade/downloads/mortos-e-desaparecidos/sentenca-corte-internacional.pdf, acesso em 01.jul.2019.

http://www.arquivonacional.gov.br/br/?option=com_content&view=article&id=161, acesso em 01.jul.2019.

http://www.acessoainformacao.gov.br/assuntos/pedidos/excecoes, acesso em 30.jun.2019.

https://www.esquerda.net/dossier/%E2%80%9Cai-5-foi-luz-verde-para-tortura%E2%80%9D/31934, acesso em 02.jul.2019.

http://comissaodaverdade.al.sp.gov.br/relatorio/, acesso em 02.jul.2019.

https://www.justica.gov.br/news/comissao-de-anistia-entrega-relatorio-a-federacao-nacional-dos-jornalistas, acesso em 04.jul.2019.

http://dibrarq.arquivonacional.gov.br/index.php/divisao-de-censura-de-diversoes-publicas-dcdp;isaar?sf_culture=es&limit=10 acesso em 04.jul.2019.

http://velhasreportagens.blogspot.com/2016/05/04031986-policia-exuma-o-corpo-de.html, acesso em 28.jun.2019.

http://almanaque.folha.uol.com.br/memoria_5.htm, acesso em 02.jul.2019

https://artigo19.org/wp-content/blogs.dir/24/files/2019/05/A19_Sigilo_web2019.pdf acesso em 04.jul.2019.

https://artigo19.org/wp-content/blogs.dir/24/files/2019/05/A19_Sigilo_web2019.pdf acesso em 04.jul.2019.

http://memoriasdaditadura.org.br/imprensa-alternativa/ acesso em 04.jul.2019.

https://www.anj.org.br/site/pdf/relat_atividade.pdf acesso em 04.jul.2019.

10. Dados Abertos, *Machine Learning* e Poder Judiciário

Aires José Rover

Introdução

O Poder Judiciário, assim como outras instituições, vem buscando adaptar-se às profundas mudanças sofridas pela sociedade. Esse processo nos leva a caminho do chamado e-Judiciário, numa clara alusão ao uso intensivo das novas tecnologias. Esse novo modelo de Poder Judiciário possui várias frentes de transformação, muitos são os temas que exigem reflexão. Entre eles a própria ideia de uma nova gestão do judiciário e a implantação do Processo Eletrônico, cuja linha de frente de discussão e inovação é o uso da inteligência artificial nessa nova governança. O crescente aumento de experiências e implementação de sistemas de *machine learning* agrega também o tema dos dados abertos, em especial as bases de dados massivas, o chamado Big. Enfim, o Judiciário eletrônico é algo que se está construindo e necessita constante reflexão sobre seus avanços e mudanças, de tal forma que um bom conteúdo de pesquisas e publicações sobre isso já se produziu no Brasil.

Por outro lado, não há um trabalho sistemático de mapeamento desta situação em particular em revistas científicas. Assim, o objetivo deste trabalho é mapear quantitativamente as publicações nessas revistas que cruzem três temas, judiciário, dados abertos e *machine learning*. Para tanto optou-se por uma técnica bibliométrica, utilizando-se as palavras-chave: judiciário, dados abertos e *machine learning*.

O método de abordagem utilizado foi o indutivo com procedimento de estudo de caso a partir da técnica bibliométrica.

1. A Gestão do Judiciário

No Poder Judiciário a gestão passou a ser uma meta importante. Sardeto (2013) faz um breve histórico disso, como segue. O Poder Judiciário de modo geral experimentou no final dos anos 90 uma verdadeira crise institucional por conta do grande volume de processos, do número insuficiente de magistrados e do aumento excessivo de demandas, que culminou com a Reforma do Poder Judiciário, levada a efeito pela Emenda Constitucional n. 45/2004, no intuito de modernizar o Judiciário a fim de torná-lo mais eficiente, mais transparente, mais próximo do cidadão. Inicia-se, assim, o caminho da chamada gestão judiciária. No Relatório de Atividades 2011 do Supremo Tribunal Federal, o então presidente da Corte, Ministro Cezar Peluso, ao tratar do tema gestão judiciária esclareceu que todas as inovações processuais e administrativas surgidas no contexto da Reforma do Judiciário, quais sejam, a implantação do processo eletrônico, da repercussão geral e da súmula vinculante, associadas à absorção de tecnologia e de modernas concepções gerenciais, convergiram para a obtenção, já em boa medida, de certo grau de padronização, de simplificação de procedimentos, de identificação de demandas múltiplas e de interação com os demais tribunais do País, o que permitiu adicionar mais valor às atividades-fim do Poder Judiciário. Em 2012 o Relatório de Atividades divulgado foi o do Conselho Nacional de Justiça, aprovado em janeiro de 2013, o que vem reforçar a preocupação do Poder Judiciário com a gestão judiciária, uma vez que o CNJ é órgão de controle da atuação administrativa e financeira do Poder Judiciário, bem como do cumprimento dos deveres funcionais dos juízes, de acordo com art. 103-B, § 4º da CF. Além dessa função de controle e fiscalização da Justiça, o Relatório destaca também a função do CNJ de balizar políticas públicas nacionais voltadas ao aperfeiçoamento do sistema de Justiça e à melhoria da prestação jurisdicional. Dentre outros instrumentos, o CNJ tem se utilizado do estabelecimento de metas para a concretização do seu programa de gestão judiciária.

FIGURA 1 – **Justiça Brasileira**

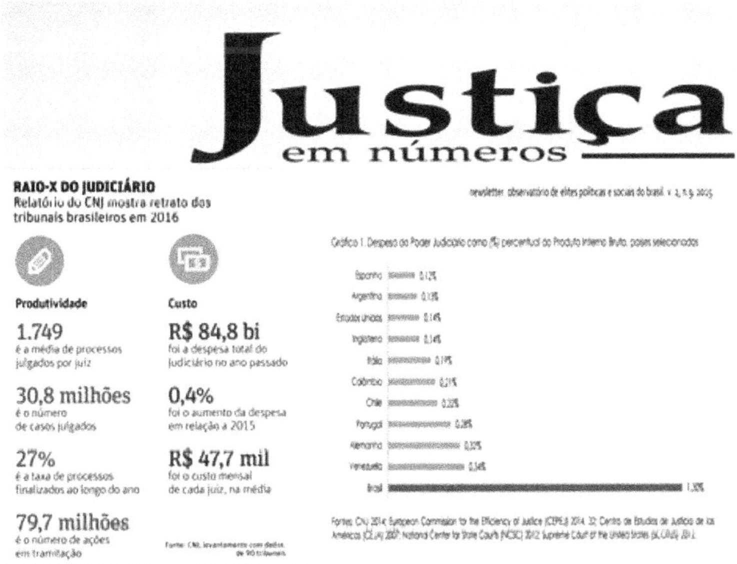

Ruschel (2014) apresenta rapidamente a evolução do processo de implantação do Processo Eletrônico no judiciário brasileiro, cujo início ocorreu na década passada. Pode-se citar como exemplo, a Justiça Federal da 4ª Região, que congrega os Estados do Rio Grande do Sul, do Paraná e de Santa Catarina, que desenvolveu seu próprio Sistema de Processo Eletrônico. O sistema permitiu o processamento das ações judiciais por meio de autos totalmente virtuais, dispensando por completo o uso do papel, proporcionando maior agilidade, segurança e economia na prestação jurisdicional. O sistema de Processo Eletrônico dos Juizados Especiais da 4ª Região foi desenvolvido por servidores públicos da área da informática da Justiça Federal, em "softwares livres", o qual não teve custos de licenças de software para o tribunal. A partir de fevereiro de 2010, os demais processos cíveis e os criminais da Justiça Federal de primeiro e segundo do Tribunal Regional Federal da 4ª. Região, também passaram a ser ajuizados exclusivamente pelo meio eletrônico. As ações propostas até a data da implantação do Processo Eletrônico continuarão tramitando em autos físicos, podendo ser digitalizados e tramitar em meio eletrônico, a critério do TRF da 4ª. Região, conforme o Art. 52 da Resolução TRF/4ª

n. 17, de 26 de março de 2010. O CNJ, dentre suas ações de modernização do judiciário, tem incentivado o desenvolvimento de sistemas de processo eletrônico e "exigido" a sua utilização pelos Tribunais. No conjunto de Metas Nacionais de Nivelamento do Poder Judiciário planejados em 2009 a de n. 10 trata de implantar o processo eletrônico em parcela de suas unidades judiciárias. A utilização do Processo Eletrônico está presente em todos os Tribunais brasileiros, mas em diferentes escalas, avançando para num futuro próximo eliminar por completo os autos físicos. O Sistema CNJ-Projudi foi um software de tramitação de processos judiciais mantido pelo Conselho Nacional de Justiça e teve franca expansão em todos os estados do Brasil até recente mudança de rumo. Atualmente, o Processo Judicial Eletrônico (Pje) foi um sistema desenvolvido pela Subsecretaria de Informática do TRF-5 e foi adotado pelo CNJ para se tornar a única ferramenta em todo judiciário; pelo menos esta é a pretensão, de difícil realização em face da diversidade atual de sistemas em uso e a complexidade específica de cada judiciário.

Segundo MULLER (2014) as alterações resultantes da adoção do processo judicial digital no funcionamento da Justiça são significativas e viabilizam muitas mudanças nas rotinas de trabalho para a adoção do processo judicial digital: a) Rompimento com a estruturação do processo tradicional; b) Os atos processuais são praticados diretamente no sistema pelos operadores do direito, mediante a assinatura digital, baseada em certificado digital emitido por Autoridade Certificadora credenciada; c) Interação entre todos os operadores do direito por meio do sistema; d) A juntada de documentos e expedição de certidões é automatizada, eliminando a burocracia; e) Possibilidade de Consulta e Controle, em tempo real e de maneira remota, do andamento dos processos pelas partes e operadores do direito; f) Celeridade na distribuição, tramitação e julgamento de todo tipo de processo ou recurso, pois os atos processuais são realizados de forma totalmente eletrônica; g) Acesso instantâneo aos dados e autos processuais; h) Publicação de atos no Diário da Justiça Eletrônico.

2. Inteligência artificial, *machine learning* e dados abertos

A Inteligência Artificial é uma disciplina que adquiriu maioridade faz pouco tempo. Muitas são as definições e o atributo da inteligência humana é o seu paradigma. Conforme MINSKY, podemos assim definir: Ciência de construção de máquinas que fazem coisas que requerem inteligência, caso fossem feitas por homens. De outro, é o estudo que busca simular processos inteligentes ou processos de aprendizagem em máquinas ou que tenta fazer com que os computadores realizem tarefas em que, no momento, as pessoas são melhores. Isso inclui tarefas como se comportar como especialista, entender e falar linguagem natural, reconhecer padrões como a escrita. Dessa forma, são muitas as áreas de atuação, ou melhor, os problemas postos a esta tecnologia: processamento de linguagem natural, reconhecimento de padrões (assinaturas, vozes, impressão digital), robótica, execução de tarefas, resolução de problemas gerais ou especializados, bases de dados inteligentes, bancos de conhecimento, jogos, etc. A ação de conhecer exige três movimentos: uma representação simbólica do objeto conhecido, uma inferência sobre ele e a capacidade de aprendizagem. Em termos de pesquisa, podemos confirmar esta divisão à medida que os estudos na área de inteligência artificial estão concentrados em três grandes blocos: representação do conhecimento, raciocínio e a aprendizagem (ROVER, 2001).

Sistemas de inteligência artificial fazem uso da heurística, isto é, técnica para melhorar a eficiência dos processos de busca, sacrificando o ideal de perfeição. Note que esta é a forma utilizada pelo ser humano ao agir no mundo. Esta seria a metodologia geral utilizada, a partir da qual os métodos dedutivo, indutivo e abdutivo seriam implementados. Este é um processo de entendimento do mundo em que é utilizado um conjunto definido de regras sobre um conhecimento específico. Dessa forma, raciocinar é fazer transformações (julgamentos, reconhecimentos) de informações, é definir uma procura num espaço de estados, inferindo conclusões (ROVER, 2001).

A aprendizagem, de uma forma geral, é a capacidade que um agente ou sistema tem de melhorar o seu desempenho (D) em uma classe de tarefas (T) como resultado da experiência (P). Existem diversas técnicas que implementam a aprendizagem nos sistemas. O que elas fazem é melhorar o desempenho, aumentar a robustez e eficiência dos sistemas, aprendendo novas regras e gerando novas soluções. É o caso da técnica de Raciocínio Baseado em Casos, na qual se fala em algo além da aprendizagem, em criatividade (ROVER, 2001, p 63).

Enfim, a representação do conhecimento. O conhecimento precisa ser representado dentro da máquina, para que possa ser trabalhado e apresentar as conclusões desejadas. Neste processo são feitas determinadas escolhas de modelação, sejam elas ontológicas (fonte, alcance, orientação, nível, resolução), de comportamento (precisão, incerteza) e principalmente, de representação (equações, associações, procedimentos). Há vários métodos ou técnicas de representação: 1. Sistemas de produção. Conjunto de regras "Se – Então". 2. Redes semânticas. Relações entre "nós" ("é-parte-de", "é-um", "é-uma") e propriedades (partes e subpartes). 3. Quadros (frames), slots (escaninhos) – Classes e Subclasses. Relacionamentos. 4. Lógica. Lógica das proposições – afirmações falso – verdadeiro. Lógica de predicados (declarações a respeito de objetos em si ou sobre as relações dos objetos entre si) (ROVER, 2001).

São muitas as técnicas para implementação de sistemas inteligentes e geralmente são apresentadas inovações às velhas técnicas ou são construídos sistemas híbridos que utilizam mais de uma. Dentre as mais discutidas situam-se os Sistemas Baseados em Regras, os Sistemas Baseados em Casos e as Redes Neuronais. Naturalmente, cada uma dessas técnicas tem seu status particular, mas vez por outra se diz que uma está por substituir outra ou surge como uma alternativa. Esse tipo de opinião, na maioria das vezes, aproxima e confunde técnicas que não têm muito em comum em termos de características. Vejamos o caso dos Sistemas Especialistas e dos Sistemas Baseados em Casos. Os sistemas especialistas representam um domínio definindo as suas características relevantes, o que exige a análise completa de todos os seus componentes na hora da representação e obriga a introdução de todos os elementos importantes na hora da busca de uma conclusão. Já os sistemas baseados em casos são construídos com um certo número de casos concretos, investigando a maneira como foram resolvidos e analisando quais os elementos que foram levados em conta. Nesse caso não é necessário responder todas as perguntas; somente aquelas sobre as quais existam informações suficientes (ROVER, 2001).

Vejamos então a técnica de *machine learning*, tão falada e testada nos últimos anos. Ela de fato não é recente e tem sua base em velhos algoritmos de sistemas conexos como rede neurais ou algoritmo genético. Assim, quanto à técnica em si, não há novidade alguma. Nova é a possibilidade de se ter acesso, necessariamente, a dados massivos, estruturados e não estruturados, e sobre eles interpretar, modelar e fazer predições automáticas e independentemente de nova programação (ASSUNÇÃO, 2018). Essa aprendizagem de máquina normalmente é supervisionada por pessoas, ou seja, os dados são preparados e rotulados de alguma forma. Isso faz parte do treinamento do algoritmo, antes que seja utilizado sobre as bases propriamente ditas. É um processo enorme de idas e vindas baseado em erros e acertos, que passa por ajustes em suas variáveis de entradas a partir do resultado trazido pelas variáveis de saída, com identificação paulatina do melhor caminho para se atingir um fim determinado.

De fato, a atual evolução dos algoritmos e o fácil acesso a bases de dados massivas estão permitindo que decisões tipicamente humanas possam e estão sendo automatizadas. Evidentemente, é fundamental garantir que os resultados dessas aplicações sejam corretos, e para tanto, tem-se que ter clareza sobre o emprego de dados não viciados e a correção dos algoritmos.

O Projeto Victor é um exemplo atual e famoso do uso dessa técnica de Inteligência Artificial (STF, 2018). No caso do supremo serve para aumentar a eficiência e a velocidade de avaliação judicial dos processos que chegam ao STF. A ferramenta executa atividades típicas de IA como a conversão de imagens em textos, a separação e classificação das peças processuais e a identificação dos temas de repercussão geral cujo nível de precisão na triagem é de 84%, podendo subir. Enfim, este é um exemplo do rápido avanço dessa tecnologia, mas que ainda é o início de um longo processo de construção de sistemas de apoio à decisão jurídica. Indo mais além, é possível se pensar em sistemas que, dependendo do tipo de conflito a ser resolvido pelo Judiciário, pode ser totalmente automatizado. Sem entrar em maiores discussões relativas ao juiz natural ou questões éticas ou mesmo questões hermenêuticas, podemos concluir que este caminho em busca da celeridade nas decisões do Poder Judiciário é de fato é uma exigência na complexa sociedade atual, em especial no Brasil onde só faz crescer disfunções sistêmicas no campo social, político e econômico, aprofundando-se as diferenças, desequilíbrios e paradoxos.

Como último ponto, as já referidas máquinas de aprendizagem mesmo sendo conhecidas há muito tempo só recentemente puderam ser implementadas e utilizados adequadamente e com alto grau de eficiência. Isto deveu-se ao fato de que só recentemente grandes bases de dados foram construídas e disponibilizadas para uso da sociedade em geral.

Assim, o Big Data no contexto se refere à gestão dos dados considerados em larga escala, com conteúdos múltiplos e produzidos em alta velocidade (RIBEIRO, 2014). Há uma objetividade máxima nesse processo de análise dos dados e seus resultados pois são os próprios dados em circulação que são objeto de análise e não amostragens menores da realidade. Se procura diretamente na correlação dos dados a expressão dos fenômenos. Essa objetividade, naturalmente, não decorre da forma como os elementos da operação e suas funções são definidas, pois isto pode ser relativamente subjetivo e normalmente não são objeto de discordância.

Este conceito se pode utilizar no contexto do governo eletrônico? Normalmente não se utiliza o termo Big Data, porém o termo governo aberto ou governo de dados abertos. É claro que existe uma relação muito próxima entre estes dois contextos, pois os dados de governo normalmente são Big dados e as características acima expostas valem exatamente do mesmo jeito aqui também. Porém, diferentemente do modelo tradicional de dados abertos de governo eletrônico que de alguma maneira a ênfase está na dependência da sua abertura pelo próprio governo, a abertura propiciada pela tecnologia de dados massivos é de outra natureza, muito mais automatizada e por conta disso com um potencial de permitir o acesso a conhecimento que antes era impossível de ser atingido devido a sua complexidade. Aqui não se trata de restrição ao acesso aos dados por parcela do governo ou da própria sociedade que mantém o monopólio da base. Trata-se de dissolução ou eliminação da complexidade dos dados e de forma automatizada.

Em relação ao judiciário, este é uma das instâncias do governo eletrônico que mantém uma característica muito específica que é o tratamento de conflitos geralmente individuais produzindo assim dados que ficam normalmente restritos aos próprios tribunais, mesmo que os processos judiciais sejam considerados públicos. Contudo, cabe ressaltar que no contexto da atual complexidade cognitiva que vivemos se exige cada vez mais redução de complexidade e, portanto, soluções, respostas e explicações rápidas e inteligentes. Parece óbvio que essa massa gigante de dados jurisprudenciais disponíveis hoje nos tribunais deva ser utilizada em processos inteligentes automatizados. É de fato uma exigência e não apenas uma oportunidade.

3. Metodologia: uma bibliometria temática

A bibliometria consiste em uma técnica de medição de índices que apontem a produção e disseminação do conhecimento científico (FONSECA, 1986). Esses índices ou indicadores possibilitam a análise de um determinado campo cientifico a fim de identificar características como: o crescimento cronológico da produção científica; a produtividade de autores e instituições; a colaboração entre pesquisadores e instituições; o impacto das publicações; a análise e avaliação de fontes difusoras de trabalhos e a dispersão da produção científica entre as diversas fontes e temáticas, de tal forma que se pode revelar a evolução e tendências dessa área (BUFREM; PRATES, 2005).

FIGURA 2 – **Metodologias Bibliométricas**

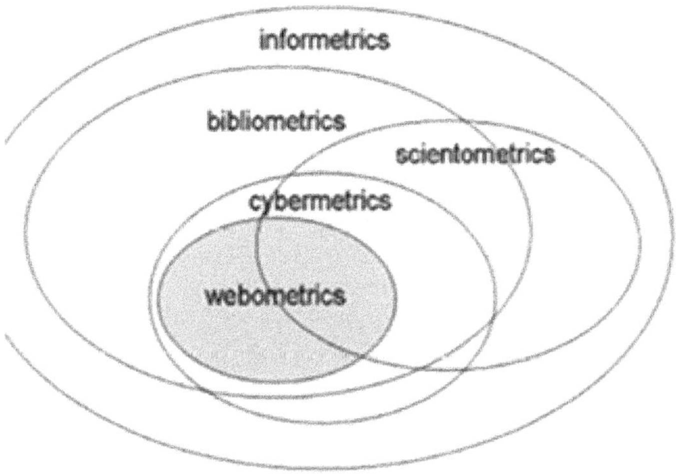

Nesse sentido, fez-se um levantamento e análise do tema proposto através do levantamento dos artigos indexados na base do *google* acadêmico. A escolha dessa base deveu-se a sua importância e abrangência de revistas atingidas pela sua indexação. As buscas se restringiram aos títulos das publicações, ou seja, os termos deveriam ser encontrados nos mesmos, de acordo com operadores utilizados, OR ou AND. Assim, foram utilizadas palavras-chave que denotavam os temas da inteligência artificial, *machine learning*, dados abertos e a área jurídica em geral, como judicial, judiciário, justiça, direito e legal. Detalhes na discussão adiante.

Nem todas as palavras-chave foram utilizadas em um único momento. Em determinados conjuntos houve um retorno de muito expressivo, o que exigiu uma avaliação dos títulos de cada artigo. Já nas relações mais específicas de palavra-chave o resultado foi mais restrito e mais preciso quanto ao conteúdo.

Utilizou-se os operadores lógicos AND e OR e as buscas recuperaram também as formas em plural o que garantiu a inclusão do maior número de estudos aderentes ao tema pesquisado. No processo de análise dos resultados da busca não se verificou a situação de estudos repetidos. O período de publicação dos artigos ficou na sua maioria de 2008 em diante, não tendo sido feita nenhuma restrição de tempo.

4. As palavras-chave e o levantamento bibliográfico

A figura 1 apresenta sinteticamente a primeira busca realizada, separando--se o grupo principal de palavras-chave (grupo1) que denota o tema jurídico de maneira geral, separadas pelo operador OR (judiciário, justiça, judicial, legal, law – direito). A este grupo foi agregado um segundo grupo que denotam os termos técnicos de inteligência artificial (inteligência artificial – *artificial intelligence, machine learning* – aprendizagem de máquina, automatização – *automatization*, raciocínio *reasoning*).

Assim, em um primeiro momento da pesquisa, foram realizadas oito buscas nas quais ao grupo1 de termos era agregado um dos termos do grupo dois, separados pelo operador AND. Observa-se na figura abaixo os resultados quantitativos dessa busca. O número maior de retorno deu-se na relação com o termo em inglês de inteligência artificial. Este resultado demonstra que há muitos artigos em inglês correlacionando os temas jurídicos com o grande tema da inteligência artificial. Observe-se que este resultado não interessa a esta pesquisa visto se tratar de uma visão muito genérica.

Já a segunda busca mostrou-se menos numerosa a lista de artigos, pois tratou de relacionar os termos genéricos do Direito com o termo *machine learning*. De qualquer maneira ainda está em um nível que não interessa à pesquisa, pois não inclui o tema dos dados abertos.

As demais buscas demonstraram ser irrelevantes, pois recuperam poucos ou nenhum artigo. É o caso do termo inteligência artificial por estar em português só recupera apenas três artigos.

FIGURA 3 – **Palavras chave com termos relativos a inteligência artificial e grupo1 de termos**

judiciário OR justiça OR judicial OR Legal OR Law OR direito

+

- "artificial intelligence" 272
- **"machine learning"** 59
- "inteligência artificial" 3
- automatization 3
- automatização 1
- "aprendizagem de máquina" 0
- raciocínio 0
- reasoning 0

Em um segundo momento da pesquisa foram realizadas quatro buscas, conforme figura 4, nas quais foi incluído o tema dados abertos através das palavras-chave data, open data e dados abertos, cruzadas com o grupo um de termos através do operador AND (no gráfico representado pelo +).

Observe-se que o termo em inglês open data é o que mais retorno traz (ver figura 5), enquanto que o termo em português não retorna nada. Novamente, fica claro que não há artigos em português sobre este universo, mesmo que ainda esteja restrito a apenas dois temas propostos por esta pesquisa, não incluído o tema *machine learning*.

No sentido de especificar mais as duas últimas buscas, foram agregados os termos reasoning e artificial intelligence através do operador AND ao grupo principal de termos (grupo1) e ao termo data. Observe-se que se recupera um número razoável de artigos para cada uma dessas trincas. Porém, vale lembrar que os termos são relativamente genéricos e não necessariamente inclui em seu escopo o termo que interessa aqui, *machine learning*.

FIGURA 4 – **Palavras chave dados abertos e grupo1 de termos**

judiciário OR justiça OR judicial OR Legal OR Law OR direito

+

- dados abertos 0
- Open data 58
- reasoning + data 9
- "artificial intelligence" + data 11

FIGURA 5 – **Mostra inicial dos 58 artigos com palavras chave dados abertos e grupo1 de termos**

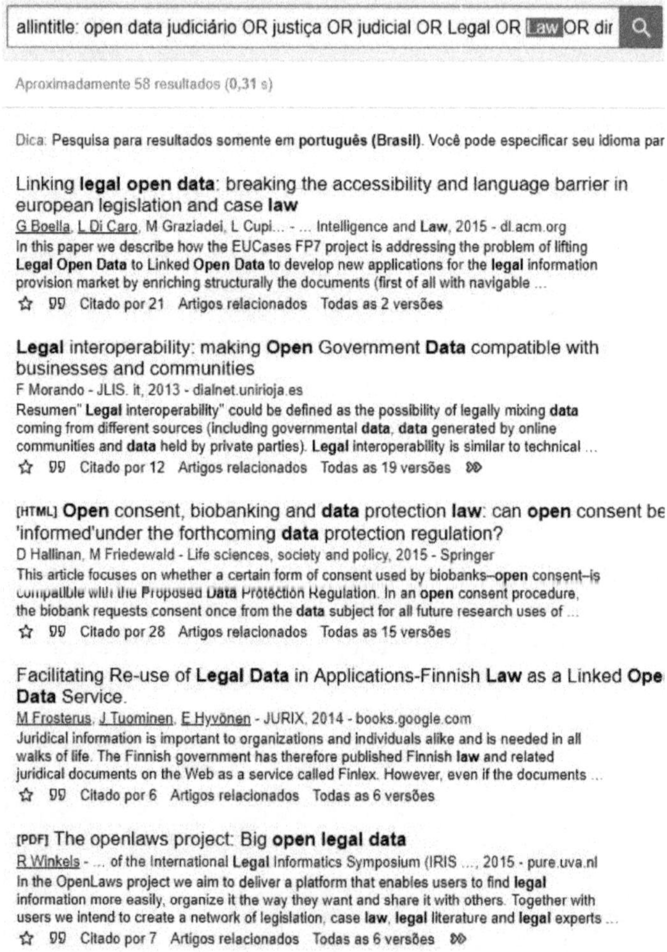

allintitle: open data judiciário OR justiça OR judicial OR Legal OR Law OR dir

Aproximadamente 58 resultados (0,31 s)

Dica: Pesquisa para resultados somente em **português (Brasil)**. Você pode especificar seu idioma par

Linking **legal open data**: breaking the accessibility and language barrier in european legislation and case **law**
G Boella, L Di Caro, M Graziadei, L Cupi... - ... Intelligence and **Law**, 2015 - dl.acm.org
In this paper we describe how the EUCases FP7 project is addressing the problem of lifting **Legal Open Data** to Linked **Open Data** to develop new applications for the **legal** information provision market by enriching structurally the documents (first of all with navigable ...
Citado por 21 Artigos relacionados Todas as 2 versões

Legal interoperability: making **Open** Government **Data** compatible with businesses and communities
F Morando - JLIS. it, 2013 - dialnet.unirioja.es
Resumen" **Legal** interoperability" could be defined as the possibility of legally mixing **data** coming from different sources (including governmental **data**, **data** generated by online communities and **data** held by private parties). **Legal** interoperability is similar to technical ...
Citado por 12 Artigos relacionados Todas as 19 versões

[HTML] **Open** consent, biobanking and **data** protection **law**: can **open** consent be 'informed'under the forthcoming **data** protection regulation?
D Hallinan, M Friedewald - Life sciences, society and policy, 2015 - Springer
This article focuses on whether a certain form of consent used by biobanks–**open** consent–is compatible with the Proposed Data Protection Regulation. In an **open** consent procedure, the biobank requests consent once from the **data** subject for all future research uses of ...
Citado por 28 Artigos relacionados Todas as 15 versões

Facilitating Re-use of **Legal Data** in Applications-Finnish **Law** as a Linked **Ope**[n] **Data** Service.
M Frosterus, J Tuominen, E Hyvönen - JURIX, 2014 - books.google.com
Juridical information is important to organizations and individuals alike and is needed in all walks of life. The Finnish government has therefore published Finnish **law** and related juridical documents on the Web as a service called Finlex. However, even if the documents ...
Citado por 6 Artigos relacionados Todas as 6 versões

[PDF] The openlaws project: Big **open legal data**
R Winkels - ... of the International **Legal** Informatics Symposium (IRIS ..., 2015 - pure.uva.nl
In the OpenLaws project we aim to deliver a platform that enables users to find **legal** information more easily, organize it the way they want and share it with others. Together with users we intend to create a network of legislation, case **law**, **legal** literature and **legal** experts ...
Citado por 7 Artigos relacionados Todas as 6 versões

Em um terceiro momento da pesquisa foram realizadas cinco buscas, conforme figura 6, incluído enfim o termo *machine learning* na relação. No primeiro resultado se relacionou apenas aquele termo com a palavra-chave data, sem relacionar com o grupo1. Dos sete artigos encontrados, dois não entravam no escopo da pesquisa nessa relação bem restrita. Ao se incluir o grupo1 o resultado é pífio em todas as relações, não passando de 2 artigos. Portanto, mesmo na língua inglesa, a relação direito/dados/*machine learning* é praticamente não encontrada.

FIGURA 6 – **palavras chave dados abertos, *machine learning* e grupo1 de termos**

judiciário OR justiça OR judicial OR Legal OR Law OR direito

+

"machine learning" + data 7 - 2 = 5

- data 1
- personal data, lei proteção de dados 2
- ciência de dados cognitivos 1
- big data e concorrência 1

Finalmente, no último momento da pesquisa foram realizadas duas buscas, conforme figura 7, agrupando-se apenas dois grupos, e não os três principais termos, como visto, com pouco sucesso em retorno de artigos. Assim, retornam 4 artigos quando a relação é entre o grupo1 e o termo open data (ver figura 8) e 30 artigos quando da relação do grupo1 e o termo *machine learning* (ver anexo 1). Isso mostra que temas jurídicos são fortemente estudados na sua relação com a técnica *machine learning*, de forma a valorizar a técnica propriamente dita. Porém, quando na relação é acrescentado o tema dos big dados, o resultado é fraco, demonstrando-se haver um espaço importante de discussão ainda em aberto.

FIGURA 7 – **Palavras chave dados abertos, *machine learning* e judiciário (sem termos relativos ao direito)**

judiciário OR justiça OR judicial OR Legal

\+

- open data 4
- "machine learning" 30

FIGURA 8 – **4 artigos com palavras chave open data e judicial, justiça**

allintitle: open data judiciário OR justiça OR judicial

4 resultados (0,06 s)

Dica: Pesquisa para resultados somente em **português (Brasil)**. Você pode especificar seu idioma par

[PDF] Survey of **open data** in **judicial** systems
M Marković, S Gostojić, G Sladić... - 6th International ..., 2016 - researchgate.net
Judicial data is often poorly published or not published at all. It is also missing from datasets considered for evaluation by **open data** evaluation methods. Nevertheless, **data** about courts and judges is also **data** of public interest since it can reveal the quality of their work ...
☆ 99 Citado por 3 Artigos relacionados Todas as 2 versões

Integrating Semi-**Open Data** in a Criminal **Judicial** Setting
MS Bargh, S Choenni, RF Meijer - ... **Open** Justice through Citizen ..., 2017 - igi-global.com
Judiciary systems comprise various partner organizations (eg, police, public prosecutor, courts, and rehabilitation centres) that collaboratively resolve criminal cases. These partner organizations have their own **data** administration and management systems, which are ...
☆ 99 Citado por 1 Artigos relacionados Todas as 2 versões

Data driven information system for supervision of **judicial open**
LI Ming, LIU Bin - Journal of Hebei University of Science and ..., 2016 - ingentaconnect.com
Aiming at the four outstanding problems of informationized supervision for **judicial** publicity, the **judicial** public **data** is classified based on **data** driven to form the finally valuable **data**. Then, the functional structure, technical structure and business structure of the **data** ...
☆ 99

Open Judicial Data: A Comparative Analysis
M Marković, S Gostojić - Social Science Computer Review, 2018 - journals.sagepub.com
Open data gained considerable traction in government, nonprofit, and profit organizations in the last several years. **Open judicial data** increase transparency of the judiciary and are an integral part of **open** justice. This article identifies relevant **judicial data** set types, reviews ...
☆ 99 Artigos relacionados

Conclusões

O objetivo da presente pesquisa foi realizar um mapeamento quantitativo das publicações científicas sobre os temas judiciário, dados abertos e *machine learning*. Para tanto optou-se por uma técnica bibliométrica com buscas sobre os títulos das publicações e cruzando-se termos de diversas maneiras para se atingir em que quantidades essas relações ocorriam.

Dessa forma, a partir dos resultados, é possível afirmar que no Brasil a temática principal e mesmo as demais não é objeto de forte publicação em revistas científicas. Ao contrário, as publicações na língua inglesa são mais profusas. Neste caso, os temas jurídicos e sua relação com a técnica *machine learning* estão bem presentes e isso valoriza a técnica propriamente dita em detrimento da relação com o tema dos big dados cujo resultado é fraco.

De fato, há um baixo número de artigos na relação dos 3 temas principais, *machine learning*, dados e o judiciário, o que demonstra haver um espaço importante de discussão ainda em aberto. Enfim, espera-se que os resultados apresentados nesse artigo colaborem para a disseminação e mapeamento desses temas, em suas múltiplas nuances e possam contribuir para o crescimento das pesquisas sobre o tema no Brasil.

Referências

ASSUNÇÃO, Luís. Machine learning, big data e inteligência artificial. In: **Lex Machinae**. Disponível em:

BUFREM, L.; PRATES, Y. O saber científico registrado e as práticas de mensuração da informação. In: **Ciência da Informação**, Brasília, v. 34, n. 2, p. 9-25, 2005.

FONSECA, E. N. **Bibliometria: teoria e prática**. São Paulo: Cultrix, Ed. da USP, 1986.

GONÇALVES, José Ernesto Lima. As empresas são grandes coleções de processo. In:. **RAE – Revista de Administração de Empresas**, v. 40, n. 1, p. 6-19, jan/mar 2000.

http://www.stf.jus.br/portal/cms/verNoticiaDetalhe.asp?idConteudo=388443, acesso em 1/10/2018

https://www.lexmachinae.com/2017/12/08/machine-learning-big-data-e-inteligencia-artificial-qual-o-be, acesso em: 24.10.2018.

MULLER, Leonardo de Oliveira et al. Avaliação da expansão do processo judicial digital no Tribunal de Justiça de São Paulo sob a ótica da gestão de projetos: um estudo do projeto PUMA. In: **XLIII Jornadas Argentinas de Informática e Investigación Operativa (43JAIIO)-XIV Simposio Argentino de Informática y Derecho (SID)(Buenos Aires, 2014)**. 2014.

RIBEIRO, Claudio José Silva. Big Data: os novos desafios para o profissional da informação. In: **Informação & Tecnologia** (ITEC), 1(1): 96-105, jan./jun., 2014.

ROVER, Aires J. **Informática no direito: inteligência artificial**: introdução aos sistemas especialistas legais. Juruá Editora 2001.

RUSCHEL, Airton, LAZZARI, João, ROVER, Aires José. O processo judicial eletrônico no Brasil: uma visão geral. In: Marcus V F Coelho; Luiz Allemand (org). **Processo judicial eletrônico.** Editora OAB Brasília, pags 13-28, 2014.

SARDETO, Patricia Eliane da Rosa; ROVER, Aires José. A cooperação judiciária no Brasil em face do e-Judiciário. In: **Revista Democracia Digital e Governo Eletrônico**, n. 8, 2013.

STF. Notícias.

Anexo 1 – Relação dos 30 artigos contendo os termos legal e machine learning

[PDF] Machine Learning versus Knowledge Based Classification of Legal Texts.
E de Maat, K Krabben, R Winkels – JURIX, 2010 – pdfs.semanticscholar.org

Toward constructing evidence-based legal arguments using legal decision documents and machine learning
KD Ashley, VR Walker – ... of the Fourteenth International Conference on ..., 2013 – dl.acm.org

[PDF] Machine Learning for Information Retrieval: TREC 2009 Web, Relevance Feedback and Legal Tracks.
GV Cormack, M Mojdeh – TREC, 2009 – pdfs.semanticscholar.org

Supervised machine learning for summarizing legal documents
M Yousfi-Monod, A Farzindar, G Lapalme – Canadian Conference on ..., 2010 – Springer

Legal docket-entry classification: Where machine learning stumbles
R Nallapati, CD Manning – Proceedings of the Conference on Empirical ..., 2008 – dl.acm.org

[PDF] Construction legal support for differing site conditions (DSC) through statistical modeling and machine learning (ML)
TS Mahfouz – 2009 – lib.dr.iastate.edu

Playing with the Data: What Legal Scholars Should Learn About Machine Learning
D Lehr, P Ohm – UCDL Rev., 2017 – HeinOnline

Responsibility, Autonomy and Accountability: legal liability for machine learning
C Reed, E Kennedy, S Silva – 2016 – papers.ssrn.com

[PDF] Machine learning for discovery in legal cases
DD Lewis – URL http://www. youtube. com/watch, 2011 – learning.cs.purdue.edu

PLATA: an application of LEGAL, a machine learning based system, to a typology of archaeological ceramics
EM Nguifo, MS Lagrange, M Renaud... – Computers and the ..., 1997 – Springer

Exploiting machine learning models for Chinese legal documents labeling, case classification, and sentencing prediction
WC Lin, TT Kuo, TJ Chang – ROCLING XXIV (2012), 2012 – aclweb.org

Scientific and legal theory formation in an era of machine learning: remembering background rules, coherence, and cogency in induction
P Boltuc – 2015 – Citeseer

[PDF] Legal information extraction← machine learning algorithms+ linguistic information
P Quaresma – Semantic Processing of Legal Texts (SPLeT-2012) ..., 2012 – academia.edu

[PDF] The tech-legal aspects of machine learning: Considerations for moving forward
J Singh – NIPS2016, ML and the Law Workshop, 2016 – mlandthelaw.org

A predictive performance comparison of machine learning models for judicial cases
Z Liu, H Chen – ... (SSCI), 2017 IEEE Symposium Series on, 2017 – ieeexplore.ieee.org

[PDF] Classifying Legal Questions into Topic Areas Using Machine Learning
B Lao, K Jagadeesh – 2014 – cs229.stanford.edu

[PDF] A Machine Learning Approach to Identifying Sections in Legal Briefs.
S Vanderbeck, J Bockhorst, C Oldfather – MAICS, 2011 – researchgate.net

[PDF] A land cover map for the Brazilian Legal Amazon using SPOT-4 VEGETATION data and machine learning algorithms
JM de Brito Carreiras, JMC Pereira, ML Campagnolo... – 2000 – nossoambiente.gov.br

A Generic Platform to Automate Legal Knowledge Work Process Using Machine Learning
KM Annervaz, J George... – Machine Learning and ..., 2015 – ieeexplore.ieee.org

[PDF] DEVELOPING ETHICAL, LEGAL, AND POLICY ANALYSES RELEVANT TO THE USE OF MACHINE LEARNING ALGORITHMS IN NATIONAL SECURITY
AH Peterson, JL Kirkpatrick, DA Boehm-Davis – sites.nationalacademies.org

[PDF] Using Machine Learning to construct legal knowledge based systems
J Zeleznikow, A Stranieri – aaai.org

[PDF] Classifying Legal Norms with Active Machine Learning
B WALTL, J MUHR, I GLASER, G BONCZEK... – Legal Knowledge and ..., 2017 – orbilu.uni.lu

[PDF] Supporting the Legal Reasoning Process by Classification of Judgments Applying Active Machine Learning
L Boehm – wwwmatthes.in.tum.de

[PDF] Equal Protection Under the Algorithm: A Legal-Inspired Framework for Identifying Discrimination in Machine Learning
S Soundarajan, DL Clausen – fatml.org

Using machine learning algorithms to identify named entities in legal documents: a preliminary approach
P Poudyal, L Borrego, P Quaresma – 2011 – dspace.uevora.pt

Towards a legal definition of machine intelligence: the argument for artificial personhood in the age of deep learning
A Karanasiou, D Pinotsis – Proceedings of the 16th edition of the ..., 2017 – dl.acm.org

... by legal mandate at all German universities and therefore self-adjusts to the university where it is employed. The EDS uses regression analysis and machine learning ...
J Berens, S Oster, K Schneider, J Burghoff – 2018 – ideas.repec.org

[PDF] Personal Legal Counselor and Interpreter of the Law via Machine Learning
D Yan, T Guo – cs229.stanford.edu

11. O Poder Judiciário e o Acesso à Informação: a Transparência nos Gastos dos Tribunais e a Participação Cidadã

José Francisco Siqueira Neto

Daniel Francisco Nagao Menezes

Introdução

O desenvolvimento de novas tecnologias da informação e comunicação, com ênfase na Internet, levou a transformações no acesso à informação e a um redimensionamento do direito humano e fundamental à informação. O acesso à informação é uma questão essencial para a efetividade da participação dos cidadãos na gestão pública desde o surgimento do governo eletrônico, quando os movimentos sociais passaram a ter um papel central no controle e fiscalização das informações.

Com a inserção do Poder Judiciário na sociedade em rede, a democracia é fortalecida, facilita a disseminação da informação a partir da transparência ativa e propicia um amplo controle social por parte dos cidadãos, ainda mais necessário quando se fala de gastos e receitas, uma vez que os gastos públicos devem ser regidos pelos princípios constitucionais da administração pública.

Assim, este trabalho tem como objetivo analisar a situação da questão referente à implementação pelos Tribunais brasileiros da Lei de Acesso à Informação nº 12.527 de 2011 (LAI), especialmente quanto à divulgação de informações gastos públicos, isto é, despesas e receitas, disponibilizadas por eles em seus portais, como forma de promover o controle social e a transparência do Poder Judiciário, medida necessária para permitir a participação da sociedade civil através de seus movimentos sociais organizados.

Para a execução da pesquisa, utilizou-se o método da abordagem dedutiva, partindo da concepção geral do direito de acesso à informação, prestação de contas e potencialização de transparência para verificar a situação real nos portais dos tribunais brasileiros. Como técnicas de pesquisa, a observação estruturada e não participante foi utilizada em todos os portais do Poder Judiciário do Brasil, resultando em noventa e três sites investigados. Finalmente, utilizou-se a técnica bibliográfica, já que reuniu doutrinadores que abordam os temas desenvolvidos.

O presente artigo foi dividido em duas partes. Sendo o primeiro sobre "A potencialização do direito à informação na sociedade em rede: as implicações de e-governo no Poder Judiciário" e, o segundo capítulo sobre "As (des) informações disponibilizadas sobre as receitas e despesas nos portais de Poder Judiciário", com a análise dos portais do Judiciário no que diz respeito à divulgação de informações sobre despesas e receitas com vistas a verificação do estado da questão nesse sentido.

1. A potencialização do direito à informação na sociedade em rede: as implicações de e-governo no Poder Judiciário

A informação sempre foi um instrumento importante na vida da sociedade, mas nunca foi tão fundamental quanto nos dias atuais, especialmente após a chegada da Internet. Conectar-se ao mundo virtual tornou-se uma prática diária, estar em contato com tudo e com todos é quase o imperativo da sociedade atual. É inegável que este novo local permite o acesso nunca antes pensado à informação mais variável. O que acontece é que nem sempre é possível acessar resultados, transformando-os em conhecimento. Então,

> Significativamente, a era da "revolução da informação" é também a da DESINFORMAÇÃO: enquanto que outrora a falta de informação e a censura caracterizavam a negação da democracia pelo Estado totalitário, atualmente acontece o inverso. Desinforma-se o telespectador afogando-o num mar de informações, de dados aparentemente contraditórios. Censura-se a verdade dos fatos pela SUPERINFORMAÇÃO[1].

Apesar dessa desvantagem do excesso de informação, o que Castells chamou de sociedade em rede é a configuração social estabelecida no

[1] VIRILIO, Paul. Estratégia da decepção. São Paulo: Estação Liberdade, 2000, p. 58.

mundo. Nela, mesmo que a pessoa seja ou não apropriada, acostumada e lidando com tecnologias da informação e comunicação, com normalidade e habitualidade, não pode deixar de ser influenciada pelas mudanças que traz. É impossível fugir da lógica de velocidade, obsolescência e liquidez trazida por esse modelo e que permeou, consequentemente, as relações humanas. Então, como qualquer modelo, apresenta inclusões e exclusões, dessa forma,

> Como as redes são seletivas de acordo com os seus programas específicos, e porque conseguem, simultaneamente, comunicar e não comunicar, a sociedade em rede difunde-se por todo o mundo, mas não inclui todas as pessoas. De facto, neste início de século, ela exclui a maior parte da humanidade, embora toda a humanidade seja afetada pela sua lógica, e pelas relações de poder que interagem nas redes globais da organização social[2].

Por causa dessas exclusões, principalmente digitais, a distância social e econômica entre os cidadãos aumenta cada vez mais. Ter treinamento baseado em novas tecnologias resulta em uma grande diferença na concorrência para vagas e oportunidades de emprego, o que, por sua vez, gera uma desigualdade econômica e, é claro, social. Esse foi o sentido que Boaventura de Sousa Santos[3] atribui a este fato ao afirmar que hoje, o contrato social é baseado na grande desigualdade de poder econômico, o que dá à parte mais forte a capacidade de impor, sem discussão, as condições mais favoráveis.

Ao considerar este contexto, é importante destacar o fato de que a informação pode ser mais um fator contribuinte para a desigualdade, que ocorre *"desde el momento en que se desarrolla una profunda disparidad entre quienes poseen, o tienen acceso, al poder informático y quienes se hallan marginados de su disfrute"*[4]. E, dada a sua relevância na situação atual, considerando

[2] CASTELLS, Manuel, A sociedade em Rede: do Conhecimento à Política. In: Conferência promovida pelo Presidente da República, 2005, Lisboa, A sociedade em Rede: do Conhecimento à acção política. Lisboa: CASTELLS, Manuel; CARDOSO, Gustavo (Orgs.), 2005. p.17-30. p.18.

[3] SANTOS, Boaventura de Sousa. Reinventar la democracia, reinventar el estado. Buenos Aires: CLACSO, 2006. p. 22.

[4] PÉREZ-LUÑO, Antonio Enrique. Las generaciones de Derechos Humanos. Revista Direitos Emergentes na Sociedade Global. v.2, n.1, p.163-196, jan./jun. 2013, p. 174.

o acesso à informação um direito, também é essencial para a formação, estabelecimento e manutenção da democracia, principalmente no que diz sobre a participação popular dos cidadãos na gestão pública. Nesse sentido:

> O direito de acesso à informação é um direito humano fundamental para a vida em sociedade. A base desse direito é o princípio de que a autoridade pública é delegada pelo eleitor e sustentada pelo contribuinte, portanto o público deve ter o direito de saber como o poder está sendo usado e como o dinheiro está sendo gasto[5].

A participação na vida pública, principalmente na exigência de prestação de contas pelo Poder Público, é a base de um sistema democrático. Tal envolvimento com assuntos públicos requer a existência de cidadãos demandem acesso a informações detidas pelo governo. Então, ser um cidadão de um país democrático significa a questionar as ações do governo não só pelo voto, mas por participação direta nas decisões relacionadas com a Administração Pública. Nesse sentido, *"uma cidadania expressa um conjunto de direitos que confere ao indivíduo ou possibilidade de agir ativamente como participante das escolhas dá vida de povo e governo"*[6].

O exercício da cidadania requer não só a participação pública nas decisões do governo, como também controle nas execuções de quaisquer implementações de programas ou aplicações de recursos, por exemplo. Nesse sentido, a prestação de contas é extremamente importante vez que nenhum governo deve ser considerado o proprietário dos bens públicos. O Estado deve *"prestar contas a uma demanda de democracia, permitindo que a instituição e as instituições monitorem e controlem os gastos como dinheiro público"*[7]. Dessa forma, Anna Maria Campos ensina que "somente a partir da organização dos cidadãos vigilantes e conscientes de seus direitos

[5] MARTINS, Paula Lígia. Acesso à informação: um direito fundamental e instrumental. Acervo: Rio de Janeiro, 2011. p.234.

[6] NICOLA, Ricardo. Cibercidadania: e aí?. Disponível em: http://utoronto.academia.edu/RicardoNicola/Papers/359546/Cibercidadania_E_ai_Cyber_Citizenship_ Whats_Up_. Acceso em 18 de junho de 2019. p.14.

[7] WEBER, Maria Helena. Estratégias de comunicação do Estado e a disputa por visibilidade de opinião. In: KUNSCH, Margarida Maria Krohling. Comunicação Pública, sociedade e cidadania. São Caetano do Sul: Difusão Editora, 2011, p.108

haverá condição para a *accountability*. Não haverá tal condição enquanto o povo se definir como tutelado e o Estado como tutor"[8].

Essas considerações devem servir como prática nas relações que o governo estabelece com os cidadãos no ambiente virtual, através de sites do governo. Com a sua inserção no mundo virtual, a Administração Pública iniciou o que é atualmente chamado de governo eletrônico, que segundo a definição de Rover,

> É uma infra-estrutura única de comunicação compartilhada por diferentes órgãos públicos a partir da qual a tecnologia da informação e da comunicação é usada de forma intensiva para melhorar a gestão pública e o atendimento ao cidadão. Assim, o seu objetivo é colocar o governo ao alcance de todos, ampliando a transparência das suas ações e incrementando a participação cidadã[9].

Assim, os portais do governo são a expressão do governo eletrônico, a maneira pela qual ele é geralmente percebido. Na mesma linha argumentativa, Akutsu e Pinho entendem que

> Um portal é uma página da Internet a partir do qual todos os serviços e informações da entidade podem ser acessados. É também um "cartão de visitas", um "palanque eletrônico", que permite divulgar idéias 24 horas por dia, todos os dias da semana; é ainda um canal de comunicação entre governo e cidadãos que possibilita a estes exercitar a cidadania e aperfeiçoar a democracia[10]

Desta forma, é através do controle social exercido pela população, que tem acesso à informação pública, principalmente através de sites do governo, que se pode combater a má gestão, fenômeno que está presente em todas as sociedades, mas que tem um efeito particularmente perverso

[8] CAMPOS, Anna Maria. Accountability: quando poderemos traduzi-la para o português? Disponível em: http://ebape.fgv.br/sites/ebape.fgv.br/files/rap8_0.pdf. Acesso em 18 junho de 2019, p. 35

[9] ROVER, Aires. A democracia digital possível. Revista Seqüência, n.52, p. 85-104, jul. 2006, p. 99.

[10] AKUTSU, Luiz; PINHO, José Antonio Gomes de. Sociedade da informação, accountability e democracia delegativa: investigação em portais de governo no Brasil. Disponível em: http://bibliotecadigital.fgv. br/ojs/index.php/rap/article/viewFile/6461/ 5045>. Acesso em 16 de junho de 2019, p. 625.

em países como o Brasil, diante da ineficácia da máquina pública e da falta de investimento estrangeiro.

O direito à informação, quando se trata de governo eletrônico, principalmente quando o princípio da transparência é implementado de forma consistente e eficaz. Isso porque, o governo eletrônico deve considerar duas frentes interconectadas,

> Por um lado, um Estado mais responsivo, aberto à participação da sociedade transparente e, por outro, considera um papel protagonista da sociedade civil, atribuindo a essas possibilidades, por intermédio dos cidadãos e/ou de movimentos sociais, de checar, aferir, controlar o governo (de maneira mais geral o próprio Estado) e, ainda, de assumir um papel propositivo. Tais considerações estão profundamente imbricadas à questão da transparência, o que demanda não só um papel democrático do governo, mas, também, uma capacidade política da sociedade civil[11].

Passou, então, uma cultura de sigilo para a cultura da transparência, através da informação pública disponível nas páginas do governo. Transparência que pode ser considerada passiva, quando é a Administração Pública que divulga as informações sob demanda em resposta às solicitações da empresa, ou ativa quando divulga informações por iniciativa própria, espontaneamente, independentemente de qualquer solicitação.

A transparência, portanto, contribui para o aumento da democracia eletrônica, pois pode estimular a participação cidadã nos canais de comunicação oferecidos pelos governos por meio das tecnologias de informação e comunicação. A participação popular na gestão dos assuntos públicos através de novas tecnologias é denominada teledemocracia por Perez Luño, que assim a compreende:

> Este término se utiliza para designar al conjunto de teorías y de fenómenos prácticos referentes a la incidencia de las NT en la política. En su acepción más amplia y genérica, la teledemocracia puede definirse como la

[11] PINHO, José Antonio Gomes de. Investigando portais de governo eletrônico de estados no Brasil: muita tecnologia, pouca democracia. Rev. Adm. Pública, Rio de Janeiro, v. 42, n. 3, jun. 2008, p. 477

proyección de las NT a los procesos de participación política de las sociedades democráticas[12].

Tal autor ainda desenvolve a teoria de que a teledemocracia teria duas versões, uma forte e outra fraca. A versão forte promoveria um poder democrático real e efetivo, retiraria o protagonismo político dos partidos que passaria aos cidadãos, evitaria disfunções dos sistemas eleitorais e como fator de correção das disfunções da representação, serviria para prevenir a corrupção e poderia eliminar a manipulação da opinião pública. Já a teledemocracia fraca poderia fazer com que houvesse despolitização dos cidadãos, bem como uma atitude passiva dos mesmos, que estaria sujeita a manipulação, mercantilização da esfera pública. Nesse sentido:

> Las NT y sobretodo, Internet, al proyectarse al ámbito jurídico-político en forma de teledemocracia, suscitan un dilema básico e ineludible, de cuya alternativa depende el porvenir de la ciudadanía: en su polo positivo, pueden afirmar un nuevo tipo de ciudadanía, una ciberciudadanía, que implique un nuevo modo más auténtico, profundo e instalado en los parámetros tecnológicos del presente, para una participación política con vocación planetaria; pero, como contrapunto, se vislumbra un polo negativo de estos procesos, que pueden incubar una indeseable ciudadanía.com, cuyo titular quede degradado a mero sujeto pasivo de la manipulación de poderes públicos y privados[13].

Para chegar a um cybercitizen é cada vez mais necessário que o ciclo informação-cidadão-participação-crítica seja fortalecido, fundamentalmente quando se trata de governo eletrônico. Isso se torna ainda mais relevante quando a esfera de que se fala é o Poder Judiciário, que sempre foi considerado o mais hermético dos três poderes, principalmente porque seus membros não são eleitos pelos cidadãos e pelo uso de linguagem inacessível para quem não trabalha diretamente com a Lei, sendo que,

> A elevada codificação linguística e semântica da informação em circulação fez com que ela se tornasse incomunicável para além do circuito institucional-profissional. Foi assim que os tribunais e a actividade judicial

[12] PÉREZ LUÑO, Antonio-Enrique. ¿Ciberciudadaní@ o ciudadaní@.com?. Barcelona: Editorial Gedisa, 2004, p.60

[13] PÉREZ LUÑO, Antonio-Enrique. ¿Ciberciudadaní@ o ciudadaní@.com?. Barcelona: Editorial Gedisa, 2004, p. 100.

se transformaram na mais esotérica das instituições e actividades estatais da modernidade[14]

Mesmo com a evolução da sociedade em muitas áreas, como as enfocadas neste artigo – tecnologias da informação e comunicação – parece que o judiciário ainda está arraigado, longe da população, indiferente ao social. Isso ajuda na imagem em geral, que o Judiciário não é visto como um poder delegado, o qual determina sua própria atuação, tendo como limite único, em princípio, ou controle administrativo interno, feito por pares, e a Constituição.

As tecnologias de informação e comunicação podem ajudar a modificar este cenário, uma vez que a disponibilidade de informação por meio do governo eletrônico, nos portais dos Tribunais, aproxima e pode ajudar na desconstrução da aura de esoterismo e hermetismo que acompanha o Poder Judiciário. Boaventura de Sousa Santos posicionou-se nessa direção:

> No que respeita à democratização do acesso ao direito e à justiça, as novas tecnologias de informação possibilitam mais circulação de informação e, portanto, de um direito e uma justiça mais próximos e mais transparentes. Por exemplo, facilitam o acesso a bases de dados jurídicos, a informações fundamentais para o exercício de direitos, e possibilitam o exercício fácil de um conjunto de direitos e de deveres dos cidadãos[15].

A possibilidade de o cidadão acessar essa informação é fundamental para sua emancipação, uma vez que o exercício do direito à informação culmina na busca pela concretização de outros direitos, como saúde, educação, moradia, etc. No entanto, para que tal emancipação seja possível, os sites do Poder Judiciário devem fornecer as informações de forma eficaz. Isso porque os dados públicos não podem ser disponibilizados de maneira insuficientemente. Eles precisam ser atualizados, ser redigidos de forma compreensível, em linguagem clara e acessível por qualquer cidadão.

Ficou claro, portanto, que o governo eletrônico, com vistas a aumentar a participação do cidadão na gestão dos assuntos públicos, principalmente

[14] SANTOS, Boaventura de Sousa. Os tribunais e as novas tecnologias de comunicação e informação. Sociologias, Porto Alegre, ano 7, nº13, jan/jun 2005, p. 82-109, p. 84.

[15] SANTOS, Boaventura de Sousa. Idem, p. 82-109, p. 90.

na relação entre a população e o Poder Judiciário, deve priorizar a disseminação da informação de forma responsiva. E isso está diretamente ligado à divulgação dos gastos e receitas deste Poder, dados de extrema importância para o exercício do controle social das contas públicas. Para tanto, é necessário que seja analisado como é o estado da matéria nesses portais, tarefa que será realizada no tópico que se segue.

2. As (des) informações disponibilizadas sobre as receitas e despesas nos portais de Poder Judiciário

De acordo com as ideias desenvolvidas no capítulo anterior, observa-se que o desenvolvimento de tecnologias de informação e comunicação tem um efeito positivo de melhorar o acesso à informação pública para os cidadãos, uma vez que facilita a disponibilidade de dados, com menos burocracia e mais flexibilidade. Além disso, salienta-se que "uma sociedade também depende de dois instrumentos que nos permitem atuar como uma linguagem natural, ou o desenvolvimento de uma habilidade mais tradicional"[16].

Nesse contexto, a inclusão do Poder Judiciário na sociedade em rede por meio da criação de sites e portais tem como objetivo gerar um espaço para a prestação de contas e divulgação de ações para aumentar a transparência dos órgãos e reforçar o controle social da população. De acordo com o entendimento de Clovis Gorczevski e Camila Santos da Cunha[17], os cidadãos precisam exercer seu papel de forma proativa, por meio da participação em decisões públicas e o controle dos gastos públicos, por outro lado, corresponde ao Estado, ou seja, o Executivo, Legislativo e Judiciário, incentivar a participação da população. Extingue-se a cultura do segredo, remanescente do período ditatorial.

Ao considerar a importância dos meios online do Poder Judiciário como instrumentos de aproximação com a sociedade, os resultados obtidos a partir da observação direta, sistemática e não participativa serão

[16] CARDOSO, Gustavo. A mídia na sociedade em rede: filtros, vitrines, notícias. Rio de Janeiro: FGV, 2007, p. 313.

[17] GORCZEVCKI, Clovis; CUNHA, Camila Santos da. A Cidadania no Estado Democrático de Direito – a necessária concretização da cidadania participativa como condição imperiosa de reconhecimento do novo cidadão. In: CECATO, Maria Aurea Baroni; MISAILIDIS, Mirta Lerena; LEAL, Mônia Clarissa Hannig; MEZZAROBA, Orides. Estado, Jurisdição e Novos Atores Sociais. São Paulo: Conceitual Editorial, 2005, p. 187-188.

apresentados neste capítulo. Foram avaliados 93 sites pertencentes aos Tribunais estaduais, federais e superiores. Com base nas Resoluções do Conselho Nacional de Justiça (CNJ) e nos parâmetros descritos no Guia para a Criação do Acesso à Informação, Seção 44, para os dados que que devem ser disponibilizados, juntamente com o artigo 3º da Lei de Acesso à Informação.

A fim de sistematizar a exposição dos resultados obtidos pela observação, a análise será apresentada agrupando-se os dados mais relevantes das sete (07) categorias: a) a presença de banner padrão e item denominado "acesso ao informação" no menu principal; b) a presença na seção "acesso à informação" para os elementos específicos de receitas e despesas; c) a divulgação de informações sobre custos e a presença de um link para se referir ao Portal da Transparência; d) acessibilidade dos formatos dos relatórios das despesas disponíveis; e) a divulgação dos relatórios de despesas com ajudas de custo pagas e passagens; f) fornecimento de dados sobre despesas de pessoal e comissões sociais; g) a presença de informação sobre as receitas de cada tribunal.

Primeiro, analisa-se a presença da bandeira padrão de acesso à informação, cujo objetivo é criar uma identificação oficial das páginas do governo e, assim, facilitar a navegação. De todos os portais, em setenta e quatro (74) não há banner na página principal. Daqueles que tinham algum tipo de bandeira como identificação, é digno de nota que dez (10) deles estavam fora da norma proposta e apenas nove (9) fornecem a bandeira padrão de acordo com o Guia para a Criação da Seção de Acesso à Informação nos sítios eletrônicos dos Órgãos e Entidades Estaduais e Municipais.

No entanto, como mencionado anteriormente no Guia, deve haver uma seção específica em cada página no menu principal chamada "Acesso à Informação". Este item também faz parte de uma tentativa de padronizar portais do governo que tentam facilitar o acesso do usuário. Na análise, foi revelado que apenas oito (8) portais possuem o item de navegação como recomendado e setenta e um (71) sites fornecem, mas com outro nome, ou seja, cumprem parcialmente a recomendação, já que colocam o link no menu principal, mas não seguem o modelo. Isto resulta em uma dificuldade para os usuários, já que eles precisam se adaptar a diferentes formatos.

No entanto, doze (12) portais não estão em conformidade com a Lei de Acesso à Informação, pois não oferecem essa possibilidade no menu. O último destaque deste tópico é que o Tribunal de Justiça de Alagoas chama a seção no menu "Transparência" e o Tribunal Regional do Trabalho da 9ª Região tem um banner chamado "Transparência" no lado direito da página.

Especificamente no "Acesso à informação" ou denominação equivalente, no menu principal, destaca-se que este deve apresentar diversas classificações de informação, para que seja possível estruturar os seguintes elementos: institucional, ações e programas, auditorias, convênios, licitações e contratos, servidores, perguntas frequentes, Lei de Acesso à Informação, serviço de informações ao cidadão – SIC, informações classificadas e muito mais. De acordo com o tema deste artigo, é essencial exibir o item de custo, que representa o comando para transmitir todas as informações relevantes para os cidadãos quando se trata da aplicação e do gasto de dinheiro público.

Em relação à renda, observa-se que nenhum portal possui este item como um elemento individual na seção acesso à informação, mas os dados e informações relacionadas são pulverizados em todas as seções, principalmente quando se trata de transparência. Nesse caso, a transparência ativa é materializada, de acordo com o Artigo 3, inciso II da Lei Brasileira de Acesso à Informação, que é dever do Estado divulgar informações de interesse público, independentemente de petições. E essa disseminação de dados e informações é facilitada pela difusão de novas tecnologias.

Portanto, é necessário apresentar informações sobre "despesas" na seção de acesso à informação, mas apenas o Tribunal de Justiça do Estado de Roraima, o Tribunal de Justiça do Estado do Acre, o Tribunal Regional Federal de Justiça da 2ª Região e, o Superior Tribunal de Justiça tem este link, com esse nome e na seção com o nome apropriado à recomendação.

Por outro lado, os portais do Supremo Tribunal Federal, do Tribunal de Justiça de Mato Grosso e do Tribunal Regional do Trabalho da 7ª Região (Ceará) possuem o link "despesas" com outra denominação na seção de acesso à informação. Além disso, nota-se que quinze (15) Cortes fornecem o nome de "despesas" no link, mas é uma seção equivalente e não aquela com o nome padrão de acesso à informação. Mesmo assim, onze (11) portais oferecem essa informação de custos em conexão com outra denominação e em outra parte do site, ou seja, fora da seção de acesso à informação.

Os sites do Tribunal Regional do Trabalho da 19ª Região (Alagoas) e do Tribunal do Estado do Maranhão não oferecem informações sobre despesas. Também o portal do Tribunal de Justiça do Estado do Pará não pode ser avaliado por motivo de erro à conexão de acesso do site. O Tribunal de Justiça do Estado de Alagoas mostra essa informação dispersa no link "Transparência".

Frise-se que a grande maioria dos portais, especificamente cinquenta e cinco (55) deles, expõem os custos de informação com outro nome, diferente da seção indicada e equivalentes, ou seja, não usam o termo "acesso a informação". Portanto, é evidente que a grande maioria está totalmente em desacordo com o que é recomendado pela Lei Brasileira de Acesso à Informação e pelos formulários emitidos.

Há também na Lei o requisito de vincular a despesa ou suas denominações equivalentes aos usuários das páginas no Portal da Transparência. Embora esta ferramenta seja valiosa para o controle social por parte dos cidadãos, cinquenta e oito (58) portais não se referem a esse requisito, apenas onze (11) tribunais atender a essa exigência. A importância de direcionar para o Portal da Transparência é facilitar ao usuário da página analisar e confirmar as informações contidas na página que foi enviada. Em catorze (14) páginas não há link disponível para acessar o Portal da Transparência.

Já os portais do Tribunal Regional do Trabalho da 2ª Região e do Tribunal de Justiça do Estado do Pará não puderam ser analisados devido a erros na página. A situação dos portais do Tribunal Regional Eleitoral de Goiás, o Tribunal Regional Eleitoral do Distrito Federal, o Tribunal Regional Eleitoral da Bahia, o Tribunal Regional Eleitoral de Alagoas, o Tribunal Regional Eleitoral de Pernambuco, o Tribunal Regional Eleitoral da Paraíba e do Tribunal Regional Eleitoral do Ceará são peculiares vez que há o uso do link "Gestão de Orçamento e Finanças" para se referir ao Portal da Transparência, ignorando por completo as recomendações legais.

É necessário que os arquivos com as informações disponíveis nos sites do Poder Judiciário estejam em formatos acessíveis para a maioria dos computadores, por isso, é sugerido que, principalmente no "Acesso à Informação", os dados sejam disponibilizados em formatos eletrônicos abertos e não proprietários, a fim de não criar obstáculos na análise e uso da informação pela pessoa que precisa. Também destaca a necessidade do conteúdo ser publicado *"em um formato modificado que não depende da aquisição de um software proprietário. Evite divulgar dados em formatos que limitem sua reutilização, como PDFs, imagens ou extensões de softwares ou softwares caros"*[18].

Note-se que os formatos PDF não são recomendados porque requerem programas específicos, dificultando a gestão da informação, mas, sessenta (60) Tribunais oferecem seus arquivos neste formato. Além disso, foram encontrados relatórios no formato xls que também requerem um programa específico em onze (11) portais. Uma forma usada por trinta e cinco (35) Tribunais foi abrir o arquivo no navegador próprio, sem a necessidade de outro programa, sendo um facilitador do acesso, especialmente em computadores que não têm muitos programas. No entanto, uma desvantagem desta possibilidade é que ao encaminhar o usuário para outra guia de navegação pode dispersar o objetivo principal, o que torna difícil para voltar para a página original, bem como dificulta a capacidade de gravar o documento pelo cidadão.

Dado que o dever dos tribunais de fornecer relatórios de despesas relacionadas com diárias e passagens decorre tanto da Lei de Acesso à Informação, como do dever de publicidade dos atos da administração pública no presente artigo 37 da Constituição Federal de 1988. Além disso, essas despesas devem ser regidas pelos princípios da economia, eficiência e impessoalidade, sempre prevalecendo o interesse público.

Nesta perspectiva, verificou-se que quarenta e quatro (44) Tribunais não mostraram nenhum relatório de contas para despesas diárias e passagens, em descumprimento com a disposição constitucional. A publicação de um relatório deste tipo deve incluir conteúdo de dados específico que permitem uma visao completa dos gastos com servidores, como o nome da entidade, a unidade de armazenamento, o nome do servidor, o título do trabalho, seções de origem viagem, destino, período e motivo da viagem, a categoria do bilhete, o número diário e seu valor total e o valor dispensado na viagem.

As informações mais difíceis de encontrar são as relacionadas com a unidade de armazenamento (trinta e cinco portais), o nome do órgão de administração (vinte portais) e a categoria de passageiros (vinte portais).

[18] BRASIL. Guia para Criação da Seção de Acesso à Informação nos Sítios Eletrônicos dos órgãos e Entidades Federais. 2. Ed. [2013]. Disponível em: http://www.acessoainformacao.gov.br/lai-para-sic/sic-apoio-orientacoes/guias-eorientacoes/guia_secaositios-sem-logo.pdf. Acesso em: 20 de junho de 2019.

Os dois primeiros requisitos podem demonstrar que os Tribunais não necessitam de maior orçamento e o requisito referente às passagens permite verificar qualquer uso indevido de fundos públicos. Os dados sobre o motivo, o destino e a data da viagem também permitem evitar a despesa em atividades não relacionadas à administração pública.

Inúmeras despesas do Poder Judiciário são relacionadas com pessoal e encargos sociais. Após a observação, pode-se verificar que as informações nos portais são muito completas, o que permite aos usuários obter um entendimento total e discriminado em relação a estas questões. Apenas o portal do Conselho Federal de Justiça não relatou esses aspectos.

Oitenta e nove (89) Tribunais relataram dados sobre pessoal ativo, inativos e aposentadorias. E referindo-se a encargos sociais sobre a remuneração percebe-se que oitenta e quatro (84) tribunais forneceram esta informação e oitenta e três (83) portais forneceram dados sobre os custos de precatórios, RPV e valores de dívida judiciais pagas a servidores/funcionários. Os portais do Tribunal Regional do Trabalho da 2ª Região, o Tribunal de Justiça de São Paulo e o Tribunal de Justiça do Estado da Bahia não puderam ser analisados; e outros portais apresentaram informações adicionais sobre este ponto: como o Tribunal Regional do Trabalho da 23ª Região (Mato Grosso), o Tribunal Regional do Trabalho da 18ª Região (Goiás) e do Tribunal Regional do Trabalho da 24ª Região (Mato Grosso do Sul) apresentam outras despesas com pessoal decorrentes de contratos de subcontratação (§ 1º do art. 18 da Lei de Responsabilidade Fiscal). No entanto, o Tribunal Regional do Trabalho da 21ª Região (Rio Grande do Norte) relatou os custos de sentenças judiciais irrecuperáveis.

Por fim, a análise conclui para verificar se as despesas do Poder Judiciário são cobertas por sua renda, ou seja, pelos recursos arrecadados, que devem ser divididos em: a) os recursos para despesas judiciais; b) o rendimento de depósitos judiciais; c) rendimento de recursos extraordinários; d) recursos na forma de serviços extrajudiciais; e) outros recursos, como o fornecimento de leis específicas; f) outros. Vale ressaltar que em nenhum portal as entradas tiveram um item específico no menu da seção "Acesso à Informação", e sim foram pulverizadas em todos os dados em "Transparência".

Fica evidente que um número significativo dos Tribunais possui as informações básicas relacionadas à renda, uma vez que apenas doze (12) portais não discriminam os dados específicos. No entanto, a maioria significativa tem informações sobre como utilizar o título de custas judiciais (setenta e sete portais) sobre o rendimento dos depósitos judiciais (setenta e seis sites) sobre os recursos para serviços extrajudicial (setenta e dois sites), sobre outros recursos, como a previsão de leis específicas (setenta e um sites). Observa-se que as informações sobre as receitas são de fácil acesso, muito mais do que aquelas relacionadas às despesas de entidades públicas.

É notável que quando se trata de receitas, o sistema é relativamente avançado em comparação com os custos. Uma possível explicação das falhas e da falta de dados sobre os gastos está relacionada com a direção dos esforços de publicações sobre o pessoal e sua remuneração em detrimento do gasto na estrutura e no exercício do serviço público.

Portanto, devemos combinar o papel ativo do Judiciário na sociedade em rede, o uso de portais e páginas on-line para fornecer informações públicas de maneira completa e clara, consistente com um papel ativo dos cidadãos que buscam informações, a participação e o questionamento das decisões. Para que, num futuro próximo, as tecnologias de informação e comunicação possam efetivamente "prover mecanismos que garantam a boa administração, com racionalidade e transparência nos processos de tomada de decisão, de modo a propiciar governos eficientes e probos"[19]

Conclusões

O direito à informação assume uma posição de destaque na sociedade em rede, uma vez que é organizado pela conexão, pela troca e pela velocidade. Ter acesso a uma inimaginável coleção de informações nem sempre significa um aumento no conhecimento da população, mas ao menos fornece instrumentos suficientes ao exercício da democracia. Munidos dessa informação, os cidadãos são qualificados para participar nas decisões relacionadas com a gestão dos assuntos públicos. Eles estão autorizados a questionar as decisões do governo através da informação a que têm acesso, e a pressionar os governos a terem posições sensíveis e direcionadas ao interesse público, através do controle social pela sociedade civil.

Nesse sentido, a tecnologia da informação e comunicação desempenha um papel fundamental no fornecimento e disseminação de dados,

[19] BARROSO, Luís Roberto. Curso de Direito Constitucional. 2 ed. São Paulo: Saraiva, 2010, p. 92.

principalmente por meio do governo eletrônico. Quando também é colocada no mundo virtual, a Administração Pública procura reduzir a lacuna de comunicação com o cidadão. A participação popular nas decisões do governo requer acesso à informação, especialmente no que se acredita na intervenção do qualificada e autorizada, principalmente através do acesso ao que é divulgado nas páginas do governo.

No caso do Judiciário, que sempre foi considerado o Poder mais distante da população, o Governo Eletrônico pode ajudar a mudar essa percepção, a partir de pesquisas como a apresentada neste artigo, que teve como objetivo analisar como os portais do Poder Judiciário vêm implementando a Lei de Acesso à Informação em relação às informações sobre receitas e despesas.

O que foi possível concluir é que uma parcela significativa dos Tribunais não tem conseguido se adaptar às determinações legais que parecem simples, principalmente porque a lei está em vigor há alguns anos, como o caso de fornecer a bandeira de "Acesso à Informação". A falta de uniformidade entre os sites dificulta a navegabilidade para o usuário, que tem que se adaptar a cada layout de página diferente.

E o fato de o Tribunal Regional do Trabalho da 19ª Região e o Tribunal de Justiça do Maranhão não apresentarem dados sobre custos representa uma etapa incipiente da aplicação da LAI e cartilhas publicadas pelo Governo nesta matéria. Não ter publicidade das informações sobre gastos está prejudicando diretamente o direito à informação e impede que os cidadãos participem do controle de gastos do dinheiro público.

No caso das informações sobre pessoal e encargos, os tribunais mostraram um alto grau de conformidade com a lei, o que demonstra que é possível aperfeiçoar este resultado com uma maior facilidade e o comprometimento deste Poder na disseminação da informação. Hoje, a prioridade é veicular dados que não estão diretamente vinculados com as despesas, ou seja, os Tribunais priorizam as informações relacionadas com recursos humanos em detrimento dos gastos institucionais.

As informações sobre as receitas também se mostraram mais acessíveis do que os gastos públicos e, novamente, pode-se concluir que há menos intervenção do Poder Judiciário na divulgação completa de suas despesas.

Levando em conta o exposto, fica evidente que, até certa medida, a Lei de Acesso à Informação Brasileira está sendo cumprida pelos portais dos Tribunais; mas, em alguns pontos importantes, falta-lhes investimento e comprometimento na publicação de informações. Mais uma vez, deve-se notar que o direito à informação é fundamental para o desenvolvimento do processo democrático e, portanto, as páginas oficiais do Judiciário têm que lutar pela transparência e superar a cultura do sigilo que uma vez prevaleceu no país, dando meios aos movimentos sociais de participarem no controle dos gastos do Poder Judiciário.

Referências

AKUTSU, Luiz; PINHO, José Antonio Gomes de. **Sociedade da informação, accountability e democracia delegativa: investigação em portais de governo no Brasil.** Disponível em: http://bibliotecadigital.fgv.br/ojs/index.php/rap/article/viewFile/6461/5045>. Acesso em 16 de junho de 2019.

BARROSO, Luís Roberto. **Curso de Direito Constitucional.** 2 ed. São Paulo: Saraiva, 2010.

BRASIL. **Guia para Criação da Seção de Acesso à Informação nos Sítios Eletrônicos dos órgãos e Entidades Federais.** Disponível em: http://www.acessoainformacao.gov.br/lai-para-sic/sic-apoio-orientacoes/guias-eorientacoes/guia_secaositios-sem-logo.pdf. Acesso em: 20 de junho de 2019.

CAMPOS, Anna Maria. **Accountability: quando poderemos traduzi-la para o português?** Disponível em: http://ebape.fgv.br/sites/ebape.fgv.br/files/rap8_0.pdf. Acesso em 18 junho de 2019.

CARDOSO, Gustavo. **A mídia na sociedade em rede: filtros, vitrines, notícias.** Rio de Janeiro: FGV, 2007, p. 313.

CASTELLS, Manuel. **A sociedade em Rede: do Conhecimento à Política.** In: Conferência promovida pelo Presidente da República, 2005, Lisboa, A sociedade em Rede: do Conhecimento à acção política. Lisboa: CASTELLS, Manuel; CARDOSO, Gustavo (Orgs.), 2005. p.17-30.

GORCZEVCKI, Clovis; CUNHA, Camila Santos da. **A Cidadania no Estado Democrático de Direito – a necessária concretização da cidadania participativa como condição imperiosa de reconhecimento do novo cidadão.** In: CECATO, Maria Aurea Baroni; MISAILIDIS, Mirta Lerena; LEAL, Mônia Clarissa Hannig; MEZZAROBA, Orides. Estado, Jurisdição e Novos Atores Sociais. São Paulo: Conceitual Editorial, 2005, p. 187-188.

MARTINS, Paula Lígia. **Acesso à informação: um direito fundamental e instrumental.** Acervo: Rio de Janeiro, 2011.

NICOLA, Ricardo. **Cibercidadania: e aí?** Disponível em: http://utoronto.academia.edu/RicardoNicola/Papers/359546/Cibercidadania_E_ai_Cyber_Citizenship_Whats_Up_. Acesso em 18 de junho de 2019.

PÉREZ LUÑO, Antonio-Enrique. **¿Ciberciudadaní@ o ciudadaní@.com?** Barcelona: Editorial Gedisa, 2004.

PÉREZ-LUÑO, Antonio Enrique. **Las generaciones de Derechos Humanos.** Revista Direitos Emergentes na Sociedade Global. v.2, n.1, p.163-196, jan./jun. 2013.

PINHO, José Antonio Gomes de. **Investigando portais de governo eletrônico de estados no Brasil: muita tecnologia, pouca democracia.** Rev. Adm. Pública, Rio de Janeiro, v. 42, n. 3, jun. 2008.

ROVER, Aires José. **A democracia digital possível.** Revista Seqüência, n.52, p. 85-104, jul. 2006.

SANTOS, Boaventura de Sousa. **Os tribunais e as novas tecnologias de comunicação e informação.** Sociologias, Porto Alegre, ano 7, nº13, jan/jun 2005, p. 82-109.

SANTOS, Boaventura de Sousa. **Reinventar la democracia, reinventar el estado.** Buenos Aires: CLACSO, 2006.

VIRILIO, Paul. **Estratégia da decepção.** São Paulo: Estação Liberdade, 2000.

WEBER, Maria Helena. **Estratégias de comunicação do Estado e a disputa por visibilidade de opinião.** In: KUNSCH, Margarida Maria Krohling. Comunicação Pública, sociedade e cidadania. São Caetano do Sul: Difusão Editora, 2011.

12. Constituição, Estado e Novas Tecnologias: uma Análise à Luz da Perspectiva Brasileira

Cláudio Finkelstein

Fernando Maluf

Introdução

Há uma questão que há algum tempo transita no consciente de todo pesquisador interessado nos debates contemporâneos ligadas à modernidade: em que medida a velocidade com que a tecnologia tem trazido mudanças nas interações sociais poderá ser acompanhada por alterações no nosso ordenamento jurídico. O Direito acompanha essa evolução?

Para responder esta questão é necessário fazer uma digressão histórica. Três importantes revoluções moldaram o curso da história[1]. A Revolução Cognitiva foi o primeiro passo para a vida em sociedade como conhecemos hoje. O desenvolvimento, pelo homem, de uma capacidade ímpar de transmitir informações. A Revolução Agrícola, na sequência, transformou a maneira como o homem vivia até então. Caçadores-coletores nômades deram espaço a agricultores sedentários, com uma nova habilidade de cultivo de plantas e animais. A Revolução Científica, enfim, mudou o jeito que o homem encara o mundo ao seu redor. Diante de um horizonte de descobertas sem limites, começou a busca interminável pelo conhecimento e pelo aprimoramento.

Os avanços da sociedade, no entanto, não pararam por aí. Cinco séculos depois, os investimentos em pesquisa ligaram, por computadores e em tempo real, cerca de 7 bilhões de pessoas. Vivemos uma nova revolução,

[1] HARARI, Yuval Noah. *Sapiens – A Brief History of Humankind*. São Paulo: L&PM, 2015, p. 15.

a Revolução Tecnológica[2]. Um caminho sem volta que, como nos eventos anteriores, influencia a maneira do homem interagir em sociedade e transforma, de uma forma única e determinante, a economia e as relações sociais.

Na Revolução Tecnológica, a internet e os aparelhos celulares desempenham um papel fundamental[3]. Como principais meios de comunicação da atualidade, abrem ao homem um moderno universo de negócios e formas de interação. Um resultado positivo desse novo tempo que começa é, indiscutivelmente, a "economia compartilhada"[4], também conhecida como "*peer to peer economy*", "*sharing economy*", "*peer production economy*", "*crowndsourcing*" ou "economia colaborativa".

A economia compartilhada é uma nova etapa no processo de desenvolvimento econômico. Por intermédio de plataformas de tecnologia, o modelo de negócios predominante até então, de propriedade individual, consumo em massa e acúmulo de bens, passa a dar lugar a um modelo disruptivo que privilegia, com a colaboração entre os indivíduos, o compartilhamento de bens e serviços[5]. Representa, como assinalam Carlos Affonso Souza e Ronaldo Lemos, "*o uso de tecnologia da informação em prol*

[2] Palestra do Ministro Luís Roberto Barroso. Intérprete: Ministro Luís Roberto Barroso. São Paulo: Exame.com, 2017. (44 min.). Série A Revolução do Novo – A transformação do Mundo. Disponível em: <https://youtu.be/_estguWPT1M>. Acesso em: 14 de maio de 2018.

[3] Segundo levantamento realizado pela Fundação Getúlio Vargas, o número de smartphones superou o número de computadores, sendo 306 milhões de celulares com acesso à internet, conforme noticiado no jornal Valor Econômico em 16/04/2015: <http://www.valor.com.br/empresas/4010440/numero-de-smartphones-passa-o-de-computadores-e-tablets-no-brasil>. Acesso em: 14 de maio de 2018.

[4] Descrita pela Revista Time no ano de 2011 como uma das "10 ideias que mudarão o mundo" Disponível em: <http://time.com/3687305/testing-the-sharing-economy/>. Acesso em: 14 de maio de 2018.

[5] BENKLER, Yochai. *The wealth of networks: how social production transforms markets and freedom*. Yale University Press. 2006, p. 39;
BOTSMAN, Rachel. ROGERS, Roo. *What's mine is yours: the rise of collaborative consumption. Harper Collins Publishers*. 2010, p. 131;
HOWE, Jeff. *Crowdsourcing: why the power of the crowd is driving the future of business. Crown Business*. 2008, p. 43; e
SUNDARARAJAN, Arun. *The Sharing Economy. Cambridge*: The MIT Press, 2016.

da otimização do uso de recursos através de sua redistribuição, compartilhamento e aproveitamento de suas capacidades excedentes"[6].

Esse fenômeno, que começou com lojas virtuais que uniam fabricantes e fornecedores de produtos aos consumidores interessados em adquiri-los, hoje não só permite, como fomenta e viabiliza a união entre empresas, empreendedores, colaboradores com potencial para gerar recursos (monetização, tempo, informações, dentre outros), e pessoas à procura de determinados bens e serviços num ambiente etéreo, até então desconhecido. É possível contratar, pela internet e pelos aparelhos celulares, uma manicure para atender em casa, um chef para cozinhar um jantar entre amigos ou um treinador para cuidar do animal de estimação, para citar alguns exemplos.

Os benefícios desse modelo disruptivo de negócios são diversos. Recursos que não seriam explorados passam, com o auxílio da tecnologia, a exercer uma verdadeira função social (a exemplo do veículo do motorista particular que, no ócio, ficaria parado). Custos de transação que por serem estanques chegam, em determinados casos, a praticamente zero[7] (a exemplo de músicos que, pela internet, divulgam seu trabalho a milhões de pessoas ou 'lojas' que vendem produtos sem ter expedição ou estoque próprio). O uso de bens e a prestação de serviços não se dá mais

[6] LEMOS, Ronaldo; SOUZA, Carlos Affonso Pereira de. Aspectos jurídicos da economia de compartilhamento: função social e tutela da confiança. Revista de Direito da Cidade, Belo Horizonte, vol. 08, nº. 04, p. 1757-1777, p. 1759.

[7] Sobre a redução de custos de transação como um resultado prático da adoção do novo modelo disruptivo de negócios, Clayon M. Chistensen e Michael E. Raynor assinalam que "*Often, the innovations that enable low-end disruption are improvements that reduce overhead costs, enabling a company to earn attractive returns on lower gross margins, coupled with improvements in manufacturing or business processes that turn assets faster*" (CHRISTENSEN, C. M.; RAYNOR, M. E. *Innovator's Solution: Creating and Sustaining Successful*. Boston, MA: Harvard Business School Press, 2003.p. 50).

Ainda sobre o tema, o professor da Universidade de Toronto, Ejan Mackaay, ressalta que "*Transaction costs may evolve over time. Advances in transportation and communication technologies may change them. A rule that might have made sense as a correction for substantial transaction costs in earlier times may cease to be justified when these costs change. Regulation of sewage disposal, water, electricity, telecommunications that appeared justified so long as these industries looked like natural monopolies cease to be apposite when technical advances make us realise that these services can very well be offered on a competitive basis.*" (MACKAAY, Ejan. *Law and Economics for Civil Law Systems*. Cheltenham: Edward Elgar, 2013. p. 11).

de forma permanente, mas de forma sustentável (encontra lugar só quando for, de fato, necessária). Ganha lugar, ainda, uma racionalização do uso dos recursos existentes, que privilegia o uso consciente e a preservação ambiental (a exemplo das bicicletas e patinetes elétricos que vêm sendo usados como meios de locomoção urbanos). Os dados coletados são, por fim, revertidos para o melhoramento da qualidade de vida (a exemplo do provedor de aplicação *Waze*, que, hoje, desempenha papel essencial no mapeamento e controle de trânsito dos grandes centos urbanos).

A economia compartilhada é, portanto, uma realidade[8]. *Uber, Airbnb, Rappi, 99, Grow Mobility*[9], *Tembici* e *iFood* são alguns exemplos de sucesso dessa tendência mundial que só cresce. Cada dia que passa, surge um novo *player* em determinado mercado. Afinal, graças ao novo modelo disruptivo de negócios, tudo pode ser compartilhado. São infinitas possibilidades[10].

[8] E esse fenômeno econômico atinge cada vez números mais surpreendentes. De acordo com a Revista Forbes, no ano de 2014, aproximadamente US$ 3,5 bilhões de dólares foram movimentados na economia compartilhada a nível global, um aumento percentual de 25% em relação às transações no ano anterior. Disponível em: <http://bibliotecadigital.fgv.br/dspace/bitstream/handle/10438/18082/RLT%20-%20DISSERTACAO%20MESTRADO%20-%202017.pdf?sequence=3&isAllowed=y> Acesso em: 14 de maio de 2018.

[9] Resultado da fusão das *startups* de mobilidade urbana Grin e Yellow, anunciada em 30.01.2019.

[10] Sobre a infinidade da criatividade e do alcance das novas tecnologias, não poderíamos deixar de mencionar neste artigo a criptomoeda Libra, anunciada pelo Facebook em 18.06.2019, que, contrariando fronteiras antes tidas como insuperáveis, declaradamente pretende "*would make sending money across the world as easy as texting. It would do away with fees, delays and other barriers to the flow of cash. It might give those in less developed countries access to the financial system and a means to protect hard-earned wages against runaway inflation. It could trigger a wave of innovation in finance, much as the internet did in online services*". (The Economist. Coin Flip – The social network's grand designs for virtual cash could be surprisingly consequential-including for itself. 22nd June to 28th. San Francisco: 2019, p. 49).
Com o anúncio e a promessa de lançamento dentro de um ano, o Facebook também trouxe à tona uma série de parceiros que farão parte do projeto – Mastercard, Paypal, Uber e Spotify, para citar alguns exemplos – e que contribuirão para que, com o uso da Libra, os usuários possam pagar contas, fazer compras, utilizar do transporte público, dentre outras rotineiras transações do dia a dia.
Naturalmente, as discussões sobre o uso de referida criptomoeda criada pelo Facebook ainda são embrionárias e certamente deverão ser pormenorizadas no momento e forma adequados, notadamente no que se refere ao Brasil, onde, até agora, inexiste regulação definitiva sobre o mercado de criptomoedas.

Neste cenário de desenvolvimento sem precedentes, o esperado era que, ameaçados por novos concorrentes, os agentes econômicos até então presentes buscassem se adaptar e melhorar a qualidade dos bens e serviços, em evidente benefício aos consumidores e à sociedade em geral. Da mesma forma, desafiada pela vertente tecnológica que permeia o direito administrativo[11], o mais razoável seria que eventual regulação pelo Estado fosse em encontro a essa nova cultura paradigmática, como estímulo à livre iniciativa, livre concorrência, livre exercício de qualquer trabalho, ofício ou profissão e inovação, todos direitos fundamentais prestigiados na Constituição da República.

Contudo, no Brasil não tem sido esse o resultado alcançado. Conforme avançam, as novas tecnologias têm encontrado resistência não só por parte dos agentes econômicos dominantes[12], como também por parte do Estado, que teme perder o protagonismo regulatório.[13] É o que aconteceu,

[11] Floriano de Azevedo Marques Neto e Rafael Véras de Freitas são categóricos ao afirmar que *"As concepções clássicas do direito administrativo são sempre desafiadas por três vetores: o aumento da consciência do cidadão (vertente política), as realidades ditadas pela dinâmica do mercado (vertente econômica) e a evolução do conhecimento aplicado (vertente tecnológica). (...) a vertente tecnológica permitiu que a introdução de novas tecnologias forcejasse novos equipamentos e insumos que reduziram os custos da implantação de redes (relativizando certos segmentos classicamente considerados monopólio natural), ensejando competição entre plataformas tecnológicas e a conexão entre redes antes incomunicáveis"*. (FREITAS, Rafael Véras de; MARQUES NETO, Floriano de Azevedo. Uber, WhatsApp, Netflix: os novos quadrantes da publicatio e da assimetria regulatória. Revista de Direito Público da Economia – RDPE, Belo Horizonte, ano 14, nº. 55, p. 75-108, out/dez 2016, p. 75/76).

[12] Conforme alerta a Ministra Fátima Nancy Andrighi: *"De fato, a discussão sobre a proibição ou não de aplicativos de intermediação de contrato de transporte não pode ser pautada exclusivamente pela pressão política de certas categorias profissionais, como vem sendo feito, mas deve ser feita precipuamente no interesse dos consumidores do serviço de 'transporte privado individual', afinal é do interesse do consumidor – e deveria ser também do Estado, por força do artigo 170 inciso IV da Constituição – que a livre concorrência seja fomentada e não restringida. São os consumidores que devem ser os primeiros a serem ouvidos quando o Estado pretende proibir qualquer atividade econômica lícita"* (ANDRIGHI, Fátima Nancy. *Uber: a regulação de aplicativos de intermediação de contrato de transporte. Revista de Direito Administrativo – RDA*, Belo Horizonte, ano 2016, n. 271, jan./abr. 2016).

[13] Neste tocante, Floriano de Azevedo Marques Neto e Rafael Véras de Freitas advertem que *"quando a inovação disruptiva tem lugar em setores regulados (serviços públicos tradicionais, por exemplo), a questão se apresenta mais complexa. A reação natural dos agentes econômicos dominantes se soma ao estranhamento do regulador estatal (que vê o risco de perder o protagonismo regulatório frente à contestação de mercado) e à baixa aderência das novas tecnologias a um framework que não as*

pouco tempo atrás, no mercado de transporte remunerado individual de pessoas[14] – popularmente conhecido como *Uber*, cuja discussão deu origem à Arguição de Descumprimento de Preceito Fundamental atuada sob nº. 449/DF[15] e ao Recurso Extraordinário nº. 1.054.110/SP[16], recém julgadas pelo Supremo Tribunal Federal – e que, recentemente, voltou aos holofotes, diante da controvérsia sobre o uso de bicicletas e patinetes elétricos como meios de locomoção urbanos[17].

Corremos risco, portanto, de um verdadeiro retrocesso. Como os ludistas[18] que, contrários aos avanços tecnológicos ocorridos na Revolução Industrial, quebravam as máquinas em protesto à substituição da mão-de-obra humana, o Estado, contrário ao novo modelo disruptivo de negócios advindo da Revolução Tecnológica, tem exercitado uma excessiva reação regulatória[19]. Porém, como será explorado adiante, sob a perspectiva da Constituição da República, não há espaço para qualquer intervenção econômica sob falsas pretensões.

A pergunta é: até onde é possível, ao Estado, proibir ou restringir arbitrariamente a atividade econômica dos particulares? Este artigo se

tem em consideração". (FREITAS, Rafael Véras de; MARQUES NETO, Floriano de Azevedo. Uber, WhatsApp, Netflix: os novos quadrantes da publicatio e da assimetria regulatória. Revista de Direito Público da Economia – RDPE, Belo Horizonte, ano 14, nº. 55, p. 75-108, out/dez 2016, p. 80).

14 Tema 967 da Repercussão Geral perante o Supremo Tribunal Federal.

15 Arguição de Descumprimento de Preceito Fundamental ajuizada pelo Partido Social Liberal com a finalidade de discutir a constitucionalidade da Lei do Município de Fortaleza nº. 10.553 de 23 de dezembro de 2016, julgada em 08.05.2019.

16 Recurso Extraordinário originado de Ação Direta de Inconstitucionalidade ajuizada pela Confederação Nacional dos Serviços com a finalidade de discutir a constitucionalidade da Lei do Município de Fortaleza nº. 16.279/2015 de 08 de outubro de 2015, julgado em 08.05.2019.

17 Hoje tem sido objeto de ampla discussão a intervenção do Estado, por intermédio de regulamentação, nas atividades de locação de bicicletas e patinetes elétricos, notadamente diante do Decreto Municipal nº. 58.750/2019, publicado no Diário Oficial pela Prefeitura da Cidade de São Paulo em 14.05.2019 – que já está sendo impugnada no Poder Judiciário –, bem como do Projeto de Lei nº. 535/2019, aprovado pela Assembleia Legislativa do Rio de Janeiro em 13.06.2019, que ainda aguardava sanção do governador do Estado do Rio de Janeiro na data da elaboração deste artigo.

18 ARAUJO, Daniel de. História Geral. São Paulo: Saraiva, 2016. p. 80.

19 INTERNATIONAL TRANSPORT FORUM, 2016, Paris. App-Based Ride and Taxis Services: Principles for Regulation. Paris: OECD, 2016. p. 9.

presta justamente à análise prática da eficiência dos direitos fundamentais enquanto barreiras a esses entraves econômicos que vêm sendo criados pelo ente estatal no campo das novas tecnologias, à luz da legislação brasileira e da jurisprudência da respectiva corte constitucional. Serão abordados, nas próximas páginas, os limites que surgem como resultado lógico do bom emprego dos princípios da livre iniciativa, livre concorrência; livre exercício de qualquer trabalho, ofício ou profissão; e inovação[20].

1. As barreiras à intervenção econômica à luz da livre iniciativa

A Constituição teve o cuidado de enaltecer e assegurar, logo no primeiro artigo, os elementos inerentes à formação do Estado e os fundamentos da República Federativa do Brasil. Os primeiros (elementos que dão forma ao Estado), presentes no *caput*, são a indissolubilidade da Federação e o Estado Democrático de Direito. Os demais (fundamentos que erigem a República), elencados nos incisos que o seguem, são a soberania, a cidadania, a dignidade da pessoa humana, a livre iniciativa, os valores sociais do trabalho e o pluralismo político.

[20] Quanto ao papel fundamental dos princípios constitucionais na interpretação das relações jurídicas, Daniel Sarmento enaltece que "*Como normas jurídicas, os princípios constitucionais estabelecem limites para o legislador infraconstitucional e para a Administração, cuja inobservância enseja a invalidade das normas e dos atos que os contravenham. Eles também incidem diretamente sobre as relações sociais, impondo comportamentos positivos e negativos ao Estado e a particulares. Além disso – e este é o ponto que nos interessa no momento –, os princípios constitucionais são vetores fundamentais na interpretação da ordem jurídica*". (SARMENTO, Daniel. Ordem Constitucional Econômica, Liberdade e Transporte Individual de Passageiros: O "caso Uber". Rio de Janeiro: 2016. Disponível em: <https://pt.scribd.com/document/273284827/O-Caso-Uber-Daniel-Sarmento>. Acesso em: 20 de maio de 2018. p. 4).
Em sentido semelhante, o Ministro Luís Roberto Barroso esclarece que "*A eficácia interpretativa consiste em que o sentido e alcance das normas jurídicas em geral devem ser fixados tendo em conta os valores e fins abrigados pelos princípios constitucionais. Funcionam eles, assim, como vetores da atividade do intérprete, sobretudo na aplicação de normas jurídicas que comportam mais de uma possibilidade interpretativa. (...) Em suma: a eficácia dos princípios constitucionais, nessa acepção, consiste em orientar a interpretação das regras em geral (constitucionais e infraconstitucionais), para que o intérprete faça a opção, dentre as possíveis exegeses para o caso, por aquela que realiza melhor o efeito pretendido pelo princípio constitucional pertinente.*" (BARROSO, Luís Roberto. *Curso de Direito Constitucional: Os conceitos fundamentais e a construção do novo modelo.* São Paulo: Saraiva, 2009, p. 319).

O princípio da livre iniciativa desempenha, assim, verdadeiro protagonismo[21]. O constituinte brasileiro decidiu não só positivá-lo, como elevá-lo à condição de fundamento da República. A decisão não poderia ter sido mais acertada. Após duas décadas de ditatura, marcada por repetitivos episódios de restrição a direitos do cidadão e absoluto dirigismo estatal, nada mais justo que a nova Constituição, marco inicial do convívio democrático, consagrar a liberdade que havia sido até então cerceada pelo regime militar. À luz da ordem econômica, essa liberdade está representada, sobretudo, pela livre iniciativa[22].

Com origem na Revolução Francesa[23] e típico de Estados que adotam o modelo capitalista,[24] o princípio da livre iniciativa consiste na regra

[21] Sobre o pioneirismo da Constituição brasileira ao consagrar o princípio da livre iniciativa, o Ministro Luiz Fux, enalteceu no recente julgamento da Arguição de Descumprimento de Preceito Fundamental atuada sob nº. 449/DF que "*Nem mesmo a Constituição norte-americana de 1789, precursora do modelo de constitucionalismo liberal, consagra um mandamento equivalente à liberdade de iniciativa garantida pelos artigos 1º, IV, e 170 da Constituição brasileira. Por esse motivo, não se pode reduzir essa cláusula fundamental, insculpida na Carta de 1988 com o destaque de fundamento da República e sem paralelo na ampla maioria dos textos constitucionais de outras nações, a mero capricho retórico do constituinte, para afastar ou restringir injustificadamente o controle judicial de atos normativos que afrontem liberdades econômicas básicas*". (ADPF nº. 449/DF, STF, Tribunal Pleno, j. 08.05.2019).

[22] É expresso, nesse sentido, o artigo 170 da Constituição da República: "*A ordem econômica, fundada na valorização do trabalho humano e na livre iniciativa, tem por fim assegurar a todos existência digna, conforme os ditames da justiça social*".

[23] Onde a burguesia lutava contra as restrições e privilégios que obstruíam o exercício da atividade econômica, como ressalta Norbert Elias "*Só quando formas burguesas de existência não mais baseadas em privilégios de classe emergiram em número cada vez maior no tecido da sociedade, quando, como resultado, um setor sempre maior da sociedade reconheceu esses direitos especiais garantidos ou criados pelo governo como um sério impedimento a toda a rede funcionalmente dividida de processos, só então surgiram forças sociais que puderam opor-se decisivamente à nobreza e que se esforçaram por eliminar não apenas privilégios particulares dos nobres, mas a própria instituição social dos privilégios a eles concedidos*". (ELIAS, Norbert. O Processo Civilizador: Volume 2. Rio de Janeiro: Zahar, 1993. p. 153).

[24] Nesse sentido, Ana Paula de Barcellos e Luís Roberto Barroso advertem que "*Como se sabe, a opção pela valorização da liberdade econômica é típica dos Estados que adotam o modo de produção capitalista, mais do que nunca dominante. Isso não significa, porém, que a Constituição haja consagrado o liberalismo econômico extremado como opção normativa. Embora a adoção de uma economia de mercado exclua determinadas formas de intervenção estatal na economia, é certo que a presença do Poder Público nesse domínio deve ser graduada segundo as opções políticas de cada momento, respeitados os limites e exigências constitucionais. Para um estudo mais aprofundado acerca da influência*

geral de produção que hoje vigora no Brasil, segundo a qual é assegurado a todo e qualquer cidadão, de modo amplo, iniciar, organizar e gerir determinada atividade econômica. Nas palavras de Daniel Sarmento, "trata-se de princípio estruturante da ordem jurídica capitalista, que preconiza a liberdade dos agentes privados – indivíduos, coletividades ou empresas – para empreenderem atividades econômicas, no ambiente do mercado"[25].

Não se trata, contudo, de uma expressão isolada da ideia geral de liberdade. Seu conteúdo está intimamente relacionado a uma série de princípios constitucionais, a exemplo da legalidade, da autonomia da vontade, da liberdade profissional e da valorização do trabalho humano. Aliás, o Ministro Luís Roberto Barroso, adverte que o princípio da livre iniciativa transcende a mera esfera econômica, de modo que o "Estado não pode determinar onde um indivíduo vai morar, qual profissão vai seguir, o que vai fazer com o seu dinheiro ou a quem vai ajudar ou deixar de ajudar".[26]

dos valores aqui referidos sobre as ordens econômica e social, recomenda-se a leitura dos comentários aos arts. 170 e 193 da Constituição" (BARCELLOS, Ana Paula de; BARROSO, Luís Roberto. *Os Valores Sociais da Livre-Iniciativa*. In: CANOTILHO, J.J. Gomes et al (Coord.). Comentários à Constituição do Brasil. São Paulo: Saraiva/Almedina, 2013. p. 133).

[25] SARMENTO, Daniel. Ordem Constitucional Econômica, Liberdade e Transporte Individual de Passageiros: O "caso Uber". Rio de Janeiro: 2016. Disponível em: <https://pt.scribd.com/document/273284827/O-Caso-Uber-Daniel-Sarmento>. Acesso em: 20 de maio de 2018. p. 6.

Em sentido semelhante, Francisco Amaral descreve que a livre iniciativa representa "*a liberdade dos particulares de utilizarem recursos materiais e humanos na organização de sua atividade produtiva, liberdade, enfim, dos particulares de decidirem o que, quando e como produzir*" (AMARAL, Francisco. A liberdade de iniciativa econômica. Fundamentos, natureza e garantia constitucional. *Revista de Informação Legislativa*, nº. 92, 1996, p. 228).

Ainda sobre o tema, Miguel Reale discorre que"*(...) não é senão a projeção da liberdade individual no plano da produção, circulação e distribuição de riquezas, assegurando não apenas a livre escolha das profissoes e atividades econômicas, mas também a autônoma eleição dos processos ou meios julgados mais adequados à consecução dos fins visados. Liberdade de fins e de meios informa o princípio de livre iniciativa, conferindo-lhe um valor primordial, como resulta da interpretação conjugada dos citados arts. 1º e 170*" (REALE, Miguel. "O Plano Collor II e a intervenção do Estado na ordem econômica". In: *Temas de Direito Positivo*. São Paulo: RT, 1992, p. 249).

[26] BARROSO, Luís Roberto. Estado e livre-iniciativa na experiência constitucional brasileira. *A nova regulação da infraestrutura e da mineração*. Leonardo Coelho Ribeiro, Bruno Feigelson, Rafael Véras de Freitas (coord.). Belo Horizonte: Fórum, 2015, p. 27.

Como consequência lógica, o princípio da livre iniciativa também está presente, implícita e explicitamente, na legislação infraconstitucional. No Marco Civil da Internet, pode ser encontrado como fundamento (artigo 2º, inciso V); como princípio (artigo 3º, inciso VIII, ao assegurar a "*liberdade dos modelos de negócios promovidos na internet*") e como objetivo (artigo 4º, inciso III, ao incentivar a promoção "*da inovação e do fomento à ampla difusão de novas tecnologias e modelos de uso e acesso*") do uso da internet no Brasil. O motivo é simples: é preciso liberdade para que as pessoas criem na internet.

Não se desconhece que, em tese, essa liberdade não é absoluta[27]. Como toda regra, o princípio da livre iniciativa admite uma exceção: a intervenção econômica[28]. O Estado pode – ou melhor, deve – mitigá-lo sempre que demonstrar necessário para a correção de falhas de mercado, a proteção de outros direitos fundamentais ou a promoção de objetivos sociais coletivos (respeitadas, por óbvio, as exigências constitucionais e os limites da proporcionalidade)[29].

[27] Até porque a Constituição da República ora vigente não chancelou o liberalismo econômico extremo.

[28] Sobre os limites do princípio da livre iniciativa, Carlos Affonso Souza e Ronaldo Lemos assumem que "*Como é sabido, o regime geral de exploração das atividades econômicas previsto pela Constituição de 1988 é o da livre iniciativa. Em termos objetivos, isso significa que os diversos setores da economia brasileira são, em geral, explorados em regime privado (atividades econômicas em sentido estrito), com livre entrada e permanência dos empresários interessados em desenvolver atividades comerciais. Para essas atividades econômicas em sentido estrito, a Constituição brasileira pressupõe a livre concorrência como fator de controle suficiente, vedado o abuso de poder econômico*". (LEMOS, Ronaldo; SOUZA, Carlos Affonso Pereira de. Marco civil da internet: construção e aplicação. Juiz de Fora: Editar Editora Associada Ltda, 2016, p. 45).
De forma ainda mais precisa, quanto ao tema, Daniel Sarmento esclarece que "*(...) o princípio da livre iniciativa não ostenta caráter absoluto e incondicional na ordem constitucional brasileira. Afinal, a Constituição de 88 está longe de consagrar um modelo econômico libertário, à moda do laissez-faire do século XIX, como se percebe de outros fundamentos, objetivos e princípios também contemplados no seu art. 170 – e.g., "valorização trabalho humano", "existência digna", "justiça social", "função social da propriedade", "defesa do meio ambiente", "redução das desigualdades regionais e sociais*". SARMENTO, Daniel. Ordem Constitucional Econômica, Liberdade e Transporte Individual de Passageiros: O "caso Uber". Rio de Janeiro: 2016. Disponível em: <https://pt.scribd.com/document/273284827/O-Caso-Uber-Daniel-Sarmento>. Acesso em: 20 de maio de 2018. p. 7.

[29] Nesse sentido, ao julgar o caso Uber, o Ministro Luís Roberto Barroso alertou que "*(...) ainda que não se tenha uma definição abstrata da intensidade de interferência na ordem econômica,*

A exceção ao princípio da livre iniciativa, entretanto, parece-nos não encontrar lugar na disciplina das novas relações jurídico-econômicas surgidas na Revolução Tecnológica[30]. Isso porque qualquer mitigação da flexibilidade hoje existente no cenário do uso da internet no Brasil tende a figurar como um desestímulo – capaz de engessar – ou um retrocesso – capaz de extinguir permanentemente – os novos modelos de negócio advindos dos avanços da tecnologia, prejudicando, por consequência lógica, o desenvolvimento econômico do país como um todo.

Nesse sentido, o Ministro Luiz Fux, alertou no recente julgamento do caso Uber que "o enriquecimento dos mais pobres é resultado direto de uma economia mais produtiva, ao passo que são condições fundamentais para tanto a ausência de intervenções arbitrárias por parte dos governantes e a garantia da liberdade de organização econômica".[31] E, no outro incidente afeto à matéria, o Ministro Luís Roberto Barroso, arrematou que "a admissão da interferência do Estado, qualquer que seja a solução hermenêutica para harmonização dos princípios do art. 170 da Constituição, não pode contrariar ou esvaziar a livre iniciativa (...)".[32]

Diante das novas tecnologias, pois, o princípio da livre iniciativa, encampado pela Constituição brasileira e incorporado pelo Marco Civil da Internet, deve ser privilegiado em face da intervenção econômica, com a criação de condições que incentivem a liberdade dos agentes econômicos no desenvolvimento de novos modelos de negócio.

é incontroverso que há fundamento para intervenção do Estado nos casos em que verificada a impossibilidade de o sistema de livre mercado produzir os comportamentos ou resultados incentivados ou tutelados pela Constituição.Para além da ideia de simples correção de falhas de mercado, a intervenção se justifica inclusive para promoção de direitos fundamentais, inclusão de grupos minoritários, proteção de direitos intergeracionais e para defesa de valores sociais e culturais" (Recurso Extraordinário nº. 1.054.110/SP, STF, Tribunal Pleno, j. 08.05.2019).

30 A esse propósito, ao julgar, o Tribunal de Justiça do Estado de São Paulo reconheceu "*quanto mais a intervenção estatal afetar os valores da livre iniciativa, maior a exigência de razões jurídico-constitucionais relevantes legitimadoras desta interferência do ente público*" ao sentenciar a Ação Direta de Inconstitucionalidade que deu origem ao Recurso Extraordinário (ADIN 2216901-06.2015.8.26.0000, Rel. Des. Francisco Casconi, j. em 05/10/2016).

31 ADPF nº. 449/DF, STF, Tribunal Pleno, j. 08.05.2019.

32 Recurso Extraordinário nº. 1.054.110/SP, STF, Tribunal Pleno, j. 08.05.2019.

2. As barreiras à intervenção econômica à luz da livre concorrência

A ordem econômica nacional consagrada pela Constituição da República está construída com base em fundamentos, citados no *caput* (valorização do trabalho humano e livre iniciativa), aliados a uma série de princípios, elencados nos incisos que o seguem. Em que pese todos esses princípios sejam indispensáveis ao bom funcionamento da economia no Brasil, desempenha um papel determinante a livre concorrência (inciso IV).

Como um verdadeiro desdobramento da liberdade de iniciativa, o princípio da livre concorrência, cuja origem histórica também remonta a Revolução Francesa[33], busca proteger a competição entre os agentes econômicos presentes no mercado, de modo a promover uma melhoria da eficiência econômica e, com isso, torná-lo mais atrativo aos interessados e seguro aos consumidores.

O raciocínio por trás da livre concorrência é bem simples: quanto maior o número de *players* competindo em determinado segmento, melhor será a alocação de recursos, a definição de preços e a preocupação com a qualidade dos serviços e produtos, porque disputam a mesma clientela[34]. Sobre essa perspectiva, o Ministro do Supremo Tribunal Federal, Luís Roberto Barroso, enaltece que "a competição entre os agentes econômicos, de um lado, e a liberdade de escolha dos consumidores, de outro, produzirão os melhores resultados sociais: qualidade dos bens e serviços e preço justo".[35]

O cenário não é diferente no âmbito das novas tecnologias. O princípio da livre concorrência, elevado a fundamento do uso da internet no Brasil

[33] BAGNOLI, Vicente. Introdução ao direito da concorrência: Brasil, Globalização, União Européia, Mercosul, ALCA. São Paulo: Singular. 2005. p. 50.

[34] Ainda sobre o princípio da concorrência, Daniel Sarmento, coautor desta obra, destaca que "*A competição proporciona também uma melhoria na eficiência alocativa da economia, ao fazer com que os preços dos produtos correspondam aos valores que a sociedade lhes atribui, assim como na eficiência produtiva das empresas, que são levadas a reduzir os seus custos e aperfeiçoar os bens e serviços que fornecem, no afã de prosperarem no mercado. A concorrência estimula, nesse sentido, a inovação e o progresso*". (SARMENTO, Daniel. Ordem Constitucional Econômica, Liberdade e Transporte Individual de Passageiros: O "caso Uber". Rio de Janeiro: 2016. Disponível em: <https://pt.scribd.com/document/273284827/O-Caso-Uber-Daniel-Sarmento>. Acesso em: 20 de maio de 2018. p. 10).

[35] BARROSO, Luís Roberto. "A Ordem Econômica Constitucional e os Limites à Atuação Estatal no Controle de Preços". In: *Temas de Direito Constitucional. Tomo II*. Rio de Janeiro: Renovar, 2003, p. 58.

(artigo 2º, inciso V, do Marco Civil)[36], serve não só como um estímulo à competição nas novas plataformas, como também desempenha a função de incentivar a inovação. O novo modelo disruptivo de negócios, com preços e serviços mais atrativos aos consumidores, obriga os agentes econômicos até então acomodados no mercado a se reinventar. Quem não inova ou renova, logo fica para trás e não mais compete.

Porém, a liberdade de concorrência também não pode ser interpretada de maneira irrestrita[37]. Situações de falha de mercado, a colisão de direitos fundamentais e a busca de objetivos sociais coletivos, não só permitem, como exigem, uma atuação comissiva do Estado. Afinal, livre de todas as amarras, há uma tendência natural de que o poder econômico se concentre de forma patológica[38].

Qualquer intervenção econômica por parte do ente estatal, ainda assim, parece-nos que deve ser tida como exceção e não pode, em hipótese alguma, criar embaraços à competição, muito menos privilegiar, por questões políticas e econômicas[39], determinados grupos privados frente ao interesse da coletividade.[40] Caso contrário, estar-se-á diante de um exemplo daquilo que a doutrina convencionou chamar de captura pelo regulador[41].

[36] Ao lado da livre iniciativa e da defesa do consumidor.

[37] FERRAZ JUNIOR, Tércio Sampaio. A economia e o controle do Estado. Parecer publicado in O Estado de São Paulo ed. 04.06.1989.

[38] SARMENTO, Daniel. Ordem Constitucional Econômica, Liberdade e Transporte Individual de Passageiros: O "caso Uber". Rio de Janeiro: 2016. Disponível em: <https://pt.scribd.com/document/273284827/O-Caso-Uber-Daniel-Sarmento>. Acesso em: 20 de maio de 2018. p. 11.

[39] Sobre essa questão, George Joseph Stigler adverte na obra "*The theory of economic regulation*", que "*com seu poder de proibir ou compelir, de retirar ou conceder dinheiro, o Estado, de forma seletiva, pode e efetivamente ajuda ou prejudica um vasto número de indústrias*". (in: The Bell Journal of Economics and Management Science, Vol. 2, No. 1 (Spring,1971), pp. 3-21. No original: "*With its power to prohibit or compel, the state can and does selectively help or hurt a vast number of industries.*") Por conseguinte, não é raro que a finalidade de uma medida restritiva seja desviada, beneficiando a exclusivamente um determinado grupo, que encontrará um ambiente livre de competição, ainda que implique em custos à toda a sociedade.

[40] TELÉSFORO, Rachel Lopes. UBER: Inovação Disruptiva e Ciclos de Intervenção Regulatória. 2016. 107 f. Dissertação (Mestrado) – Curso de Direito, Escola de Direito do Rio de Janeiro – FGV Direito Rio, Fundação Getúlio Vargas, Rio de Janeiro, 2016.

[41] "*A submissão da atuação de agência regulatória aos interesses mais imediatos de empresas de setores regulados que, por concentrarem informações privilegiadas, exercem pressão e acabam determinando o*

A questão não é nova. Desde a década de 70, o Supremo Tribunal Federal já discutia se interesses meramente corporativos seriam ou não suficientes a permitir restrições à livre concorrência.[42] A posição que prevaleceu foi no sentido de que deve ser rechaçada qualquer tentativa de criação de reserva de mercado,[43] o que, de lá para cá, culminou na edição da Súmula Vinculante nº. 49: "Ofende o princípio da livre concorrência lei municipal que impede a instalação de estabelecimentos comerciais do mesmo ramo em determinada área".

Contudo, com o avanço das novas tecnologias, a discussão parece ter voltado à pauta, a exemplo do mercado de transporte individual remunerado de pessoas.[44] Nesse episódio específico, uma categoria que até então dominava isoladamente um determinado segmento (taxistas) conseguiu, com o apoio do Estado, criar barreiras e, em algumas regiões do Brasil, até inviabilizar as atividades dos novos concorrentes (Uber, 99POP, Cabify, entre outros).

Essa situação peculiar, muito semelhante àquela que as corporações de ofício criavam no período pré-industrial com o intento de evitar a entrada de novos concorrentes,[45] parece-nos um verdadeiro retrocesso frente às novas relações jurídico-econômicas surgidas na Revolução Tecnológica. Isso porque as restrições impostas não buscam proteger o mercado, muito menos os interesses dos consumidores. Servem, pois, a desestimular o desenvolvimento de novos modelos de negócio, desesti-

conteúdo da regulação que sofrerão em detrimento de interesses coletivos". (NOHARA, Irene Patrícia. Direito Administrativo. São Paulo: Atlas, 2012. p. 559.)

42 STF, RE nº. 65.968, Rel. Min. Amaral Santos, Pleno, j. 04/03/1970

43 "*E que as exigências de cunho formal não podem servir a um grupo, não podem se prestar à reserva de mercado, só se justificando a imposição de inscrição em conselho de fiscalização profissional, mediante a comprovação da realização de formação específica e especializada, nos casos em que a atividade, por suas características, demande conhecimentos aprofundados de caráter técnico ou científico, envolvendo algum risco social*" (STF, RE nº 414426/SC, Relatora Min. Ellen Gracie, Tribunal Pleno, j. 01/08/2011).

44 Arguição de Descumprimento de Preceito Fundamental nº. 449/DF e Recurso Extraordinário nº. 1.054.110/SP.

45 "*Comum a todos eles, porém, havia um interesse superior a todos os demais: a preservação de seus vários privilégios. Isto porque não era só a existência social do nobre ou do servidor que os distinguia com direitos e privilégios especiais: o mercador da época dependia igualmente deles e também as guildas de ofícios*" (ELIAS, Norbert. O Processo Civilizador: Volume 2. Rio de Janeiro: Zahar, 1993. p. 153).

mulando também, por consequência, a participação de novos players e o aumento da competição.

Luiz Fux destacou tal preocupação ao julgar o recente caso Uber – "O cenário ora delineado representa a existência de evidente captura regulatória dos órgãos públicos para proibir o esvaziamento do valor das licenças de táxi em razão da abertura de mercado, ainda que isso represente dano aos consumidores e demais trabalhadores que pretendem ingressar no setor" – e, por conseguinte, concluiu que "não pode o Estado impedir a entrada de novos agentes no mercado para preservar a renda de agentes tradicionais".[46]

Da mesma forma decidiu Luís Roberto, também integrante da corte constitucional brasileira, no recurso extraordinário que também tratava da matéria, assentando que "É contrário a esse regime de livre competição a criação de reservas de mercado em favor de atores econômicos já estabelecidos – os táxis –, com o propósito simples de afastar o impacto gerado pela inovação no setor – a chegada, entre outros, dos Uber's, Cabify's e 99's".[47]

3. As barreiras à intervenção econômica à luz do livre exercício de qualquer trabalho, ofício ou profissão

Uma interpretação mais completa do ordenamento jurídico aplicável às novas tecnologias – notadamente, a Constituição da República e o Marco Civil da Internet – leva, portanto, à conclusão de que a livre concorrência é a ferramenta mais adequada para a captação e satisfação das necessidades e preferências de mercado,[48] o que não exclui, é claro, a intervenção por parte do Estado em caráter excepcional.

A Constituição erige como fundamento da República Federativa do Brasil e da ordem econômica nacional, ao lado da livre iniciativa, a

[46] ADPF nº. 449/DF, STF, Tribunal Pleno, j. 08.05.2019.

[47] Recurso Extraordinário nº. 1.054.110/SP, STF, Tribunal Pleno, j. 08.05.2019.

[48] Como salienta Daniel Sarmento, coautor desta obra, existe uma "*premissa é de que a sociedade tende a ser mais próspera quando assegura a liberdade aos agentes econômicos, do que quando o Estado se apropria dos meios de produção ou planifica completamente a economia*". (SARMENTO, Daniel. Ordem Constitucional Econômica, Liberdade e Transporte Individual de Passageiros: O "caso Uber". Rio de Janeiro: 2016. Disponível em: <https://pt.scribd.com/document/273284827/O-Caso-Uber-Daniel-Sarmento>. Acesso em: 20 de maio de 2018. p. 9)

valorização do trabalho humano[49]. Como desdobramento prático dessa previsão, está contemplada no estrito rol de direitos fundamentais a liberdade ao exercício de qualquer trabalho, ofício ou profissão (artigo 5º, inciso XIII), indispensável ao sucesso do Estado Democrático de Direito e que assegura a todo e qualquer cidadão participar, de forma direta, do desenvolvimento socioeconômico do país e, de forma indireta, da redução de desigualdades.[50]

O modelo disruptivo de negócios, em linha com essas garantias elevadas pela Constituição da República, tem contribuído de forma ímpar com a valorização do trabalho humano no Brasil. No contexto econômico atual, caracterizado por um elevado índice de crise e desemprego, as novas tecnologias têm servido como um instrumento de estímulo à complementação ou, em casos extremos, à geração de renda pelos cidadãos. Dia após dia, surgem novas oportunidades de parcerias, negócios e profissões (a exemplo dos próprios programadores de plataformas tecnológicas para aparelhos celulares).

Não se desconhece, contudo, que o resultado positivo do livre exercício de qualquer trabalho, ofício ou profissão em tempos de crise não é elemento suficiente a afastar toda e qualquer intervenção normativa, tampouco regulatória. A criação de reservas e contingentes é, no caso de determinadas atividades cuja titulação acadêmica, treinamento ou habilitação técnica se faça obrigatória, uma medida legítima e de cautela, a exemplo do que ocorre com médicos, engenheiros e advogados. A ressalva está expressa no texto constitucional: "atendidas as qualificações profissionais que a lei estabelecer" (artigo 5º, inciso XIII).

A regra geral prestigiada pela Constituição da República, ainda assim, é no sentido de que não pode o Estado negar aos cidadãos a prerrogativa constitucional de dar início a qualquer atividade econômica que não exija qualificações profissionais (seja engessando a liberdade de criação de empresas, seja cerceando o direito de escolha ao exercício de determinado trabalho, ofício ou profissão).

[49] Artigo 1º, inciso IV e artigo 170, caput da Constituição da República, respectivamente.

[50] Aliás, como assinala o Ministro Alexandre de Moraes, coautor desta obra: "*é através do trabalho que o homem garante sua subsistência e o crescimento do país, prevendo a Constituição, em diversas passagens, as liberdades, o respeito e a dignidade do trabalhador (...)*" (MORAES, Alexandre de. *Direito Constitucional*. 24. ed. São Paulo: Atlas, 2009, p. 22).

Nesse sentido, adverte Walter Gellhorn, que "apenas são necessárias medidas que oferecerão proteção contra aqueles comprovadamente deficientes em sua capacidade ou integridade, sem criar nesse processo limitações artificiais sobre as escolhas de carreiras, oportunidades de trabalho e estímulos para prestar serviços superiores a custos menores"[51].

O Supremo Tribunal Federal já consagrou que prevalece a regra da liberdade profissional, devendo ser prontamente combatido eventual abuso. Mais de uma vez na jurisprudência da corte constitucional brasileira houve a invalidação de regulamentação de trabalho, ofício ou profissão que, ao revés de prestigiar o interesse público e a criação de novas oportunidades de emprego, buscava tão somente beneficiar um determinado grupo, prestigiar interesses meramente corporativos ou criar uma reserva de mercado, a exemplo dos episódios vividos no passado pelos corretores de imóveis[52] e pelos músicos (musicistas) profissionais[53].

As decisões da corte constitucional brasileira neste particular não poderiam ter sido mais acertadas. O constitucionalismo moderno tem por base justamente a necessidade de impedir que o Estado proíba ou restrinja arbitrariamente a atividade econômica dos particulares. Na famosa obra "Por que as nações fracassam – As origens do poder, da

[51] Tradução livre: "*What are needed are measures that will provide protection against those demonstrably deficient in capability or integrity without in the process creating artificial limitations upon career choices, work opportunities, and stimuli to provide superior service at lesser cost*" (GELLHORN, Walter. "The Abuse of Occupational Licensing". In: 44 U. Chi. L. Rev. 6 1976-1977).

[52] "*Não se justifica, assim que, com fundamento em que a atividade se acha regulamentada em lei (...), possa o art. 7º referido permitir que, realizado o serviço lícito, comum, o beneficiário desse serviço esteja livre de pagar remuneração, porque esta se reserva aos membros de um determinado grupo de pessoas. Admitir a legitimidade dessas regulamentações seria destruir a liberdade profissional no Brasil. Toda e qualquer profissão, por vulgar que fosse, poderia ser regulamentada, para que a exercessem somente os que obtivessem atestação de órgãos da mesma classe. E ressuscitadas, à sombra dessas*" (STF, Pleno, RE 65.968, Rel. Min. Amaral Santos, julgado em 04/03/1970).

[53] "*É que as exigências de cunho formal não podem servir a um grupo, não podem se prestar à reserva de mercado, só se justificando a imposição de inscrição em conselho de fiscalização profissional, mediante a comprovação da realização de formação específica e especializada, nos casos em que a atividade, por suas características, demande conhecimentos aprofundados de caráter técnico ou científico, envolvendo algum risco social* (STF, Pleno, RE 414.426, Rel. Min. Ellen Gracie, DJe 10/10/2011).

prosperidade e da pobreza"[54], aliás, James Robinson e Daron Acemoglu chegaram à conclusão de que a falta de limites à interferência do Estado no regime de profissões implica em um ciclo vicioso de totalitarismo e aumento da miséria, que levou ao fracasso de várias sociedades.

Porém, o avanço das novas tecnologias parece ter trazido a discussão de volta à pauta do Poder Judiciário, notadamente no que toca ao mercado de transporte individual remunerado de pessoas (*Uber, 99POP, Cabify*, entre outros).[55] O Estado, ao optar por burocratizar excessivamente tal atividade, acabou por inviabilizar ou, no mínimo, desestimular a sua prática, sem se atentar aos prejuízos que seriam gerados a toda uma coletividade que dela depende.

O excesso de intervenção normativa e regulatória, portanto, tem se mostrado contrário aos valores encampados pela Constituição da República. Desnecessário dizer que, em momentos de grande recessão como os dias de hoje, impedir o acesso dos cidadãos a outras alternativas de trabalho só agrava ainda mais a crise e atrapalha o avanço da nação, pois o atraso no progresso individual afeta o progresso do país como um todo.

O próprio Supremo Tribunal Federal, aliás, alertou no recente julgamento do caso Uber que "Considerando que o desemprego no Brasil atingiu recentemente o patamar recorde de 13,7%, afetando 14,2 milhões de pessoas (...), é de se louvar a abertura de mercado que represente a absorção de mão de obra e considerar qualquer medida em contrário afrontosa ao princípio da busca pelo emprego".[56]

Assim, diante dos claros benefícios advindos das relações jurídico-econômicas surgidas na Revolução Tecnológica, parece-nos que devem ser afastadas restrições deletérias ao interesse da coletividade.[57] Quando o assunto é novas tecnologias, a intervenção por parte do Estado não

[54] ACEMOGLU, Daron; ROBINSON, James. Por que as nações fracassam – As origens do poder, da prosperidade e da pobreza. Trad. Cristiana Serra. 1ª ed. Rio de Janeiro: Elsevier, 2012.

[55] A exemplo da discussão que hoje está pendente perante o Supremo Tribunal Federal no âmbito da Arguição de Descumprimento de Preceito Fundamental nº. 449/DF e do Recurso Extraordinário nº. 1.054.110/SP.

[56] ADPF nº. 449/DF, STF, Tribunal Pleno, j. 08.05.2019.

[57] No tocante ao transporte individual remunerado de pessoas, hoje já existem precedentes de Tribunais Estaduais que compartilham dessa conclusão, a exemplo dos casos, não taxativos, abaixo transcritos:

pode, de forma alguma, obstaculizar a consecução de princípios relativos ao valor social do trabalho, notadamente o livre exercício de qualquer trabalho, ofício ou profissão.

4. As barreiras à intervenção econômica à luz da inovação

A Constituição da República eleva a direito fundamental a liberdade de expressão científica (artigo 5º, inciso IX) e, para instrumentalizá-la, dedica todo um capítulo ao tratamento das atividades de ciência, tecnologia e inovação (artigos 218 e 219), assentando de forma clara e precisa, como um dever do Estado Democrático de Direito, a promoção e incentivo ao desenvolvimento científico, pesquisa, capacitação científica e tecnológica e inovação[58].

"Destarte, não pode o Município de Salvador tolher o direito constitucional dos indivíduos de optarem por iniciar atividade econômica, seja engessando a liberdade de criação de empresa, o que atinge diretamente o setor privado que investe no transporte privado de passageiros, seja proibindo o exercício deste trabalho, uma vez que nega aos cidadãos, que no caso concreto são os motoristas credenciados às empresas de intermediação de transporte, o direito de escolher uma das possibilidades de trabalho. Ademais, não é desarrazoado trazer à presente discussão, o fato de que inúmeros trabalhadores, no atual contexto de crise econômica e elevação da taxa de desemprego, têm se socorrido deste tipo de prestação de serviço de transporte individual de passageiros para a sua complementação de renda. O princípio do Livre Exercício do Trabalho, consagrado na Constituição Federal no art. 5º, inciso XIII, pressupõe a liberdade para o "exercício de qualquer trabalho, ofício ou profissão, atendidas as qualificações profissionais que a lei estabelecer", considerando que tais qualificações estabelecidas pela lei somente podem ser exigidas de atividades de relevância técnico-científica de determinadas profissões, a fim de conferir uma profissionalização adequada à sociedade; caso contrário, há de prevalecer o exercício independentemente de regulamentação". (TJ-BA, ADI nº. 0011161- 36.2016.8.05.0000, Rel. Des. Soraya Moradillo Pinto, Órgão Especial, j. 14/06/2017).

"Ação Direta de Inconstitucionalidade. Lei nº. 9.051/02, Município de Porto Alegre. Adoção de "horário zero" quanto ao funcionamento do comercio em domingos e feriados. Insistência legislativa em mantença de regramento tido por inconstitucional. Lei nova que se reconhece organicamente inconstitucional, não fosse também o ser no aspecto material. Não se pode reconhecer como constitucional lei municipal que, ao argumento de dispor sobre horário de funcionamento do comércio, proibindo que tal ocorra em qualquer horário, na realidade, termina por inibir atividade mercantil durante todos dias de domingos e feriados, entrando em testilha com o art. 13, II CE/89, ou, ainda, à medida que a vedação dá-se em termos absolutos, por restringir princípios relativos ao valor social do trabalho e da livre iniciativa". (Ação Direta de Inconstitucionalidade Nº 70005683040, Tribunal Pleno, Tribunal de Justiça do RS, Relator: Armínio José Abreu Lima da Rosa, Julgado em 06/10/2003).

[58] Em sentido semelhante, André Ramos Tavares assinala que *"A Constituição estabelece ao Estado brasileiro o dever de promover e incentivar o desenvolvimento científico, a pesquisa e a*

O reconhecimento da essencialidade da liberdade no desenvolvimento e uso tecnológico, aliado ao recente estímulo à inovação,[59] são um resultado prático do relevante papel que vem sendo desempenhado pela Revolução Tecnológica dentro do sistema econômico do país. O constituinte brasileiro entendeu como prioritária a retomada de ímpeto da pesquisa nacional e da criação de soluções tecnológicas, diante do esgotamento ou insucesso das estratégias convencionais[60].

Essa preocupação com a proteção à inovação e incentivo ao desenvolvimento de novas tecnologias também teve protagonismo na seara infraconstitucional. O Marco Civil da Internet sobreveio com o objetivo declarado de promover *"a inovação e o fomento à ampla difusão de novas tecnologias e modelos de uso e acesso"* (artigo 4º, inciso III). O acerto legislativo é evidente. Como observa Daniel Sarmento: *"A existência de um arcabouço normativo e institucional favorável é vital para estimular a inovação na sociedade, sem a qual não há progresso"*.[61]

capacitação tecnológica (art. 218, CB). Regra complementada com a incumbência de o Estado apoiar a formação de recursos humanos nas áreas de ciência, pesquisa e tecnologia, e conceder aos que delas se ocupem meios e condições especiais de trabalho (§4°, art. 218, CB). E essa proteção está encartada na Constituição, igualmente de maneira direta e objetiva, como liberdade de expressão científica (art. 5o, IX, CB)". (TAVARES, André Ramos. Parecer Jurídico. São Paulo: 2014. Disponível em: <https://docplayer.com.br/6961553-Parecer-juridico-sumario.html#show_full_text>. Acesso em: 20 de maio de 2018. p. 13).

[59] A Emenda Constitucional nº. 85 de 26 de fevereiro de 2015 teve por escopo alterar e adicionar dispositivos na Constituição da República para atualizar o tratamento das atividades de ciência, tecnologia e inovação.

[60] Sobre o tema, André Ramos Tavares ressalta que *"A contextura constitucional da tecnologia não se esgota no reconhecimento da sua tutela como atividade individual, pois a CB/88 preocupa-se com os dois polos da tecnologia. Numa ponta, pelo resguardo da liberdade de expressão científica, protege a criação tecnológica e, no outro extremo, reconhece o direito fundamental à livre exploração econômica da tecnologia criada (art. 170, parágrafo único da CB), incluindo a titularidade deste direito por empresa, bem como a liberdade de desempenho profissional, no que assegura o livre exercício de qualquer trabalho, ofício ou profissão (art. 5", XIII da CB)."* (TAVARES, André Ramos. Parecer Jurídico. São Paulo: 2014. Disponível em: < https://docplayer.com.br/6961553-Parecer-juridico-sumario.html#show_full_text>. Acesso em: 20 de maio de 2018. p. 15).

[61] SARMENTO, Daniel. Ordem Constitucional Econômica, Liberdade e Transporte Individual de Passageiros: O "caso Uber". Rio de Janeiro: 2016. Disponível em: <https://pt.scribd.com/document/273284827/O-Caso-Uber-Daniel-Sarmento>. Acesso em: 20 de maio de 2018. p. 23

Compete ao Estado, nesse contexto, criar um campo favorável aos novos modelos de negócio advindos dos avanços tecnológicos[62]. Isso não significa, contudo, que deverá obrigatoriamente desempenhar este papel por meio da intervenção econômica. Essa deve ser a exceção, destinada às hipóteses em que as novas tecnologias revertam em (i) serviços públicos ou de utilidade pública, cuja natureza demanda a intervenção; ou (ii) atividades econômicas de reserva legal qualificada, cuja livre exploração encontra restrição constitucional (artigo 5º, inciso XIII)[63].

O motivo desse raciocínio é simples. Qualquer mitigação da liberdade no cenário do uso da internet no Brasil tende a servir como um desincentivo aos novos modelos de negócio, capaz inclusive de aniquilá-los em casos extremos. Nesse sentido, advertem James Robinson e Daron Acemoglu que "*O medo da destruição criativa é o principal motivo por que não houve uma melhoria sustentada dos padrões de vida entre as revoluções neolítica e industrial. A inovação tecnológica contribui para a prosperidade das sociedades humanas, mas também implica a substituição do antigo pelo novo, bem como a destruição dos privilégios econômicos e do poder político de alguns. Para que haja crescimento econômico sustentado, são necessárias novas tecnologias (...)*"[64].

Portanto, dada a relevância das novas tecnologias, não restam dúvidas de que o princípio da inovação, encampado pela Constituição brasileira e pelo Marco Civil da Internet, deve ser prestigiado frente à intervenção

[62] Nas palavras de Carlos Affonso Souza e Ronaldo Lemos: "*Longe de constituir mera declaração de princípios, essa norma impõe dever de atuação aos agentes públicos responsáveis pela definição da disciplina da internet no país, sejam eles integrantes do Poder Executivo, Legislativo ou mesmo do Poder Judiciário. Ao fazê-lo, obriga esses agentes a compreender e aceitar como novas as formas inovadoras de modelos de negócios na internet, impondo-lhes o dever de não lhes conferir tratamento refratário*". (LEMOS, Ronaldo; SOUZA, Carlos Affonso Pereira de. Marco civil da internet: construção e aplicação. Juiz de Fora: Editar Editora Associada Ltda, 2016. p. 48).

[63] Em sentido semelhante, André Ramos Tavares adverte que: "*(...) não desconsidera que certas tecnologias podem reverter em ou agregar-se a atividades econômicas e serviços públicos ou de utilidade pública, sujeitos que são à intervenção regulatória e/ou fiscalizatória do Poder Público. Mais ainda: é possível esbarrar a exploração econômica da tecnologia no espaço da reserva legal qualificada, consubstanciado em restrição expressa, por meio de lei constitucional já editada, ao amplo e livre exercício profissional (art. 5o, inc. XIII da CB)*". (TAVARES, André Ramos. Parecer Jurídico. São Paulo: 2014. Disponível em: < https://docplayer.com.br/6961553-Parecer-juridico-sumario.html#show_full_text>. Acesso em: 20 de maio de 2018. p. 15).

[64] ACEMOGLU, Daron; ROBINSON, James. Op. Cit., p. 143-144.

econômica pelo Estado, com a criação de condições que incitem o desenvolvimento de novos modelos de negócio.

Conclusões

A Revolução Tecnológica mudou – e continua mudando – o mundo em que vivemos. Conceitos antes imutáveis são, agora, incertos. Coisas inimagináveis estão, de repente, ao alcance de todos. O útil se torna inútil em questão de horas. E definir a sociedade contemporânea se tornou um desafio tão difícil quanto definir as cores de um camaleão[65]. As novas tecnologias nos colocaram no olho do furacão da transformação. Giramos em círculos, incessantemente, em um processo de mudança sem precedentes.

O Uber, maior empresa de transporte do mundo, não possui sequer um veículo. O Facebook, o proprietário de mídia mais popular do mundo, não cria nenhum conteúdo. Alibaba, o varejista mais valioso, não detém estoques. E o Airbnb, o provedor líder de hospedagem do mundo, não é dono de nem mesmo um único imóvel[66]. As transformações advindas das novas tecnologias quebraram paradigmas e deram azo a novos modelos de relações jurídico-econômicas (e, por consequência lógica, novos desafios).

A obsolescência, desde eras remotas, é – e continua sendo – um risco do negócio. Na era da informação os ciclos econômicos têm se mostrado cada vez mais rápidos, razão pela qual o risco do negócio se acirra cada vez mais na era moderna.

A pergunta que resta é: o Direito deve se adaptar? Duas são as alternativas.

A primeira, ignorar todos os benefícios e avanços advindos da Revolução Tecnológica e buscar resfriá-los ou até engessá-los, com a criação de empecilhos e burocracias. Essa tem sido, pois, a postura adotada até então pelo Estado: um histórico recente marcado por inúmeros episódios de desnecessária e excessiva intervenção, para não dizer repressão.

A segunda, explorar a potencialidade desses novos recursos advindos do modelo disruptivo de negócios, com o intento de promover os valores

[65] HARARI, Yuval Noah. Op. Cit. p. 376.

[66] GOODWIN, TOM. "*The Battle is for the Costumer Interface*", Tech Crunch, 2015 <https://techcrunch.com/2015/03/03/in-the-age-of-disintermediation-the-battle-is-all-for-the-customer-interface/>. Acesso em: 28 de maio de 2018.

da livre iniciativa, livre concorrência, livre exercício de qualquer trabalho, ofício ou profissão, e inovação, todos garantidos e elevados a direitos fundamentais na Constituição da República do Brasil.

Essa última, que nos parece mais acertada, tem sido a postura adotada pelo Supremo Tribunal Federal, órgão máximo do nosso Poder Judiciário. Em tempos marcados por um elevado índice de crise e desemprego, a franca expansão tecnológica tem papel fundamental para o estímulo da economia e do trabalho. Como consequência, impedir o avanço das novas tecnologias significa falhar em compreender que a norma jurídica precisa se adequar à realidade, não o contrário. Nesse sentido, aliás, alerta o Ministro Luiz Fux que *"O Direito vive para o homem e não o homem para o Direito"*.[67]

Portanto, à luz do sistema de freios e contrapesos estabelecidos pelos princípios que erigem a Constituição da República, a corte constitucional brasileira – e, por coerência, os tribunais estaduais[68] – tem acertadamente imposto limites à intervenção econômica pelo Estado e invalidado medidas restritivas de liberdade desprovidas de bases racionais, em linha não só com a legislação aplicável em terras tupiniquins, como também com a

[67] FONTAINHA, Fernando de Castro; MATTOS, Marco Aurélio Vannucchi Leme de; NUÑEZ, Izabel Saenger. *História oral do Supremo (1988-2013)*, v.12: Luiz Fux. Rio de Janeiro: Fundação Getúlio Vargas, 2016, p. 45.

[68] Como exemplo, citamos a recente decisão proferida nos autos do agravo de instrumento nº. 2118634-57.2019.8.26.0000, tirado do *leading case* em que se discute os limites da regulamentação, pelo Estado, da atividade de locação de patinetes elétricos, em que o Tribunal de Justiça de São Paulo reformou, em parte e provisoariamente, a decisão de primeiro grau de jurisdição que, por seu turno, havia mantido integralmente os efeitos do Decreto Municipal nº. 58.750/2019, publicado no Diário Oficial pela Prefeitura da Cidade de São Paulo em 14.05.2019.

Embora a decisão em questão seja monocrática e esteja sujeita a alteração oportunamente, quando da apreciação do mérito pelo colegiado, entendemos importante destacar que o julgador desde logo tomou o cuidado de balancear, de um lado, os direitos e interesses do ente privado, e, de outro lado, a necessidade de regulamentação, inclusive à luz de interesses coletivos envolvidos, como integridade física e mobilidade urbana, concluindo, por ora, pela existência de alguns excessos na intervenção do Estado.

Naturalmente, a questão não está livre de discussões, inclusive em outras demandas, como é o caso da Ação Direta de Inconstitucionalidade autuada sob o nº. 2128238-42.2019.8.26.0000, recentemente ajuizada pela Câmara Brasileira de Comércio Eletrônico perante o Tribunal de Justiça de São Paulo também com o objetivo de questionar o Decreto Municipal nº. 58.750/2019.

tendência mundial, que prevaleceu (seja via legislativo, seja via judiciário) em países como Inglaterra, Portugal e França, para citar alguns exemplos.

Referências

ACEMOGLU, Daron; ROBINSON, James. Por que as nações fracassam – As origens do poder, da prosperidade e da pobreza. Trad. Cristiana Serra. 1ª ed. Rio de Janeiro: Elsevier, 2012.

ALEXY, Robert. Teoria dos Direitos Fundamentais, tradução de Virgílio Afonso da Silva. São Paulo: Editora Malheiros, 2011.

AMARAL, Francisco. A liberdade de iniciativa econômica. Fundamentos, natureza e garantia constitucional. Revista de Informação Legislativa, nº. 92, 1996.

ANDRIGHI, Fátima Nancy. Uber: a regulação de aplicativos de intermediação de contrato de transporte. Revista de Direito Administrativo – RDA, Belo Horizonte, ano 2016, n. 271, jan./abr. 2016.

ARAUJO, Daniel de. História Geral. São Paulo: Saraiva, 2016.

BAGNOLI, Vicente. Introdução ao direito da concorrência: Brasil, Globalização, União Européia, Mercosul, ALCA. São Paulo: Singular. 2005.

BARCELLOS, Ana Paula de; BARROSO, Luís Roberto. Os Valores Sociais da Livre-Iniciativa. In: CANOTILHO, J.J. Gomes et al (Coord.). Comentários à Constituição do Brasil. São Paulo: Saraiva/Almedina, 2013.

BARROSO, Luís Roberto. "A Ordem Econômica Constitucional e os Limites à Atuação Estatal no Controle de Preços". In: Temas de Direito Constitucional. Tomo II. Rio de Janeiro: Renovar, 2003.

BARROSO, Luís Roberto. São Paulo: Exame.com, 2017. (44 min.). Série A Revolução do Novo – A transformação do Mundo. Disponível em: <https://youtu.be/_est-guWPT1M>. Acesso em: 14 de maio de 2018.

BARROSO, Luís Roberto. Curso de Direito Constitucional: Os conceitos fundamentais e a construção do novo modelo. São Paulo: Saraiva, 2009.

BARROSO, Luís Roberto. Estado e livre-iniciativa na experiência constitucional brasileira. A nova regulação da infraestrutura e da mineração. Leonardo Coelho Ribeiro, Bruno Feigelson, Rafael Véras de Freitas (coord.). Belo Horizonte: Fórum, 2015.

BENKLER, Yochai. The wealth of networks: how social production transforms markets and freedom. Yale Univ. Press. 2006.

BOTSMAN, Rachel. ROGERS, Roo. What's mine is yours: the rise of collaborative consumption. Harper Collins Publishers. 2010.

CHRISTENSEN, C. M.; RAYNOR, M. E. Innovator's Solution: Creating and Sustaining Successful. Boston, MA: Harvard Business School Press, 2003.

ELIAS, Norbert. O Processo Civilizador: Volume 2. Rio de Janeiro: Zahar, 1993.

FERRAZ JUNIOR, Tércio Sampaio. A economia e o controle do Estado. Parecer publicado in O Estado de São Paulo ed. 04.06.1989.

FONTAINHA, Fernando de Castro; MATTOS, Marco Aurélio Vannucchi Leme de; NUÑEZ, Izabel Saenger. História oral do Supremo (1988-2013), v.12: Luiz Fux. Rio de Janeiro: Fundação Getúlio Vargas, 2016.

FREITAS, Rafael Véras de; MARQUES NETO, Floriano de Azevedo. Uber, WhatsApp, Netflix: os novos quadrantes da publicatio e da assimetria regulatória. Revista de Direito Público da Economia – RDPE, Belo Horizonte, ano 14, nº. 55, p. 75-108, out/dez 2016.

GELLHORN, Walter. "The Abuse of Occupational Licensing". In: 44 U. Chi. L. Rev. 6 1976-1977.

GOODWIN, TOM. "The Battle is for the Costumer Interface", Tech Crunch, 2015 <https://techcrunch.com/2015/03/03/in-the-age-of-disintermediation-the-battle--is-all-for-the-customer-interface/> Acesso em: 28 de maio de 2018.

HARARI, Yuval Noah. Sapiens – A Brief History of Humankind. São Paulo: L&PM, 2015.

HOWE, Jeff. Crowdsourcing: why the power of the crowd is driving the future of business. Crown Business. 2008.

LEMOS, Ronaldo; SOUZA, Carlos Affonso Pereira de. Aspectos jurídicos da economia de compartilhamento: função social e tutela da confiança. Revista de Direito da Cidade, Belo Horizonte, vol. 08, nº. 04, p. 1757-1777.

LEMOS, Ronaldo; SOUZA, Carlos Affonso Pereira de. Marco civil da internet: construção e aplicação. Juiz de Fora: Editar Editora Associada Ltda, 2016.

MACKAAY, Ejan. Law and Economics for Civil Law Systems. Cheltenham: Edward Elgar, 2013.

MORAES, Alexandre de. Direito Constitucional. 24. ed. São Paulo: Atlas, 2009.

REALE, Miguel. "O Plano Collor II e a Intervenção do Estado na ordem econômica". In: Temas de Direito Positivo. São Paulo: RT, 1992.

SARMENTO, Daniel. Ordem Constitucional Econômica, Liberdade e Transporte Individual de Passageiros: O "caso Uber". Rio de Janeiro: 2016. Disponível em: <https://pt.scribd.com/document/273284827/O-Caso-Uber-Daniel-Sarmento>. Acesso em: 20 de maio de 2018.

SCHUMPETER, J.A. A teoria do desenvolvimento econômico. São Paulo: Nova Cultural, 1988.

STIGLER, George Joseph. The theory of economic regulation. The Bell Journal of Economics and Management Science, Vol. 2, No. 1 (Spring,1971).

SUNDARARAJAN, Arun. The Sharing Economy. Cambridge: The MIT Press, 2016.

TAVARES, André Ramos. Parecer Jurídico. São Paulo: 2014. Disponível em: < https://docplayer.com.br/6961553-Parecer-juridico-sumario.html#show_full_text>. Acesso em: 20 de maio de 2018.

NOHARA, Irene Patrícia. Direito Administrativo. São Paulo: Atlas, 2012. p. 559.)

TELÉSFORO, Rachel Lopes. UBER: Inovação Disruptiva e Ciclos de Intervenção Regulatória. 2016. 107 f. Dissertação (Mestrado) – Curso de Direito, Escola de Direito do Rio de Janeiro – FGV Direito Rio, Fundação Getúlio Vargas, Rio de Janeiro, 2016.

THE ECONOMIST. Coin Flip – The social network's grand designs for virtual cash could be surprisingly consequential-including for itself. 22nd June to 28th. San Francisco: 2019.

13. O Design Estratégico por detrás da Declaração de Direitos de Liberdade Econômica: entre o Justo e o Injusto, o Global

Daniela Pellin

1. Introdução

O contexto em que se insere o presente resultado de pesquisa tem como marco zero de observação a edição do Livro Verde da Sociedade da Informação (Livro Verde), idos de 2000. De lá para cá, houve várias edições normativas com o fim de colocar em funcionamento o projeto da respectiva Sociedade da Informação no Brasil (SOCINFO). Por sua vez, implantação e gestão desse sistema pertencem às Agências da Organização das Nações Unidas (ONU).

A importância desse contexto temporal esbarra na Medida Provisória nº 881, de 30 de abril de 2019, convertida na Lei n. 13.874, de 20 de setembro de 2019, que instituiu a Declaração de Direitos de Liberdade Econômica, cujo objetivo é garantir o livre mercado e a análise de impacto regulatório dentre outras providências. Há relação direta entre o Livro Verde e a Lei n. 13.874, de 20 de setembro de 2019, possível de verificar, muito discretamente, através do padrão de linguagem e de significados comuns a esse sistema, bem como, pelas políticas estabelecidas no Livro Verde que se coadunam com a medida executiva adotada.

Por isso, a pesquisa tem como problema de investigação a seguinte pergunta: Pode a Lei n. 13.874, de 20 de setembro de 2019, resolver o problema do atraso do desenvolvimento econômico do país a partir da desregulamentação que ela contém e a liberdade jurídica que ela confere ao sistema econômico para avançar tecnologicamente o país, retomando a industrialização e promovendo a sustentabilidade representada, nesta oportunidade, pela redução das desigualdades regionais e a pobreza que assola o país?

A hipótese inicial é a de que, muito embora, a Constituição Federal de 1988 (CF) disponha acerca da Ordem Econômica e Financeira no artigo 170, bem como, impõe o dever ao Estado intervir na economia no artigo 174, o faz de forma programática. Daí se fez necessário editar a Lei n. 13.874/2019, para consolidar a abertura do mercado interno à maior liberdade às iniciativas econômicas e ao capital estrangeiro e de tal forma garantir que não haja empecilhos e controle exacerbado pelo Estado na atividade econômica. A medida, portanto, se apresenta como resposta do Brasil aos pactos globais e às tarefas assumidas para com o sistema interno. Todavia, como se trata de país em processo de desenvolvimento, a iniciativa deve ser tratada pelo viés da sustentabilidade e medidas jurídico-econômicas efetivas para que haja a promoção do avanço tecnológico e aumento efetivo da produtividade nacional; da industrialização.

Assim, o objetivo geral da pesquisa é demonstrar que, contrariando os ideais políticos e globais da desregulamentação, a regulamentação jurídica deve ser compreendida como liberdade econômica. E como objetivos específicos, verificar a relação entre o Livro Verde, a CF e a Lei n. 13.874/2019; investigar e demonstrar o *design* estratégico que está por detrás do sistema jurídico da Lei n. 13.874/2019; identificar o padrão de inovação social que está sendo implantado com esta lei no País; mostrar que junto com o incentivo desta lei deve haver, por exemplo, obrigatoriedade de contrapartida à concessão de benefícios fiscais voltados a investimentos produtivos, bem como, obrigatoriedade das empresas estrangeiras à transferência de tecnologia e a contratos de *joint ventures* com as empresas nacionais, de tal forma que o planejamento, investimento e desenvolvimento permaneçam em território nacional e que isso sói possível acontecer mediante regulamentação literal.

A metodologia que será empregada é a sistêmica-construtivista (LUHMANN, 2010) que parte da observação do fato havido dentro de um sistema, verifica o significado da linguagem que se pretende comunicar com a operação no ambiente e constrói novos significados de linguagem que representam irritações sistêmicas a fim de promover a inovação e o acoplamento estrutural de novas propostas em prol da evolução do sistema social.

Para isso, o sistema que se observa é o jurídico, *locus* do pesquisador; a Lei n. 13.874/2019 o fato observado. Todavia, para a compreensão exata do fato é necessário que o sistema seja observado como um todo e, não obstante o todo a ser observado, mister que seja compreendido à luz das influências que estão atuando sobre o sistema e as irritações que estão sendo impulsionadas para que o fato tenha ocorrido dentro do sistema e tenha modificado suas operações no ambiente.

A abordagem sói possível de forma multidisciplinar. As técnicas de pesquisa são compostas por levantamento de dados e de documentos que serão submetidos à análise pela revisão bibliográfica.

2. O sistema global e as implicações do Livro Verde da Sociedade da Informação

Muito se observa, se discute e se teoriza acerca das mudanças que têm ocorrido no ambiente interno do país em todos os setores da sociedade. Mas, muito pouco ou quase nada, se investiga acerca da gênese de onde derivam todas as mudanças, a qual pertence à edição do Livro Verde: um projeto político e global organizado em forma de documento que vem implantando SOCINFO que, por sua vez, deriva da Globalização econômica[1]. Isso significa dizer, em uma relação de equivalências, que o Livro Verde está para a SOCINFO assim como a SOCINFO está para a Globalização e a Globalização para a edição da Lei n. 13.874/2019.

Explica-se: o documento Livro Verde organiza o projeto político e as fases de implementação das políticas à conformação da SOCINFO, a saber: as tecnologias da informação e da comunicação; a internet, seus conteúdos, serviços e a universalização; a infraestrutura de informação; a educação para a cidadania; o comércio eletrônico; a pesquisa e o desenvolvimento; a nova economia; e, as políticas nacionais (BRASIL, 2000).

[1] Segundo Castells, "foi na década de 1990 que foram criadas as instituições e as regras da globalização, que se expandiram por todo o planeta" (1999, p. 181). Explica o autor que "o mecanismo para levar o processo de globalização à maioria dos países do mundo era simples: pressão política por intermédio de atos diretos do governo ou da imposição do FMI/Banco Mundial/Organização Mundial do Comércio. Só depois que as economias fossem liberalizadas o capital global entraria nesses países. [...] A meta era a unificação de todas as economias ao redor de um conjunto de regras homogêneas do jogo, para que o capital, os bens e os serviços pudessem fluir para dentro e para fora, conforme decidido a critério dos mercados." (1999, p. 181)

Isso significa em termos de *design* estratégico[2] nacional, "transformações institucionais e infraestruturas que envolvam a sociedade na sua totalidade [...]" (GAUDIO *et. al*, 2015, p. 44), dentre elas, as legislativas e as normativas no espaço social.

O resultado disso gera a necessidade de mudanças sistêmicas e inovações sociais[3] radicais à conformação com a sociedade contemporânea – a globalizada, compreendida por uma crescente importância da dimensão social, cuja dinâmica de se "tornar mais sustentável, enfrenta a crise da ideia de desenvolvimento e as suas inesperadas consequências, tais como exclusão social, pobreza, desigualdades e impactos ambientais" (GAUDIO; *et. al*, 2015, p. 43; CASTELLS, 1999).

É em razão do Livro Verde que o país deu um salto de acesso às tecnologias da informação e comunicação em todos os setores e inaugurou, no cenário brasileiro, o ambiente global, de caráter eminentemente econômico, industrial, mas, com forte viés econômico. Em decorrência disso, houve uma verdadeira ruptura com os padrões clássicos do século XX, porque diante da SOCINFO é possível constatar, sentir e vivenciar todas as mudanças rapidamente, mas, não se sabe de onde partiram e conformaram, paulatinamente, todos os sistemas, sem nenhum questionamento "[...] a viver na Sociedade da Informação, uma nova era em que a informação flui a velocidade e em quantidades há apenas poucos anos inimagináveis, assumindo valores sociais e econômicos fundamentais". (BRASIL, 2000, p. 3; CASTELLS, 1999)

Segundo Castells trata-se da "conexão histórica entre a base de informações/conhecimentos cruciais no crescimento da economia, seu alcance global, sua forma de organização em rede e a revolução da

[2] Projeto estratégico no sentido da pesquisa é aquele investigado pela Escola Criativa que tem no *design* estratégico a sua melhor definição: "o *design* é uma atividade criativa que tem como finalidade definir as qualidades de objetos, processos, serviços e dos relativos sistemas. Desenvolve um papel fundamental na adaptação das tecnologias às necessidades humanas e é determinante para as trocas culturais e econômicas. [...] Nesse cenário, o *design* começa a ter um valor político e um fim de emancipação". (GAUDIO *et. al;* 2015, p. 45)

[3] O conceito de inovação social, aqui utilizado, é aquele compreendido pelo *design* estratégico: "uma inovação de natureza *bottom-up* capaz de responder às necessidades da sociedade de hoje, de gerar mudanças duradouras e de melhorar problemas sociais amplos através de uma mudança no tecido social e de uma reorganização do existente". (GAUDIO *et. al;* 2015, p. 44)

tecnologia da informação que cria um novo sistema econômico distinto". (1999, p. 119)

O Livro Verde é, para o país, a representação pública, nacional e internacional, de adesão à política econômica global e seus desdobramentos; de seu conteúdo vê-se a estratégia de conformar o sistema social a partir dos valores e da política do sistema econômico global. Isso "representa uma profunda mudança na organização da sociedade e da economia, havendo quem a considere um novo paradigma técnico-econômico" (BRASIL, 2000, p. 5). Mas, o curioso é constatar que não se tratou de uma decisão democrática, mas, de uma decisão política, não compartilhada; uma ideologia (BERNAL-MEZA; MASERA, 2004). Uma vez aderida à política da SOCINFO, os processos já elaborados passam às consultas públicas por processos democráticos de decisão. (PELLIN, 2018a)

Mas, se deixar-se de lado a interpretação dogmática de que o Governo exerce o papel de mero órgão executivo da burguesia global é possível afirmar, segundo Castells, que a questão é bem complexa: "requer distinguir entre quatro níveis de explicação: os interesses estratégicos percebidos de determinada nação-estado; o contexto ideológico; os interesses políticos da liderança; e os interesses pessoais das pessoas no poder". (CASTELLS, 1999, p. 183)

Trata-se de "um fenômeno global, com elevado potencial transformador das atividades sociais e econômicas, uma vez que a estrutura e a dinâmica dessas atividades inevitavelmente serão, em alguma medida, afetadas pela infraestrutura de informações disponível" (BRASIL, 2000, p. 5). Sobretudo, porque tem "dimensão político-econômica, decorrente da contribuição da infraestrutura de informações para que as regiões sejam mais ou menos atraentes em relação aos negócios e empreendimentos" (BRASIL, 2000, p. 5) com poder de afetar a "dimensão social, em virtude do seu elevado potencial de promover a integração, ao reduzir as distâncias entre pessoas e aumentar o seu nível de informação". (BRASIL, 2000, p. 5)

Destaque ao fato de que para a consecução da SOCINFO há necessidade do apoio, da colaboração constante de três sistemas: político (governo), econômico (organizações privadas) e social (sociedade civil). A SOCINFO deve ser o resultado da colaboração entre diferentes parceiros, nos níveis nacional e internacional. O papel do sistema jurídico é servir de ferramenta de operação desse sistema na implantação das políticas adotadas pelo governo, sem o que, nada pode se concretizar. Assim "implementar não só políticas públicas, mas também um aparato regulador e legal, harmônico e flexível, que proteja os interesses dos cidadãos e estimule o desenvolvimento do setor privado (BRASIL, 2000, p. 11) significa, segundo Castells "estreita ligação entre a desregulamentação dos mercados e as novas tecnologias da informação" (CASTELLS, 1999, p. 138) ao lado do papel político do sistema jurídico. (PINTO, 2008)

A SOCINFO, assim, é a responsável por conformação dos novos padrões "segundo estratégias moldadas de acordo com cada contexto" (BRASIL, 2000, p. 5). Isso, para o país, é "oportunidade sem precedentes de prestar significativa contribuição para resgatar a sua dívida social, alavancar o desenvolvimento e manter uma posição de competitividade econômica no cenário internacional" (BRASIL, 2000, p. 5). Para isso, há necessidade de inovação social radical dentro de "um conjunto de condições e de inovações nas estruturas produtivas e organizacionais, no sistema educacional e nas instâncias reguladoras, normativas e de governo em geral". (BRASIL, 2000, p. 6)

No mesmo sentido, o sucesso da empreitada está a depender, justamente, da difusão tecnológica por toda a economia e, consequentemente, promoção de mudanças substanciais sobre a cultura, as instituições, as empresas e sobre "os fatores que interagem no processo produtivo precisam passar por mudanças substanciais" (CASTELLS, 1999, p. 127), compreendidos como governo e medidas políticas de incentivo e de desregulamentação normativa para maior liberdade de trânsito global.

Por essas razões de gênese política na adesão ao pacto do sistema global é que o país "não pode deixar de examinar com cuidado iniciativas similares no exterior, para definir com clareza suas metas e aprender com os acertos e desacertos do mundo em seu foco de atuação" (BRASIL, 2000, p. 110); isso demonstra que há equivalência entre a SOCINFO e a Globalização econômica, bem como, entre a Globalização e a Lei n. 13.874/2019. Por tais razões é que a gestão da implantação da SOCINFO compete às Agências da Organização das Nações Unidas (ONU), instrumentos de efetivação, fiscalização e controle da globalização. (BERNAL-MEZA; MASERA, 2007)

Assim, no que relaciona à pesquisa, pertence à Organização para a Cooperação do Desenvolvimento Econômico (OCDE) a definição de políticas derivadas do Livro Verde nesse sistema global e, como o Brasil está na América do Sul, é da Comissão Econômica para América Latina e Caribe (CEPAL) a competência e legitimidade de acompanhar e fiscalizar, de perto, a qualidade e efetividade na implantação do sistema e o faz ao coletar dados para análise, sem a exclusão de outras agências que se apresentam como variáveis na abordagem.

Chama a atenção o fato de que "não há uma crítica ou análise de fundo sobre os problemas, riscos, desafios e vulnerabilidades que a sociedade da informação apresenta." Pelo contrário, "propõe-se que a maior aspiração é a de ser membros plenos da sociedade da informação, com as devidas garantias de equidade e sustentabilidade". (BERNAL-MEZA; MASERA, 2007, p. 32)

Para a OCDE, o Brasil é tido como parceiro-chave com quem mantém cooperação desde o início de 1990. O país participa ativamente em diferentes órgãos da Agência e tem liberdade para aderir a instrumentos legais, acessar informes estatísticos e a ter suas medidas revistas por partes de setores específicos que lhe confere direito à participação em todas as reuniões ministeriais desde 1999. Também, tem parcela importante de contribuição com o trabalho dos Comitês e participação em diversos órgãos e projetos importantes.

Em 2015, foi lançado o Programa de Trabalho Brasil-OCDE. A Agência busca apoiar a agenda de reformas do Brasil e fortalecer suas políticas públicas. O Programa também enriquece o diálogo sobre políticas públicas ao trazer as perspectivas e experiências do Brasil às atividades e órgãos da OCDE.

O Programa aglutina diversos projetos e estudos em cinco áreas de interesse comum e vitais ao sistema interno, cujas estruturas e funcionamento decorrem da legislação que, nesse momento do artigo, ou estão em processos de reforma ou já foram reformadas, mas, todas estruturadas a partir do *design* estratégico que está projetado para a inovação social: 1) questões econômicas (Decreto 9.571, 21/11/2018; Lei n. 13.874/2019), comerciais, industriais e financeiras (Lei n. 13.874/2019); 2) governança pública (Decreto 9.203, 22/11/2017) e combate à corrupção (Lei 12.846, 1º/08/2013); 3) ciência, tecnologia (Lei 13.243, 11/01/2016), meio ambiente (Lei 6.938, 31/08/1981) e agricultura (Lei 8.171, 17/01/1991); 4) questões sociais, educacionais, previdenciárias (Lei 8.213, 24/07/1991) e laborais (Decreto-Lei 5.452, 1º/05/1943); e, 5) desenvolvimento.

Para o controle e fiscalização, a Secretaria de Relações Globais da OCDE mantém reuniões frequentemente realizadas com *experts* de países integrantes da Agência e do secretariado para verificação de estudos analíticos, tornando o país um agente fundamental na economia globalizada, segundo a própria Agência. (OCDE, 2019)

Já a CEPAL, nesse mesmo sentido e mais perto da concretização das políticas da SOCINFO, tem na agenda a incumbência de acompanhar, gerenciar, controlar e fiscalizar o desenvolvimento econômico sustentável, no Brasil.

Segundo a CEPAL, como uma das cinco comissões regionais da ONU, com sede em Santiago do Chile, foi fundada para contribuir com o desenvolvimento econômico e social da América Latina e do Caribe; coordenar as ações encaminhadas à sua promoção e, reforçar as relações econômicas dos países entre si e com as outras nações do mundo. (CEPAL, 2019a)

Em janeiro de 2019, a CEPAL divulgou a nova edição do *Panorama Social da América Latina,* exercício de 2018, o qual aborda temas como distribuição de renda e de riqueza, a evolução e tendências da pobreza na região, a dinâmica do gasto social, a inclusão social e do trabalho da população e a autonomia econômica das mulheres em um contexto de mudança tecnológica. (CEPAL, 2019b)

Diz a CEPAL que o panorama é essencial pois analisa temas cruciais para se compreender e agir diante dos desafios estruturais que os países da América Latina e do Caribe enfrentam na atual conjuntura econômica e social, especialmente, no âmbito das transformações que ocorrem no mercado de trabalho, cuja edição iniciou em 1991 e, desde então, a partir das informações coletadas, são sugeridas estratégias e políticas para avançar rumo à inclusão de acordo com o que é proposto pelos objetivos do desenvolvimento econômico sustentável (ODS) escritos na Agenda. (CEPAL, 2019b)

Na paralela, também edita documento informativo acerca da situação econômica dos países da América Latina e Caribe através da organização das informações coletadas em relatórios anuais (CEPAL, 2018a) e organiza guias metodológicos para implantação desses projetos de desenvolvimento; recentemente, para a implantação da Agenda 2030 que contém a metodologia dos ODS.

Veja-se que há uma relação de equivalências direta entre a SOCINFO, a Globalização e as transformações ocorridas no Brasil para a conformação em um novo padrão de sociedade e economia; para isso, mister o projeto estratégico de inovação social do qual o sistema jurídico, vital à sociedade, é protagonista na implantação dessa política sistêmica de conformação que, de acordo com Mézsáros são "'mudanças graduais' legitimadas da teoria social democrática não são sequer *graduais* em qualquer sentido da palavra [...] mas, meramente *conciliatórias*". (2004, p. 419)

Para que essa inovação social faça funcionar essa estrutura Bobbio explica que "a função do ordenamento jurídico não é somente controlar os comportamentos dos indivíduos, o que pode ser obtido por meio da técnica das sanções negativas, mas também direcionar comportamentos para certos objetivos preestabelecidos" (2007, p. 79). Essa função diretiva do comportamento humano, ou seja, a inovação social como *design* estratégico, "parte do pressuposto do homem inerte, passivo, indiferente, o qual deve ser estimulado, provocado, solicitado" (2007, p. 79). Por isso, segundo ele, seria "mais correto definir o direito, do ponto de vista funcional, como forma de controle e de *direção social* (2007, p. 79), clareando os objetivos contidos na Lei n. 13.874/2019 para além do seu texto normativo, a SOCINFO.

3. A Declaração de Direitos de Liberdade Econômica e o seu desvelamento sistêmico: do sistema interno para o global

Por isso, a Lei n. 13.874/2019 não representa o início de um processo que inaugure, no país, um movimento político ideológico de liberalismo econômico, mas, é a representação física do resultado desse processo, mais um avanço na etapa conclusiva. É elementar estruturante para o avanço da Globalização e exteriorização dessa sociedade que impôs a edição normativa da medida como forma de diplomar e assegurar a abertura das fronteiras nacionais para o que foi alinhavado no Livro Verde, em 2000. É, nesse contexto, tarefa assumida e cumprida. Por outro lado, é sabido que o desenvolvimento perseguido pela política é aquele que permeia o planejamento, desenvolvimento e inovação, ou seja, avanço tecnológico com capacidade de inovar ou incrementar produtos e processos.

O Instituto de Pesquisas Econômicas Aplicadas (IPEA), responsável pelo controle interno de aferição, análise e estudos estratégicos à economia do país, mostra que essa política de troca de ambiente no cenário global entre as empresas nacionais, estrangeiras e mistas, não tem o condão de atender, realmente, às necessidades de desenvolvimento do país. A contribuição não é tão expansiva que não precise de controle estrutural e funcional, ou que toda sorte de política desenvolvimentista possa ser depositada na abertura das fronteiras nacional ao capital estrangeiro com a segurança de que o desenvolvimento será interno e a competição será global. (ZUCCOLOTO, 2015). Há outras variáveis interagindo nesse processo que só com a visão plural e sistêmica é possível identificá-las.

A Fundação de Amparo à pesquisa do Estado de São Paulo[4] (FAPESP), muito embora, reconheça que o país venha evoluindo nos últimos vinte anos na promoção do ambiente favorável à inovação, reconhece que os investimentos em planejamento e desenvolvimento teve pouco impacto na produtividade. Isso significa que o número de registros de patentes por empresas no país continua baixo e a maioria das inovações feitas pelo setor privado é focada em produtos e processos voltados ao mercado interno. (FAPESP, 2019a)

Assim, um dos problemas para a superação reside em despertar interesse nas empresas em inovar, pois há estagnação da produtividade da economia brasileira nos últimos anos e o fator responsável é a baixa atividade de inovação do setor industrial rumada à desindustrialização. A solução é incorporar as políticas e as práticas da inovação. (FAPESP, 2019a)

Segundo a FAPESP "o Estado tem o papel importante de alavancar o investimento e o esforço do setor privado em inovação. Mas o protagonismo nessa seara é, fundamentalmente, da iniciativa privada". Salienta, contudo, que "sem uma iniciativa forte do setor privado em inovar, as políticas públicas voltadas a fomentar essa atividade serão inócuas" (FAPESP, 2019a). Isso significa políticas públicas de fomento e incentivo que se dão através do sistema jurídico.

A Empresa Brasileira de Pesquisa e Inovação Industrial (EMBRAPII) levantou, recentemente, que há 307 mil empresas classificadas como indústrias no país, das quais, 83% são pequenas empresas (BRASIL, 2013; PELLIN, 2018b) e afirma, caso um número reduzido delas se envolvessem em inovação, em poucos anos, já tiraria o país da crise econômica; que

[4] Esta é a avaliação dos participantes de um debate durante o 8º Congresso Brasileiro de Inovação da Indústria, evento promovido pela CNI (Confederação Nacional da Indústria) e pelo Sebrae (Serviço Brasileiro de Apoio às Micro e Pequenas Empresas), em São Paulo que ocorreu em 10-11 de junho de 2019. (FAPESP, 2019a).

"estimular a inovação nas pequenas indústrias brasileiras representa um enorme desafio e custa caro. Precisamos de políticas públicas que facilitem esse processo" (FAPESP, 2019a). As pequenas e médias empresas (PME) têm especial importância estratégica pelo seu elevado potencial gerador de emprego, trabalho e renda (BRASIL, 2000, p. 6) e, portanto, precisam ser inseridas nesse processo, inclusive, com orientação da OCDE (2006) e da CEPAL (2018b) para isso.

Na perspectiva da EMBRAPII tais políticas públicas não devem ter foco só na inovação disruptiva[5], baseada em pesquisa e desenvolvimento, mas, incluir, inovação incremental, que se insira nos processos organizacionais e que aufira ganho de produtividade às indústrias. (FAPESP, 2019a)

Para que isso aconteça de forma eficiente o MCTIC entende que cabe ao sistema jurídico favorecer o cenário de segurança jurídica para as empresas fazerem investimentos nessa atividade porque "é fundamental o entendimento de que a inovação é um processo continuado. Não podemos ter processos espasmódicos, mas evolutivos, e que garantam o fluxo de recursos necessários para fortalecer a capacidade de inovação das empresas" (FAPESP, 2019a), ou seja, presente o reclamo por segurança jurídica e estabilidade das instituições a fim de garantir a continuidade dos processos de desenvolvimento.

Sobre o cenário brasileiro, segundo a visão do Instituto Tecnológico de Massachusets (MIT) dos EUA, "as políticas de inovação são transversais e influenciam as políticas econômicas e sociais". Nesse sentido, "a agenda de políticas econômicas e sociais do Brasil está intimamente ligada à capacidade de implementação de uma agenda de inovação e crescimento estratégica". (FAPESP, 2019a)

Por tais razões é que o Governo, ao extrair do texto Constitucional o programa econômico e colocá-lo em seu funcionamento pela via jurídica normativa da Lei n. 13.874/2019, pretende regulamentar a política de desenvolvimento tornando-a executável em conformidade com o contexto em que a medida está inserida, qual seja, avanço tecnológico e liberdade econômica. Desenvolvimento é sinônimo de inovação. Trata-se de um processo de comunicação de novos significados. (LUHMANN, 2005)

[5] Inovação disruptiva é aquela que transforma todo o sistema social e os padrões culturais e comportamentais a partir da inserção e do uso de novas tecnologias.

Se, antes da tomada de decisão política o programa constitucional estava sob a égide da interpretação da dogmática jurídica através da hermenêutica filosófica e ativista detida nas mãos dos Tribunais (STRECK, 2014), apresenta-se, doravante, na prática, com seus contornos políticos e jurídicos predispostos; em condições de funcionar com limites estabelecidos à intervenção do Estado e com a linguagem que deve ser dispensada ao tema desenvolvimento. Como resultado pretende tornar profícua as parcerias globais e a entrada de capital no país.

Veja-se que em pouco tempo houve a reestruturação do ambiente empresarial e mudou-se completamente o ambiente de operação econômica que, por óbvio, demanda algum tempo para computar os resultados (LUHMANN, 2005).

De um lado, a publicação da Lei da Inovação (nº 13.243/16) que trata da promoção dos avanços tecnológicos sob a gestão do Ministério da Ciência, Tecnologia, Comunicação e Informação (MCTIC); de outro, o Decreto nº 9.571/18 que opera a Empresa e os Direitos Humanos; agora, a Lei n. 13.874/2019que concede a liberdade, tranquilidade e segurança jurídica que faltava às empresas para operar o programa econômico, sem distinção entre nacional, estrangeira ou mista. Essa cadência normativa não é gratuita, mas, rapidamente, responsável pela criação de um cenário favorável ao desenvolvimento econômico capaz de modificar os sentidos de comunicação dentro da sociedade. Essa guinada sistêmica ecoa no sistema jurídico que, ecoa no sistema social e muda completamente o rumo do país.

Como consequência e com a cooperação desse movimento migratório das empresas no cenário nacional, a exemplo de Estados Unidos (EUA) e aqueles países que compõem a OCDE, espera-se promover a aceleração do desenvolvimento interno por trazerem consigo os avanços em tecnologia e processos, alavancando a produção e a competitividade do país nesse cenário global.

Mas, os dados apontam em sentido temerário a essa proposta. Caso a gestão desse processo não seja feita adequadamente pelo Estado e instituições, o país há de mergulhar em mais um ciclo de altos e baixos que se esgotará ao longo do tempo e reconduzido a um novo ciclo exploratório com o aval do sistema econômico e político internos. (PELLIN, 2018b)

A análise da conjectura e dos dados mostram que as "relações estatais e interestatais em questão estão permeadas de uma multiplicidade de contradições – algumas apontando na direção da emancipação, outras decididamente contra ela –, o que por sua vez, complica ainda mais o quadro" (MÉSZÁROS, 2004, p. 368) interno. Além disso, frente ao cenário global "aumentar a competitividade costuma gerar uma contracorrente darwiniana, e as melhores estratégias empresariais costumam ser recompensadas no mercado, ao passo que as empresas mais lentas desaparecem gradualmente num mundo cada vez mais competitivo." (CASTELLS, 1999, p. 139 140)

Em função dessa estrutura, dados coletados pelo IPEA (BRASIL, 2015) e analisados no documento *Brasil em desenvolvimento: Estado, planejamento e políticas públicas* mostram que o envolvimento das empresas nacionais e estrangeiras no desempenho da capacidade inovativa do programa empresarial nacional como forma eficiente para alavancar o desenvolvimento econômico do país não se confirma plenamente.

A pecha de que há uma relação de troca benéfica ao país porque tais empresas trazem planejamento, desenvolvimento e inovação em produtos e processos organizacionais que, por sua vez, são incorporados ao desenvolvimento interno elevando a produtividade e a qualidade de produtos, não se tem como absoluta. Daí a necessidade de intervenção porque "as empresas multinacionais estariam internacionalizando suas atividades de P&D também para monitorar novos desenvolvimentos tecnológicos e gerar novos produtos e processos a partir de suas locações no exterior" (ZUCCOLOTO, 2015, p. 119). Há, por pare das empresas estrangeiras, a "preocupação com a redução dos custos da pesquisa e busca pelo acesso à mão de obra capacitada e mais barata são razões associadas a este processo, direcionando tais atividades inclusive para países emergentes". (ZUCCOLOTO, 2015, p. 119)

Veja-se pelos dados coletados no período entre 2000 e 2012, que o volume de investimentos estrangeiros em vendas, geração de emprego, salário e P&D nas filiais foi maior para vendas e geração de empregos, enquanto salários e investimentos em P&D menores. Isso resulta como análise de que o resultado do processo de internacionalização de empresa estrangeira em território nacional não é sinônimo de produtividade e avanço tecnológico, mas, possível aproveitamento do custo de mão de obra.

Relação entre filiais e matrizes: P&D, emprego, remuneração e vendas (2000-2012) (Em %)

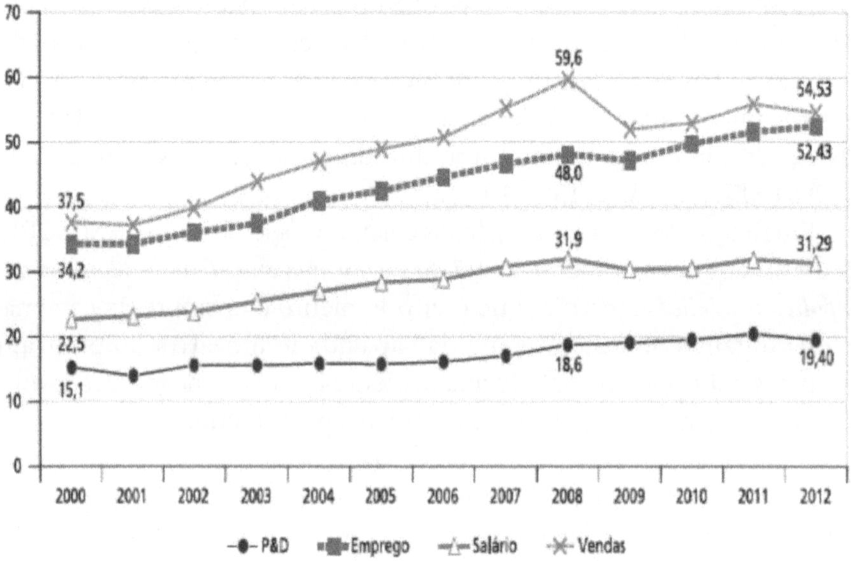

Fonte: ZUCCOLOTO, 2015, p. 126.

Outro aspecto que comprova a assertiva de que a liberalização econômica, no Brasil, precisa ser gerida sistemicamente (*sic*), reside na análise comparativa dos dados de investimentos em P&D e de volume de vendas por empresas norte-americanas filiadas no Brasil, China e Índia, a partir de 2002. O Brasil apresenta um forte cenário em volume de investimentos em vendas, enquanto China e Índia, volume de investimentos em P&D, o que denota, mais uma vez, que o desenvolvimento e investimento em P&D não são prioridade das empresas norte-americanas no país o que afeta, significativamente, o processo de inovação tecnológica nacional e o desenvolvimento.

Gastos em P&D e vendas realizados pelas filiais norte-americanas – Brasil, China e Índis (2000-2012)
(Em %)

	Brasil			China			Índia		
	2002	2008	2012	2002	2008	2012	2002	2008	2012
Participação nos gastos em P&D	1,5	1,9	2,9	3,1	4,0	4,5	0,4	3,2	5,1
Participação nas vendas	2,3	2,8	3,4	1,6	2,5	3,9	0,3	0,6	1,1
Gastos em P&D/vendas	0,5	0,5	0,6	1,6	1,3	0,9	0,9	4,0	3,6

Fonte: ZUCCOLOTO, 2015, p. 127.

No mesmo sentido, quanto à indústria de transformação, dados coletados no mesmo período, mostram que em relação às filiais norte-americanas em território brasileiro, europeu, indiano e chinês, os gastos em P&D concentram-se em países europeus no montante de 66,5% do total. Mas, quanto ao Brasil, este supera a China e a Índia, tendo disparado em receber investimentos em P&D na área dos transportes. No volume de investimentos em vendas, o Brasil está em condição mais vantajosa em relação à China e Índia. Entretanto, em volume de informática e eletrônicos, a vantagem é da China.

Indústria de transformação: participação nos gastos em P&D de filiais norte-americanas (2011)
(Em %)

	Indústria manufatureira							
	Total	Alimentos	Químicos	Metais	Máquinas	Informática e produtos eletrônicos	Equipamentos elétricos, aparelhos e componentes	Equipamentos de transporte
Brasil	4,0	5,0	3,3	2,6	4,8	1,3	0,1	8,1
Europa	66,5	60,0	74,9	75,3	72,9	46,0	49,1	66,6
China	2,5	2,1	1,4	4,3	2,0	5,1	18,2	1,1
Índia	1,9	0,6	1,1	0,0	-	4,7	0,9	1,5
Outros	22,5	31,8	18,8	17,9	19,2	41,1	31,7	22,7
Total	**100,0**	**100,0**	**100,0**	**100,0**	**100,0**	**100,0**	**100,0**	**100,0**

Fonte: ZUCCOLOTO, 2015, p. 127.

Com base no desempenho tecnológico e de atividades inovativas de empresas nacionais e estrangeiras no Brasil, as empresas nacionais são, em média, significativamente menores que as mistas e, especialmente, as estrangeiras. Quando se trata de inovação, o IPEA informa que as empresas de grande porte são responsáveis por 57,8% dos dispêndios totais e 82,2% dos gastos privados em P&D realizados no país. Foram identificadas 1.769 empresas, sendo 73,3% nacionais, 22,3% estrangeiras e 4,3% mistas. (ZUCCOLOTO, 2015, p. 128)

Em relação aos indicadores tecnológicos, enquanto 77,5% das grandes empresas estrangeiras inovaram em 2012, esta porcentagem alcançou 59,6% das empresas nacionais e 63,0% das mistas. A pesquisa do IPEA revela ainda que os valores médios direcionados à inovação por empresas estrangeiras são superiores àqueles investidos por empresas nacionais em todas as atividades inovativas analisadas: total, atividades internas de P&D, aquisição externa de P&D e aquisição de máquinas e equipamentos. (ZUCCOLOTO, 2015, p. 128)

Sob outra perspectiva a fim de demonstrar que a participação estrangeira em investimentos em P&D em grandes, pequenas e médias empresas, no Brasil, deixa a desejar com exceção e destaque aos setores de petróleo, biocombustíveis e coque, que aproximam o Brasil da fronteira global dada a participação estrangeira significativa, outros setores, como indústria de informática, eletrônica e ópticos, na qual a distância tecnológica brasileira em relação aos países de referência é a mais elevada, a participação estrangeira alcança 66,2%. Em geral, o índice de correlação observado entre as variáveis foi de –0,55, indicando que quanto maior a participação de empresas estrangeiras, mais distantes os investimentos em P&D encontram-se da média dos países da OCDE.

Correlação entre participação estrangeira e distância da fronteira tecnológica mundial (2011) (Em %)

	RLV: Estrangeira/total	P&D/RLV: Brasil/média OECD
Indústria de transformação	34,0	35,2
Alimentos, bebidas e fumo[1]	29,5	46,6
Celulose, papel e editoração	28,5	107,7
Petróleo, coque e biocombustíveis	2,0	216,2
Químicos (não inclui produtos farmacêuticos)	43,1	84,1
Produtos farmacêuticos	49,2	36,3
Borracha e plástico	31,7	39,8
Outros minerais não metálicos	22,7	26,7
Metais básicos (siderurgia)	28,2	61,7
Produtos de metal	13,7	52,6
Informática, eletrônicos e ópticos	66,2	19,4
Produtos elétricos	43,4	26,3
Máquinas e equipamentos	47,4	30,8
Veículos	78,1	52,1
Correlação: participação estrangeira x P&D: Brasil/média OECD	-0,55	

Fonte: ZUCCOLOTO, 2015, p. 133.

Esse é um dos lados negro da Globalização e da implantação da SOCINFO: a possibilidade de dar continuidade nos processos históricos de assimetria entre os países, cuja "consequência dessa concentração de recursos, dinamismo e riqueza em certos territórios é a segmentação cada vez maior da população mundial, acompanhando a segmentação da economia global e, por fim, levando a tendências globais de aumento de desigualdade e da exclusão social". (CASTELLS, 1999, p. 175)

Considera-se como plausível ao sistema interno, *locus* de muitas diferenças e desigualdades, que esse debate acerca da regionalização da economia global incuta o reforço do papel do Governo e das instituições; sobretudo, das instituições internacionais interventoras, na acentuação das políticas de patrocínio, controle, fiscalização e formação do livre comércio das quais, as redes de empresas são só uma parte. Isso porque "no pensamento latino-americano derivado da matriz estruturalista – mesmo quando não dominante – e das práticas políticas de grupos mais progressistas, o desenvolvimento é um processo integral e não somente uma estratégia de inserção nos mercados mundiais". (BERNAL-MEZA; MASERA, 2007, p. 34)

Países em desenvolvimento como o Brasil carecem de crescimento econômico, mas, tem que ser, obrigatoriamente, sustentável, a fim de que haja distribuição mais igualitária da riqueza e redução da margem de pobreza. (COOTER; SCHÄFER, 2007)

Veja-se que a Constituição da República de 1988 preconiza no artigo 170 como corolário da Ordem Econômica e Financeira do país que o exercício de atividade econômica deva ser feito mediante a liberdade de iniciativa empreendedora desde que, o trabalho humano seja valorizado; busca com isso, estabelecer a função social dos meios de produção cujo objetivo é o estabelecimento de algum critério de justiça social, a exemplo da redução das desigualdades sociais e regionais, bem como, da pobreza, sem exclusão, da melhora da qualidade de vida das pessoas mediante o acesso ao mercado de consumo (BRASIL, 2010) ao maior número de pessoas possível.

Da leitura se extrai outros princípios que coroam e refreiam a atividade econômica, os quais entram em funcionamento a partir da natureza da respectiva atividade, privilegiando de forma destacada as pequenas e médias empresas, porque são delas o afinco em território nacional, garantindo emprego e movimentando a economia. (PELLIN; ENGELMANN, 2018b)

Nesse sentido, derivam duas implicações centrais: "[...] a ideia perniciosa de que o mercado seria uma zona moralmente neutra e não precisaria se submeter a qualquer juízo ético, porque já contém no seu núcleo os princípios morais suficientes para a sua legitimidade social" (ZAMAGNI, 2016, p.12). E, diante do quadro que a realidade apresenta, no sentido de que "devemos governar uma sociedade "multilinguística", sendo necessária outra instituição, que não o mercado, que faça surgir uma língua capaz de instituir o diálogo entre os membros pertencentes a diferentes comunidades linguísticas". (ZAMAGNI, 2016, p. 12)

No cenário em que se observam os fatos sociais, jurídicos, políticos e tecnológicos, a abordagem econômica e jurídica não pode ser isolada se, se pretende contribuir com o desenvolvimento sustentável. Por isso, o sistema jurídico precisa ser observado a partir do sistema econômico e vice-versa. (ROSA, 2009)

A CF é documento institucional. Na visão dos economistas Pessali e Dalto (2010), ganha destaque como engrenagem importante no desenvolvimento e, ao mesmo tempo, é vista como uma das medidas para tal. É, sobremaneira, institucionalizante, no sentido performador, condicionante de condutas, comportamentos e valores a serem praticados, sempre apontando na direção do aprimoramento e evolução sistêmica na busca da sustentabilidade, com regras e consequências aplicáveis no campo da ação e decisão econômicas. Trata-se, pois, de interdependência vinculante.

Todavia, a interpretação funcional da estrutura constitucional está a depender do contexto; do cenário em que se insere a operação do seu texto; não está vinculada "nem a 'vontade do legislador', nem o 'espírito da lei' vincula o intérprete" (GRAU, 2015, p. 163). Segundo Grau, se a concepção formal for deixada de lado para dar azo à realidade em substituição, "ela será entendida como manifestação de um estrutura político-social concreta; escapará então ao plano do *dever-ser*, de sorte a passar a expressar o *ser* político do Estado; nesse sentido ela é a *constituição política* do Estado". (2015, p. 163)

Por essa razão, Grau (2015) menciona que há dois universos a serem entendidos na Ordem Econômica constitucional: um é o do dever-ser; o outro é o ser. O documento é dirigente e se trata de um "conjunto de diretrizes, programas e fins que enuncia, a serem pelo Estado e pela sociedade realizados; a ela confere o caráter de *plano global normativo* do Estado e da sociedade. O seu art. 170 prospera evidencialmente, no sentido de implantar uma *nova* ordem econômica" (GRAU, 2015, p. 171) agregada pelo valor da sustentabilidade. O desafio é conciliar os dois aspectos: liberdade econômica e sustentabilidade. Mas, como resultado de pesquisa, certamente, ainda há que incorrer no fortalecimento do Estado na coordenação dessa liberdade.

Isso significa dizer que da estrutura vai-se à função que tem como resultado a promoção de incentivos por parte do Estado, no caso, segurança jurídica, limites à interpretação constitucional da ordem econômica e financeira e volume de investimentos em inovação e novos processos organizacionais para o desenvolvimento econômico propostos pela Lei n. 13.874/2019.

Quando Bobbio menciona que "o direito não se limita a reprimir, mas estimula ou promove [...] que o direito é um meio, e não um fim' (2007, p. 77) fica compreensível a relação direta entre o artigo 170, da CF e a Lei n. 13.874/2019, bem como a iniciativa do Governo Federal em editar tal preceito normativo a partir do contexto da Globalização e da SOCINFO. Por isso, é possível constatar que o direito é "a organização não apenas do poder coativo, mas também do poder econômico [...] um determinado modo de entender a especificidade do direito, que consiste precisamente em considerá-lo uma forma de 'organização social'". (BOBBIO, 2007, p. 77)

Mas, isso não se exaure sem críticas porque não se busca só o crescimento econômico acelerado que sustente a emergência da medida jurídica e a restrição na interpretação dos princípios constitucionais da Ordem Econômica, dado que o país é recheado de desigualdades e alto índice de pobreza; há necessidade do equilíbrio entre a tricotomia liberdade-intervenção-atuação que conduza à redução de riscos à exploração nefasta do cenário interno ou, ainda, impedir que esse ciclo virtuoso de liberdades econômicas se transforme em um gafanhoto sem controle.

A regulação do programa empresarial é complexa e demanda adequação sistêmica e conjunta à liberalização. É nesse sentido que Cooter e Schäfer sustentam que "uma desregulação bem-sucedida pressupõe um efetivo direito contratual, empresarial e de propriedade. Sem este pano de fundo, a desregulaçao causa caos e a violência. [...] legalizar a liberdade libera as energias dos investidores e permite que a inovação retome seu caminho criativo e imprevisível". (2017, p. 274)

Portanto, como a Lei n. 13.874/2019 pretende responder à Globalização desregulamentado barreiras intervencionistas do Estado para favorecer a entrada de capital e empresas estrangeiras como alavanca do desenvolvimento nacional "ainda é necessário compreender com maior profundidade quais avanços nas políticas públicas brasileiras são necessários para o país se tornar um *player* relevante para a instalação de tais laboratórios". (ZUCCOLOTO, 2015, p. 135)

Curial, segundo o IPEA, avaliar se a concentração de incentivos à inovação deva ser depositada somente nas empresas nacionais enquanto política pública, considerando que, nesse sistema, a geração de novas tecnologias tem como base somente as matrizes empresariais e, além disso, empresas estrangeiras desenvolvem, fora da respectiva matriz, apenas tecnologias incrementais, segundo demonstrado pela correlação negativa entre a presença de empresas estrangeiras e a distância tecnológica da fronteira mundial observada no Brasil, tornando-se necessário desenvolver programas que, de fato, permitam às empresas saltos tecnológicos. (ZUCCOLOTO, 2015, p. 135)

A realidade econômica implantada pela Lei n. 13.874/2019 que pretende agasalhar, ou melhor, descobrir, não pode se circunscrever ao conjunto de atividades públicas, empresariais e particulares de âmbito interno, mas, se a ciência econômica e a disciplina jurídico-econômica "não atentarem para uma quarta componente que é a realidade econômica mundial onde se contêm todas as economias nacionais, as políticas econômicas nacionalmente adotadas e os direitos fundamentais de soberania serão fatalmente inócuos". (LEAL, 2005, p. 17).

Conclusões

Com a edição da Lei n. 13.874/2019 iniciou-se a observação sistêmica decorrente da leitura e da compreensão dos significados de linguagem dispostos na norma para verificação de quais transformações decorrerão, necessariamente, no sistema social ou, quais acoplamentos estruturais serão feitos na CF, no sistema jurídico e no sistema econômico.

Então, da leitura do §1º do artigo 1º, primeiramente, deparou-se com a propositura de transformação dos padrões culturais socioeconômicos arraigados historicamente. Depois, da leitura do artigo 4º da medida, a mitigação do poder da administração pública sobre o poder regulatório sobre a atividade econômica e, por fim, com o artigo 5º, que estabelece a coordenação sobre a análise de impacto regulatório, com a inclusão da ferramenta de *design* estratégico que usa a pesquisa-ação no caso de edições de novas regras através da realização da *Análise de Impacto Regulatório*, que conterá informações e dados sobre os possíveis efeitos do ato normativo para verificar a razoabilidade do seu impacto econômico. Além disso, da leitura do inciso VII, da *Declaração de Direitos da Liberdade Econômica* constante da Exposição de Motivos da MP 881, depara-se com a necessidade de superar os entraves à inovação de produtos ou serviços, estimular o ambiente global para parceiras em avanços tecnológicos e, o estímulo às *startups* para vencer o atraso em inovação.

Com tais aspectos que saltaram às letras e diante do complexo sistema que permeia o desenvolvimento econômico através do planejamento, desenvolvimento e inovação, ficou a pergunta como problema para resolver na pesquisa: será que a Lei n. 13.874/2019 tem condições de levar o Brasil a avançar tecnologicamente, retomando a industrialização e promovendo a sustentabilidade representada, nesta oportunidade, pela redução das desigualdades regionais e a pobreza que assola o país?

Então, pela coleta de dados comparativos com o que, até, aqui, fora conquistado, fica a conclusão de que a medida não tem toda essa condição porque as empresas estrangeiras que já operam no ambiente interno não tem o ideal conjunto de alavancar a industrialização do país o que pode piorar com o exercício indiscriminado da liberdade econômica a par dos países desenvolvidos, tendo em vista, que os países em desenvolvimento precisam do Estado fortalecido para promover melhor distribuição de riquezas e isso significa regulamentar a atividade econômica de forma a deixar muito claro as regras do jogo econômico.

Outro aspecto que é possível concluir como resultado de pesquisa é que, as empresas que, por ventura, estejam ou venham para o Brasil explorar atividade econômica enfrentem algumas obrigatoriedades regulatórias, como por exemplo, contratos de parcerias (*joint ventures*), transferência de tecnologias com as empresas nacionais, de tal forma que o planejamento, investimento e desenvolvimento permaneçam em território nacional e não haja a possibilidade de exploração da mão de obra interna, a criatividade dos pesquisadores brasileiros, bem como, regras de mercado que impute achatamento de salários, desvalorizando o ambiente interno de forma a promover, com as medidas políticas adotadas, a retomada do ambiente de exploração nacional, tão arraigado na história do país.

Portanto, a hipótese inicial se confirma. O país em desenvolvimento não está preparado para permitir o acoplamento estrutural do padrão cultural e econômico dos países desenvolvidos porque carece de instituições democráticas bem consolidadas e, portanto, para o aumento efetivo da produtividade nacional há necessidade de controle sobre a liberdade econômica pelo sistema jurídico para que haja, efetivamente, transferência de tecnologia por parte das empresas estrangeiras e resulte no avanço tecnológico e na retomada da industrialização. É contingente e emergente a necessidade de barreiras jurídicas para refrear os efeitos colaterais da globalização.

Referências

BERNAL-MEZA, R.; MASERA, G. A. América Latina e a Sociedade da Informação. *In Política Externa*. vol. 15. nº 4. São Paulo: Paz e Terra, março-maio, 2007.

BOBBIO, N. *Da estrutura à função*: novos estudos de teoria do direito. Tradutora D. B. Versiani. São Paulo: Manole, 2007.

BRASIL. *Brasil em Desenvolvimento 2015:* Estado, planejamento e políticas públicas. Editores A. M. SOUZA; P. MIRANDA. Brasília, DF: IPEA, 2015. Disponível em http://www.ipea.gov.br/portal/index.php?option=com_content&view=article&id=26731 Acesso em: jun. 2019.

BRASIL. *Medida Provisória nº 881, de 2019 (liberdade econômica).* Brasília: Congresso Nacional, 2019. Disponível em https://www.congressonacional.leg.br/materias/medidas-provisorias/-/mpv/136531 Acesso em: 20 jun. 2019.

BRASIL. Ministério da Ciência e Tecnologia. *Sociedade da informação no Brasil:* livro verde. Organizado por Tadao Takahashi. Brasília, DF: MCT, set. 2000. Disponível em: http://www.socInfo.ogr. Acesso em: jun. 2019.

BRASIL. Ministério da Ciência, Tecnologia e Inovação. Centro de Gestão e Estudos Estratégicos. *Livro azul da 4ª Conferência Nacional de Ciência e Tecnologia e Inovação para o Desenvolvimento Sustentável.* Brasília: MCT: CGEE, 2010. Disponível em: http:/ livroaberto.ibict.br/handle/1/677. Acesso em: 13 jan. 2018.

BRASIL. Ministério do Desenvolvimento, Indústria e Comércio Exterior (MDIC) *Atlas nacional de comércio e serviços.* Brasília, DF, 2013. Disponível em: http://www.mdic.gov.br/arquivos/dwnl_1414414334.pdf. Acesso em: 15 jan. 2019.

CASTELLS, M. *A Sociedade em Rede:* a era da informação: economia, sociedade e cultura. Tradutor R.V. Majer. 10ª ed. vol. I. São Paulo: Paz e Terra, 1999.

COOPERAÇÃO ECONÔMICA PARA A AMÉRICA LATINA E CARIBE (CEPAL). *Guía metodológica*: planificación para la implementación de la agenda 2030 en América Latina y el Caribe. [S.l.], 2018 (b). Disponível em: https://www.cepal.org/es/ publicaciones/ 43963-guia-metodologica-planificacion-la-implementacion-la-agenda-2030-america-latina. Acesso em: 06 jan. 2019.

COOPERAÇÃO ECONÔMICA PARA AMÉRICA LATINA E CARIBE (CEPAL). *Cepal lançara o relatório Panorama Social da América Latina 2018.* Chile: CEPAL, 2019 (b). Disponível em https://www.cepal.org/pt-br/noticias/cepal-lancara-o-relatorio-panorama-social-america-latina-2018 Acesso em: jun.2019.

COOPERAÇÃO ECONÔMICA PARA AMÉRICA LATINA E CARIBE (CEPAL). *Estudo Econômico da América Latina e do Caribe 2018:* evolução do investimento na América Latina e no Caribe; fatos estilizados, determinantes e desafios de política. Chile: CEPAL, 2018 (a). Disponível em https://www.cepal.org/pt-br/publicaciones/43977-estudo-economico-america-latina-caribe-2018-evolucao-investimento-america-latina Acesso em: jun. 2019.

COOPERAÇÃO ECONÔMICA PARA AMÉRICA LATINA E CARIBE (CEPAL). *Sobre a CEPAL.* (*S.I.*) Chile: CEPAL, 2019 (a). Disponível em https://www.cepal.org/pt-br/cepal-0 Acesso em: jun.2019.

COOTER, R. D.; SCHÄFER, H.-B. *O Nó de Salomão:* como o direito pode erradicar a pobreza das nações. Tradutor M. Eltz. Curitiba: Editora CRV, 2017.

FREIRE, K. M. (Org.). *Design Estratégico para a Inovação Cultural e social.* São Paulo: Kazuá, 2015.

FUNDAÇÃO DE AMPARO À PESQUISA DO ESTADO DE SÃO PAULO (FAPESP). Especialistas apontam ações para impulsionar inovação no Brasil. *In Inovação Tecnológica.* São Paulo: FAPESP, 30 mai. 2019 (b). Disponível em https://www.inovacaotecnologica.com.br/noticias/noticia.php?artigo=especialistas-apontam-acoes-impulsionar-inovacao-brasil&id=010175190530#.XRNiLuhKjIU Acesso em: jun. 2019.

FUNDAÇÃO DE AMPARO À PESQUISA DO ESTADO DE SÃO PAULO (FAPESP). Se empresas brasileiras inovassem, crise poderia ser revertida. *In Inovação Tecnológica.* São Paulo: FAPESP, 17 jun. 2019 (a). Disponível em https://www.inovacaotecnologica.com.br/noticias/noticia.php?artigo=se-empresas-brasileiras-inovassem-crise-poderia-revertida&id=010175190617&ebol=sim#.XRNf6ehKjIU Acesso em: jun. 2019.

GAUDIO, C. D.; OLIVEIRA, A. J.; FRANZATO, C. Intersecções entre *design* estratégico e pesquisa-ação para promover processos participativos de reapropriação do espaço urbano. *In* FREIRE, Karine de Mello (Org.). *Design Estratégico para a Inovação Cultural e social.* São Paulo: Kazuá, 2015, p. 43-56.

GRAU, E. R. *A Ordem Econômica na Constituição de 1988.* 17ªed. Revista e atualizada. São Paulo: Malheiros, 2015.

LEAL, R. P. *Direito Econômico*: soberania e mercado mundial. 3ª ed. Revista e aumentada. Belo Horizonte: Del Rey, 2005.

LUHMANN, N. *Introdução à Teoria dos Sistemas:* aulas publicadas por Javier Nabarrete. Tradutor A. Nasser. Petrópolis: Vozes, 2010.

LUHMANN, N. *Organización y decisión*: autopoyésis, acción y entendimiento comunicativo. Tradutor D. R. Mansilla. Santiago do Chile: Instituto de Sociologia, 2005.

MÉSZÁROS, I. *O poder da Ideologia.* Tradutor P. C. Castanheira. São Paulo: Boitempo Editorial, 2004.

ORGANIZAÇÃO PARA A COOPERAÇÃO E DESENVOLVIMENTO ECONÔMICO (OCDE). *Uma cooperação mutualmente benéfica. (S.I.)* Disponível em http://www.oecd.org/latin-america/countries/brazil/brasil.htm Acesso em: jun.2019.

ORGANIZAÇÃO PARA A COOPERAÇÃO E DESENVOLVIMENTO ECONÓMICOS (OCDE). *Consolidating macroeconomic adjustment.* [S.l.], 2006. Disponível em: doi:http://dx.doi.org/10.1787/eco_surveys-bra-2006-en. Acesso em: 20 jan. 2019.

PELLIN, D. *A reconstruçao da torre de babel pelos construtores da governança., In:* CONGRESSO NACIONAL DO CONPEDI, 27., Porto Alegre, 15 nov. 2018 (a). *Anais eletrônicos...* Porto Alegre, 2018. Disponível em: https://www.conpedi.org.br/wp-content/uploads/2018/09/lista-de-artigos-dia-16. Acesso em: 15 jan. 2019

PELLIN, D.; ENGELMANN, W. A análise econômica da lei do microempreendedor individual para além do direito: a política. *Economic Analysis of Law Review*, [S.l.], v. 9, n. 2, p. 177-193, 2018 (b).

PESSALI, H.; DALTO, F. A mesoeconomia do desenvolvimento econômico: o papel das instituições. *Nova Economia*, Belo Horizonte, v. 20, n. 1, p. 11-37, 01 abr. 2010.

PINTO. O. P. A. M. *As mudanças sociais e econômicas, a produção legislativa e o reflexo na atividade judicial. In* Tribunal de Justiça do Distrito Federal e dos Territórios. Brasília: TJDFT, 2008. Disponível em https://www.tjdft.jus.br/institucional/imprensa/artigos-discursos-e-entrevistas/artigos/2008/as-mudancas-sociais-e-economicas-a-producao-legislativa-e-o-reflexo-na-atividade-judicial--juiza-oriana-piske-de-azevedo-magalhaes-pinto Acesso em: jun.2019.

ROSA, A. M. The new road of serfdom: law and economics. In: STRECK L. L.; BARRETTO,.V. D. CULLETON, A. S. *20 anos de Constituição*: os direitos humanos entre a norma e a política. São Leopoldo: Oikos, 2009. p. 9-26.

SLATER, R. The regulation ok known unknowns: toward good regulatory governance principles. *Regulatory Governance Principles – RGI,* Carleton University. School of Piblic and Administration, [S.l.], n. 3, p. 1-13 Mar. 2009. Disponível em: www.carleton.ca/spp. Acesso em: 8 set. 2018.

STRECK, L. L. *Hermenêutica Jurídica e(m) Crise:* uma exploração hermenêutica da construção do Direito. 11ª ed. Porto alegre: Livraria do Advogado, 2014.

ZAMAGNI, S. Uma crise de sentido, ou seja, de direção. Tradutor S. D. Onder. *Caderno IHU Ideias, São Leopoldo, n. 14*, p. 242, 2016

ZUCCOLOTO, G. F. Inovação Tecnológica e o Papel das Empresas Estrangeiras no Brasil. *In* BRASIL. *Brasil em Desenvolvimento 2015:* Estado, planejamento e políticas públicas. Editores: A. M. SOUZA; P. MIRANDA. Brasília: IPEA, 2015, p. 117-137. Disponível em http://www.ipea.gov.br/portal/index.php?option=com_content&view=article&id=26731 Acesso em: jun. 2019.

14. O Exercício da Atividade Estatal no Monitoramento Mercadológico e os seus Efeitos nas Pessoas e na Sociedade da Informação

Emerson Penha Malheiro

Ricardo Cotrim Chaccur

Introdução

O presente artigo pretende, em linhas gerais, analisar, sistematizar e valorar os seus princípios mais significativos, com uma análise jurídico-filosófica do tema.

A sociedade da informação é uma nova representação de composição da coletividade social, que se estabelece em uma forma de evolução em que a informação, como elemento primordial para conceber conhecimento, representa uma atribuição essencial na geração de afluência material e na contribuição para a satisfação e qualidade de vida das pessoas. A sociedade da informação sugere competitividade que, porém, se reflete diretamente no progresso intrínseco dos indivíduos. A revolução tecnológica nas comunicações e na eletrônica é a sua face mais visível.

A melhor forma de se analisar a sociedade da informação é identificar o ambiente que está impactado pela tecnologia. O ambiente de sociedade da informação pode apresentar um impacto muito maior ou menor em determinados Estados, pois atinge frontalmente as relações humanas. Assim sendo, deve-se compreender intrinsecamente a diversidade cultural existente.

A rede tecnológica tem uma força enorme, que pode ser direcionada para o bem ou para o mal.

Um dos principais temores sociais é a vigilância desenfreada e completamente sem critério – que não possui a identificação de quem vigia e por qual motivo vigia – que pode resultar em uma aquisição de informações que podem ser colocadas a disposição para entidades que tem por objetivo reclassificar as pessoas.

1. Mercado

Inicialmente, mister se faz delinear o vocábulo aqui empregado. Cuida-se da relação estabelecida entre a oferta e a procura de bens, serviços e capitais.

Analisa-se também como o conjunto de consumidores que absorvem produtos e/ou serviços.

No âmbito das relações exteriores, estabelece-se como o conjunto de transações econômicas entre vários Estados.

2. Monitoramento

Exercício de poder que se caracteriza pelo domínio do processamento de dados ou operações, em que deve prevalecer o equilíbrio entre as pessoas envolvidas na relação jurídica.

Cuida-se de uma fiscalização geral, periódica e organizada para o monitoramento dos negócios jurídicos que se realizam no mercado.

"Atualmente o monitoramento tornou-se um instrumento muito além da responsabilidade do empregador sobre o empregado, mas um fator de proteção de um ativo essencial para as empresas, a informação."[1]

3. Ser humano

Para o delineamento do artigo, considerar-se-ão pessoas aquelas tuteladas pelo princípio da dignidade da pessoa humana, estabelecido precipuamente no art. 1.º, III, Constituição Federal.

É o sujeito de direitos que tem a capacidade de exigir do Estado a proteçao no exercício de seus interesses e o cumprimento de deveres inerentes à sua condição.

4. A aparente incongruência entre o mercado, o ser humano e as relações de consumo

No Brasil, a Constituição Federal estabelece uma série de regras que proporcionam uma proteção às pessoas em face das relações de consumo em um mercado cada vez mais agressivo.

[1] PINHEIRO, Patricia Peck. **Direito digital**. 6. ed. São Paulo: Saraiva, 2016, p. 242.

O delineamento da soberania do Estado é essencial para a configuração da sua atuação nas relações exteriores e sua presença se perfaz no art. 1.º, I, Constituição Federal. Nessa toada, a soberania é a qualidade que caracteriza o poder político supremo de um Estado, como afirmação de sua personalidade independente, autoridade plena e governo próprio, dentro do território nacional e em suas relações exteriores.

É, portanto, a capacidade que o Estado tem de estabelecer e manter a ordem interna e se fazer representar no cenário internacional. Observando-se o mercado sobre esse prisma, é possível afirmar que o Brasil proporciona a tutela dos interesses dos indivíduos nas relações exteriores e também no âmbito interno. É importante lembrar também que o Brasil se rege pela prevalência dos direitos humanos, conforme previsão da Carta de Outubro, no art. 4.º, II.

Destaca-se, igualmente, o já mencionado princípio da dignidade da pessoa humana. Dessa forma, é dever do Estado atuar nas relações de consumo para garantir que a livre iniciativa nas relações comerciais não atinja as pessoas prejudicando-as em sua atuação no mercado. Lamentavelmente, no entanto, nem todas as pessoas possuem o suficiente para suprir suas necessidades, o que acarreta a interferência recíproca em suas vidas.

Nas palavras de Oscar Wilde, "Quando cada membro da sociedade tiver o suficiente para suprir suas necessidades, ninguém mais interferirá na vida de ninguém"[2].

A vida moderna é conexa à concepção de propriedade. Na visão de Wilde, o Estado deve ser o produtor e distribuidor de bens necessários. A solidariedade, atualmente, é difícil de ser estabelecida, pois a pressão da concorrência e a luta por oportunidades torna-a rara, pois é sufocada pelo ideal moral de uniformização e conformação da norma.

De acordo com Karl Marx e Friedrich Engels apenas será possível a existência de uma justiça social com um Estado Livre. "A liberdade consiste em transformar o Estado, de órgão acima da sociedade, em órgão inteiramente subordinado a ela"[3].

[2] WILDE, Oscar. **A alma do homem sob o socialismo**. São Paulo: L&PM, s/d, p. 41.

[3] MARX, Karl; ENGELS, Friedrich. **Manifesto do partido comunista**. São Paulo: L&PM, s/d, p. 121.

5. O Estado na Constituição Federal de 1988

5.1. A concepção de Estado

É oportuno fazer uma breve análise do conceito de Estado para, a partir daí traçar as características do Estado brasileiro à luz da Constituição Federal de 1988, uma vez que a Carta Magna é um divisor de águas da nova concepção e função do Estado, mormente se se considerar que o atual modelo de Estado brasileiro é o denominado Estado Social e Democrático de Direito[4].

Nesse sentido, O Estado de direito brasileiro, sob o prisma da Constituição Federal de 1988, é resultado de um processo histórico e político que, a luz da Carta Magna, adota características basilares para a nova concepção de Estado brasileiro.

5.2. O Estado como pessoa jurídica de direito público externo

O Estado possui elementos mínimos para a sua existência, sendo três objetivos e um subjetivo. São objetivos o território, o governo soberano e o povo. É subjetivo a recognição.

5.2.1. Elementos objetivos dos Estados

a) Território

É o elemento objetivo físico. A existência de um fundamento territorial "em que se fixa uma jurisdição, ou se estabelece uma unidade administrativa"[5] no qual o Estado desempenha de forma ininterrupta a sua soberania é essencial para o Estado.

b) Governo soberano

É o elemento objetivo político. É um arcabouço político com equilíbrio, que mantém a ordem interna e representa o Estado no direito internacional.

c) Povo

É o elemento objetivo pessoal. São pessoas que vivem no Estado de forma permanente, conectadas a ele pelo vínculo jurídico da nacionalidade.

[4] SIQUEIRA JUNIOR, Paulo Hamilton; OLIVEIRA, Miguel Augusto Machado de. **Direitos humanos e cidadania**. São Paulo: RT, 2007, *passim*.

[5] SILVA, De Plácido e. **Vocabulário jurídico**. Rio de Janeiro: Forense, 1998, p. 809.

5.3. A origem da formação do Estado

Inúmeras são as teorias quanto ao surgimento do Estado, sendo as mais conhecidas:

a) O Estado sempre existiu, desde o surgimento do homem na face da terra uma vez que estiveram sempre integrados em uma organização social, dotada de poder sobre todo o grupo. Assim, o Estado seria um elemento universal de organização social humana e de formação natural e voluntária. Teoria da formação natural;
b) O Estado surgiu da necessidade de vida em grupos sociais. Assim, o Estado na concepção de grupo social organizado, surgiu da necessidade do poder soberano, que determinasse o convívio entre os membros do grupo. Teoria da formação contratual.

A primeira teoria fundamenta que Estado teve origem no núcleo familiar onde cada família primitiva teria se ampliado, dando origem ao Estado, ou ainda por atos de força e de conquista, onde a superioridade pela força de um grupo social acabou por submeter outro grupo mais fraco, ampliando o grupo original. Por fim, a teoria da formação natural do Estado teria por origem causas econômicas ou patrimoniais, onde o Estado teria surgido da necessidade do homem de viver em sociedade para ter suprido os seus anseios, uma vez que ninguém basta a si mesmo.

No que tange a Teoria Contratualista, vale salientar o pensamento de Jean Jacques Rousseau[6] acerca do Pacto Social. Para Rousseau, tal pacto seria constituído entre o povo e os governantes, de modo a estabelecer a subserviência dos mesmos à chamada vontade geral, que se subordinaria ao bem comum.

5.4. Finalidade e funções do Estado

A delimitação da finalidade e das funções do Estado se reveste de extrema importância, sendo certo que, não se pode chegar a ideia do Estado sem que se verifique os seus fins. Nesse sentido, a falta de verificação das funções estatais, não raras as vezes, faz com que algumas funções do Estado sejam observadas como primordiais, em detrimento das demais.

[6] ROUSSEAU, Jean-Jacques. **Do contrato social**. São Paulo: Martin Claret: 2013, *passim*.

Assim, é de primordial importância a verificação das funções do Estado, devendo-se ser observado o conjunto de funções e finalidades, a fim de que se possa verificar o atendimento de uma, tendo por fundamento as demais, sob pena de não atendimento de suas atribuições.

Como já mencionado, o fim principal do Estado é o *bem comum*. Nesse sentido, justifica-se a formação do Estado onde determinado povo, dentro de determinado limite territorial, reveste o Estado de poder soberano, sujeitando-se aos seus mandos, em prol do bem-estar de todos.

Todavia, verificada a função de proporcionar o *bem comum*, o Estado deve adotar inúmeras medidas que, nem sempre, garantem a observância de sua função basilar.

O estabelecimento de um sistema de informação que venha a conferir a garantia dos preceitos constitucionais é essencial na atualidade. "O sistema de informação tornou-se articulado e complexo e tem conquistado um espaço sempre crescente na sociedade e o reconhecimento constitucional nas legislações dos maiores países do mundo."[7]

Assim, na consecução de seus fins, o Estado deve garantir o atendimento dos fundamentos previstos na Constituição Federal, valendo anotar de plano o artigo 1º da Constituição Federal, a saber: a soberania; a cidadania; a dignidade da pessoa humana; os valores sociais do trabalho e da livre iniciativa; o pluralismo político.

Nesse sentido, o artigo 3º da Constituição Federal de 1988 traz em seu bojo os objetivos fundamentais do Estado brasileiro, a saber: construir uma sociedade livre, justa e solidária; garantir o desenvolvimento nacional; erradicar a pobreza e a marginalização e reduzir as desigualdades sociais e regionais e, como finalidade primordial promover o bem de todos, sem preconceitos de origem, raça, sexo, cor, idade e quaisquer outras formas de discriminação.

Temos ainda o artigo 5º da Constituição Federal que expressa os direitos e garantias fundamentais, individuais e coletivos, sem prejuízo do artigo 6º do mesmo diploma que assegura os direitos sociais como educação, saúde, trabalho, moradia, lazer.

Não podemos deixar de mencionar ainda o preâmbulo da Constituição Federal de 1988 que, em que pese para alguns não estaria revestida de

[7] PAESANI, Liliana Minardi. **Direito e internet: liberdade de informação, privacidade e responsabilidade civil**. 7. ed. São Paulo: Atlas, 2014, p. 6.

força constitucional, e para outros seria a base fundamental de todo o texto constitucional.

De qualquer forma, é fato que referido texto, traz também em seu bojo o compromisso do Estado a saber: a instituição de um Estado Democrático, destinado a assegurar o exercício dos direitos sociais e individuais, a liberdade, a segurança, o bem-estar, o desenvolvimento, a igualdade e a justiça como valores supremos de uma sociedade fraterna, pluralista e sem preconceitos, fundada na harmonia social e comprometida, na ordem interna e internacional, com a solução pacífica das controvérsias.

Cumpre salientar ainda que as funções do Estado estão elencadas ainda no artigo 225 da Constituição Federal que impõe ao Poder Público, sem prejuízo da responsabilidade da coletividade, cuja função fiscalizatória também se impõe ao Estado, a preservação para as presentes e futuras gerações, assegurando a todos o direito ao meio ambiente ecologicamente equilibrado, bem de uso comum do povo e essencial à sadia qualidade de vida à coletividade.

Assim, temos que, as garantias constitucionais inerentes a todos os brasileiros e estrangeiros residentes no País, delimitam os direitos que devem ser assegurados pelo Estado, para o desfrute da sadia qualidade de vida, as quais Celso Antonio Pacheco Fiorillo[8] chamou de *PISO VITAL MÍNIMO*.

Destarte, ao delimitarmos as funções primordiais do Estado, como mencionamos no início, eventuais medidas adotadas devem, obrigatoriamente, atender aos seus fins primordiais, elencados nos dispositivos supracitados.

Por fim, uma vez delimitadas as funções precípuas do Estado é fato que, para atendimento de tais finalidades, o Estado assume funções que justificam a tripartição dos poderes, como sistema de freios e contrapesos e que são divididas em:

a) Função Legislativa: O Estado estabelece normas gerais e abstratas que regem a vida em sociedade, devendo ditar normas que atendam a erradicação da pobreza, a proibição de preconceitos, primando

[8] FIORILLO, Celso Antonio Pacheco. **Curso de direito ambiental brasileiro**. 7. ed. São Paulo: Saraiva, 2006, *passim*.

pela liberdade, não podendo editar normas que contrariam a sua finalidade precípua do bem comum.

b) Função Executiva: Manifesta-se pela prática de atos de administração do Estado, à serviço dos administrados como o desenvolvimento nacional e a redução das desigualdades sociais.

c) Função Judiciária: Pelo dever de solucionar controvérsias e dirimir conflitos que podem surgir na aplicação da lei, cuja atuação se opera pelo não atendimento das normas que visam os objetivos do artigo 3º da Constituição Federal de 1988.

5.5. O Estado na Constituição Federal de 1988

Após a breve análise acerca do conceito de Estado e as suas funções, passamos a análise do atual do Estado brasileiro, o qual, ao longo da história, foi sendo moldando até o modelo atual ditado pela Constituição Federal de 1988 que, como mencionado no início, é um divisor de águas entre o modelo anterior, onde a dignidade da pessoa humana sequer era cogitada para os dias atuais onde o ser humano é o centro do direito.

Desta forma, por força da Carta de 1988, concebida como resultado dos processos de mobilização e das pressões exercidas por vários segmentos da sociedade à época, Estado deve proporcionar a todos os brasileiros e estrangeiros residentes no País os direitos elencados nos dispositivos constitucionais supra citados que versam sobre preceitos fundamentais do Estado de direito, especialmente sobre a garantia dos direitos individuais, a separação de poderes e a superioridade da lei.

Assim, verificamos que tais artigos denotam o modo pelo qual o Estado de direito brasileiro *deve ser* estruturado, no sentido de resguardar os direitos subjetivos e a ordem jurídica no país, a serem amparados e protegidos pelo Estado brasileiro, além de implementar as atividades e os serviços que lhe são próprios, o que o caracteriza como um Estado social, especialmente pelos dispositivos que tratam dos princípios fundamentais, da ordem social, entre outros.

"O Estado de direito, por via de consequência, guarda ligação direta não só com a liberdade política dos cidadãos perante o poder, mas com a economia orientada pela Revolução Industrial."[9]

[9] FIORILLO, Celso Antonio Pacheco. **Princípios constitucionais do direito da sociedade da informação.** São Paulo: Saraiva, 2015, p. 22.

Além de estabelecer os direitos individuais e coletivos já mencionados, a Constituição de 1988 estabelece em seu Título IV a organização dos poderes que, como já mencionado, é imprescindível a consecução de seus fins, valendo anotar que todos os dispositivos que fazem do estado brasileiro um Estado Social são cláusulas pétreas, consagradas pelo artigo 60, parágrafo 4º da Carta Magna e, portanto, limitações materiais expressas à reforma do texto constitucional.

Neste contexto, verifica-se que a Constituição Federal de 1988 garante a sustentação legal aos direitos dos cidadãos e representa a vontade popular, o que favorece para que as aspirações do povo sejam atendidas. Para tanto, à partir da Constituição Federal de 1988, operou-se no Estado brasileiro uma grande transformação nas concepções de Estado, fazendo surgir uma nova ideia de descentralização, envolvendo questões de privatização e terceirização de seus serviços, alterando a ideia inicial de Estado prestador e produtor, mas sempre em busca da sua principal finalidade: o *bem comum*.

Assim, uma vez redefinido o papel do Estado, redefinido também foi o papel da administração pública que, por meio de adoção de estratégias busca simplificar e dinamizar a prestação de seus serviços, tudo tendo por enfoque principal o cidadão, propagando-se os direitos difusos e, em especial a proteção do consumidor. "O conceito de cidadão, todavia não apresenta visão homogênea em decorrência de sua evolução histórica e mesmo em virtude do que estabelece a doutrina jurídica."[10]

Assim, neste contexto, o Estado brasileiro redimensionou a sua atuação como agente normativo e regulador, o que deu origem a inúmeras privatizações, concessões e autorizações e ainda da criação das agências reguladoras.

Desta forma, diante desse novo panorama, o Estado brasileiro, em busca da consecução de seus fins, tendo como enfoque principal o cidadão, destinatário da Carta de 1988, adota o novo modelo, o de Estado Social e Democrático de Direito, caracterizada pela intervenção do Estado na economia, aplicação do princípio da igualdade material e realização da justiça social, a garantia dos direitos difusos e coletivos.

[10] FIORILLO, Celso Antonio Pacheco. **O marco civil da internet e o meio ambiente digital na sociedade da informação.** São Paulo: Saraiva, 2015, p. 51.

6. O exercício da atividade estatal e a alienação das pessoas

Como encarar a atuação do Estado no atual contexto histórico de nossa sociedade, com base no discurso neoliberal que se encontra em pleno vigor e que, com certeza, provoca a manipulação de várias camadas sociais a ponto de provocar uma verdadeira alienação dos indivíduos nas relações sociais, inclusive trabalhistas e consumistas?

Com base nessa indagação, o artigo versa sobre o papel do Estado na qualidade de defensor (ao menos como deveria ser) do Princípio da Dignidade da Pessoa Humana, na ótica de uma sociedade que preza pela liberdade individual. A sociedade e suas relações sociais caminham de acordo com a cultura e o momento histórico no qual se inserem. Assim, as relações sociais, com o passar do tempo, sofrem alterações como consequência da mudança cultural, dos fatores econômicos, históricos, políticos etc.

Cada pessoa, subjetivamente considerada, contribui com a sociedade para o seu adequado desenvolvimento.

"Há de se indagar se a partir do momento em que pessoas se encontram em grupo, parte de sua subjetividade é perdida, tendo em vista que em grupo as pessoas tendem a tomar atitudes que jamais tomariam sozinhas."[11]

7. A alteração do sistema normativo

Como fruto destas mudanças há também a alteração do sistema normativo, já que a lei representa nada menos que o produto cultural da sociedade naquela época.

A partir desta concepção, verifica-se que após várias revoluções históricas, o Estado, que deveria atuar na defesa dos direitos da população e garantido sua dignidade, atualmente age vinculado ao ideário capitalista, regime econômico que busca o lucro calcado no discurso da liberdade de mercado.

Nessa perspectiva, esse falso regime de liberdade, que defende a não intervenção do Estado, defende, ao mesmo tempo, que várias atribuições só podem ser por ele exercidas. A prova disto está no fato de que qualquer estudo relacionado aos diversos tipos de sociedades que habitaram esse

[11] MOURA, Marco Aurélio. **O discurso do ódio em redes sociais**. São Paulo: Lura, 2016, p. 89.

planeta, desde as mais antigas, vincula, inevitavelmente, a figura de uma entidade dotada de poder (estado-governo).

O Estado, portanto, influencia diretamente em diversos âmbitos da vida dos indivíduos. Basta olhar em algum ponto da história e constatar que o individuo sempre o viu aparecer nas relações, políticas, econômicas e sociais.

Através desta relação, Estado-Sociedade-Capitalismo, surgem novas concepções de cidadanias ligadas a questão do trabalho e do consumismo e, sem querermos parecer marxista, sempre restou clara a dominação da burguesia.

Para que, no entanto, não fique as camadas inferiores das sociedades alienadas a exploração da burguesia capitalista, o Estado edita normais protetivas, visando assim garantir o tão almejado e utópico equilíbrio de classes.

O Estado então passa a propiciar melhores condições de mercado regulando a economia e, para tal, utiliza mecanismos como a educação, a cultura, os meios de comunicação em massa e principalmente o mercado de trabalho, tudo isso sobre o discurso de garantia de liberdade.

Assim, embora o neoliberalismo defenda a liberdade de comércio por meio da não participação do estado na economia, afirmando que o livre mercado promove o crescimento econômico e o desenvolvimento social do país, o que se percebe é que, na verdade, há sim uma participação efetiva deste para a manutenção do sistema capitalista, já que suas ações estão associadas as doutrinas da ideologia neoliberal.

8. O mercado de trabalho e a educação

Comparando o mercado de trabalho com o da educação, cria-se, desde cedo, na cabeça do cidadão, o falso raciocínio de que aquele mais bem aprumado culturalmente terá mais chance de ser engajar em um emprego melhor.

Tal raciocínio há muito não mais tem razão de ser com a propriedade que se esperava, afinal, verificando a grande escassez de emprego e o elevado número de mão de obra, fica evidente que embora possa ser elemento influenciador, a escolaridade não mais resulta necessariamente em uma expansão social.

Soma-se ainda ao fato de que este modelo de economia, voltado para a globalização e industrialização também auxilia no aumento do desemprego ou na desvalorização do trabalhador, já que muitas atividades antes exercidas por pessoas, passam agora a ser executadas por máquinas, diminuindo as vagas de emprego.

Essa somatória de fatores leva a um resultado nada bom ao cidadão, principalmente ao menos qualificado. Explique-se! Devido a grande quantia de trabalhadores em relação ao pequeno número de vagas de emprego, são oferecidos salário insuficientes para a manutenção de um bom nível de vida, resultando em subempregos, terceirização e trabalhos informais. Pior ainda está no fato de que a maior pare da renda se remete aos donos dos meios de produção, enquanto que, aos que produzem, se destina apenas o mínimo necessário para o sustento. Tudo isso provoca, inevitavelmente, a disparidade gritante de classes.

Mas, o que tornam especiais os seres humanos, é a possibilidade de modificarem seus instintos, sua natureza, dentre os motivos, pelo convívio fruto do trabalho. Assim, ao mesmo tempo em que produzem, podem também se humanizar e se amadurecer através dos conflitos que enfrentam. Contudo, o trabalho vem perdendo seu caráter humanizador, e acaba por se tornar estéril e sem significado, graças a deturpadora divisão do que vem a ser trabalho intelectual e trabalho manual, trabalho de categorias, trabalho de ralé e trabalho de elite (se é que esta elite trabalhadora existe). Essa divisão serve apenas como arma de alienação dos indivíduos, visto que os trabalhadores não reconhecem o fruto de seu trabalho e os executam sem idealizá-lo anteriormente.

Daí a explicação de vivermos em um clima de propagação ilusória e alienante, pois somos obrigados a "engolir" a constante afirmação de que o sucesso depende do esforço de cada um. Mas como isso será possível se são injustas as disputas nos âmbitos educacionais e profissionais, já que os que não têm melhores condições econômicas têm menores possibilidades de qualificação?

9. A sociedade da informação, a industrialização e seus efeitos nas pessoas

Ainda é necessário comentar a sociedade da informação e a industrialização desenfreada como fatos geradores de desemprego ou de desvalorização do trabalhador, pois de que adianta garantir ao cidadão o livre exercício de profissão, desde que habilitado, se o exercício daquela atividade não pode garantir como retorno um rendimento capaz de garantir uma vida descente? "O trabalho é, e será em um futuro previsível, o núcleo da vida das pessoas. Mais especificamente nas sociedades modernas, *a jornada de trabalho remunerado* estrutura o tempo social."[12]

Soma-se a isso o fato de que a cultura e os meios de comunicação em massa também servem de instrumentos de alienação, vez que disseminam a ideologia do consumismo como conquista pessoal e apresentam diariamente novos modismos que possibilitam o aumento das vendas. "Embora uma firma continue sendo uma unidade de acumulação de capital, direitos de propriedade (em geral) e administração estratégica, a prática empresarial é executada por redes *ad hoc*."[13]

Ora, o resultado não poderia ser diferente senão o aumento da desigualdade devido ao consumismo desregrado e a alienação dos indivíduos, que consomem, muitas vezes sem necessidade, fomentando ainda mais e sem perceber o sistema capitalista.

E não se para por aí, fruto ainda deste sistema capitalista desenfreado, está ainda a influência negativa nas relações sociais, pois através da busca por melhores condições de vida, há uma disputa constante entre os membros da sociedade que são estimulados pelas ideias disseminadas no setor educacional, o que os condiciona a uma busca neurótica pela superação pessoal e profissional, causando o individualismo e a falta de tempo para o lazer, que é, inegavelmente, um direito a ser usufruído.

Não seria o caso de se fazer uma análise mais detalhada de que tal situação põe o homem em desrespeito aos limites do próprio corpo e mente? Não está o homem sendo visto apenas como mercadoria que deve servir como instrumento de produção e como engrenagem (mal vista mas necessária) de uma máquina produtiva?

E, pior ainda, como peça necessária e útil para custear o lucro do produtor graças a sua postura consumista hipnótica e paranoica enraizada por uma baixa e limitada cultura? Se o Estado é necessário para a manutenção da ordem social, pois exerce um poder central que defende os interesses de cada cidadão, por que então este Estado aparentemente se mostra indiferente à exploração que o cidadão comum sofre da classe

[12] CASTELLS, Manuel. Tradução de Roneide Venancio Majer. **A sociedade em rede**. 17. ed. São Paulo: Paz & Terra, 2016, p. 520.

[13] CASTELLS, Manuel. Tradução de Maria Luiza X. de A. Borges. **A galáxia da internet: reflexões sobre a internet, os negócios e a sociedade.** Rio de Janeiro: Zahar, 2003, p. 58-59.

burguesa e, pior ainda, avaliza os efeitos impiedosos de um comportamento sorrateiro fruto da desenfreada e despudorada competição capitalista?

Sendo o Estado o detentor do poder que aparece como forma de prevenção contra ameaças de corrupção e de vícios que permeiam os homens degenerados, garantindo do direito à propriedade e a liberdade, que então o Estado aja como um defensor das garantias individuais e que proteja a liberdade e a propriedade dos cidadãos ao invés de se render a uma política neoliberal que autoriza a exploração desregulada do lucro e utiliza de todos os recursos da sociedade para sua manutenção.

Conclusões

O Estado aparece ideologicamente como autoridade política, cujo papel é representar a vontade suprema do povo e garantir a execução satisfatória dos direitos e garantias individuais. Existe também o interesse comum de toda a sociedade nesse sentido.

No entanto, é possível perceber que o Estado se origina como um aliado do pernicioso capitalismo despótico, procurando única e exclusivamente preservar seus interesses, manipulando, conforme a doutrina, dogmas e convicção de cada partido político e de seus integrantes, o comportamento da desguarnecida população em favor da manutenção do sistema econômico da burguesia. O Brasil tem preceitos elementares que orientam seu ordenamento jurídico, como a soberania, a cidadania, a dignidade da pessoa humana, o pluralismo político e a separação dos poderes.

Também possui princípios elementares de regimento de suas relações jurídicas.

Para que um Estado possa atuar é necessário que possua elementos mínimos que configuram a sua própria existência. O Estado fornece bens e presta serviços no direito interno, o que estabelece uma relação jurídica com reflexos na sociedade da informação. A atuação do Estado no mercado produz efeitos nas pessoas, devendo ser considerada a globalização e a industrialização. Para que se evitem exageros, no entanto, se mostra necessário estabelecer a dimensão dos riscos e uma desmaterialização dos bens jurídicos. Dentro desse contexto, é possível verificar a defesa dos direitos humanos na sociedade da informação.

As sanções que devem ser devidamente aplicadas são plenamente compatíveis com todas as características de um Estado, como pessoa jurídica de direito internacional público que é. O hodierno período de evolução da sociedade da informação é revérbero do raciocínio e dos movimentos ideais para a importante tutela de interesses fundamentais no cenário das relações exteriores.

A irascível luta pelo poder muitas vezes não encontra qualquer limite, com incontáveis perdas nas relações humanas. A imprescindível conscientização do ser humano de seu verdadeiro valor e da necessidade intrínseca de colaboração mútua para a construção de uma sociedade igualitária e justa pode até se configurar como uma ideia completamente utópica e sem a devida aplicação prática.

Mas não é, pois se existir essa conscientização estar-se-á diante da melhor solução para os grandes problemas que são encontrados entre todos os entes de direito internacional público. Isso ocorre porque quando o ser humano descobrir seu verdadeiro valor e perceber a devida necessidade de colaboração mútua evitará diversas espécies práticas que são enormemente lesivas à sociedade da informação.

Referências

CASTELLS, Manuel. Tradução de Maria Luiza X. de A. Borges. **A galáxia da internet: reflexões sobre a internet, os negócios e a sociedade.** Rio de Janeiro: Zahar, 2003.

__. Tradução de Roneide Venancio Majer. **A sociedade em rede.** 17. ed. São Paulo: Paz & Terra, 2016.

FIORILLO, Celso Antonio Pacheco. **Curso de direito ambiental brasileiro.** 7. ed. São Paulo: Saraiva, 2006.

__. **O marco civil da internet e o meio ambiente digital na sociedade da informação.** São Paulo: Saraiva, 2015.

__. **Princípios constitucionais do direito da sociedade da informação.** São Paulo: Saraiva, 2015.

MARX, Karl; ENGELS, Friedrich. **Manifesto do partido comunista.** São Paulo: L&PM, s/d.

MOURA, Marco Aurélio. **O discurso do ódio em redes sociais.** São Paulo: Lura, 2016.

PAESANI, Liliana Minardi. **Direito e internet: liberdade de informação, privacidade e responsabilidade civil.** 7. ed. São Paulo: Atlas, 2014.

PINHEIRO, Patricia Peck. **Direito digital.** 6. ed. São Paulo: Saraiva, 2016.

ROUSSEAU, Jean-Jacques. Tradução de Ana Resende. **Do Contrato Social**. São Paulo: Martin Claret, 2013.

SILVA, De Plácido e. **Vocabulário jurídico**. Rio de Janeiro: Forense, 1998.

SIQUEIRA JUNIOR, Paulo Hamilton; OLIVEIRA, Miguel Augusto Machado de. **Direitos humanos e cidadania**. São Paulo: RT, 2007.

WILDE, Oscar. **A alma do homem sob o socialismo**. São Paulo: L&PM, s/d.

15. Inteligência Artificial e seus Efeitos na Sociedade da Informação

Irineu Francisco Barreto Junior
Gustavo Venturi Junior

Introdução

Inteligência artificial é a tecnologia informática desenvolvida com o intuito de oferecer soluções para perguntas humanas, com crescente probabilidade estatística de acerto, questões cujas respostas exigem a simulação da capacidade humana de raciocinar, perceber, tomar decisões e resolver problemas. Conforme será abordado, a inteligência artificial carrega consigo diversas ambivalências: da mesma forma que pode liberar o trabalho humano de tarefas repetitivas e aumentar a produtividade econômica, o crescente uso de equipamentos informáticos gera volumes de dados cada vez maiores e, com isso, aumenta de forma exponencial a exposição humana à máquina e aos mecanismos de vigilância e controle social. A revolução tecnológica fez com que a informação fosse alçada ao status de mercadoria e os dados pessoais de usuários de equipamentos informáticos tornaram-se um dos insumos mais atraentes dessa nova economia. Os dados transformaram-se em commodities, sendo que a aplicação de tecnologias, como a inteligência artificial, permite o processamento e a análises dessas informações, o que faz dos registros pessoais ativos tão valiosos.

Inteligência Artificial pressupõe a programação de *algoritmos*, sequencias de linhas de códigos repletas de complexos cálculos matemáticos. Na medida em que a revolução tecnológica propicia a digitalização de quantidades de dados que crescem de forma exponencial, os *algoritmos* se tornam cada vez mais poderosos, pois possuem a capacidade de aprender através de exemplos (*Machine Learnig*), conforme será visto no transcorrer desta análise. A pesquisa adota a premissa de que a IA realiza uma *simulação da compreensão humana* e, portanto, torna-se imprescindível discutir a necessidade de imperativos éticos nas suas aplicações.

O capítulo procura esmiuçar aspectos tecnológicos da Inteligência Artificial, cuja compreensão se revela necessária para dimensionar seus efeitos nos campos econômicos, sociais e políticos. Em seguida, o texto aborda a opacidade que envolve a coleta, tratamento e aplicações dos dados pessoais de usuários de equipamentos informáticos e da internet, situados entre os principais insumos da inteligência artificial, e como essa falta de transparência torna necessária uma reflexão sobre a adoção de limites éticos nas suas aplicações. O capítulo se encerra abordando a possibilidade de a inteligência artificial vir a substituir, num futuro próximo, a inteligência humana.

A metodologia da pesquisa adota o referencial teórico formulado por Manuel Castells, com o intuito de analisar o estágio atual de desenvolvimento social e econômico denominado Sociedade da Informação, no qual a informação adquire o status de mercadoria e vê multiplicada sua potencialidade de gerar valor. Conforme este autor (2001, p.22), o transcorrer do Século XXI tem assistido a um novo estágio do desenvolvimento histórico, econômico, cultural, social, e político, cujo marco iniciai é uma ruptura dos padrões de sociabilidade provocada por uma série de eventos sistêmicos e concatenados em escala mundial, aos quais se convencionou denominar como Sociedade da Informação. Inaugura-se um novo estágio do modo de produção econômico, instaurado pela convergência tecnológica e digital, pelo exponencial crescimento – e consequente diminuição dos custos – da produção de equipamentos informáticos e, principalmente, pela disseminação em escala mundial da Internet.

A nova sociabilidade, mediada pela tecnologia, erigiu uma série de mutações no desenvolvimento do modo de produção capitalista. A Inteligência Artificial, portanto, terá seus efeitos analisados para além de seus aspectos tecnológicos, no contexto das "substantivas mudanças tecnológicas concentradas nas tecnologias da informação que remodelaram a base material da sociedade, formatando novas formas de relação entre a economia, o Estado e a sociedade", conforme escreveu Castells (2001, p. 22).

1. Análise dos fundamentos tecnológicos da Inteligência Artificial

Antes de tratar da necessidade de limites éticos para as aplicações de inteligência artificial (IA), é imperativo compreender e esmiuçar os principais aspectos do funcionamento tecnológicos dessa programação informática. Suas aplicações atingem novos patamares de desenvolvimento tecnológico que, que por sua vez, impulsionam a substituição da mão de obra humana pelo trabalho de máquinas. Esse processo não é recente. Desde meados do século XVII, inovações tecnológicas têm substituído o trabalho do homem na realização de atividades braçais, mecânicas ou repetitivas. Mais recentemente, a partir do término do século XX, a tecnologia passa a substituir atividades antes realizadas pelo intelecto humano. Abramovay (2017) indaga que, "se a Revolução Industrial promoveu a substituição da força animal e, posteriormente, do próprio trabalho humano por máquinas, agora é nossa inteligência que vai sendo trocada por dispositivos eletrônicos cada vez mais potentes." Na sua formulação, "a maior ameaça ligada à Inteligência Artificial (AI) deriva do fato de que as máquinas conseguem mimetizar nossos padrões de comportamento ético, mas, por definição, não podem e jamais poderão se dotar de consciência ética."

A revolução tecnológica ocorrida nos meios de comunicação, desde meados da década de 1990, deu origem a uma nova era denominada *Sociedade da Informação*. A sua principal característica é a geração e propagação de informações, advindas de qualquer lugar do mundo, em tempo quase que real e de forma inédita na história da tecnologia. Denota-se que a *informação é o centro gravitacional* desta nova era ou, em outras palavras, é possível afirmar que ela possui valor comercial. Barreto Junior (2015, p. 100-127) ao tratar do tema esclarece que:

> O advento do *Informacionalismo* é, indubitavelmente, a principal marca econômica da sociedade em rede. Reorganiza a produção de riqueza no sistema econômico, no qual há uma gradativa valoração da informação como mercadoria e fator de geração de valor econômico. As megacorporações informacionais (*Google*, *Facebook* e *Amazon*, entre outras) acumulam vestígios de informações sobre os usuários da Internet, tais como seus padrões de navegação, compras realizadas on-line, preferências culturais, religiosas e ideológicas, *websites* de interesse, verbetes e expressões pesquisadas nos *websites* de busca, entre outras, "*impressões digitais eletrônicas*" que

> servem para estabelecer uma categorização minuciosa de cada usuário na rede. (...) circunscreve-se no fato de que há inúmeros usos para esses perfis eletrônicos, tal como direcionamento de publicidade *on-line,* oferta de mercadorias relacionadas ao perfil do consumidor, além de montar cadastros de valor incomensurável sobre os cidadãos da sociedade em rede (BARRETO JUNIOR, 2015: p. 100-127).

Reside nesse tipo de questionamento a necessidade de desmistificar fatores tecnológicos que compõem a base informática da IA, mas que, em razão dessa nomenclatura (*inteligência artificial*) podem criar a impressão errônea de que as tecnologias são autônomas, agem por vontade própria ou, principalmente, formulam elas próprias as questões que buscam solucionar, a partir de sofisticados algoritmos.

A nomenclatura *Inteligência Artificial* não é nova. Originalmente foi aplicada a processos de automação e robótica desenvolvidos desde a segunda metade do século XX. Conforme conceitua Harasim (2015): "Inteligência Artificial é uma área da Ciência da Computação que busca fazer os computadores pensarem e se comportarem como seres humanos."

> O termo foi cunhado em 1956 por John McCarthy no Massachusetts Institute of Technology (MIT). Esta área da ciência tem sido tratada como ficção científica pela grande maioria das pessoas para as quais IA, robôs, androides e outras formas de inteligência avançada eram coisa de cinema e livros de ficção. Nos últimos anos, os aspectos ficcionais da IA estão desaparecendo ao tempo em que cientistas e o público compreendem os incríveis avanços que estão sendo feitos pela Ciência da Computação no campo da IA e os investimentos vultosos que estão sendo feitos no estudo, replicação e substituição do cérebro humano (HARASIM, 2015).

Contemporaneamente, o modelo de IA passou a ser associado à capacidade informática de oferecer respostas para perguntas humanas, com crescente probabilidade estatística de acerto, questões cujas respostas exigem a simulação da capacidade humana de raciocinar, perceber, tomar decisões e resolver problemas. Essas perguntas são decodificadas na forma de programações informáticas denominadas a*lgoritmos,* que podem ser imaginadas como sequencias de linhas de códigos e repletas de complexos cálculos matemáticos. Na definição de Marvin Minsky, pioneiro da inteligência artificial (*apud* TEIXEIRA, 2015, p.19), essa tecnologia pode ser compreendida como a "ciência de construir máquinas capazes de fazer operações que, habitualmente, requerem inteligência humana.

No início do século XXI, as pesquisas em inteligência artificial retomam a vitalidade com a proposta de replicar artificialmente a mente humana (TEIXEIRA, 2015, p.22), com novas estratégias voltadas às aplicações que se alimentam de volumes exponenciais de dados e alcançam novos campos do conhecimento humano, como neurociência, neurobiologia, genética, nanotecnologia e robótica.

Na medida em que a revolução tecnológica propicia a digitalização de quantidades de dados, cujos volumes crescem de forma exponencial, os *algoritmos* se tornam cada vez mais poderosos, pois possuem a capacidade de aprender através de exemplos. Conforme Maranhão (2017) "nas diversas atividades com aplicação de IA, há emprego de algoritmos capazes de coletar e classificar informações, avaliá-las, tomar decisões e atuar com efeitos no mundo físico e consequências práticas para indivíduos que travam relações jurídicas intermediadas pelo uso desses sistemas, ou mesmo exclusivamente entre agentes eletrônicos (MARANHÃO, 2017). " Não é possível, assim, dissociar inteligência artificial e os algoritmos de programação que, efetivamente, a fazem funcionar.

No livro *Weapons of Math Destruction* (Armas de Destruição Matemática), Cathy O'Neil (2016), aborda aspectos importantes relacionados aos algoritmos, ao afirmar que modelos matemáticos são o motor de nossa economia digital. Com base nessa premissa a autora formula dois *insights* – "que podem surpreender legiões de pessoas que veem as máquinas como simplesmente "neutras":

1) Aplicações baseadas em matemática e que empoderam a Economia de Dados são baseadas em escolhas feitas por seres humanos falíveis.
2) esses modelos matemáticos são opacos, e seu trabalho é invisível para todos, exceto os cardeais em suas áreas: matemáticos e cientistas computacionais. Seus vereditos são imunes a disputas ou apelos, mesmo quando errados ou nocivos (O'NEIL, 2016).

A falta de inteligibilidade dos algoritmos que forma a estrutura cognitiva da inteligência artificial merece destaque, são indecifráveis para leitos e, como destaca O'Neil (2016), tratam-se de formulações humanas, desde logo falíveis e voltadas a oferecer respostas para questões eminentemente humanas. Em razão disso faz todo o sentido abordar a necessidade de submeter a IA ao debate sobre o teor ético de sua formulação. Daí o conceito de *Armas de Destruição Matemática* (WMDs), de O'Neil, ou, em suas palavras, "modelos matemáticos destrutivos que estão acelerando um terremoto social (*Ibid.*). " Sua obra detalha como "modelos matemáticos destrutivos microgerenciam vastas faixas da economia real, da publicidade ao sistema prisional, sem falar do sistema financeiro e dos efeitos posteriores à interminável crise de 2008." Afirma ainda que "os modelos matemáticos são *essencialmente opacos, não responsáveis*; e miram acima de toda "otimização" das massas consumidoras" e "os sistemas são construídos para devorar mais e mais dados, e afinar suas análises de modo a despejar neles [nos sistemas] mais e mais capacidade de gerar valor (O'NEIL, 2016). "

Inaugura-se a era das *Data Brokers* – empresas que captam, organizam e comercializam informações a partir de dados.[1] Para Abramovay (2017), "A tecnologia é um meio para atingir fins que só podem estar fora dela." A disseminação acrítica da tecnologia pode levar a situação de que:

> Se máquinas dotadas de inteligência artificial ampliam seu poder de gestão e de intervenção na sociedade e nos indivíduos, há o risco de que elas próprias definam as finalidades de suas ações. Assim, nossa condição humana passaria a depender cada vez mais de dispositivos com aptidão para despertar em nós sentimentos que nos definem, como nossa felicidade, nosso sentido de pertencimento e até nossa libido (Abramovay, 2017).

[1] Para o jornal El País "O avanço enorme registrado pelo Big Data na última década permitiu que as *data brokers* saibam tudo sobre você". "Dados menores e abstratos que não têm nenhuma importância isoladamente adquirem grande valor quando são cruzados com as 'curtidas' no Facebook, por exemplo". Os data brokers não obtêm informações apenas a partir das transações ou das redes sociais. "Eles reúnem muitos dados de diferentes sites", explica o especialista. "Dos registros públicos ou de qualquer atividade que esteja registrada em documentos divulgados na internet por alguma entidade". E também não são eles os únicos que fazem comércio com as nossas informações privadas. "Os dados constituem um ativo para qualquer empresa. A questão é saber qual é a forma mais ética de comercializá-los". EL PAÍS. **Seus dados são vendidos por 7,5 centavos de dólar.** Disponível em http://brasil.elpais.com/brasil/2017/05/03/tecnologia/1493835469_309268.html. Acesso em: 04. Mai. 2017.

William Gilles (2018), professor da Universidade Paris 1 – Panthéon--Sorbone, em palestra realizada na Câmara de Vereadores de São Paulo, em janeiro de 2018, descreveu que algoritmos e inteligência artificial nem sempre estiveram associados ao cálculo matemático e à programação informática, como hoje se encontram. Foram conceituados, originalmente, como "o caminho a ser trilhado entre um determinado problema (ponto de partida) e sua solução (chegada), mas que acontece sem a assistência humana (GILLES, 2018)." O algoritmo determina um conjunto de etapas e a descrição dessas etapas até que se chegue a um resultado final. Apenas a partir do Século XIX os algoritmos passam a ser operados por máquinas que lançaram as bases do que viria a ser o moderno computador. Nesse contexto, a inteligência artificial pode ser conceituada como "a aplicação de técnicas ou teorias cujo objetivo é utilizar máquinas para reproduzir a inteligência humana (*Ibid*). " E, para o professor, ocorre atualmente a aceleração de projetos de IA, cenário no qual torna-se muito difícil antecipar como serão as máquinas no futuro, apesar de ser improvável imaginar que a máquina possa um dia substituir o homem.

IA não significa, portanto, autonomia das máquinas na tomada de decisões ou exercício de uma ilimitada discricionariedade informática. Com base na IA, programadores informáticos, que recentemente passaram a ser chamados de *cientistas da informação,* propiciam a interação entre os usuários/clientes das aplicações por eles desenvolvidas e equipamentos/dispositivos com elevada capacidade de armazenagem e processamento de dados. Com base na pergunta humana, a IA é capaz de estabelecer a relação estatística entre palavras, traduzindo-a e tornando-a inteligível na linguagem computacional. Stephen Baker trata dessa sistemática ao exemplificar o funcionamento do *Watson Analytics*, supercomputador da IBM usado em aplicações de inteligência artificial e *machine learning*[2]:

> O diferente sobre o Watson é a linguagem. Entende o que escrevemos. Watson decifra as relações estatísticas entre as palavras e faz uma simulação

[2] *Machine Learning*, conhecida como aprendizagem de máquina, são aplicações de IA que permitem que a máquina tome decisões com base em parâmetros estabelecidos pelos programadores. Quanto mais perguntas e dados analisados, maior é a probabilidade estatística de acerto da resposta oferecida pela aplicação de

de compreensão. Pode-se dizer que a máquina aparenta capacidade de aprender. O computador pode sugerir coisas e tem uma mente aberta a todas as possibilidades. Nós temos recursos muito limitados."[3]

A constatação de que a IA realiza uma *simulação da compreensão humana* é imprescindível na abordagem da necessidade de imperativos éticos na sua aplicação, conforme será tratado ao longo deste artigo. Outro aspecto característico do tratamento informático de dados, por meio da inteligência artificial, reside na compreensão de que essa técnica é consubstanciada na aplicação de sofisticadas tecnologias de coleta, processamento e análise estatística de grandes massas de dados, comumente denominadas como *Big Data*[4]. Essa técnica foi possível com o desenvolvimento de equipamentos com elevada capacidade de armazenagem, processamento e aplicações capazes de tratar bilhões de registros em servidores físicos e virtuais (denominada armazenagem de nuvem) com o intuito de obter a resposta almejada.[5] Quanto maior a quantidade de dados analisados, torna-se mais elevada a probabilidade estatística de acerto da resposta. Em suma, *eleva-se a chance estatística da IA oferecer a resposta correta ao problema formulado pelos cientistas de dados*, que traduziram as questões humanas formuladas pelos usuários da tecnologia.[6]

[3] EL PAÍS. **A nova era da computação e seus primeiros movimentos no Brasil.** Disponível em: http://brasil.elpais.com/brasil/2015/07/02/tecnologia/1435845247_202110.html?rel=mas. Acesso em 04.jul.2015.

[4] "*Big Data* é a tecnologia capaz de processar e analisar estatisticamente qualquer tipo e volume de dados – estruturados ou não – como textos, áudios, vídeos, cliques, registros, imagens e outros. *Big Data* é mais do que apenas uma questão de tamanho: é uma oportunidade de descobrir insights em novos tipos de dados e conteúdo, para tornar o seu negócio mais ágil. " In: CUKIER; MAYER-SCHÖNBERGER, 2012.

[5] "o Big Data permite registrar e processar preferências políticas, religiosas, sexuais e alimentares, bem como a situação econômica, de saúde, policial e até mesmo emocional de cada pessoa. Os algoritmos secretos usados por essas empresas são cada vez mais sofisticados e suas possibilidades, portanto, infinitas. O comércio de dados privados "é um negócio crescente". EL PAÍS. **Seus dados são vendidos por 7,5 centavos de dólar.** Disponível em http://brasil.elpais.com/brasil/2017/05/03/tecnologia/1493835469_309268.html. Acesso em: 04. Mai. 2017.

[6] Conforme o periódico El Pais, "em outubro de 2014, a IBM fechou um acordo com a rede social Twitter para analisar toneladas de informações da empresa que possam ser utilizadas comercialmente. Numa primeira fase, a aliança está focada nos departamentos de vendas,

A sucessiva formulação de novas perguntas coopera com a *"calibragem estatística"* da resposta formulada pela IA impulsionando um círculo virtuoso: *quanto maior a quantidade de dados processados, maior é a probabilidade estatística de acerto da resposta oferecida pela inteligência artificial.* Para Baker "O revolucionário do Watson é que ele não sabe nada". "Não tem uma resposta para nossas perguntas. Ele faz uma pesquisa com cada pergunta e, como nunca pode ter certeza que entendeu essa pergunta, faz um estudo de probabilidades. Volta com respostas e oferece uma porcentagem de confiabilidade de cada uma. Watson diria que Obama é o presidente dos Estados Unidos com 98% de confiança. "[7]

É necessário realizar uma diferenciação entre *Inteligência Artificial* e *Machine Learning,* a denominada aprendizagem de máquina. Nessa última tecnologia, programas informáticos possuem a capacidade de tornarem-se mais inteligentes ou aprenderem sozinhos, como permite supor sua nomenclatura. Conforme definição publicada pela Agência Reuters (2017), "Inteligência Artificial aproxima-se de máquinas que executam tarefas normalmente associadas à inteligência humana, enquanto a aprendizagem de máquina é um subconjunto de IA em que sofisticados algoritmos de computador são desenvolvidos para reconhecer padrões em grandes volumes de dados para resolver problemas por conta própria (Reuters, 2017)." Teixeira (2015, p. 33) observa que "hoje em dia alguns robôs e programas de computador aprendem e, com isso, podem modificar alguns de seus comportamentos."

Ainda sobre *Machine Learning,* a agência Reuters noticiou que a *Amazon,* um dos maiores conglomerados de tecnologia mundiais, "anunciou nesta semana uma enxurrada de novos recursos de aprendizagem de máquina para seus negócios de computação em nuvem, Amazon Web Services (AWS). Como exemplo, a aplicação dessas novas tecnologias permitirá que "clientes da AWS desenvolvam e "treinem" rapidamente seus próprios

marketing e atendimento ao cliente, mas ambas as empresas também desenvolverão serviços bancários, produtos de consumo e de transporte. Com esse acordo e com outro assinado anteriormente com a Apple, a IBM tenta revitalizar as vendas. A análise de dados e a computação em nuvem tornaram-se uma necessidade vital para a IBM, que em 2014 teve vendas de 16 bilhões de dólares nesses segmentos." EL PAÍS. **A nova era da computação e seus primeiros movimentos no Brasil**. Disponível em: http://brasil.elpais.com/brasil/2015/07/02/tecnologia/1435845247_202110.html?rel=mas. Acesso em 04.jul.2015.

[7] *Ibid.*

algoritmos de inteligência artificial, criem aplicativos de software capazes de traduzir a linguagem, analisem vídeos e busquem por palavras-chaves ou tendências em texto. "[8]

Maranhão (2017) comenta sobre essas tecnologias que "técnicas de processamento" de linguagens naturais e *Machine Learning* são treinados a partir de um corpus de dados relevantes, sobre os quais são construídas ontologias, que representem as relações semânticas entre os termos e conceitos empregados. Na sua percepção, uma vez treinados, esses sistemas podem interagir com textos aos quais ainda não foram expostos, generalizando os conceitos representados nas ontologias e as interações entre eles. Essas interações formam a base lógica de aplicação da Inteligência Artificial.

Em decorrência da estreita dependência tecnológica no emprego da IA, uma das grandes preocupações éticas decorrentes do emprego dessa tecnologia está no fato de que tais sistemas podem desenvolver correlações baseadas em abordagens meramente vazias de sentido humano e, a partir delas, propiciar a tomada de decisões cujo fundamento ético é de difícil apreensão. Para Maranhão (2017), embora para humanos o "aprendizado" tenha a ver com mudança, evolução e consolidação de uma base de conhecimento por critérios racionais, esse modelo de representação de conhecimento não está presente na implementação de sistemas de IA. Ainda conforme Maranhão, essas questões são cruciais para o Direito, uma vez que quaisquer decisões com implicações sobre direitos humanos, por exemplo, "legitimam-se apenas e na medida em que apresentem motivação suficiente, obviamente em linguagem e racionalidade compreensíveis para o ser humano." Conforme a autora:

> O desenvolvimento de aplicações adequadas à representação do conhecimento e de inferências tipicamente jurídicas depende da pesquisa teórica sobre lógicas subjacentes aplicáveis, como lógicas deônticas, lógicas de argumentação derrotável, logicas de preferência etc., bem como sobre modelos abstratos capazes de descrever os aspectos mais gerais e a lógica do processo interpretativo jurídico (Maranhão, 2017).

Ainda sobre a opacidade dos algoritmos, Jenna Burrell (2017) descreve uma estrutura que caracteriza essa falta de transparência em três tipos:

[8] *Ibid.*

"1) opacidade intencional, onde o objetivo é a proteção da propriedade intelectual; 2) a opacidade da ignorância, porque a maioria dos cidadãos não tem o conhecimento técnico para compreender os algoritmos de inteligência artificial subjacentes; e 3) opacidade intrínseca, resultado da natureza das operações matemáticas utilizadas, que, muitas vezes, são muito difíceis ou impossíveis de interpretar."[9] Algoritmos representam um dos ativos mais valiosos na era da informação como mercadoria, como insumo para geração de valos. A inteligência artificial permite o desenvolvimento de *algoritmos inteligentes*, que aprendem com a própria experiência e passam a selecionar autonomamente as variáveis que considera mais adequadas para solucionar o problema proposto.

2. Opacidade na aplicação de dados pessoais em Inteligência Artificial

O raciocínio lógico, até aqui exposto, aponta para questão significativa e cuja abordagem é imprescindível na perspectiva dos limites éticos da Inteligência Artificial: essa enorme massa de dados que alimenta a IA é originária – em substancial medida – de dados pessoais dos usuários da internet. Yves Alexandre de Montjoye (2017) afirma que o primeiro obstáculo na aplicação tecnológica dos algoritmos é garantir a privacidade dos indivíduos:

> Como os algoritmos têm acesso a dados provenientes de um número crescente de fontes, mesmo se esses dados são anônimos, a partir de seu cruzamento e combinação seria possível inferir algumas características sobre uma pessoa em particular, ainda que essa informação nunca tenha sido divulgada pelo indivíduo. Felizmente, medidas podem ser tomadas para minimizar ou eliminar o impacto sobre a privacidade, tais como a agregação de dados anônimos. O desenvolvimento de algoritmos para a tomada de decisões com base em dados reflete a busca da objetividade e da aspiração de decidir baseando-se em evidências de modo a eliminar – ou pelo menos minimizar – a discriminação, a corrupção, a injustiça ou a ineficiência das quais, infelizmente, as decisões humanas não escapam (Montjoye, 2017).

[9] **Big Data': antídoto contra a corrupção?** Disponível em: https://brasil.elpais.com/brasil/2017/03/24/ciencia/1490358953_071638.html. Acesso em: 27. Mar. 2017.

A privacidade torna-se cada vez mais inatingível na Sociedade da Informação. Perdeu-se, com a tecnologia, a possibilidade de assegurar a diferença entre *pessoa identificada e identificável*. A dicotomia entre dados anônimos (sigilosos) e dados pessoais identificáveis não é mais viável em decorrência do aparato tecnológico e das técnicas de *linkage* de bancos de dados, além do georreferenciamento. Inaugura-se um tempo em que os dados pessoais são insumos, uma sociedade movida e orientada por dados. Michael Sandel (*Apud* ABRAMOVAY, 2017) professor de filosofia política em Harvard, pergunta-se se não é perigosa a proximidade de um cotidiano em que" a vigilância – de governos, empresas de que compramos, companhias de seguro e empregadores– torna-se cada vez mais intrusiva. " Para Sandel, "a privacidade, muito mais que um instrumento, é um valor. A ideia tão frequente de que o cidadão honesto nada tem a temer com a transmissão à rede dos dados de sua vida pessoal passa por cima justamente de um dos mais importantes fundamentos éticos da vida contemporânea, que é o poder do indivíduo sobre sua vida pessoal (SANDEL *Apud* ABRAMOVAY, 2017)."

Para Vieira e Evangelista (2015: p. 524-533), as aplicações de Inteligência Artificial buscam obter dados dos sujeitos e analisa-los enquanto agentes econômicos e, principalmente, agentes de consumo: "o que desejam, o que compram, quando e como o fazem, quanto estariam dispostos a pagar por esses desejos, e assim por diante." Os autores supracitados apontam um aspecto crucial na compreensão das aplicações mercantis de dados pessoais. Esses dados *sequer precisam referenciar indivíduos de forma específica, nominal*, para que sejam úteis: "eles já são valiosos enquanto tendências de mercado, ou como informação geral sobre grupos estratificados da sociedade (por variáveis demográficas, culturais ou comportamentais)." Os autores apontam: "o que fornece valor a esse "produto audiência" é a vigilância: é ela que permite construir perfis ricamente detalhados dos membros dessa audiência, e sem ela não seria possível exibir anúncios profundamente customizados, variando de acordo com o membro da audiência, o dispositivo que ele utiliza, o local em que ele se encontra, o seu comportamento de navegação... (VIEIRA; EVANGELISTA, 2015: p. 524-533). "

Conforme exposto por Bioni (2017), desenvolve-se a necessidade de formulação de um novo conceito de privacidade associado a uma liberdade positiva (não mais negativa, que se refere ao controle da aplicação das informações pessoais a ser exercido pelo dono desses dados, ou seja, a assunção da *autodeterminação informacional* quanto à aplicação dos dados pessoais). Reside na possibilidade, daquele que cede os dados, de exercitar o controle sobre a captação (coleta), tratamento aos quais são submetidos seus registros pessoais e tomar conhecimento das aplicações aos quais serão submetidos. Ainda conforme Bioni (2017), a revolução tecnológica das últimas décadas impõe novos e grandiosos desafios para a privacidade e proteção dos dados pessoais que alimentam as máquinas e algoritmos de inteligência artificial. A privacidade historicamente foi associada a uma liberdade negativa, ao direito de não mostrar algo, de não expor, esconder, cobrir. A privacidade, portanto, não parece mais executável em tempos de economia alimentada pela coleta, tratamento e geração de valor a partir de dados pessoais disseminados pela internet.

Para uma compreensão da distância entre a autodeterminação do usuário, e o que efetivamente ocorre na prática, é necessário esquadrinhar, ainda que preliminarmente, diferentes aplicações e formas de coleta e tratamento desses dados. Segundo matéria do Jornal Folha de S. Paulo, as principais aplicações de internet e os sistemas operacionais utilizadas pelos brasileiros (*Instagram, Google, Facebook, Twitter, Snapchat, WhatsApp, Apple IOS e Windows 10*) coletam os seguintes dados dos seus usuários:

Quadro 1 – **Dados coletados dos usuários de aplicações de internet e sistemas operacionais no Brasil**

▪ Informações do dispositivo (modelo, sistema operacional...)
▪ Localização do usuário
▪ Informações de conexão (nome da operadora, tipo de navegador, Idioma, IP)
▪ Número de telefone
▪ Lista de contatos/pessoas com quem o usuário interage
▪ Redes de relacionamento/interação
▪ Número do cartão de crédito
▪ Conteúdo visto pelo usuário e com os quais interage
▪ Fotos
▪ Interações com anúncios
▪ Nome
▪ Mensagens enviadas

Fonte: Jornal Folha de São Paulo. **Ler Contrato de Internet exige 4,5 horas**. Domingo, 24 de dezembro de 2017.

Segundo a mesma matéria jornalística, as empresas alegam aplicar os dados pessoais para as seguintes finalidades:

Quadro e – **Permissões de uso dos dados coletados dos usuários de aplicações de internet e sistemas operacionais, conforme termos dos contratos de adesão**

▪ Análise de conteúdo lido, postado ou compartilhado
▪ Análise do comportamento do usuário em sites
▪ Compartilhamento de dados com terceiros para fins comerciais
▪ Permissão para que o usuário delete suas informações
▪ Análise de imagens e georeferenciamento

Fonte: Jornal Folha de São Paulo. **Ler Contrato de Internet exige 4,5 horas**. Domingo, 24 de dezembro de 2017.

Cria-se um consenso de que a aplicação de tecnologias de tratamento e interpretação dos dados pessoais, tais como o *Big Data (*CUKIER; MAYER-SCHÖNBERGER, 2012*)*, análise semântica, mineração de dados e inteligência artificial, tem possibilitado a coleta e organização de gigantescos bancos de dados, padronizados e individualizados, para cada usuário da rede. Para Barreto Junior e Venturi Junior (2017) "com a crescente adesão ao uso da Internet, têm-se desenvolvido uma sensação ainda difusa, entre os seus usuários, de que *não existe qualquer possibilidade de sigilo, privacidade e intimidade on-line"*. Mais do que isso, o uso da rede tem produzido informações, há mais de uma década, para um movimento em sentido reverso, no qual anúncios são orientadas aos usuários conforme o uso que ele próprio faz da *Internet.* Esse "direcionamento" é feito a partir dos chamados *rastros digitais* que o usuário da rede dissemina quando utiliza aplicações de internet. Essa modalidade comunicacional, denominada *lato sensu* de publicidade on-line, tem-se tornado cada vez mais visível aos usuários da rede, percepção que tem sido disseminada, mesmo que de forma ainda difusa, entre os usuários das tecnologias informáticas. Porém, essa percepção é insuficiente para dimensionar o enorme potencial e utilização dos dados pessoais como geradores de riqueza na Internet.

Além das questões relacionadas à privacidade e à intimidade, imprescindíveis socialmente, várias indagações surgem quando é assumida a premissa de que *não existem dados sensíveis na Internet*. A convergência tecnológica propiciada pelos smartphones, possibilitou que dados disseminados pelo uso da internet, tais como assinalados no quadro 1, podem ser vinculados, *"cruzados"* (tal como aplicado em análises quantitativas), com atributos individuais – nome, sexo, idade, endereço eletrônico, CPF e rendimentos. É possível imaginar a meticulosidade dos perfis elaborados a parti desse *cruzamento* entre dados individualizados e o perfil de consumo, cultural, ideológico, religioso e futebolístico, por assim dizer, de cada pessoa (BARRETO JUNIOR; VENTURI JUNIOR, 2107).

São atingidos, dessa forma, patamares inéditos de aplicação das tecnologias da informação na derrocada de barreiras clássicas entre o público e privado. Vieira e Evangelista (2015: p. 524- 533) enfatizam que a vigilância estatal não é o único tipo de vigilância à qual estamos atualmente expostos. Os autores assinalam que "há um amplo espectro de mecanismos e práticas de vigilância que são operadas por outros atores, sob uma lógica distinta: a vigilância que denominaremos de mercantil." Essa vigilância materializa-se nos mecanismos "cada vez mais sofisticados e abrangentes de publicidade online comportamental (incluindo os mecanismos de coleta de dados que a alimentam) e atravessa hoje uma boa parte de toda troca de informações realizada no globo." Para Vieira e Evangelista, dois fatores multiplicam o potencial da vigilância mercantil:

> A consolidação da publicidade como principal modelo de custeio dos negócios ligados à internet, e – posteriormente a tremenda popularização e barateamento do acesso à internet e dos smartphones. Da perspectiva do primeiro desses fatores, existe uma grande demanda por uma publicidade lucrativa, que alie eficiência e baixo custo. Da perspectiva do segundo fator, *sites e aplicativos de smartphones são espaços publicitários com características novas em relação às mídias analógicas: por um lado, eles são comparativamente abundantes* (sua quantidade não é limitada pelas concessões estatais ou pela largura do espectro, como no caso dos canais de televisão), *e muito flexíveis para a exibição de publicidade (podem exibir anúncios diferentes para cada membro da audiência, e o custo operacional dessa customização é relativamente baixo)*; e por outro lado, as

tecnologias utilizadas na internet e em smartphones permitem que todo o comportamento de sua audiência seja registrado e equacionado visando aumentar a eficiência dessa publicidade (VIEIRA; EVANGELISTA, 2015: p. 524-533).

No intuito de mitigar essa vigilância extrema e para que se possa desenvolver um ecossistema de confiança para as sociedade e economias baseadas em dados é imprescindível respeitar as *legítimas expectativas dos usuários* (BIONI, 2017) quando são levados a ceder seus dados pessoais em troca das aplicações e serviços. Essas iniciativas são necessárias para preservar direitos muito caros na tradição liberal contemporânea, os direitos de proteção do indivíduo contra a violabilidade da sua intimidade pelo Estado e agora pelo Mercado. Para Maranhão (2017), "como os dados processados podem ser enviesados, as decisões automáticas decorrentes podem interferir em direitos individuais, sem que o programa ou os desenvolvedores consigam sequer apresentar justificativas humanamente compreensíveis sobre quais foram as razões de sua decisão. " Dessa forma, para a autora, "além da preocupação de a IA poder extrair o conhecimento por trás de decisões baseadas em algoritmos complexos envolvendo aprendizado de máquina, existe a preocupação jurídica com a regulação e garantia dos direitos daqueles que são afetados por tais decisões (MARANHÃO, 2017)."

Mas conforme assinalado anteriormente por Vieira e Evangelista (2015), a moderna vigilância pode operar sem que seja necessário identificar precisamente um indivíduo, e sem que esses dados de identificação sejam manuseados por sujeitos. Apontam que "nenhum funcionário do Google fica sabendo que determinado usuário é homossexual, por exemplo, mas essa informação pode ser processada indiretamente pelos algoritmos do Google, e utilizada para vender anúncios direcionados a esse público." Dessa forma Vieira e Evangelista ponderam que "se privacidade individual desses usuários talvez não esteja sendo violada; no entanto, enquanto sociedade, estamos aceitando que as esferas privadas de nossas vidas sejam perscrutadas coletivamente com uma finalidade comercial; e a manipulação de todos esses dados privados de nossas vidas faz com que atores como Google sejam capazes de nos expor a uma publicidade profundamente direcionada (VIEIRA; EVANGELISTA, 2015: p. 524-533). "

Foi possível expor, portanto, nessas duas unidades do artigo, como a Inteligência Artificial processa grandes volumes de dados para oferecer respostas e predizer o comportamento humano. E que parcela significativa do insumo usado em suas aplicações é originária de dados pessoais de usuários de Internet. Foram perpassados aspectos éticos que são mitigados ou relativizados, principalmente na incapacidade tecnológica de estabelecer freios para suas aplicações, o que é inerente, e da opacidade dos mecanismos de captação e tratamento de dados pessoais.

3. Pode a Inteligência Artificial substituir a inteligência humana?

Com o avanço das aplicações de inteligência artificial e a disseminação da ideia de que ela pode adquirir autonomia, surgem abordagens, ainda no campo teórico, sobre a efetiva possibilidade de a tecnologia informática vir a substituir o intelecto humano. É praticamente consensual que as novas tecnologias reverberem no mundo do trabalho, no qual tarefas rotineiras, repetitivas e que podem ser mapeadas por algoritmos passarão pela substituição da mão de obra humana pela programação informática ou simplesmente pelo maquinário. Mas ainda não é possível dimensionar os reais alcances da tecnologia na superação da inteligência humana.

João de Fernandes Teixeira, filósofo que estuda inteligência artificial, biotecnologia e a necessidade de uma nova ética para nortear a interação humano-máquina, é defensor da impossibilidade do intelecto humano ser superado ou substituído pela programação informática. Não vislumbra, o autor (TEIXEIRA, 2015, p.20), "como modelos computacionais poderão responder às questões fundamentais da Filosofia da Mente", ou "como o mental poderia emergir do físico através de simulações computacionais."

> Programas de computador só podem seguir, cegamente, as regras estabelecidas por um programador. Como conceber uma máquina inteligente se ela não entender o significado do que faz? A barreira pode ser imensa, pois, para isso, ela precisaria ser uma máquina consciente, o que não seria possível pois a consciência e, com ela, o significado, só podem ser produzidos por cérebros vivos e nunca por uma máquina composta de partes inanimadas. (TEIXEIRA, 2015, p.20-21)

Ainda conforme Teixeira (2105, p.27), uma inteligência que se iguale à do ser humano deveria ter como pressuposto, o que é inviável, que a máquina fosse capaz de selecionar a informação relevante que necessita para agir apropriadamente, o que requer mais do que a capacidade de estocar quantidades consideráveis de informações. O que impede a máquina de agir como a mente humana é, portanto, a impossibilidade de selecionar qual informação é efetivamente relevante e, consequentemente, possível de solucionar a questão colocada para a máquina pelos códigos algorítmicos da inteligência artificial. "Sem a atribuição de significado, não é possível o uso da informação, componente essencial da inteligência" (TEIXEIRA, 2105, p.27). No seu raciocínio, enquanto esse "nó" não for desatado, a promessa de construir máquinas inteligentes não poderá ser cumprida. Programar um algoritmo, ou uma máquina para agir, difere da atividade de pensar, ainda exclusiva da mente humana.

Darío Gil (2015), engenheiro espanhol formado no Instituto de Tecnologia de Massachusetts (MIT), em Boston, que dirige o centro de pesquisas de sistemas simbiótico-cognitivos da IBM, afirma que a aplicação da Inteligência Artificial não significa "substituir o homem, mas complementá-lo." O trabalho com um sistema cognitivo é um diálogo, uma relação simbiótica." Na análise de Gil (2015), a contribuição do intelecto humano na aplicação da tecnologia reside em trazer "os problemas, nossos conhecimentos, nosso senso comum, nossa intuição e nossos valores no processo de decisão." Gil conclui que "o sistema cognitivo de inteligência artificial, portanto, contribui com sua capacidade de análise e descoberta, sua capacidade para encontrar conexões em todo o conhecimento digital disponível."

> Enquanto os computadores tradicionais devem ser programados para executar tarefas específicas, *os sistemas cognitivos aprendem a partir de suas interações com os seres humanos através de uma linguagem natural e por meio de algoritmos.* As duas primeiras fases da computação – a estática e a dinâmica – deram lugar a uma terceira: a autônoma. "Até agora, muitos computadores têm se baseado no paradigma de cálculo. *Hoje podemos construir uma nova classe de sistemas capazes de aprender, encontrar correlações, criar hipóteses a partir dessas essas correlações, sugerir e medir ações"*, afirma Gil (2015).

É possível encerrar essa abordagem com o neurocientista americano David Cox, que nas últimas duas décadas tem estudado as aplicações de inteligência artificial e as descreve como "ramo da ciência da computação voltado a criar dispositivos capazes de emular a capacidade humana de raciocinar, tomar decisões e solucionar problemas." (COX, 2019, p. 26). Indagado sobre a proximidade da criação de uma máquina capaz de pensar como o homem, responde que:

> Esta é uma questão interessante. Quais os objetivos da inteligência artificial? Estamos tentando criar uma inteligência artificial que seja exatamente como nós? Isso pode ser um objetivo a longo prazo. Hoje, no entanto, o intuito é criar algo que nos ajude a tomar decisões, e não algo que seja como nós, que funcione como nossa mente. Não estamos criando alguma coisa que nos substitua (...), o objetivo não é replicar a mente humana." (COX, 2019, p. 26)

É disso que se trata e o horizonte aponta para um maior incremento da capacidade informacional com o fim da distinção entre armazenagem e processamento de dados, denominada como computação quântica. Mas ainda nada que substitua o conjunto de funcionalidades do intelecto humano.

Conclusões

A relativização dos valores éticos percebida na transposição da vida real para a virtual torna-se um dos atributos mais evidentes na Sociedade da Informação. O ambiente de *internet* desloca parcela significativa da sociabilidade humana *lato sensu* para o ciberespaço e, em razão disso, é necessário, constantemente, ponderar se a disseminação da tecnologia não tem contribuído para mitigar princípios que são fundamentais na vida real e se perdem na dimensão virtual. Essa ponderação pode ser feita sobre as aplicações de Inteligência Artificial. Ao utilizar a tecnologia para obtenção de respostas para problemas humanos, é imprescindível observar se a programação informática foi elaborada em conformidade com primados éticos, asseguram a preservação de liberdades individuais e valores democráticos formulados nos séculos recentes de construção da noção de direitos humanos.

Uma vez que as tecnologias de IA tornaram-se possíveis através do aumento da coleta, processamento e análise de bancos de dados, é necessário intensificar a determinação para que haja transparência quantos aos mecanismos de coleta de dados pessoais dos usuários de internet. E, ainda, a quais aplicações esses dados serão submetidos, com quais finalidades, se serão comercializados, cedidos ou vendidos para terceiros, usados para orientar impulsionamento de postagens de cunho eleitoral, como comumente tem sido feito.

Esse imperativo torna-se ainda mais eloquente, caso considerada a hipótese, bastante plausível, de que regimes políticos autocráticos usem dados pessoais e perfis em redes sociais de seus opositores para promoverem perseguição, expurgos, prisões ou banimento daqueles que se erguem contra esse *status quo*. Mesmo nas democracias as aplicações de inteligência artificial podem provocar o desequilíbrio de armas entre opositores em períodos eleitorais, referendos, plebiscitos e consultas populares, ao manipular notícias e direcionar conteúdos falsos, como se vê nas *Fake News*. Observa-se a propagação de um ambiente virtual deturpado que acaba exercendo reflexos no mundo real.

Diversas iniciativas têm sido promovidas no intuito de frear influências indevidas das interações virtuais no ambiente político, econômico e social. Nas eleições francesas e alemãs, em 2017, conseguiu-se criar um ambiente desfavorável à disseminação de notícias falsas, que envolveu as autoridades eleitorais, políticas, imprensa e a própria sociedade na mobilização contra as *Fake News*. As redes sociais, principalmente o *Facebook*, com a atualização de seus algoritmos e filtros de exposição de conteúdo, conseguiram mitigar substancialmente as ações de robôs e *chatbots* programados para disseminação de notícias falsas.

Há também um movimento de aperfeiçoamento das legislações nacionais e supranacionais voltadas à proteção de dados pessoais e manutenção de um ambiente virtual mais ético e transparente. Destaca-se a reforma da diretiva da comunidade europeia – Regulamento (UE) 2016/679 do Parlamento Europeu e do Conselho, de 27 de abril de 2016, relativo à proteção das pessoas singulares no que diz respeito ao tratamento de dados pessoais e à livre circulação desses dados. No Brasil foi recentemente aprovada e encontra-se em período de *Vacatio Legis* a Lei Geral de Proteção de Dados (Lei 13.709, de 14 de agosto de 2018), que "dispõe sobre o tratamento de dados pessoais, inclusive nos meios digitais, por pessoa natural ou por pessoa jurídica de direito público ou privado, com o objetivo de proteger os direitos fundamentais de liberdade e de privacidade e o livre desenvolvimento da personalidade da pessoa natural", com foco no livre consentimento para cessão de dados expresso pelos usuários, e no esclarecimento, de responsabilidade do tomador, quanto aos seus usos e aplicações. Evidente que a efetividade desta legislação ainda demorará a ser aferida, mas seu teor é significativamente voltado à proteção da privacidade dos usuários da rede mundial de computadores.

Nenhuma medida terá efetividade, porém, se não houver também uma mudança no padrão de utilização da internet pelos usuários. O ambiente virtual deve preservar os paradigmas do real. Em razão disso, a rede mundial não pode servir como propagadora de sentimentos de ódio, discriminação, racismo, homofobia, machismo ou xenofobia. Mesmo quanto à propagação de notícias falsas, cabe aos usuários de aplicações observarem o risco de se transformarem em polos de propagação de conteúdo distorcido, ou enviesado politicamente.

A disseminação do *WhatsApp* elevou a probabilidade desse risco. Os grupos desse aplicativo funcionam como *microrredes sociais* e, como os usuários participam de diversas comunidades, tornam-se também membros de diversas micro comunidades. A questão é que, pela inexistência de filtros de conteúdo, como os que há no *Facebook*, os grupos transformam-se numa enxurrada de informações irrelevantes e, na maioria das vezes, sem confirmação de veracidade. Como pressupõe-se uma certa homogeneidade entre os membros de um grupo de *WhatsApp*, diversos usuários enviam conteúdos deturpados ideologicamente ou ofensivos à dignidade da pessoa humana, imaginando haver uma suposta heterogeneidade garantidora de que todos compartilham dessas visões. Tal qual o meio social, o ambiente virtual é mutável e o *aggiornamento* das condutas humanas em rede deve ser constante, com vistas a preservação de valores de liberdade, individualidade e de direitos tão duramente conquistados.

Referências

ABRAMOVAY, Ricardo. Inteligência artificial pode trazer desemprego e fim da privacidade. *Jornal Folha de S. Paulo*, 02 de abril de 2017. Caderno Ilustríssima. Disponível em: http://www1.folha.uol.com.br/ilustrissima/2017/04/1871569-inteligencia--artificial-pode-trazer-desemprego-e-fim-da-privacidade.shtml. Acesso em: 02. Abr. 2017.

AGÊNCIA REUTERS. *Amazon quer liderança em inteligência artificial.* Disponível em: http://www1.folha.uol.com.br/mercado/2017/12/1940115-amazon-quer-lideranca--em-inteligencia-artificial.shtml. Acesso em 02/12/2017.

ALVES, Paulo. *BIG DATA: o segredo por trás da eleição de Trump*. Disponível em http://www.showmetech.com.br/big-data-trump/. Acesso em 10.fev.2017.

ASCENSÃO, José de Oliveira. *Direito da Internet e da sociedade da informação*. Rio de Janeiro: Forense, 2002.

ASCENSÃO, José de Oliveira; CORDEIRO, Pedro; VON LEWINSKY, Silke; DA MOTA, José Lopes; UIDE, Carlos; VITORINO, António Macedo. *Sociedade da Informação*: estudos jurídicos. Coimbra: Almedina, 1999.

BARBOSA, Marco Antonio. Poder na Sociedade da Informação. In: PAESANI, Liliana Minardi (Coord.). *Direito na Sociedade da Informação*. São Paulo: Atlas, 2007.

BARRETO JUNIOR, Irineu Francisco; VENTURI JÚNIOR, Gustavo. Dados pessoais na internet: análise do seu status enquanto mercadoria na sociedade da informação. *Anais do 41º. Encontro Anual da ANPOCS*. Disponível em: http://www.anpocs.com/index.php/papers-40-encontro-2/gt-30/gt02-25/10599-dados-pessoais-na-internet-analise-do-seu-status-enquanto-mercadoria-na-sociedade-da-informacao/file> Acesso em 10.nov. 2107.

BARRETO JUNIOR, Irineu Francisco. Fake News são mais que notícias falsas. *Jornal A Tribuna*, Vitória – ES. 28 de dezembro de 2017.

BARRETO JUNIOR, Irineu Francisco. Proteção da Privacidade e de Dados Pessoais na Internet: O Marco Civil da rede examinado com fundamento nas teorias de Zygmunt Bauman e Manuel Castells. *In*: DE LUCCA, Newton; SIMÃO FILHO, Adalberto; DE LIMA; Cintia Rosa Pereira. (Org.). *Direito & Internet III*. São Paulo: Quartier Latin, 2015. p. 100-127.

BARRETO JUNIOR, Irineu Francisco. Atualidade do conceito Sociedade da Informação para a pesquisa jurídica. *In*: PAESANI, Liliana Minardi (Coord.). **O Direito na Sociedade da Informação**. São Paulo: Atlas, 2007.

BARRETO JUNIOR, Irineu Francisco. Abordagens recentes da pesquisa jurídica na Sociedade da Informação. *In*: PAESANI, Liliana Minardi (Coord.). **O Direito na Sociedade da Informação II**. São Paulo: Atlas, 2009.

BARRETO JUNIOR, Irineu Francisco. Aspectos Sociológicos da Lei dos Delitos Informáticos. *In*: PAESANI, Liliana Minardi (Coord.). **O Direito na Sociedade da Informação III**: a evolução do direito digital. São Paulo: Atlas, 2013.

BAUMAN, Zygmunt. *Vigilância Líquida: diálogos com David Lyon*. Rio de Janeiro: Jorge Zahar Editores, 2013.

BIONI, Bruno Ricardo. *Proteção de Dados Pessoais:* a função e os limites do consentimento. Rio de Janeiro: Forense, 2019.

BIONI, Bruno Ricardo. *Proteção de Dados Pessoais*. Palestra proferida na Fundação Seade, São Paulo, em 13 de dezembro de 2017.

BRASIL. Ministério da Ciência e da Tecnologia. *Livro Verde da Sociedade da Informação no Brasil*. Brasília, DF: Ministério da Ciência e Tecnologia, 2000.

CASTELLS, Manuel. *A Era da Informação:* economia, sociedade e cultura. 5 ed. São Paulo: Paz e Terra, 2001. v I, a sociedade em rede.

CASTELLS, Manuel. *Redes de Indignação e Esperança:* Movimentos sociais na era da Internet. Rio de Janeiro: Zahar, 2013.

CAVALCANTE, Márcio André Lopes. *Comentários à minirreforma eleitoral de 2017 (Leis 13.487 e 13.488/2017)*. Disponível em: http://www.dizerodireito.com.br/2017/10/comentarios-minirreforma-eleitoral-de.html. Acesso em: 04. Jan. 2018.

COX, David. O poder de transformar o mundo. *Pesquisa FAPESP.* São Paulo, FAPESP, Ano 20, n.275, janeiro de 2019.

CUKIER, Kenneth; MAYER-SCHÖNBERGER, Viktor. *Big Data – Como Extrair Volume, Variedade, Velocidade e Valor da Avalanche de Informação Cotidiana.* Rio de Janeiro: Campus, 2012.

DE LUCCA, Newton; SIMÃO FILHO, Adalberto (Coord.). *Direito e Internet II:* aspectos jurídicos relevantes. São Paulo: Quartier Latin, 2008.

HARASIM, Linda. Educação online e as implicações da inteligência artificial *Revista da FAEEBA* – Educação e Contemporaneidade, Salvador, v. 24, n. 44, p. 25-39, jul./dez. 2015.

MARANHÃO, Juliana. *A pesquisa em inteligência artificial e Direito no Brasil.* Disponível em: https://www.conjur.com.br/2017-dez-09/juliano-maranhao-pesquisa-inteligencia-artificial-direito-pais. Acesso em: 09. Dez. 2017.

MONTJOYE, Yves Alexandre de. *Big Data': antídoto contra a corrupção?* Disponível em: https://brasil.elpais.com/brasil/2017/03/24/ciencia/1490358953_071638.html. Acesso em: 27. Mar. 2017.

O'NEIL, Cathy. *Weapons of Math Destruction: How Big Data Increases Inequality and Threatens Democracy. Crown Publishing Group's*, 2016.

SILVEIRA, Sergio Amadeu da. *Exclusão Digital: a miséria da Era da Informação.* 2. Reimpr. São Paulo: Editora Perseu Abramo, 2005.

TEIXEIRA, João de Freitas. *O cérebro e o robô: inteligência artificial, biotecnologia e a nova ética.* Coleção Ethos. São Paulo: Paulus, 2015.

VIEIRA, Miguel Said; EVANGELISTA, Rafael. A máquina de exploração mercantil da privacidade e suas conexões sociais. *3o Simpósio Internacional LAVITS:* Vigilância, Tecnopolíticas, Territórios. 13 a 15 de maio, 2015. Rio de Janeiro, Brasil, p. 524- 533.

16. Considerações sobre a Responsabilidade Civil aplicada à Inteligência Artificial

Renato Opice Blum

Paula Marques Rodrigues

Introdução

Sabe-se que os avanços tecnológicos vêm alterando a organização econômica, política e social das nações. Desde a Primeira Revolução Industrial, com a introdução da máquina a vapor ao longo dos Séculos 18 e 19, passaram-se 200 anos até chegarmos ao que hoje vivenciamos: o crescimento potencializado da capacidade dos computadores, com a combinação de tecnologias de diversas formas, especialmente as digitais e as biológicas, constituindo-se, assim a Quarta Revolução Industrial (também chamada de Revolução 4.0), a partir do ano 2000.[1]

Referida evolução exponencial vem acompanhada de manifestações políticas, artísticas e literárias sobre o impacto das tecnologias consideradas inovadoras desde a Terceira Revolução Industrial, a qual cuidou de trazer à evidência a ideia de automatização das ferramentas de trabalho e utilização da internet.[2]

Nesse contexto, a inteligência artificial se configura muito além de uma mera modalidade tecnológica, em verdade, pode-se afirmar que a

[1] MAGALHÃES, Regina; VENDRAMINI, Annelise. Os impactos da quarta revolução industrial. **GV EXECUTIVO**, [S.l.], v. 17, n. 1, p. 40-43, mar. 2018. p. 02.

[2] SOARES, Matias Gonsales. A Quarta Revolução Industrial e seus possíveis efeitos no direito, economia e política. Disponível em: <https://www.migalhas.com.br/dePeso/16,MI279121,41046-A+Quarta+Revolucao+Industrial+e+seus+possiveis+efeitos+no+direito> Acesso em: 15 jun 2019.

referida área "(...) é uma ciência experimental, que envolve o estudo da representação do conhecimento (cognição), raciocínio e aprendizagem, percepção dos problemas e ação ou solução dos mesmos (...)[3]".

Destaca-se como obra literária relevante para a discussão do tema abordado o livro de Isaac Asimov, "Eu, robô", lançado em 1950. Na referida obra, o autor se propôs, ainda que de forma fictícia, a demonstrar a incidência de três leis vinculadas à robótica, partindo-se da premissa de uma quarta lei, denominada "lei zero" que determina que: um robô não poderá causar mal algum à humanidade, nem mesmo deixar de agir para desfavorece-la.[4]

A própria ideia de que o ser humano teria habilidade para criar máquinas capazes de pensar por si próprias, bem como agir de maneira autônoma, passou a ser uma realidade.

Assim, é inevitável que se reflita sobre a constatação da existência de algoritmos aplicados em diversas operações, nos mais variados setores, cujo desenvolvimento acelerou o contexto econômico e social no mundo.

É fato, portanto, que os programas de computador adquiriram a capacidade de tomar decisões autônomas, na medida em que deixam de ser consideradas puras ferramentas acessórias para então desempenhar papéis importantes.[5]

Uma vez que se determine o grau de autonomia dos robôs, é inevitável que haja a preocupação em relação ao impacto de sua autossuficiência, já que a máquina passa a agir por conta própria, interagindo com os elementos ao seu redor e aprendendo, literalmente, com o ambiente em que estiver. Essa interação originará novas tomadas de decisão, as quais não haviam sido integralmente antecipadas por seus desenvolvedores, de maneira que se tornam imprevisíveis.

Considerando a forte influência da tecnologia por meio da Inteligência Artificial e, levando-se em conta que o Direito é uma ciência social, ligada ao estudo das relações interpessoais, questiona-se de que maneira a lei

[3] RUSSELL, Stuart; NORVIG, Peter. **Inteligência artificial**. 3. ed. São Paulo: Editora Campus, 2013. p. 62.

[4] ASIMOV, Issac. **Eu, Robô**. São Paulo: Editora Aleph, 2014. p.18

[5] PIRES, Thatiane Cristina Fontão; SILVA, Rafael Peteffini da. **A responsabilidade civil pelos atos autônomos da inteligência artificial: notas iniciais sobre a Resolução do Parlamento Europeu**. Brasília: Revista Brasileira de Políticas Públicas, v. 7, p. 239-254, mar. 2017.

doutrinará o comportamento robótico, crescendo a necessidade de se refletir sobre a personalidade do ente artificial.

Uma vez definida a classificação do robô autônomo, podendo ser considerado um ser não vivo com características sociais e comportamentais semelhantes a um ser humano, é importante compreender quais seriam as consequências de seus atos.

No ordenamento jurídico brasileiro e, em especial, no sistema privado de regulamentação das relações, vigora o conceito de responsabilidade civil, na qual considera-se responsável por reparar o dano aquele que pratica um ilícito conforme previsão legal. Então, constituem elementos caracterizadores dessa responsabilidade a existência de um agente, a incidência de um dano e estabelecer- se um nexo de causalidade entre ambos.

Quando se fala em seres robóticos dotados de Inteligência Artificial, atribuir-lhes verdadeira personalidade jurídica é um dos grandes desafios da atualidade.

Por essa razão, considerando que, nos dias atuais, a sociedade já se depara com situações em que há a utilização da inteligência artificial para suas atividades – referidas condutas atraem a atenção para os riscos e as responsabilidades atreladas a estas ações, o que também demanda estudo por parte do Direito.

O tema passa obrigatoriamente pelo campo ético-filosófico, na medida em que se deve garantir que as máquinas não prejudiquem as relações humanas e, ainda, consigam conviver pacificamente, dentro do seu próprio *status* moral.

1. A Inteligência Artificial e seu contexto histórico

Quando se fala em inteligência artificial, a primeira coisa que vem à mente é o universo da ficção científica (também chamado de *Sci-Fi*). A indústria cenográfica tratou de retratar o tema no filme denominado Metrópolis, do cineasta alemão Fritz Lang, lançado em 1927, em referência à obra de Thea von Harboum no mesmo ano.[6]

No filme, um ser chamado de Maschinenmensch ("máquina humana"), dotado de suposta personalidade de Maria, uma camponesa, é totalmente metálico com formato de mulher e chega na cidade de Berlim em um

[6] SANTIAGO, Luiz. **Crítica – Metrópolis (1927).** Disponível em: <http://www.planocritico.com/critica-metropolis-1927/>. Acesso em: 14 jun 2019.

cenário de caos que se passa em 2026. Impossível não associar o personagem com o Complexo de Frankenstein, no qual criaturas artificiais acabam desenvolvendo características diferentes e se voltam contra seus próprios criadores[7].

Nesse meio tempo, no mundo científico, o primeiro trabalho reconhecido como inteligência artificial foi desenvolvido em 1943, pelos cientistas Warren McCulloch e Walter Pitts, em que propuseram um modelo de neurônios artificiais, baseados na sua própria função fisiológica no cérebro.[8]

Referido modelo precedeu a construção do SNARC – primeiro computador de rede neural, no ano de 1950, desenvolvido por Marvin Minsky e Dean Edmonds, em que se utilizou, basicamente, um dispositivo de piloto automático de um bombardeiro do modelo B-24 para simulação de uma rede de aproximadamente 40 (quarenta) neurônios.

Um outro marco importante na história, dessa vez no campo da literatura, foi a obra "Eu, Robô", escrita por Isaac Asimov e lançada em 1950. Em sua percepção, a robótica traz fortes marcas de uma evolução baseada na verdadeira imitação do ser humano, o que motivou o escritor a criar as chamadas 03 (três) Leis da Robótica, quais sejam: Primeira Lei – um robô não pode ferir um ser humano ou, por omissão, permitir que um ser humano sofra algum mal; Segunda Lei – um robô deve obedecer as ordens que lhe sejam dadas por seres humanos, exceto nos casos em que tais ordens contrariem a Primeira Lei; e Terceira Lei – um robô deve proteger sua própria existência, desde que tal proteção não entre em conflito com a Primeira e a Segunda Lei.

Embora o contexto das leis ora mencionadas tivesse um cunho literário e fantasioso, na modernidade esse tipo de critério ou regulamentação é levado mais a sério, tendo sido tomado como base em inúmeros estudos científicos e até mesmo norteado trabalhos acadêmicos e jurídicos, pela própria natureza do que foi estabelecido à época. Alguns historiadores, inclusive, afirmam que Asimov promoveu verdadeiro exercício futurístico ao trazer à discussão este tema.

[7] GABRIEL, Martha. **Você, eu e os robôs: pequeno manual do mundo digital**. 3. reimpr. São Paulo: Atlas, 2018

[8] RUSSELL, Stuart; NORVIG, Peter. **Inteligência artificial**. 3. ed. São Paulo: Editora Campus, 2013. p. 65.

O lançamento da obra de Asimov ocorreu, coincidentemente, no mesmo ano em que Alan Turing publica o seu estudo, que contribuiu diretamente para a conceituação do que hoje se entende por IA, o qual será melhor explorado no capítulo a seguir.

Inclusive, vale o destaque de que Alan Turing foi responsável por abordar o tema e torna-lo um campo de pesquisa, reconhecidamente como ciência, em uma conferência na Universidade de Dartmouth, nos Estados Unidos da América, em 1956.

A partir desse acontecimento, outros marcaram suas respectivas épocas: em 1966, o programa ELIZA foi desenvolvido no *Massachussets Institute of Technology* (MIT), processando a linguagem natural e desenvolvendo a fala/conversa por meio de frases pré-programadas; em 1979,; no ano de 1997, o programa Deep Blue, desenvolvido pela empresa IBM, é bem sucedido ao vencer uma partida contra o campeão mundial de xadrez Garri Kaspárov; em 2005, foi criado o Stanley, um veículo autônomo criado pela Universidade de Stanford, tendo vencido um campeonato no mesmo ano, sem ajuda humana; em 2011, o computador da IBM Watson vence o programa de perguntas e respostas norte-americano *Jeopardy* contra os campeões humanos; no ano de 2015, o computador AlphaGo, inteligência artificial desenvolvida pela Google, é vencedor do jogo chinês Go, jogo este que depende de intuição e experiência humana para se desenvolver; em 2016, a gigante Microsoft disponibiliza na internet um *chatbot* chamado Tay, polêmico ao aprender a partir da interação com seres humanos e, infelizmente, tornar-se um software homofóbico, racista e xenófobo em apenas um dia de exposição; em 2017, o software Liberatus vence um jogo de pôquer, relevante pelo aperfeiçoamento de informações imperfeitas e inusitadas, próprias do jogo em questão[9]; entre outros.

Nota-se que todas as menções contidas no breve histórico aqui traçado adotam como premissa um entendimento filosófico, de 400 a.C., que já pronunciavam ser a IA algo factível, eis que a mente humana poderia ser comparada a uma máquina, porque funciona em relação a um conhecimento

[9] PEREIRA, Ivo Studart. **Eu, robô e a inteligência artificial forte: o homem entre mente e máquina**. Disponível em: <http://pepsic.bvsalud.org/scielo.php?script=sci_arttext&pid=S1806-58212006000300017> Acesso em: 20 jun 2019.

codificado, de certa forma, fazendo que o pensamento seja usado para decidir as ações executadas.[10]

O que o histórico da IA demonstra é que, como qualquer ciência criada e desenvolvida pelo ser humano, possui ciclos positivos e negativos – ambos contribuindo diretamente para o progresso na aplicação da base teórica em situações concretas e reais. E, estando diante de uma realidade que pretende estar integralmente conectada, a sociedade deve estar preparada para absorver os avanços tecnológicos ligados à IA.

Em relação aos fatos científicos, chama a atenção, especialmente, o estudo do teste de Turing, baseado em estudo de Alan Turing, no ano de 1950, outrora mencionado. Nesse teste, coloca-se um ser humano e uma máquina para responder uma série de perguntas e o avaliador/interrogador é humano. A partir do momento em que ele não consegue distinguir se a resposta dada partiu de uma máquina ou de uma pessoa, então a máquina foi aprovada no teste.[11]

Por meio do teste de Turing, foi possível determinar que tipo de capacidade seria necessária para que o computador desenvolvesse as habilidades que se esperavam, a saber: processamento de linguagem natural (comunicação), representação de conhecimento (capacidade de armazenamento do que sabe e o que consegue ouvir), raciocínio automatizado (utilização de informações armazenadas para responder os questionamentos), aprendizado de máquina (sair do padrão), visão computacional e robótica (associado ao movimento físico).[12]

De mais a mais, imperioso ressaltar que a existência e conjugação da computação quântica, aliada ao desenvolvimento constante da IA, terá válida e relevante contribuição para tornar realidade o que se espera de dispositivos que utilizem o aprendizado de máquina: permitirão análise eficiente, rápida e aprofundada de uma quantidade muito elevada de dados (ou, como se denomina atualmente, "big data"), dada a sua potência e altíssima capacidade de processamento.[13]

[10] RUSSELL, Stuart; NORVIG, Peter. **Inteligência artificial**. 3. ed. São Paulo: Editora Campus, 2013. p. 67.

[11] Idem, p. 40.

[12] Idem.

[13] MUSSER, George. Job One for Quantum Computers: Boost Artificial Intelligence. The Future of Quantum Computing. Quanta Magazine. Disponível em: <https://www.

O que se verifica é que, embora não exista concordância nos aspectos conceituais da inteligência artificial, há um consenso quanto à ideia de que a inteligência contida na máquina deva representar elementos da inteligência humana. Isso significa dizer que a máquina deverá: aprender, comunicar-se, apresentar soluções a problemas apontados e estabelecer uma linha de raciocínio lógico, sentir e até mesmo agir, comunicando-se de forma natural. Alguns também apontam para a imaginação e a autonomia como duas caracterizações relevantes nesse contexto.

2. Os Desafios éticos

Com a crescente preocupação acerca da aplicabilidade da Inteligência Artificial nos diversos ramos da sociedade, a discussão sobre os princípios éticos que regerão suas atividades é inevitável. E, ao contrário do que se imagina, estudiosos e cientistas já manifestavam, há certo tempo, a necessidade de serem estipuladas diretrizes éticas aplicadas a nível global.

Nessa toada, o Conselho da Organização para a Cooperação e Desenvolvimento Econômico ("OCDE")[14] emitiu documento de recomendação para o uso da Inteligência Artificial, oficialmente disponibilizado em maio de 2019, do qual o Brasil é signatário.

Referida recomendação não tem valor legal, mas consolida real e iminente preocupação dos países-membros, bem como de seus parceiros e afetos, em estabelecer diretrizes e limites para o desenvolvimento e efetiva aplicação da tecnologia que faz uso da inteligência artificial.

Em realidade, a ideia é promover a inteligência artificial como uma tecnologia confiável e inovadora, a qual respeita os valores democráticos e os direitos humanos. Ter princípios que estabelecem determinados padrões, os quais observam a flexibilidade e praticidade necessárias ao bom desenvolvimento da tecnologia, suficientes para resistir às drásticas mudanças do ramo em um curto espaço de tempo.

quantamagazine.org/job-one-for-quantum-computers-boost-artificial-intelligence-20180129/>. Acesso em 26 jun 2019.

[14] Em um contexto geral, referida organização é composta por países que representam cerca de 80% do comércio mundial e investimentos, tem 36 (trinta e seis) membros e 05 (cinco) parceiros estratégicos, os quais cooperam entre si na constante busca das melhores soluções eficazes para implementação em seus governos, respectivamente.

No documento transnacional, que contou também com a participação de países da América Latina como Argentina, Colômbia, Peru e Brasil, foram identificados 05 (cinco) princípios aplicáveis ao uso da Inteligência Artificial confiável, a saber:

(i) a IA deve beneficiar as pessoas e o planeta, impulsionando o crescimento inclusivo, o desenvolvimento sustentável e o bem-estar;
(ii) os sistemas de IA devem ser concebidos de maneira a respeitar o Estado de Direito, os Direitos Humanos, os valores democráticos e a diversidade, incluindo exceções adequadas – como, por exemplo, permitir a intervenção humana quando necessário – para garantir uma sociedade justa;
(iii) deve existir transparência e divulgação responsável em torno dos sistemas de IA, a fim de que as pessoas entendam os resultados baseados em IA e consigam contestá-los;
(iv) os sistemas de IA devem funcionar de maneira robusta e segura ao longo de seus ciclos de vida, bem como os seus riscos em potencial devem ser continuamente avaliados e gerenciados; e
(v) organizações e indivíduos que desenvolvem, implantam ou operam sistemas de IA devem ser responsabilizados por seu funcionamento adequado, de acordo com os princípios ora mencionados[15].

Vale dizer que a recomendação traz foco específico para o desenvolvimento de métricas aplicáveis à pesquisa e implantação da IA, além de reunir a base de evidências para avaliar o efetivo progresso de sua implementação. Para tanto, a Organização está em vias de criar o Observatório de Políticas de IA[16]: um centro inclusivo para políticas públicas de IA, com a finalidade de auxiliar os países na criação de incentivo e monitoramento de sistemas confiáveis de IA.

Dentro desse cenário, importante mencionar a recente entrevista de Yoshua Bengio realizada pelo jornalista David Castelvecchi, para a revista "*Nature*". Bengio é um cientista da computação do Canadá, mundialmente conhecido por seu intenso trabalho sobre redes neurais artificiais

[15] Recomendation of the Council on Artificial Inteligence. Disponível em <https://legalinstruments.oecd.org/ en/instruments/OECD-LEGAL-0449>. Acesso em 20 jun 2019.
[16] OECD AI Policy Observatory. Disponível em: <https://www.oecd.org/going-digital/ai/about-the-oecd-ai-policy-observatory.pdf>. Acesso em 20 jun 2019.

e aprendizagem profunda (também chamada de "*deep learning*") e que recebeu, em 2018, um dos mais prestigiados prêmios internacionais da computação – a medalha Turing.

Pela sua liderança no esforço de que seja produzido um código de conduta internacional para uso ético da IA, foi então criada e instituída a chamada Declaração de Montreal, a iniciativa parece partir de premissa diferenciada, na medida em que envolveu não só pesquisadores de ciências sociais e humanas, como também o público geral e pesquisadores da área. Segundo Bengio, a participação de variados protagonistas, com diversidade de discussão sob diversas óticas ampliou o conjunto de princípios da declaração, que eram inicialmente 07 (sete), para 10.[17]

A União Europeia, com igual preocupação sobre o desenvolvimento e o seu uso, emitiu documento denominado "*Ethics Guidelines for Trustworthy AI*", publicado em abril de 2019.

Mencionadas diretrizes têm como premissa o desenvolvimento e manutenção de uma IA confiável e ética, a qual deverá ser transparente, com obrigatória supervisão humana, bem como que a existência de algoritmos seguros deve se sujeitar às regras de privacidade e proteção de dados[18].

A ideia, em realidade, é que a Comissão adote postura compatível com o estabelecimento de premissas fundamentais para a criação e o desenvolvimento de uma IA confiável para ato contínuo, disponibilizar uma pesquisa-piloto em relação às premissas estipuladas e, por fim, que haja convergência internacional para uma IA centrada no ser humano.

No mesmo sentido, a *International Technology Law Association* (ITechLaw), uma organização mundial que representa advogados e outros profissionais do setor de tecnologia[19], reuniu um grupo multidisciplinar de mais de 50 (cinquenta) especialistas em direito digital, pesquisadores e representantes da indústria de 16 (dezesseis) países, o qual desenvolveu uma estrutura de diretrizes éticas para incentivar o desenvolvimento confiável e responsável de IA.

[17] Entrevista de Yoshua Bengio, para a revista Nature. Disponível em: <https://www.nature.com/ articles/d41586-019-00505-2>. Acesso em 20 jun 2019.

[18] *Building trust in human-centric AI.* Disponível em: <https://ec.europa.eu/futurium/en/ai-alliance-consultation/guidelines> Acesso en 20 jun 2019.

[19] Portal da ITechLaw. Disponível em: < https://www.itechlaw.org/about>. Acesso em 26 jun 2019.

Chamado de "Responsible AI – A Global Policy Framework", referido documento traçou 08 (oito) Princípios relacionados ao desenvolvimento responsável de IA, a saber; (i) Propósito Ético e Benefício Social; (ii) *Accountability*; (iii) Transparência e Direito à Explicação; (iv) Justiça e Não-Discriminação; (v) Segurança e Confiabilidade; (vi) *Open Data* e Concorrência Leal; (vii) Privacidade; e (viii) IA e Propriedade Intelectual.[20]

Constata-se que a necessidade de se traçar princípios, como as diretrizes aqui mencionadas, apenas transparecem a tendência e a necessidade de intenso debate sobre a limitação humana a ser imposta no desenvolvimento e aprendizado de máquina, restrição esta que certamente dependerá de normativas específicas sobre o tema.

Outrossim, nota-se que outros países e conglomerados ao redor do globo passam a ter a mesma preocupação, o que nos leva a crer que a situação certamente fomenta a discussão sobre ser possível que o aprendizado de máquina passe também por ensinamentos com valor ético e moral, ainda sendo incerta a maneira como o algoritmo pode se desenvolver por meio do tipo de informação/experiência obtida inicialmente do ser humano, o que também demandará reflexão e regulamentação específica, para a segurança ético-jurídica de todas as relações.

3. Responsabilidade Civil e Inteligência Artificial: breves reflexões à problemática proposta

Em consonância com o movimento global de inserção da inteligência artificial no cotidiano, comprova-se que os países da União Europeia, os Estados Unidos e também o Japão já travam discussões jurídicas sobre as relações estabelecidas entre o ser humano e a máquina inteligente; destacando-se a Resolução do Parlamento Europeu acerca do Direito Civil aplicado à robótica, em que se definiram alguns conceitos importantes sobre os robôs autônomos e de que maneira a sociedade regulamentará os seus atos.

Ainda, é traçada uma linha de raciocínio no âmbito do direito civil brasileiro, em que a responsabilidade civil tem requisitos a serem cumpridos e que poderão ser adequados para solucionar impasses envolvendo inteligência artificial e robôs autônomos.

[20] Documento da ITechLaw. Disponível em: <https://www.itechlaw.org/ResponsibleAI>. Acesso em 22 jun 2019.

Também se denota uma preocupação com a cadeia de produção dos elementos eletrônicos – físicos e virtuais – que compõem uma máquina, pois acaso seja utilizada como ferramenta, ainda que dotada de certa inteligência, há a necessidade de se delimitar os níveis de responsabilidade em respeito a quem os desenvolveu.

Independentemente da solução que ser atribuída a questão da responsabilidade civil aplicada à inteligência artificial, alguns mecanismos já foram criados para minimizar os riscos acerca das repercussões dos atos ilícitos praticados por esse tipo de tecnologia. Um exemplo disso é a criação de uma espécie de seguro obrigatório para os fabricantes e usuários de alguns tipos de tecnologia. Referido seguro, acobertaria os danos decorrentes de atos e falhas humanas, tal como hoje funciona, mas também seria criado o regime específico para robótica, levando-se em consideração todos os elementos da cadeia de responsabilidade para esta finalidade.

Vale lembrar que grandes nomes da indústria tecnológica firmaram o compromisso de garantir a segurança de seus clientes enquanto prestadores de serviços, bem como serem isentas quanto à solicitação de ajuda específica a um governo; de igual forma, não auxiliarão criminosos em qualquer tipo de empreitada virtual.[21]

Essas e outras questões devem ser ponderadas quando da construção de um verdadeiro arcabouço jurídico sobre o assunto e é inegável que os polos de maior desenvolvimento tecnológico estejam à frente das discussões dessa natureza, razão pela qual é importante analisarmos alguns dos elementos internacionais que já estão em vigor ou, de alguma forma, influenciam os fatos jurídicos em seus respectivos países.

Nesse cenário, surgiu a proposta de Resolução do Parlamento Europeu, a qual estabeleceu princípios ético-filosóficos para a utilização, criação, modificação e interação dos robôs frente à realidade cotidiana.

O texto, aprovado em 16 de fevereiro de 2017, contém recomendações sobre disposições de direito civil sobre robótica. No corpo do texto, há, inclusive, uma breve introdução histórica sobre de que maneira a

[21] LUSA. Agência de notícias de Portugal. Presidente da Microsoft quer legislação sobre Inteligência Artificial. Disponível em: <https://www.sapo.pt/noticias/tecnologia/presidente-da-microsoft-quer-legislacao-sobre_5be301f0b7f628286f796282> Acesso em: 21 jun 2019.

inteligência artificial surgiu, mencionando figuras fictícias da literatura e do cinema para justificar a própria evolução humana.

É nesse contexto que se propõe uma análise mais pormenorizada da estrutura e do conteúdo da referida recomendação, que se trata de verdadeira inovação no campo jurídico, eis que é o primeiro conjunto normativo robusto sobre o tema.

Importante destacar que o objetivo principal da Resolução é tratar da responsabilidade civil e suas consequências, bem como seus reflexos perante às pessoas físicas e jurídicas envolvidas em uma relação dessa natureza.

Mencionada Resolução também traz algumas definições importantes, que certamente servirão de base para futuros regulamentos, sejam estes aplicáveis à própria União Europeia, sejam estes utilizados para a composição jurídica em outros países, como o que provavelmente ocorrerá com o Brasil.

A Resolução do Parlamento Europeu foi dividida da seguinte forma: a) introdução, em que se estabelece uma linha do tempo acerca de acontecimentos ligados à robótica e a inteligência artificial no meio social – um contexto histórico-social sobre todos aspectos que são influenciados pela inteligência artificial; b) princípios gerais; c) recomendações de responsabilidade em sua acepção técnica; d) princípios relativos ao desenvolvimento da robótica e da inteligência artificial para utilização de serviços; e) investigação e inovação; f) princípios éticos; g) a necessidade da criação de uma agência europeia; h) recomendações sobre direito de propriedade intelectual de dados; i) normatização, j) segurança e proteção; l) meios de transporte autônomos; m) robôs de assistência; n) robôs médicos; o) reparação e aperfeiçoamento humano; p) educação; q) emprego; r) impacto mental; s) responsabilidade civil; t) aspectos internacionais; e acertos finais.

Um anexo compõe a legislação oficial, que trata de recomendações quanto ao conteúdo da própria resolução, em que se pode encontrar uma definição de robôs inteligentes, bem como algumas considerações sobre interoperabilidade e a própria responsabilidade civil, tema central da presente discussão.

Ainda, o anexo conta com uma Carta da Robótica e um Código de Conduta Ética para os engenheiros da robótica. Por fim, o conjunto normativo contém um código para as comissões de ética da investigação, órgão indicado pelo legislador como aquele que fiscalizará e garantirá os direitos do ser humano frente às constantes evoluções da inteligência artificial e da robótica, além de prever a criação de uma nova agência europeia, esta responsável pela criação e implementação de um registro completo de máquinas/robôs avançados, a fim de que sejam rastreáveis.

Para que fosse devidamente construída, referida legislação levou em consideração a evolução da humanidade em contraposição ao crescimento da utilização de robôs, com tecnologia altamente sofisticada, reconhecendo o momento atual como uma nova revolução industrial, da qual todas as camadas da população serão frontalmente atingidas.

Ainda que é relevante reconhecermos a divergência doutrinária existente entre cientistas da computação sobre a definição de inteligência artificial, com a preocupação de que essa definição, uma vez uníssona, seja aceitável perante a sociedade e não crie obstáculos à inovação industrial.

Igualmente, atribui-se como valor agregado o fato de que tecnologia, ao longo dos últimos 200 anos, influenciou consideravelmente os níveis de emprego, reconhecendo que a inteligência artificial e a robótica têm potencial efetivo para transformar por completo as práticas de trabalho, com o aumento de eficiência e de segurança.

A resolução também faz expressa menção ao Regulamento Geral de Proteção de Dados (RGPD ou, em inglês, GDPR), que já está em vigor, eis que é um instrumento jurídico para proteção dos dados pessoais da comunidade europeia. Por razões óbvias, a proteção dos dados pessoais e outros tantos aspectos ligados ao acesso das informações, diretamente vinculadas ao conceito de privacidade de dados, mesmo que ainda pendentes de solução definitiva, também influenciam a utilização de inteligência artificial, pois o dispositivo inteligente precisa dispor de dados usualmente contidos em uma base.

Portanto, ainda é preciso resolver as futuras preocupações relativas à privacidade dos dispositivos e consequentes aplicações em que estão interconectados, especialmente aqueles autônomos, que não dependem de intervenção humana.

Conclusões

A chamada "4ª Revolução Industrial", tratada atualmente como a Revolução Tecnológica, obrigou a sociedade a se adaptar às mudanças mais brutais em curto espaço de tempo.

O dinamismo das novas descobertas, conjugado com a facilidade na implementação de tecnologias avançadas, provoca o indivíduo a não se acomodar, problemática histórica, social e até mesmo filosófica, se levada à reflexão mais aprofundada.

Se por um lado, o ser humano tende ao comodismo, por outro lado também possui a necessidade de criar – o processo inventivo é bastante rudimentar e instintivo, de certa forma.

Transportando esse ideal para o cenário atual, tem-se que o poder do ser humano em utilizar o pensamento como fator diferenciado está sendo transmitido a terceiros, entes estes desprovido de personalidade ou alma. A composição de sistemas autônomos inteligentes, que conseguem estabelecer uma linha de raciocínio por meio do aprendizado de prévias experiências inicialmente humanas aproxima o robô justamente dessa condição.[22]

Havendo mudanças significativas até mesmo para a realidade interconectada que hoje se propõe, a ciência do Direito não deverá se imiscuir de fixar parâmetros razoáveis para a atuação de dispositivos dotados de inteligência artificial.

Isso porque a ausência de regulamentação específica sobre o tema jamais deve servir como "bengala" jurídica, justificativa para deixar de aplicar o Direito em sua raiz principiológica, ao menos. Vale observar, porém, que o ordenamento jurídico atualmente em vigor nem sempre se mostra suficiente para dirimir os conflitos ligados à área de Inteligência Artificial, o que demandaria especial atenção do legislador brasileiro.

O que antes servia apenas como mera ferramenta de apoio às atividades laborais ou cotidianas do ser humano, agora tenta conquistar espaço na conjugação de relações sociais e interpessoais.

Imperioso destacar, a título ilustrativo, que em março de 2018, faleceu Stephen Hawking, cientista conhecido por estudar buracos negros e a doença neurodegenerativa com a qual conviveu por décadas. Usava um sistema computadorizado para se comunicar, com uma voz sintética que se tornou mundialmente reconhecida. O sistema que tornava sua vida

[22] FERREIRA, Ana Elisabete. **Responsabilidade civil extracontratual por danos causados por robôs autónomos – breves reflexões.** Revista Portuguesa do Dano Corporal, Lisboa, Volume 27, 39-63, outubro, 2018.

mais fácil era baseado em algoritmos de aprendizado de máquina – parte do que se conhece como inteligência artificial.

Há alguns anos, Hawking manifestava temores que a IA poderia criar máquinas inteligentes, que se auto aperfeiçoariam e que acabariam se voltando contra a humanidade. Os seres humanos, por terem seu desenvolvimento limitado pelo lento processo evolutivo-biológico não conseguiriam competir e poderiam ser eliminados por robôs inteligentes.

Embora robôs inteligentes capazes de eliminar a existência humana ainda pertençam à ficção científica, fato é que os avanços científicos e tecnológicos podem ter usos positivos e negativos, impondo a análise de questões de natureza ética no seu desenvolvimento.

Yoshua Bengio, cientista canadense que é referência no assunto, apontou em sua entrevista à Revista *Nature* que, entre as suas preocupações, estão o uso de IA em drones para aplicações militares, especificamente em aplicações de vigilância governamental, pois referida tecnologia permitiria o acesso irrestrito de dados e informações por pessoas influentes, aumentando o seu poderio econômico, político e social. Também lhe chama a atenção a possibilidade da IA ampliar a discriminação e preconceitos, tendo em vista que referidas características estão tipicamente incutidas nos dados usados para treinar os algoritmos, refletindo comportamentos, mesmo inconscientes, dos programadores ou de quem efetivamente os desenvolve.[23]

Pelo que se percebe, por esta reflexão aqui proposta, uma vez reconhecida a autonomia dos robôs na tomada de decisões em diversos âmbitos, se de alguma forma a ação ou omissão praticada pela máquina tiver indício de manifestação de vontade não vinculada a um ser humano, deverá se atribuir uma responsabilidade pela reparação de ato que possa ser considerado como ilícito.

Inúmeros são os debates sobre o tema e não há uma conclusão categórica acerca da forma correta de solucionar embates envolvendo a tomada de decisão por um sistema autônomo de desenvolvimento algorítmico.

O que se verifica, em realidade, é a preocupação mundial com a evidente interferência da tecnologia em todo e qualquer tipo de relação, diante dos profundos impactos da aplicação da Inteligência Artificial.

[23] Entrevista de Yoshua Bengio, para a revista Nature. Disponível em: <https://www.nature.com/articles/ d41586-019-00505-2>. Acesso em 25 jun 2019.

Ampliados os debates sobre o seu uso confiável e ético, há reconhecida tentativa de alguns órgãos governamentais e também da academia de tornar uníssono o regramento sobre o tema, tal como explorado brevemente no presente artigo.

Referências

ASIMOV, Issac. **Eu, Robô**. São Paulo: Editora Aleph, 2014.

Building trust in human-centric AI. Disponível em: <https://ec.europa.eu/futurium/en/ai-alliance-consultation/guidelines> Acesso em 20 jun 2019.

FERREIRA, Ana Elisabete. **Responsabilidade civil extracontratual por danos causados por robôs autónomos – breves reflexões**. Revista Portuguesa do Dano Corporal, Lisboa, Volume 27, 39-63, outubro, 2018.

GABRIEL, Martha. **Você, eu e os robôs: pequeno manual do mundo digital**. 3. reimpr. São Paulo: Atlas, 2018

LUSA. Agência de notícias de Portugal. **Presidente da Microsoft quer legislação sobre Inteligência Artificial** <https://www.sapo.pt/noticias/tecnologia/presidente-da-microsoft-quer-legislacao-sobre_5be301f0b7f628286f796282> Acesso em: 21 jun 2019.

MAGALHÃES, Regina; VENDRAMINI, Annelise. Os impactos da quarta revolução industrial. **GV EXECUTIVO**, [S.l.], v. 17, n. 1, p. 40-43, mar. 2018. ISSN 1806-8979. Disponível em: <http://bibliotecadigital.fgv.br/ojs/index.php/gvexecutivo/article/view/74093>. Acesso em: 20 Jun. 2019. doi:http://dx.doi.org/10.12660/gvexec.v17n1.2018.74093.

MUSSER, George. **Job One for Quantum Computers: Boost Artificial Intelligence**. The Future of Quantum Computing. Quanta Magazine. Disponível em: <https://www.quantamagazine.org/job-one-for-quantum-computers-boost-artificial-intelligence-20180129/>. Acesso em 26 jun 2019.

NATURE. Entrevista de Yoshua Bengio, Disponível em: <https://www.nature.com/articles/d41586-019-00505-2>. Acesso em 25 jun 2019.

OECD AI Policy Observatory. Disponível em: <https://www.oecd.org/going-digital/ai/about-the-oecd-ai-policy-observatory.pdf>. Acesso em 20 jun 2019.

PEREIRA, Ivo Studart. **Eu, robô e a inteligência artificial forte: o homem entre mente e máquina**. Disponível em: <http://pepsic.bvsalud.org/scielo.php?script=sci_arttext&pid=S1806-58212006000300017> Acesso em: 20 jun 2019.

PIRES, Thatiane Cristina Fontão; SILVA, Rafael Peteffini da. **A responsabilidade civil pelos atos autônomos da inteligência artificial: notas iniciais sobre a Resolução do Parlamento Europeu**. Brasília: Revista Brasileira de Políticas Públicas, v. 7, p. 239-254, mar. 2017.

Recomendation of the Council on Artificial Intelligence. Disponível em <https://legalinstruments.oecd.org/en/instruments/OECD-LEGAL-0449>. Acesso em 20 jun 2019.

RUSSELL, Stuart; NORVIG, Peter. **Inteligência artificial**. 3. ed. São Paulo: Editora Campus, 2013.

SANTIAGO, Luiz. **Crítica – Metrópolis (1927).** Disponível em: <http://www.planocritico.com/critica-metropolis-1927/> Acesso em: 14 jun 2019.

SOARES, Matias Gonsales. A Quarta Revolução Industrial e seus possíveis efeitos no direito, economia e política. Disponível em: <https://www.migalhas.com.br/dePeso/16,MI279121,41046-A+Quarta+Revolucao+Industrial+e+seus+possiveis+efeitos+no+direito> Acesso em: 15 jun 2019.

17. Crimes na Sociedade da Informação: uma Nova Realidade Fenomênico-Jurídica

Greice Patrícia Fuller

Introdução

Este artigo apresenta como finalidade analisar os crimes digitais como realidade a ser enfrentada à luz de preceitos constitucionais e principiológicos infraconstitucionais, avaliando seus perfis normativos em face dos bens jurídicos que violam e das consequências por eles perpetradas. Pretende observar de forma crítico-reflexiva aspectos fáticos e jurídicos sobre os contornos desta nova matriz de conduta praticada sob o manto das tecnologias de informação e comunicação. Ao término, o estudo discute pontos específicos inerentes ao espaço e tempo em relação à criminalidade digital e sua consequência sobre a persecução penal no Brasil, deixando clara a necessidade da colaboração internacional como instrumento básico à prevenção e repressão neste cenário.

Conforme será abordado no decorrer do texto, trata-se de questão fundamental à análise da dogmática de Direito Penal e Processual Penal, realizada através da ótica da Constituição como sistema e o Direito Criminal Digital Difuso como seu subsistema.

A metodologia do artigo adota a técnica analítica, na qual são avaliados os aspectos de índole sistemático-constitucional das normas jurídicas, agregada ao enfoque dialético e referencial teórico.

1. A Constituição como arcabouço de construção dogmático-penal: o subsistema penal em face da sociedade da informação

A Constituição é Direito, fundamento de integração política e sede de valores jurídicos[1], não podendo ser entendida como um dado espontâneo, mas como documento normativo que encampa as circunstâncias existentes da sociedade política, sendo, portanto, fruto de uma reflexão construída e caracterizada como a *Beruf* política de um povo em determinado espaço e tempo.

Desse modo, observa-se que a Constituição Federal não pode ser olvidada em sua hierarquia e em seu arcabouço normativo, pois é documento sedimentado e impregnado de função prospectiva, diretiva e vinculante à atividade do operador do Direito.[2]

Subsumindo a ideia acima ao uso da internet, observa-se que por ser ela meio de comunicação social eletrônica (artigo 222, §3º da Constituição Federal), torna-se imprescindível o respeito ao disposto no artigo 221 da Constituição Federal, reiterando a ideia de que o seu uso deve ser fundamentado em valores éticos e sociais da pessoa humana impulsionando à cultura no país.

Importante salientar que a Constituição como norma fundamental de cada comunidade e reflexo das concepções dominantes e consensuais de uma sociedade constitui-se em documento hábil e determinante para desempenhar o papel de orientadora do legislador penal na eleição de condutas a criminalizar, ou seja, na determinação de bens jurídico-penais.[3]

Vislumbra-se, desta forma que o uso das tecnologias de comunicação e informação apresentam como substrato fundamental e limitativo os dispositivos constitucionais e que se houver a usurpação em face dos direitos e princípios estabelecidos na Carta Magna, a conduta praticada poderá ser considerada ilícita e criminosa.

[1] MIRANDA, Jorge. **Manual de direito constitucional.** Coimbra: Limitada, 1990. t. 2, passim.

[2] FULLER, Greice Patrícia. O meio ambiente hospitalar em face da dignidade da pessoa humana no **Direito Ambiental brasileiro. Revista Brasileira de Direito Ambiental**, abril/jun 2011. p. 281.

[3] FERREIRA DA CUNHA, Maria da Conceição. **Constituição e crime. Uma perspectiva da criminalização e da descriminalização.** Porto: Universidade Católica Portuguesa, 1995, p. 19.

É justamente neste cenário que deve ser construída a relação entre o Direito Penal e a Constituição, visto que a definição de condutas delitivas será legítima quando concretizar os valores estabelecidos constitucionalmente, recebendo pela Lei Maior o que se denomina de ordem ou mandado de criminalização (explícito ou implícito), sem descurar-se do respeito ao conteúdo da *Intervenção Mínima* ou *ultima ratio, lesividade e tipicidade*[4].

De toda forma, a Constituição é sistema e condiciona o Direito Penal sob tríplice aspecto, a saber: a) como limite material do Direito Penal; como fonte valorativa do Direito Penal e como fundamento normativo do Direito Penal Incriminador.[5]

A Constituição, portanto, é verdadeiro núcleo vital estrutural-normativo, sendo articuladora de função diretiva, vinculante e limitadora à intervenção penal, visto apresentar claramente caráter prospectivo em face de bens jurídicos[6] previamente por ela eleitos como passíveis de tutela estatal.

Em sede de condutas típicas em face da sociedade da informação propugna-se pela construção do denominado Direito Criminal Digital Difuso deixando claro que não se trata de nova modalidade no Direito

[4] Especificamente em relação à questão de dados informacionais e princípio da tipicidade: " Entretanto, dúvidas surgem quanto ao aspecto jurídico-penal da proteção dos dados empresariais, visto que a norma penal é regida pelo princípio da tipicidade; ou seja, para caracterização do ilícito penal, necessária se faz a existência na conduta do agente de todos os elementos caracterizadores do tipo, o que, em tese, tornou dificultosa a criminalização de algumas condutas (...)". In: FULLER, Greice Patrícia; SOARES, Roger da Silva Moreira. A tutela penal dos dados empresariais na sociedade da informação no ordenamento jurídico brasileiro. Revista Jurídica da Presidência Brasília v. 20 n. 121 Jun./Set. 2018 p. 426. Disponível em: http://dx.doi.org/10.20499/2236-3645.RJP2018v20e121-1487. Acesso em 02/05/2019.

[5] FELDENS, Luciano. **A constituição penal: a dupla face da proporcionalidade no controle de normas penais**. Porto Alegre: Livraria do Advogado, 2005, p. 39.

[6] Segundo Jorge Figueiredo Dias " Se, num Estado de Direito material, toda a atividade material se submete à Constituição, então também a ordem dos bens jurídicos há de constituir uma ordenação axiológica como aquela que preside à Constituição (...) a permitir afirmar que a ordem de valores jurídico-constitucional constitui o quadro de referência e, simultaneamente, o critério regulativo do âmbito de uma aceitável e necessária atividade punitiva do Estado." In: Direito Penal e Estado de Direito Material. **Revista de Direito Penal**, 1982, p. 43.

Penal, mas de nova realidade casuística geradora de consequências de efeitos difusos na chamada sociedade de convergência, tecnológica e informacional. Neste cenário, observa-se a existência de bens jurídicos difusos caracterizados por sua essencialidade e com íntima relação com a dignidade da pessoa humana, ou seja, um bem jurídico que propicia um tipo de pretensão material que se refere a um número indeterminado de direitos transindividuais, de natureza indivisível[7], em relação a pessoas indeterminadas e ligadas por circunstâncias de fato.

Desse modo, os direitos à dignidade, isonomia, liberdade, proibição de toda e qualquer forma de discriminação, ordem econômica e democrática, bem como segurança – exemplos sistemáticos de bens violados por condutas praticadas por meio de tecnologias de comunicação e informação como direitos fundamentais à pessoa humana – devem ser objeto de tutela penal difusa, dado o caráter difuso nítido dos citados bens jurídicos.

Não se pode deixar de sustentar que a sistemática da criminalidade digital envolve a perspectiva difusa na identificação do bem jurídico. Trata-se de uma concepção que afirma que ao lado de bens jurídicos individuais, ou seja, daqueles que violam diretamente vítimas individualmente consideradas, há os bens que no dizer de Muñoz Conde e García Arán, afetam interesses/direitos jurídicos coletivos, ou seja, o próprio sistema social[8]. Nesse sentido também Mir Puig reconhece de forma peremptória a existência de interesses difusos a serem tutelados criminalmente:

> Las modificaciones que entretanto ha ido experimentando el capitalismo e el modelo de Estado en nuestro ámbito cultural van determinando o exigiendo ciertos cambios em los bienes jurídicos del Derecho Penal. En

[7] Em relação aos direitos/interesses metaindividuais ou transindividuais, observa-se que "(...) sob o ponto de vista subjetivo (ou seja, quanto à sua titularidade), se caracterizam pela indeterminação dos titulares dos interesses, indeterminação (um grupo mais ou menos indeterminado de indivíduos). Do ponto de vista objetivo, tais direitos se caracterizam pela sua indivisibilidade, ou seja, a satisfação ou lesão do interesse não se pode dar de modo fracionado para um ou para alguns dos interessados e não para outros. In: SAUWEN Regina F. HRYNIEWICZ, Severo. **O direito "in vitro": da bioética ao biodireito**. Rio de Janeiro: Lumen Juris, 1997, p. 53-54.

[8] MUÑOZ CONDE, Francisco GARCÍA ARÁN, Mercedes. **Derecho Penal: Parte general.** Valência: Tirant lo Blanch, 1998, p. 65.

> la actualidad va abriéndose paso la opinión de que el Derecho Penal debe ir extendiendo su protección a intereses menos individuales, pero de gran importancia para amplios sectores de la población, como el medio ambiente, la economía nacional, las condiciones de la alimentación, el derecho al trabajo em determinadas condiciones de seguridad social y material – lo que se llaman los intereses difusos.[9]

Assim, no contexto vislumbrado pelo doutrinador acima, é possível e mandatório observar a violação a bens difusos na realidade das condutas delitivas digitais, como *v.g.* o ciberterrorismo, os crimes contra dignidade sexual infantil ou infanto-juvenil, a ciberguerra, crimes contra o patrimônio, *ciberbullying* fundamentados em discurso de ódio, narcotráfico e contrabando informáticos, suborno digital transnacional que possuem em sua essência a violação clara a direitos metaindividuais. Nota-se que a violação ao direito de uma pessoa humana em face de um dos crimes acima acaba afetando toda uma categoria de indivíduos situados na mesma posição jurídica e fática.

No mesmo sentido, Figueiredo Días demonstra a clara existência de bens jurídicos penais metaindividuais estabelecendo

> uma convicção que só se reforçará recusando- como se deve recusar- uma ilegítima restrição da noção de bens jurídico-penais a interesses puramente individuais e ao seu encabeçamento em pessoas singulares, e aceitando antes a plena legitimidade da existência de bens jurídicos transpessoais, coletivos, comunitários ou sociais.[10]

O Direito criminal digital além de caracterizar-se pela própria natureza dos bens jurídicos em questão, apresenta o traço da transnacionalidade que denota a possibilidade de uma intercomunicação irrestrita, global e universal, representativa de uma mudança paradigmática inegável de comportamento[11] social e cultural.

[9] MIR PUIG, Santiago. **Derecho Penal: Parte General.** Barcelona: Reppertor, 1998, p. 135.

[10] FIGUEIREDO DIAS, Jorge de. **Questões fundamentais do Direito Penal revisitadas**. São Paulo: RT, 1999, p. 74.

[11] Ver ESCOBAR, Arturo. Bienvenidos a Cyberia: notas para una antropología de la cibercultura. **Revista de Estudios Sociales**, n. 22, p. 15-35.

Portanto, o denominado Direito criminal digital difuso deve ser construído a partir de uma conduta praticada em face da sociedade da informação, sendo imperioso o atendimento a alguns pontos fulcrais, a saber: a) consideração de ser o Brasil um Estado Democrático de Direito; b) valoração à dignidade da pessoa humana como fundamento democrático (art. 1º, inciso III da CF); c) observância dos objetivos constitucionais pautados no art. 3º da CF; d) realizabilidade dos direitos que preenchem o mínimo existencial humano (artigos. 5º, 6º, 7º da CF); e) respeito ao modelo constitucional articulado no art. 170, CF[12].

2. A Constituição e a legislação infraconstitucional: um panorama genérico sobre a tutela de condutas praticadas na sociedade da informação

Sem a pretensão de externar um aprofundamento sobre os microssistemas de tutela ao uso da internet, neste subtítulo, serão analisados alguns destes de forma propedêutica e construídos segundo legislação acerca do tema.

Com o surgimento da Lei 12.735/2012 houve a alteração do inciso II do §3º do art. 20 da Lei 7716, de 5 de janeiro de 1989 (que define crimes resultantes de preconceito de raça e cor) com o intuito de cessar as transmissões eletrônicas ou publicações em qualquer meio de comunicação de símbolos, emblemas, ornamentos, distintivos ou propaganda que utilizem a cruz suástica ou gamada para fins de divulgação e apologia do nazismo. Para além disto, o ordenamento jurídico em questão trouxe alterações no art. 20, §3º, inciso II possibilitando ao juiz a cessação de transmissões por tecnologias de informação e comunicação que pratiquem, induzam ou incitem a discriminação ou preconceito de raça, cor, etnia, religião ou procedência nacional. Ademais, a citada lei estabeleceu a estruturação dos órgãos da polícia judiciária em equipes especialização no combate à ação delituosa em rede de computadores ou sistema informatizado. Nesse ponto, observa-se claramente a falta de incidência quando da publicação da lei, por razões de veto presidencial, de tipificação no ordenamento acima analisado sobre algumas condutas como, *v.g.* divulgação ou utilização

[12] FULLER, Greice Patrícia. O direito criminal difuso, a dignidade da pessoa humana e a mídia na Sociedade da Informação. **Anais do VII Congresso Brasileiro da Sociedade da Informação**, São Paulo, vol. 7, pág. 131-141, nov./2014.

indevida de informações ou dados pessoais (art. 154-A) acesso não autorizado à rede de computadores, dispositivo de comunicação ou sistema informatizado (art. 285-A), obtenção, transferência ou fornecimento não autorizado de dado ou informação (art. 285-B); dano informático (art. 163); inserção ou difusão de código malicioso (art. 163-A); inserção ou difusão de código malicioso seguido de dano (art. 163-A e seu parágrafo); estelionato eletrônico (art. 171); atentado contra a segurança de serviço de utilidade pública (art. 265); falsificação de dado eletrônico ou documento público (art. 297).

No mesmo ano, a Lei 12.737/ 2012 (sob alcunha de "Lei Carolina Dieckman) passa a tipificar a invasão de dispositivo informático (art. 154-A do Código Penal), a interrupção ou perturbação de serviço telegráfico, telefônico, informático, telemático ou de informação de utilidade pública (a lei acrescentou o §1º ao art. 266 do Código Penal) e a falsificação de cartão de crédito ou débito (art. 298 do Código Penal). Ocorre, que não tratou de demais tipificações (como v.g. o *phishing scam*; dano informático, crimes informáticos que atingem o consumidor e a ordem econômica do Estado brasileiro, sabotagem informática; fraude através de computadores denominada "pirataria informática", como manipulação de dados de entrada (subtração de dados); *spamming* (envio em grande escala de publicidade não solicitada), infração de *copyright* em bases de dados, dentre alguns exemplos), responsabilidade penal dos provedores de internet e serviços e tampouco de estrutura investigativa.

Em relação à legislação específica posteriormente promulgada e referente à Lei 12965/2014 enunciada de Marco Civil da Internet (também denominado de "Constituição da *internet*) vale ressaltar sua importância como arcabouço normativo de princípios, garantias, direitos e deveres para o uso da internet no Brasil, compreendendo que o citado diploma legal visa conferir o estabelecimento de parâmetros jurídicos referentes ao uso do sistema constituído "do conjunto de protocolos lógicos, estruturado em escala mundial para uso público e irrestrito com a finalidade de possibilitar a comunicação de dados entre computadores ou quaisquer outros dispositivos que se conectem a internet" (através de diferentes redes), segundo o artigo 5º, incisos I e II da lei em comento. Trata-se, assim, de importante diploma alinhado com preceptivos didáticos, no que tange a direitos e deveres aos usuários da internet. Contudo, em relação à estruturação principiológica, observa-se que não houve inovações no assunto, sendo ratificados os dispositivos já presentes na Constituição Federal de 1988.

O artigo 2º da Lei 12965/2014 estabelece os fundamentos do uso da internet, quais sejam: a) liberdade de expressão; b) reconhecimento da escala mundial da rede; c) os direitos humanos, o desenvolvimento da personalidade e o exercício da cidadania em meios digitais; d) a pluralidade e a diversidade; e) abertura e a colaboração; f) livre-iniciativa, a livre concorrência e a defesa do consumidor; g) finalidade social da rede. É necessário observar que se trata de objetivos que serão importantes para a construção futura do raciocínio referente aos mandados de criminalização na esfera de tipos penais associados à sociedade da informação. Vê-se, entretanto, que sob a ótica de uma interpretação crítico normativo-constitucional, o artigo mencionado referente aos fundamentos do uso da internet chancelaram dispositivos inerentes a direitos e princípios estabelecidos na Carta Magna de 1988, quais sejam: artigos 1º, 3º (direitos humanos e cidadania), 4º, 5º (liberdade de expressão), 6º, 170 (livre-iniciativa, livre-concorrência e a defesa do consumidor), 216, 220 a 224 (liberdade de expressão).

Em relação ao artigo 4º do diploma em comento cabe destacar que houve a ratificação do artigo 3º da Constituição Federal e fomentando a denominada inclusão digital que deve ser observada em face do piso vital mínimo (artigos 5º e 6º da Constituição Federal), é dizer, do princípio da dignidade da pessoa humana. O artigo 5º da mencionada lei trouxe conceitos relevantes para o uso da internet, mas também considerados transcrições de dispositivos já existentes na ótica constitucional. O artigo 6º do diploma jurídico em análise estabelece disposição que deve ser considerada atentamente, pois enuncia que na interpretação do citado diploma legal deverão ser levados em conta "seus usos e costumes particulares". Sem embargo, cabe aqui uma objeção, qual seja: e se os usos e costumes em tela forem atentatórios à dignidade da pessoa humana? Claro é que como diretriz interpretativa e argumentativa, haverá sempre a premissa diretriz de que qualquer atividade praticada em face do Estado Democrático de Direito brasileiro violadora da dignidade da pessoa humana deverá ser expurgada do sistema.

Por último, com a publicação da Lei 13.709/2018 (Lei Geral de Proteção de Dados – LGPD) foram tratadas novas definições e disposições relevantes às instituições de caráter público como privada, em relação ao tratamento de informações definidas como dados pessoais.

O artigo 5º do citado diploma legal estabelece a distinção entre dados pessoais e dados sensíveis. Resulta da análise do dispositivo mencionado que as informações que se relacionem a uma pessoa identificada ou identificável como aspectos inerentes ao nome, sobrenome, apelido, idade, endereço residencial ou eletrônico, perfil consumerista, histórico escolar, entre outros, podem ser consideradas como dado pessoal, enquanto os dados pessoais sensíveis, apresentam como nota distintiva o aspecto de serem dados inerentes à "personalidade do indivíduo e suas escolhas pessoais". Destaca-se ainda o art. 12, §2º[13] que estabelece que poderão também ser considerados como dados pessoais "aqueles utilizados para formação do perfil comportamental de determinada pessoa natural, se identificada".

A LGPD apresenta cunho fortemente principiológico fortalecendo os direitos fundamentais, notadamente em relação aos princípios da intimidade, privacidade e dignidade da pessoa humana. Tanto é assim que o art. 5º abriga princípios basilares à temática, a saber: a) licitude; b) lealdade; c) transparência; d) limitação da finalidade; e) minimização dos dados; f) exatidão; g) limitação da conservação

Portanto, verifica-se que a finalidade da Lei Geral de Proteção de Dados é proteger direitos fundamentais de liberdade, imagem, honra, privacidade, livre desenvolvimento da personalidade da pessoa e dignidade. Contudo, novamente uma lei versando sobre o uso da internet não ousou tratar sobre a criação de condutas típicas ou instrumentos processuais penais hábeis à persecução penal e inerentes aos temas nela tratados, ou seja, dados informacionais.

O que se percebe em relação a todos os diplomas legais acima observados é que os mesmos resvalam na premente necessidade de proteção do princípio da dignidade da pessoa humana que estabelece a ideia clara e objetiva que "embora reconhecida como conceito *a priori* teve sua existência reconhecida e formalizada pela Constituição Federal de 1988 como o valor-matriz dos fundamentos da República Federativa do

[13] O conceito acima encontra similaridade na definição prevista no art. 4º, inciso 1 do Regulamento Geral de Proteção de Dados da União Europeia (Regulamento EU 2016/679 do Parlamento Europeu e do Conselho de 27 de abril de 2016.

Brasil"[14]. Desta forma, continua a autora a afirmar que a dignidade da pessoa humana caracteriza "um valor fundamental de toda ordem sistêmica refletida no conjunto ideológico presente na citada Carta Magna, assim entendendo a ordem jurídica, político-administrativa, tributária, econômico-financeira, cultural e social"[15].

Portanto, a Constituição Federal de 1988 impõe de forma incontestável o citado princípio como imprescindível à ordem democrática, sendo assim, dessumidas duas conclusões fundamentais: a) a dignidade entendida como diretriz ao exercício limitativo das funções dos Poderes Judiciário, Executivo e Legislativo e condutas coletivas; 2) a dignidade como mais importante fundamento da República Federativa do Brasil reclama a realização dos valores mínimos fundamentais descritos no âmbito de nossa Carta Magna no art. 6.º estabelecedores de uma existência com qualidade (direito à educação, à saúde, ao trabalho, à moradia, ao lazer, à segurança, à previdência social, à proteção à maternidade, à proteção à infância, assim como a assistência aos desamparados)

Sobre o assunto Lucas Verdú traz importante lição sobre a dignidade ser instrumento para o homem e para as leis:

> La diferencia del positivismo legalista de los interpretes de la constitución weimariana no han de concebirse los derechos humanos, ajustándose y moviéndose dependiendo de las leyes, sino justamente al revés: son las leyes las que deben ajustarse y moverse a los derechos humanos (...)[16]

Neste contexto digressivo, duas são as observações no que tange à tutela punitiva sob o viés da sociedade da informação. A primeira refere-se à conclusão de que o arcabouço de condutas típicas digitais deve ser construído assegurando o princípio da dignidade da pessoa humana e o exercício dos direitos sociais e individuais à liberdade, à segurança, ao bem-estar, ao desenvolvimento e à igualdade. E, a segunda, refere-se a seguinte indagação: diante das lacunas dos diplomas acima

[14] FULLER, Greice Patricia. O meio ambiente hospitalar em face da dignidade da pessoa humana no Direito Ambiental brasileiro. **Revista Brasileira de Direito Ambiental**, abril/jun 2011. p. 62.

[15] Idem, p. 62.

[16] VERDÚ, Lucas. **Estimativa y política constitucionales**. Madrid: Editorial 1984, p.116.

narrados, seria cabível pensar-se como proposta *de lege ferenda* em um Marco Penal da Internet, propondo-se a construção de dogmática criminal e processual de condutas praticadas em face da sociedade da informação?

3. Crimes digitais e seus contornos fáticos e jurídicos

O enfrentamento de proposições típico-penais deverá passar pela análise sobre a definição, tratamento jurídico e classificação dos crimes digitais.

Iniciamos o tema propondo a definição do chamado crime digital, cibercrime[17] ou delito informático.

Segundo lições de Fernando Miro Llinares[18], não há um conceito uníssono de delito informático, entretanto na tentativa de identificá-lo, estabelece que o mesmo pode apresentar dois aspectos, quais sejam: comportamento concreto que reúne uma série de características criminológicas, relacionadas com o ciberespaço ou ainda como um tipo penal concreto com um pressuposto e uma sanção que objetiva prevenir a realização de condutas no ciberespaço (espaço virtual de interação e comunicação pessoal) que violam bens jurídicos dignos de proteção.

Assim, para o citado autor, crime digital ou informático, em sentido amplo, caracteriza-se como todo comportamento delituoso realizado no ciberespaço definido pelo uso das tecnologias de informação e comunicação, acarretando o surgimento de condutas inovadoras quanto ao conteúdo ilícito, relacionando-se diretamente com os novos interesses ou bens sociais nele existentes, assim como também refere-se a comportamentos tradicionalmente ilícitos praticados pela internet.

O conceito em sentido amplo sobre cibercrime ou delito informático foi adotado no Décimo Congresso das Nações Unidas sobre Prevención del Delito y Tratamiento del Delincuente (Viena, 10 a 17 de abril de 2000) que declara:

[17] Há também a denominação de ciberdelincuencia como expressão para o cibercrime. PEREZ Gil. Medidas de investigación y aseguramiento de la prueba en el Convenio sobre el Cibercrimen. Actualidad Penal, n. 36, 2003, p. 896. Para o citado autor, a ciberdelincuencia é "un fenómeno delictivo en rápida propagación bajo el cual se englobarían todos aquellos delitos que pueden cometerse por medio de un equipo conectado a una red informática o contra un sistema o equipo informático conectado a la red".

[18] MIRO LLINARES, Fernando. **El cibercrimen: fenomenología y criminología de la delincuencia en el ciberespacio**, 2012. Madrid: Marcial Pons, p.42.

> Por delito cibernético se entiende todo delito que puede cometerse por medio de un sistema o una red informáticos, en un sistema o una red informáticos o contra un sistema o una red informáticos.

Em 2001 quando subscrito o Convenio sobre a ciberdelinquencia do Conselho de Europa[19] (Convenio de Budapeste), o seu preâmbulo enunciou o delito informático como "todo acto dirigido contra la confidencialidade, la integridade y la disponibilidad de los sistemas informáticos, redes y datos informáticos, así como el abuso de dichos sistemas, redes y datos"

No mesmo sentido, Eloy Velasco Nuñez[20] afirma que há duas classes de delitos informáticos, quais sejam: a) delitos tipificados na parte geral do Código Penal, mas cometidos através de meios informáticos, como v.g. estelionato e ameaça cometidos através de internet; b) delitos específicos informáticos como *cracking* ou sabotagem, proteção de *software* etc

De outra parte, o autor Casabona Romeo estabelece uma definição mais restritiva de crime informático ou cibercrime como:

> el conjunto de conductas relativas al acceso, apropiación, intercambio y puesta a disposición de información en redes telematicas, las cuales constituyen su entorno comisivo, perpetradas sin el consentimiento o autorización exigibles o utilizando información de contenido ilicito, pudiendo afectar a bienes juridicos diversos de naturaleza individual o supraindividual [21]

Adotando-se a classificação que seja, os delitos informáticos ou digitais apresentam pontos característicos, a saber: dinamismo na prática, comunicações realizadas em tempo real, execução de forma a transpassar fronteiras geográficas, facilitação de serem transmitidas de forma anônima, processo de persecução penal dificultoso face a possibilidade

[19] Instrumento de Ratificación del Convenio sobre la Ciberdelincuencia realizado em Budapeste em 23 de novembre de 2001 publicado no Boletín Oficial del Estado núm. 226 de 17 de setembro de 2010.

[20] VASQUEZ NUÑEZ, Eloy. In: Delitos contra y através de las nuevas tecnologías. Como reducir su impunidad? Cuadernos de Derecho Judicial, III. Madrid: Consejo General del Poder Judicial, 2006, p. 159.

[21] ROMEO CASABONA, Carlos María y al. **El cribercrimen nuevos retos jurídico-penales, nuevas respuestas**, 2006. Comares, p. 09.

de desaparecimento das provas devido à dinâmica própria do processamento informático, intangibilidade de seu bem jurídico mais destacado e tutelado que é a informação.

Analisando-se o tema em pauta, observa-se que as novas tecnologias da informação e comunicação apresentam uma dúplice faceta, a qual a primeira delas consiste na consagração do direito à liberdade de expressão, de difusão da informação, do conhecimento, da inclusão social e de opinião, enquanto a segunda, assenta o lado de risco à segurança de direitos constitucionais, dada a vulnerabilidade das novas formas de tecnologia, podendo ensejar a denominada "fragmentação do conhecimento e da comunicação"[22]

Observa-se, portanto que se de um lado a sociedade da informação instrumentaliza o direito à liberdade de informação: a) liberdade de buscar informação; b) liberdade de difundir a informação; c) liberdade de receber informação, de outro, as ingerências ilícitas podem promover o esvaziamento do direito à informação segura, sem invasões não consentidas e portanto, sem o abuso deste direito[23].

Certo é que os crimes digitais são pluriofensivos violando bens jurídicos, notadamente imateriais, no chamado ciberespaço como a intimidade, privacidade, imagem, honra, direito ao segredo das comunicações (violado em face de ingressos não autorizados de terceiros, atingindo a confidencialidade de determinada informação), o lazer, a isonomia, a ordem econômica e a segurança social e democrática de um país.

É possível ainda aludir outros bens jurídicos que podem também ser violados como os direitos à produção e criação literária, artística, científica e técnica e o direito inerente à proibição de toda e qualquer forma de discriminação, em razão de raça, sexo, cor, religião, opinião ou qualquer outra condição ou circunstância pessoal ou social[24].

[22] MATHIAS, Paul. **Des libertés numériques. Notre liberte est-elle menaçée par l'internet?**. Paris: Presses Universitaires de France, 2008, p. 23 e ss

[23] GARCÍA DE LA CRUZ, Juan Manuel. **Delitos informáticos**. Universidad Valle del Bravo. Disponível em http://www.ilustrados.com/tema/6521/Delitos-Informaticos.html. Acesso em 12/05/2019.

[24] ROMEO CASABONA, Carlos María et al. **La adaptación del Derecho Penal al desarrollo social y tecnológico**. Granada:Comares, 2010, p.305-306

3.1. O espaço e o tempo nos crimes cometidos em face da sociedade da informação: notas sobre a problemática da perversa dimensão da interconexão

Os crimes digitais, como já dito, apresentam o traço de transnacionalidade, ou seja, possuem inegavelmente a potencialidade de gerarem seus efeitos sob um aspecto de ultraterritorialidade. Portanto, um dano ocasionado por via de internet impõe um caráter potencialmente violador a um bem jurídico em um território expandindo-se para além de sua fronteira, podendo chegar a pontos muito distantes do local de seu cometimento.

Neste tocante, levanta-se o questionamento sobre a competência para processar e julgar a criminalidade digital.

Utilizando-se do entendimento de Gonzalo Quintero Olivares[25], sobre o tema da competência nos delitos ambientais que também seguem a característica de serem transfronteiriços em muitas das vezes, podem ser observadas duas possibilidades. A primeira estabelece que se o crime é cometido no próprio território de sua conduta, prescindirá da análise dos resultados que tenham sido produzidos em outros lugares, visto ser o bem ambiental supranacional e não conhecer fronteiras. Nesse caso, haveria tanto a possibilidade de eleger-se o lugar da ação ou do resultado. A segunda reconhece a competência jurisdicional simultânea de todos os Estados que tenham sofrido as consequências da ação delitiva, tendo em vista o caráter difuso do bem jurídico ambiental. A questão restaria resolvida em nível de União Europeia em razão da "Ordem Europeia de Arresto e Entrega"[26] que como explica o autor em comento consiste na unificação da justiça penal no território da União Europeia, não importando com isso a ideia de constituir uma extensão "europeia" da competência de todos os juízes penais a ela pertencentes[27].

[25] QUINTERO OLIVARES, Gonzalo. **Derecho Penal Ambiental.** Valencia: Tirant lo Blanch, 2013,p. 86-87

[26] Conforme Decisão marco do Conselho da União Europeia relativa a ordem europeia de detenção e procedimentos de entrega entre Estados Membros de 13 de junho de 2002, Lei 3/2003, de 14 de março e Lei Orgânica 2/2003 de 14 de março (lei complementar sobre ordem europeia de detenção e entrega)

[27] QUINTERO OLIVARES, Gonzalo. Derecho Penal Ambiental, op.cit.,p. 86-87.

Tendo-se em vista que as tecnologias de informação e comunicação, especialmente a internet, se converteram em espaços plurijurisdicionais[28] que perpassam as fronteiras nacionais e violam bem jurídicos difusos (como o aludido meio ambiente), seria possível pensar-se nas regras traduzidas pelo autor acima.

O Tribunal Supremo da Espanha vem considerando que o delito informático gerador de efeitos em múltiplas direções geográficas deve ser tratado sob a égide, no que pertine à competência persecutória, do princípio da ubiquidade[29]. Mencionado posicionamento teve seu marco a partir do acordo do Tribunal Supremo em 2005, segundo o qual asseverou que o juiz competente para a persecução será aquele de qualquer uma das jurisdições nas quais tenha gerado efeitos e que primeiro tiver iniciado os atos processuais.

Interessante notar de forma crítico-analítica a existência de vantagens e desvantagens à adoção da teoria da ubiquidade. Assim, como principal vantagem há seguramente a de evitar dilações na persecução penal[30]. De outra parte, como desvantagens, pode-se citar que a teoria da ubiquidade pode favorecer o aparecimento de conflitos de jurisdição quando o delito afetar vários países, pois tanto o Estado ou os Estados onde se produzem os resultados podem considerar-se competentes em razão das suas respectivas soberanias.

É possível analisar que a teoria da ubiquidade, há uma clara ideia de que não parece adequado que a determinação da competência mais apropriada

[28] MUÑOZ MACHADO, Santiago. **La regulación de la red. Poder y Derecho en Internet.** Madrid: Taurus, p. 221.

[29] Velasco Nuñez, Eloy. In Delitos contra y a través de las nuevas tecnologías. Como reducir su impunidad?, **Cuadernos de Derecho Judicial**, III. Madrid: Consejo General del Poder Judicial, 2006 p. 270.

[30] Vide ATS de 10 de febrero de 2006 que assim estabelece sobre a teoria da ubiquidade: "este critério, doctrinalmente conocido por el de la ubicuidad y de uso em múltiples países de nuestro entorno, es respetuoso con el tenor literal del precepto indicado, puesto que se atiene al dato de la realización de actos concretos de ejecución del posible delito en un determinado espacio físico, con lo que evita la arbitrariedad interesada en la fijación de la competencia. Y, muy en particular, impide que se produzcan situaciones de conflicto como la planteada en este caso, en la que la negativa a conocer de algún juez, se podría se competente para ello determina dilaciones difíciles de justificar, y que aparte el perjuicio que, ya solo por esto, deparan a los afectados, podrían constituirse en obstáculo para la eficacia de la posible investigación.

deva resolver-se em razão de qual Estado haja procedido à investigação sobre os fatos delitivos em primeiro lugar. Ademais, observa-se claramente que há uma forte disparidade de critérios determinantes para a fixação da competência jurisdicional, em face da diversidade de capacidades técnicas de investigação e capacidades forenses[31] dos diversos Estados.

Desta maneira, existem outras propostas, a fim de serem determinados critérios determinantes para a fixação da competência para investigar e julgar os cibercrimes.

Defende-se a aplicação da denominada "doutrina dos efeitos" defendida por Carder v. Jones[32]. Trata-se de uma teoria que, na verdade, defende o princípio da territorialidade, dentro de certos requisitos, a saber: a) análise da intenção do acusado; b) lugar onde foram obtidos os resultados; c) conhecimento por parte do acusado do dano ou de sua possibilidade de conhecer que a sua ação poderia gerar um resultado lesivo fora do território onde praticou a ação. Os tribunais norte-americanos, contemplando esta teoria, apresentaram três requisitos: a) existência de uma conduta intencional dirigida expressamente ao território onde a conduta foi realizada; b) consciência pelo acusado de que os efeitos poderiam transpassar o território da conduta.

Contudo, ao analisar-se o tema em face do Brasil, percebe-se que haverá o levantamento de um sério problema se o crime, v.g. ocorrer no Brasil com efeitos em algum país da Europa ou vice-versa. Isso porque, a questão irá resvalar na necessidade de renúncia de sua própria competência, é dizer, de soberania. Como poderá ser resolvida a questão se o entendimento da aplicação da teoria de ubiquidade vale para a União Europeia e não para os demais países que dela não fazem parte?

O Código Penal brasileiro ao tratar do lugar do crime estabelece:

Considera-se praticado o crime no lugar em que ocorreu a ação ou omissão, no todo ou em parte, bem como onde se produziu ou deveria produzir-se o resultado. Assim, verifica-se que o Brasil adotou a chamada teoria da ubiquidade.

[31] ORTIZ PRADILLO, Juan Carlos. Competencia judicial para la investigación y enjuiciamiento de los fraudes a través de internet. In: Fraude electrónico: panorámica actual y medios jurídicos para combatirlo. SANCHIS CRESPO, Carolina. Pamplona: Thomson Reuters, 2013, p. 176.

[32] Calde v. Jones 465 EEUU 783 (1984).

Segundo Dario Jose Kist, a competência no crime cibernético poderá assim ser fixada:

> (...) conclui-se haver pelo menos quatro situações em que o Brasil é o lugar do crime, a ensejar a aplicação da lei penal brasileira e o poder de praticar atos tendentes à punição do agente: a) quando a ação/omissão ocorreu nele, mesmo que o resultado tenha ocorrido fora dele; b) quando a ação/omissão foi praticada fora do país, mas nele ocorreu o resultado; c) quando a ação/omissão foi praticado fora do Brasil, mas neste o crime teria se consumado, não fosse a circunstância alheia à vontade do agente que impediu a consumação (é o caso de tentativa, em que o resultado "deveria produzir-se" no Brasil), d) nos casos e condições de extraterritorialidade da lei penal brasileira previstos no art. 7º do Código Penal.[33]

Contudo, não há ainda uma regulamentação clara e objetiva sobre o tema da competência no que tange aos crimes informáticos. Em face de sua inexistência, não será possível firmar-se a jurisdição brasileira de forma conclusiva e peremptória para processar e julgar crimes digitais transnacionais.

Portanto, a questão da extraterritorialidade ou ultraterritorialidade na sociedade mundial ainda ocasiona desafios e vem cada vez mais tomando mais vulto, pois além dos crimes ambientais, podemos citar também os crimes digitais, o crime organizado, terrorismo, crimes de lavagem de dinheiro, genocídio, tráfico de pessoas, animais e drogas.

3.2. Breves considerações sobre a colaboração internacional: uma necessidade inquestionável

Ao lado da temática conflituosa sobre a questão atinente ao espaço e tempo dos delitos informáticos, sobrepõe-se a questão inerente à cooperação internacional, cuja relevância é indiscutível ao se falar em crimes cujos efeitos são notados em nível transnacional.

Para a consecução dos fins da persecução criminal e especialmente para a reciprocidade da cooperação internacional, deve ser mantido sistema de comunicações apto a facilitar o intercâmbio rápido e seguro de informações com órgãos de outros países.

[33] KIST, Dario José. **Prova digital no processo penal**. São Paulo: JH Mizuno, 2019, p. 95.

Não raras serão as vezes, em casos de existência de fraudes eletrônicas, nos quais haverá um componente estrangeiro que exigirá a necessidade de pesquisas de dados, especialmente os relacionados com os números de IP em sítios Web e correio eletrônicos de outros países. Além disso, haverá hipóteses de necessidade de levantamento e investigação de contas bancárias abertas em outros países diversos de onde foi realizada a conduta, bem como, de inquirição de testemunhas ou agentes delitivos que se encontram fora das fronteiras pátrias.

No que tange ao Direito comunitário Europeu, há várias diretivas sobre o tema, conforme segue: a) Diretiva sobre cibercrime nº 95/46/CE do Parlamento y do Consejo de 24/10/95; b) Diretiva nº 91/250 CEE sobre proteção jurídica dos programas de computador; c) A decisão do Conselho da União Europeia de 29 de maio de 2000 referente à luta contra a pornografia infantil na Internet; d) A Diretiva 2000/31/CE do Parlamento Europeu e do Conselho da União Europeia de 08 de junho de 2000 sobre determinados aspectos jurídicos dos serviços da sociedade da informação; e) Instrucción 3/2001 de 28 de junho (mecanismos e modalidades de assistência judicial em matéria penal; f) Boletín Ministério de Justicia 1912/2002 de 1 de março de 2002 (mecanismos e regulação da assistência judicial; g) Tratados bilaterais de cooperação judicial (em muitos tratados de extradição há a regulação da cooperação internacional judicial); h) Convenio Europeu de Assistência Judicial em matéria Penal de 1959 (Conselho da Europa com atualização pelos protocolos adicionais de 1979 e 2001). Nesse Convênio são tratadas questões sobre as chamadas comissões rogatórias, notificações de documentação processual e citações feitas a imputados e intimações a testemunhas, antecedentes penais, denúncias e intercâmbio de informação sobre condenados.

Outros Convênios que merecem ainda citação:

a) Convenio do Conselho da Europa sobre a Ciberdelinquência firmado em Budapeste em 23 de novembro de 2001, redigido pelos países da União Europeia, Canadá, Japão, Africa do Sul e EUA com o objetivo de adotar uma política criminal comum aos delitos informáticos e incrementando os instrumentos comuns de cooperação internacional em sua persecução. Trata-se de um convenio de cooperação específica e que apresenta normas tanto de caráter processual (cooperação internacional, competência e investigação do delito) como de direito material contendo definições dos delitos informáticos; b) Convenio europeu sobre transmissão de procedimentos em matéria penal de 15 de maio de 1972;

Ademais, há vários instrumentos de cooperação como *v.g.* cartas rogatórias, pedidos de assistência jurídica e especialmente a Rede Hemisférica de Intercâmbio de Informações para o Auxílio Jurídico Mútuo em Matéria Penal e de Extradição criada pela Organização dos Estados Americanos (OEA). O Brasil para que consiga dados relativos a usuários de serviços no exterior pode utilizar-se da carta rogatória, valendo-se em alguns casos do Departamento de Recuperação de Ativos e Cooperação Internacional do Ministério da Justiça que realiza o intercâmbio de informações entre os órgãos judiciais dos países, tendo em vista ser signatário do *Mutual Legal Assistance Treaty* (MLAT). Entretanto, tais procedimentos são morosos resultando na ausência ou perda de provas.

Portanto, a cooperação internacional ainda é matéria incipiente no contexto dos crimes digitais, ainda mais quando se observa que o Brasil ainda não é signatário das Convenções e Documentos acima referidos, especialmente a Convenção sobre Cibercrime do Conselho da Europa.

Conclusões

O presente estudo enuncia ser a Constituição verdadeiro núcleo vital estrutural-normativo, sendo articuladora de função diretiva, vinculante e limitadora à intervenção penal digital, tendo em vista ser instrumento prospectivo de bens jurídicos nela estabelecidos como passíveis de tutela estatal.

Os crimes digitais violam bens jurídicos, notadamente imateriais, no chamado ciberespaço, tais como a intimidade, privacidade, imagem, honra, direito ao segredo das comunicações, o lazer, a isonomia, a ordem econômica e a segurança social e democrática de um país

Observa-se ainda que em sede de crimes na sociedade da informação propõe-se a construção do denominado Direito Criminal Digital Difuso que, como subsistema em face da Carta Magna, deverá respeitar seus direitos e princípios nela preconizados. Assim se postula, tendo em vista ser uma criminalidade apoiada na violação de bens jurídicos no ciberespaço, tais como a intimidade, privacidade, imagem, honra, direito ao segredo das comunicações, o lazer, a isonomia, a ordem econômica e a segurança social e democrática de um país caracterizados, portanto, por sua essencialidade e relação com o princípio da dignidade da pessoa humana.

Para além das características acima aludidas, os crimes digitais são considerados pluriofensivos, transfronteiriços possuindo a potencialidade de resultarem seus efeitos de forma ultra territorial, o que gera problemas na seara de competência e jurisdição.

Ao lado da temática conflituosa sobre a questão atinente ao espaço e tempo dos delitos informáticos, propõe-se ainda para fins de persecução penal, a cooperação internacional, como forte elemento tendente à busca da autoria e materialidade de condutas praticadas sob o anonimato, ultra territorialidade e celeridade de resultados típicos.

Referências

CUNHA, Maria da Conceição Ferreira. Constituição e crime. Uma perspectiva da criminalização e da descriminalização. Porto: Universidade Católica Portuguesa, 1995.

ESCOBAR, Arturo. Bienvenidos a Cyberia: notas para una antropología de la cibercultura. Revista de Estudios Sociales, n. 22.

FELDENS, Luciano. A constituição penal: a dupla face da proporcionalidade no controle de normas penais. Porto Alegre: Livraria do Advogado, 2005.

FIGUEIREDO DIAS, Jorge de. Direito Penal e Estado de Direito Material. Rio de Janeiro:Revista de Direito Penal, 1982.

__. Questões fundamentais do Direito Penal revisitadas. São Paulo: RT, 1999

FULLER, Greice Patrícia. O meio ambiente hospitalar em face da dignidade da pessoa humana no Direito Ambiental brasileiro. Revista Brasileira de Direito Ambiental, abril/jun 2011.

FULLER, Greice Patrícia. O direito criminal difuso, a dignidade da pessoa humana e a mídia na Sociedade da Informação. Anais do VII Congresso Brasileiro da Sociedade da Informação, São Paulo, vol. 7, pág. 131-141, nov./2014.

FULLER, Greice Patrícia; SOARES, Roger da Silva Moreira. A tutela penal dos dados empresariais na sociedade da informação no ordenamento jurídico brasileiro. Revista Jurídica da Presidência, Brasília v. 20 n. 121 Jun./Set. 2018. Disponível em: http://dx.doi.org/10.20499/2236-3645.RJP2018v20e121-1487

GARCÍA DE LA CRUZ, Juan Manuel. Delitos informáticos. Universidad Valle del Bravo. Disponível em http://www.ilustrados.com/tema/6521/Delitos-Informaticos.html..

KIST, Dario José. Prova digital no processo penal. São Paulo: JH Mizuno, 2019

MATHIAS, Paul. Des libertés numériques. Notre liberte est-elle menaçée par l'internet?. Paris: Presses Universitaires de France, 2008

MIRO LLINARES, Fernando. El cibercrimen: fenomenología y criminología de la delincuencia en el ciberespacio, 2012. Madrid: Marcial Pons

MIR PUIG, Santiago. Derecho Penal: Parte General. Barcelona: Reppertor, 1998,

MIRANDA, Jorge. Manual de direito constitucional. Coimbra: Limitada, 1990. t. 2,.

MUÑOZ CONDE, Francisco GARCÍA ARÁN, Mercedes. Derecho Penal: Parte General. Valência: Tirant lo Blanch, 1998.

MUÑOZ MACHADO, Santiago. La regulacion de la red. Poder y Derecho en Internet. Madrid: Taurus.

ORTIZ PRADILLO, Juan Carlos. Fraude electrónico: panorámica actual y medios jurídicos para combatirlo. Pamplona: Thomson Reuters, 2013

ROMEO CASABONA, Carlos María. La adaptación del Derecho Penal al desarrollo social y tecnológico. Granada:Comares, 2010

ROMEO CASABONA, Carlos María. El cribercrimen nuevos retos jurídico-penales, nuevas respuestas, Granada: Comares, 2006.

ROTHENBURG, Walter Claudius. Princípios constitucionais. Porto Alegre: Sergio Antonio Fabris Editor, 1999

SAUWEN Regina F. HRYNIEWICZ, Severo. O direito "in vitro": da bioética ao biodireito. Rio de Janeiro: Lumen Juris, 1997.

VELASCO NUÑEZ, Eloy. Delitos contra y através de las nuevas tecnologías. Como reducir su impunidad? Cuadernos de Derecho Judicial, III. Madrid: Consejo General del Poder Judicial, 2006.

VERDÚ, Lucas. Estimativa y política constitucionales. Madrid: Editorial 1984.

18. Cultura de Paz e Soberania no Ciberespaço em Face do Cibercrime

Claudio Joel Brito Lóssio

Coriolano Aurélio Almeida Camargo Santos

1. O Ciberespaço

A cultura de paz e soberania no ciberespaço será o tema desta escrita, e para tal abordagem inicialmente será apresentado o que é o ciberespaço assim como o que proporcionou o seu surgimento.

A cada nova revolução industrial, esta utiliza como berço o fundamento das descobertas prévias, assim, por exemplo, a terceira revolução industrial que vem com o surgimento e popularização do computador e da internet, só ocorreu devido à descoberta e popularização da eletricidade e seu sistema elétrico. A indústria 4.0 é que estamos a vivenciar, e esta está revolucionando novamente, alterando o status *a quo* de serviços e produtos, para um novo padrão. Tudo isso com base na robótica, inteligência artificial, Bigdata, blockchain, assim como a internet das coisas, ou melhor, a internet de todas as coisas.[1]

O espaço cibernético iniciou sua formação, antes mesmo da indústria 3.0, muito embora apenas através desta, e massificado o entendimento na 4.0, que foi entendido que o ciberespaço está interdependente com os espaços aquáticos, aéreo, terrestre, mediático e o espaço exterior, os quais todos são denominados conforme a doutrina como espaços de guerra.[2]

[1] SHWAB, Klaus – **A Quarta Revolução Industrial**. Ed. 1. São Paulo: Edipro, 2016. ISBN 978-85-7283-978-5. P. 12-13

[2] RONCZKOWSKI, Michael r. – Terrorism and organized hate crime: intelligence gathering, analysis and investigations. 4. Ed. Kindle edition. ISBN 978-1138703469.

Mas como o ciberespaço pode estar interrelacionado ao espaço aéreo, aquático ou terrestre, por exemplo? A estrutura de antena, cabos, servidores podem estar localizados no espaço terrestre, e este está propício aos fenômenos naturais. Imagine agora algum fenômeno da natureza que abale toda estrutura de internet de uma nação, pensou? Agora responda, essa nação, hoje, em 2018, consegue viver normalmente sem a internet? Pois é, não! Muitos serviços públicos e privados como sinais de trânsito, hospitais, vídeo-monitoramento dependem dos serviços da internet para funcionarem plenamente. Em 2017, ocorreram alguns ataques tendo o espaço cibernético como meio, e em um destes, 150 países sofreram algum dano causado pelo ransomware WannaCry, solicitando para liberação dos dados criptografados um resgate em pagamento em Bitcoin, um total de 108 mil Libras Inglesas, até onde se sabe[3].

1.1. O Ciberespaço como Zona de Conflito

O ciberespaço por muitas vezes é tratado como um espaço de guerra ou espionagem, normalmente através de monitoramentos de outras nações, como por exemplo, violando as comunicações para predeterminarem futuros ataques físicos.[4] Esse novo ambiente, o cibernético, vem se tornando cada vez mais um sítio de conflito, que por muitas vezes terminam em difusão de um ato ilícito cível ou até mesmo delitos tipificados no Código Penal, como injúrias, difamações, ameaças, invasões de dispositivos, burlas.[5]

As pessoas que utilizam o ciberespaço para o delito, acreditam que a justiça não conseguirá a justiça detetar sua localização, por isso, com esse pensamento de anonimato, acabam a cometer delitos.[6] Alguns poucos até conseguem e entendem como proceder por meios que poderão dificultar a identificação, mas a maioria não toma medida de proteção alguma e consegue, facilmente, deixar rastros que facilitam a identificação.

O ciberespaço é formado pela sua estrutura física, como também pelo espaço eletromagnético e as redes de dados, e qualquer uma dessas

[3] THEGUARDIAN – **WannaCry**: Hackers withdraw L108,000 of Bitcoin Rasom. 2017. [Em linha]. [Consult. 16 dez. 2017]. Disponível em https://www.theguardian.com/technology/2017/aug/03/wannacry-hackers-withdraw-108000-pounds-bitcoin-ransom

[4] POLICARPO, Poliana; BENNARD, Edna – **Cibercrimes na E-Democracia**. Op. Cit. 107.

[5] Idem – Op. Cit. p 50.

[6] ZERN, Howard; GOHAR, Ali – **Restorative Justice**. 2003. [Em linha]. [Consult. 19 nov. 2018]. Disponível em: https://www.unicef.org/tdad/littlebookrjpakaf.pdf. p. 60.

estruturas pode estar se utilizando dos espaços aéreo, aquático ou terrestre como apoio, sendo que o estado não pleno de pelo menos uma dessas estruturas poderá alterar o funcionamento pleno.

O Forum Internacional Global Risks 2018[7], traz probabilidades e impactos que podem afetar a humanidade. Na classificação das probabilidades aparece em terceiro lugar os ciberataques; em quarto lugar as fraudes e roubo de dados, e em oitavo lugar os ataques terroristas, que podem ser também voltados ao ambiente cibernético. Já na classificação dos impactos os ciberataques aparecem em sexto lugar. Cabe perceber que nesta lista do Global Risks 2018, estão os desastres climáticos, desastres naturais, migração, crises de água e de comida, como também as armas de destruição em massa, entre outros.

1.2. O Tempo no Ciberespaço

A perceção de tempo no ciberespaço também é diferente, analise-se o um exemplo, quando alguém posta algo íntimo sobre outro em uma rede social com milhares de seguidores, e antes mesmo de ocorrer a coleta da prova de forma adequada, este conteúdo pode ser rapidamente excluído,[8] então caso a não ocorra de forma eficiente esta prova poderá perecer. Já quando se trata de direito ao esquecimento[9] o tempo no espaço cibernético é longo, visto que por muitas vezes uma pessoa cumpre a pena, e ao passar o período de reincidência, se tornando réu primário novamente e mesmo assim várias plataformas de notícias as mantém presentes e visíveis na internet.[10] Existem tecnologias como as cadeias de blocos, denominadas blockchain que pode ter seu conteúdo inapagável, assim qualquer conteúdo nela inserido pode ser eternizado.[11]

[7] GLOBAL Risks Landscape 2018 – **Forum. 2018**. [Em linha]. [Consult. 19 nov. 2018]. Disponível em: https://www.zurich.com/en/knowledge/articles/2018/01/the-global-risks-landscape-2018

[8] PECK PINHEIRO, Patricia. **DireitoDigital.** 6. ed. São Paulo: Saraiva, 2016. P. 67

[9] Idem – Op Cit. p. 490.

[10] INTERNET Archive – **WaybackMachine.** 2017. [em linha]. [Consult. em: 28 nov. 2017]. Disponível em https://archive.org/web

[11] TAPSCOTT, Don; TAPSCOTT, Alex. **Blockchain Revolution**: How the Technology Behind Bitcoin Is Changing Money, Business, and the World. New York: Penguin Random House, 2016. ISBN 978-02-412-3785-4.

2. A transformação digital e o direito

Tudo isso vem ocorrendo devido ao fenômeno denominado de transformação digital, o qual vem criando um novo status social, a sociedade digital. Esse processo de transformação foi acelerado pela globalização que, por sinal, é permanente catalisado após a popularização da internet, visto que compras podem ser feitas normalmente em países diferentes, assim, um Estado pode afetar diretamente na economia de Outro através das compras online. A troca de conhecimento político e cultural entre povos de Estados distintos acaba alterando o padrão convencional, diante desta nova relação tão próxima entre pessoas que podem estar tão distantes e com culturas completamente distintas.[12]

Essa relação interpessoal tão próxima promovida pela internet entre pessoas de Estados diferentes acaba por alterar as soberanias externas e internas visto a perspectiva de cada pessoa na relação. Esse status extraterritorial ocorre apenas diante das relações interpessoais ou também legais?

2.1. Cooperação entre Estados

Diante de um pensamento comunitarista o qual se visa o bem-estar entre os povos diversas legislações, a cooperação e a aplicação extraterritorial de normativos se torna cada vez mais buscado através de acordos entre Estados e por muitas vezes inseridos nas Suas Constituições Federal.

Em Portugal, em sua Constituição de República de 1976[13], mais precisamente em seu Artigo 7º, incisos 1 e 6, versam que:

> 1. Portugal rege-se nas relações internacionais pelos princípios da independência nacional, do respeito dos direitos do homem, dos direitos dos povos, da igualdade entre os Estados, da solução pacífica dos conflitos internacionais, da não ingerência nos assuntos internos dos outros Estados e da **cooperação com todos os outros povos para a emancipação e o progresso da humanidade. (grifo nosso)**

[12] CASTELLS, Manuel – **A Galáxia da Internet**: Reflexões sobre a Internet, os negócios e a sociedade; Tradução Maria Luiza X. de A. Borges. Rio de Janeiro: Zahar, 2003. ISBN: 978-85-7110-740-3. p. 13.

[13] CONSTITUIÇÃO da República Portuguesa de 1976, de 10 de abril. 4ª ed. Coimbra: Almedina, 2017. ISBN 978-972-40-6867-1. p. 05.

> 6. Portugal pode, em condições de reciprocidade, com respeito pelos princípios fundamentais do Estado de direito democrático e pelo princípio da subsidiariedade e tendo em vista a realização da coesão económica, social e territorial, de um espaço de liberdade, segurança e justiça e a definição e execução de **uma política externa, de segurança e de defesa comuns, convencionar o exercício, em comum, em cooperação ou pelas instituições da União**, dos poderes necessários à construção e aprofundamento da união europeia. **(grifo nosso)**

Segundo o Artigo 7º, incisos 1 e 6 da Constituição da República Portuguesa, fica clara a visão e a intensão de cooperação entre Estados, assim como um pensamento comunitarista, voltado para o bem comum estre povos.

No Brasil, a Constituição da República de 1988[14] traz tal pensamento de cooperação quando versa em seu Artigo 4º. Nos incisos abaixo relacionados:

> Art. 4º A República Federativa do Brasil rege-se nas suas relações internacionais pelos seguintes princípios:
> II – prevalência dos direitos humanos;
> V – igualdade entre os Estados;
> VI – defesa da paz;
> IX – cooperação entre os povos para o progresso da humanidade;

Como uma extensão da Declaração Universal dos Direitos do Homem[15], em busca da privacidade, várias legislações voltadas a proteção de dados surgiram em boa parte do mundo no ano de 2018. Entre essas pode ser destacado: O RGPD – Regulamento Geral de Proteção de Dados da Europa[16],

[14] CONSTITUIÇÃO Federal Brasileira de 1988, de 05 de Outubro. [Em linha] [Consult. 20 Set. 2017]. Disponível em http://www2.camara.leg.br/legin/fed/consti/1988/constituicao-1988-5-outubro-1988-322142-publicacaooriginal-1-pl.html

[15] **DECLARAÇÃO Universal dos Direitos Humanos**. 1948. [Em Linha]. [Consult. 19 set. 2018] Disponível em: https://www.ohchr.org/EN/UDHR/Documents/UDHR_Translations/por.pdf

[16] MAGALHÃES, Filipa Matias; PEREIRA, Maria Leitão – **Regulamento Geral de Proteção de Dados.** p. 24.

A Cloud Act dos Estados Unidos da América[17], Lei de Proteção dos Dados Pessoais do Brasil[18], como também a UK Data Protection Act no Reino Unido, entre outras.

A maioria destas legislações trazem em seus textos a aplicação extraterritorial, assim como a intensão de colaboração entre Estados. Para isso, o Direito Internacional nunca foi tão importante e presente dentre os países que desejam uma relação internacional positiva. Surge então, cada vez mais, a necessidade de acordos de colaboração entre Estados, os quais poderemos destacar: O MLAT – *Mutual Legal Assitance Treaty*, entre os Estados Unidos de América e o Brasil, O EU-US *Privacy Shield*, entre a União Europeia e os Estados Unidos da América e *ASC – Agreement on Strategic Cooperation*, entre o Brasil e a Europol. Não podendo esquecer da Convenção de Budapeste[19], voltada ao combate ao cibercrime, da qual o Brasil não é signatário, e o Pacto Global de Cibersegurança, que ocorreu em Paris em novembro de 2018, onde os Estados Unidos da América, Rússia e China não se tornaram signatários, pelo menos nesse primeiro momento.

2.2. O Direito Internacional e as *Softlaws*

As *Softlaws*[20] estarão cada vez mais em evidência, visto que alguns doutrinadores do Direito Internacional já os denominam como fontes desta área do mundo jurídico, e esses normativos que costumam gerar geram um padrão internacional, como por exemplo, uma ISO, não tem força normativa legal mas, por outro lado, se tornam a base para a aplicação de algumas legislações como por exemplo do RGPD da Europa. Para

[17] Rodrigues, Katitza – **The U.S. CLOUD Act and the EU**: A Privacy Protection Race to the Bottom Et. Al. Electronic Frontier Foundation. 2018. [Em linha]. Acessado em 05 jul. 2018. Disponível em https://www.eff.org/deeplinks/2018/04/us-cloud-act-and-eu-privacy-protection-race-bottom

[18] Lei 13.709/2018, de 14 de Agosto. **Dispõe sobre a proteção de dados pessoais e altera a Lei nº 12.965, de 23 de abril de 2014 (Marco Civil da Internet).** [Consult. 27 set. 2018]. Disponível em: http://www2.camara.leg.br/legin/fed/lei/2018/lei-13709-14-agosto-2018-787077-publicacaooriginal-156212-pl.html

[19] **Convenção de Budapeste**. 2001. [Em linha]. [Consult. 06 dez. 2017]. Disponível em http://www.mpf.mp.br/atuacao-tematica/sci/normas-e-legislacao/legislacao/legislacoes-pertinentes-do-brasil/docs_legislacao/convencao_cibercrime.pdf

[20] **NASSER**, Salem Hikmat – **Fontes do direito internacional**: um estudo sobre a softlaw. 2 ed. São Paulo: Atlas, 2006.

adequar uma instituição quase por completa ao RGDP basta ajustar a conformidade desta para as ISOs da família 27000 como também a 96001, dentro do necessário.

O *Compliance* é um sinônimo de conformidade, assim quando estamos falando em um modo jurídico, o trabalho de Compliance existe para adequar corretamente dentro das normas que atingem por exemplo uma instituição. Um trabalho de conformidade que estará cada vez mais em evidência, é o voltado ao Compliance Digital[21], o qual busca adequar uma instituição para os normativos que a relacionam com o ciberespaço, trazendo assim uma análise geral diante de normas de Direito Digital para esta.[22]

O Accountability em outras palavras, é uma evolução da responsabilidade através de transparência, proatividade e com a finalidade de trazer por cada um à sua responsabilidade para si, sendo esse uns dos princípios para a prática de combate ao ciberterrorismo pela União Europeia.[23] Essa virtude está presente em todo trabalho atual contado a busca pela conformidade, como por exemplo para aplicabilidade da LPDP do Brasil.

Com isso conclui-se que, cada vez mais, estaremos inseridos no espaço cibernético e, para estarmos neste de forma plena, deveremos buscar o Accountability quando se trata de pessoas singulares ou físicas, e deve-se adicionar o trabalho pela conformidade seja digital ou não, quando se trata de pessoa coletiva ou jurídica. Mas, para tanto, a relação internacional entre Estados deve ser buscada não em formato de litígio, mas sim através da notificação cabível ao acordo internacional. E fica claro que cada vez mais o processo de globalização crescerá proporcionando uma menor distância entre nações, e sendo mais ainda provocado as legislações de soberanias diferentes para assim ocorrer uma colaboração ao bem-estar entre Estados.

[21] MENDES, Francico Schertel; CARVALHO, Vinicius Marques de – **COMPLIANCE**: Concorrencia e combate a corrupção. São Paulo: Trevisan Editora, 2017. ISBN 978-85-9545-006-6. p. 31.

[22] TI Inside – **Compliance Digital**: O que é e como afeta o trabalho de TI. 2017. [Em linha]. [Consult. 15 dez. 2017]. Disponível em http://convergecom.com.br/tiinside/seguranca/artigos-seguranca/25/04/2017/compliance-digital-o-que-e-e-como-afeta-area-de-t/

[23] EUROPEAN Comission – **Crisis & Terrorism**. 2014. [Em linha]. [Consult. 15 dez. 2017]. Disponível em https://ec.europa.eu/home-affairs/what-we-do/policies/crisis-and-terrorism_en

3. Segurança de redes e da informação

Um Estado segundo o princípio da continuidade, precisa prosseguir com o andamento legislativo, por exemplo. Mas como garantir uma cultura de paz, cooperativismo, se o Estado não consegue garantir o direito de seu povo através de princípios constitucionais fundamentais voltados as liberdades individuais, como a o direito a privacidade, a intimidade, a imagem, a inviolabilidade das comunicações e correspondências.

Previstos tanto no Artigo 5º, X e XII da Constituição da República do Brasil de 1988:

> Art. 5º Todos são iguais perante a lei, sem distinção de qualquer natureza, garantindo-se aos brasileiros e aos estrangeiros residentes no País a inviolabilidade do direito à vida, à liberdade, à igualdade, à segurança e à propriedade, nos termos seguintes:
>
> X – são invioláveis a intimidade, a vida privada, a honra e a imagem das pessoas, assegurado o direito a indenização pelo dano material ou moral decorrente de sua violação;
>
> XII – é inviolável o sigilo da correspondência e das comunicações telegráficas, de dados e das comunicações telefônicas, salvo, no último caso, por ordem judicial, nas hipóteses e na forma que a lei estabelecer para fins de investigação criminal ou instrução processual penal;

Como também nos artigos 26, 1 e 34, 1 e 4 da Constituição Portuguesa de 1976, respetivamente:

> **Artigo 26**
>
> 1. A todos são reconhecidos os direitos à identidade pessoal, ao desenvolvimento da personalidade, à capacidade civil, à cidadania, ao bom nome e reputação, à imagem, à palavra, à reserva da intimidade da vida privada e familiar e à proteção legal contra quaisquer formas de discriminação.
>
> **Artigo 34**
>
> 1. O domicílio e o sigilo da correspondência e dos outros meios de comunicação privada são invioláveis.
>
> 4. É proibida toda a ingerência das autoridades públicas na correspondência, nas telecomunicações e nos demais meios de comunicação, salvos os casos previstos na lei em matéria de processo criminal.

Além desse conteúdo onde as Constituições Brasileira e Portuguesa são semelhantes, a constituição do velho mundo ainda traz mais detalhes, visto que busca abordagem sobre o ambiente informático, em seu artigo 35º, a ter como título "Utilização da Informática".

3.2. Legiferação em Face do Cibercrime

Novamente abordando sobre a convenção do Conselho Europeu, que trata sobre o cibercrime, mais conhecida como Convenção de Budapeste, devido o local onde fora acordada, mais precisamente em 23 de novembro de 2001, surge com uma perspetiva de que vários países a adotasse para que esta fosse inserida no Código Penal de cada signatário, muito embora a ratificação não se deu por mais de todos, como no caso, poderemos citar o Brasil, não signatário de tal convenção.[24]

Assim, Portugal, signatário, além de já possuir outras legislações voltadas ao ambiente eletrónico e proteção de dados, fazia também do grupo de países privilegiados por seus governos para adotar os tipos penais trazidos pela Convenção de Budapeste para os seus respetivos códigos.

No Brasil, apenas em 2013 se teve legislações direcionadas realmente para o combate ao crime cibernético. Nesse ano, dia 30 de novembro, foram publicadas duas leis: a lei 12.735, mais conhecida como a Lei Azeredo, onde busca tipificar condutas realizadas por meios eletrónicos e ou informáticos; como também a mais conhecida, a Lei Carolina Dieckmann, de número 12.737, que num todo citaremos uma alteração n Código Penal Brasileiro.[25]

O Artigo 154-A:[26]

> Art. 154-A. Invadir dispositivo informático alheio, conectado ou não à rede de computadores, mediante violação indevida de mecanismo de

[24] MASSENO, Manuel David – **O Cibercrime no Brasil, perspetiva deste o Direito Internacional.** 2018. [Em linha]. [Consult. 01 dez. 2018]. Disponível em: https://www.academia.edu/ 4950168/O_Cibercrime_no_Brasil_perspetivas_ desde_o_Direito_Internacional?fbclid= IwAR2MSCucVPk1HxJNGVuGw9EAd0jCyTi15_ U3D5B70YWHbumVqDCatX2TKNk

[25] Idem – Ibidem.

[26] Decreto-Lei 2.848/1940, de 7 de dezembro – Código Penal Brasileiro. 1940. [Em linha]. [Consult 01 dez. 2018]. Disponível em: http://www2.camara.leg.br/legin/fed/declei/1940-1949/decreto-lei-2848-7-dezembro-1940-412868-normaatualizada-pe.doc

segurança e com o fim de obter, adulterar ou destruir dados ou informações sem autorização expressa ou tácita do titular do dispositivo ou instalar vulnerabilidades para obter vantagem ilícita:

O Artigo 154-A, conforme exposto acima, burca combater invasão de dispositivos informáticos, mas com alguns verbos ou termos adicionais que podem dificultar alguém cair nesse tipo penal, como:

1. Alheio: Só poderá cair nesse tipo penal se o dispositivo for alheio? E se você emprestar um dispositivo para alguém, sem informar que você está o monitorando, você poderá ter acesso ao conteúdo desta pessoa, sem cair na invasão?
2. Mediante Violação indevida de mecanismo de segurança: Assim, caso o dispositivo informático não possua mecanismo se segurança, um terceiro não autorizado poderá obter, adulterar ou destruir dados?
3. E se a instalação de vulnerabilidades não for para obter vantagem ilícita? Pode assim um terceiro não autorizado instalar alguma vulnerabilidade para apenas prejudicar alguém, sem obter para si vantagem alguma?

A resposta para os três pontos de questionamentos acima levantados tem como resposta: não. Quando se pensa nos princípios da segurança da informação, e embora o texto do Artigo anteriormente citado não tenha sido elaborado com perfeição, mesmo assim foi um marco brasileiro em face do crime cibernético.

Podem ser lembrados também algumas alterações efetuadas no ECA – Estatuto da Criança e do Adolescente, no Brasil. A Lei 11.829/2008 alterou o ECA, adicionando os artigos 240 ao 241-E[27], onde esses estão direcionados, por exemplo, a tipificar condutas criminosas envolvendo

[27] LEI Nº 11.829, de 25 de novembro de 2008. **Altera a Lei nº 8.069, de 13 de julho de 1990 – Estatuto da Criança e do Adolescente, para aprimorar o combate à produção, venda e distribuição de pornografia infantil, bem como criminalizar a aquisição e a posse de tal material e outras condutas relacionadas à pedofilia na internet**. Disponível em: <http://www.planalto.gov.br/ccivil_03/_ato2007-2010/2008/lei/l11829.htm>. Acessado em: 10 mai. 2018.

o ambiente cibernético, como o armazenamento, a transmissão, o armazenamento, a reprodução, a encenação, a exposição, a venda, de conteúdos envolvendo pornografia de crianças e adolescentes, entre outros verbos, mas mesmo assim deixando brechas quando se trata de *streaming*.

O streaming é a transmissão de conteúdo via internet, onde não ocorre o armazenamento local, assim a pessoa estará recebendo o conteúdo, mas não, armazenando, assim não caindo em algum tipo penal prevista na Lei 11.829/2008. Cabe ressaltar que o streaming não era comum em 2008, visto que nessa época a velocidade da internet na maioria dos países, como o Brasil, não era satisfatória para tal prática de disseminação de conteúdo digital.

Em 2018, surge uma nova alteração no Código Penal, a Lei 13.718, que tipifica condutas de importunação sexual, tanto em ambiente físico quando digital, também conhecida como Lei do Nudes, traz em seu artigo 218-C:[28]

> Art. 218-C. Oferecer, trocar, disponibilizar, transmitir, vender ou expor à venda, distribuir, publicar ou divulgar, por qualquer meio – inclusive por meio de comunicação de massa ou sistema de informática ou telemática –, fotografia, vídeo ou outro registro audiovisual que contenha cena de estupro ou de estupro de vulnerável ou que faça apologia ou induza a sua prática, ou, sem o consentimento da vítima, cena de sexo, nudez ou pornografia:

O Brasil vem buscando evoluir cada vez mais quando se trata de combater crimes cibernéticos, mas ainda assim caberia buscar se tornar signatário da Convenção de Budapeste para assim transpor as tipificações penais trazidas neste para o Código Penal Brasileiro.

Portugal, diferentemente do Brasil, é ser signatário de convenções e ainda assim transpondo diretivas da União Europeia em seu ordenamento jurídico, como é o caso da Diretiva NIS/SRI, que é voltada a segurança de redes e da informação, a qual será abordada no próximo tópico.

[28] LEI N 13.718/2018, 34 de setembro – **Crimes de importunação sexual**. [Em linha]. [Consult. 01 dez. 2018]. Disponível em: https://www2.camara.leg.br/legin/fed/lei/2018/lei-13718-24-setembro-2018-787192-publicacaooriginal-156472-pl.html

3.3. Diretiva SRI – Segurança das Redes e da Informação[29]

A Diretiva 2016/1146 da União Europeia, foi publicada em 19 de julho, e tem como objetivo adicionar aos ordenamentos jurídicos, medidas para garantir um elevado nível comum de segurança de redes e informação.[30]

Cabe perceber que após a publicação de uma Diretiva, o país membro da União Europeia deve transpor o conteúdo desta, dentro de seu ordenamento jurídico. Após a transposição da Diretiva, esta terá vigor pleno dentro do Estado. Pleno pelo motivo de já estar transposta, pois caso ocorra algum ato ilícito em ataque a alguma pessoa singular, e esta fique sem defesa por falta de transposição de alguma diretiva, o Estado poderá responder.[31]

A Diretiva SRI, traz um enorme desenvolvimento quando se trata de segurança de redes e da informação, tal situação que não ocorre no Brasil, vejamos alguns exemplos comparativos:

Diretiva SRI	Legislação Brasileira
Estabelece obrigações	Não
Cria grupo de cooperação	Não
Cria equipes de resposta a incidentes	Não possui uma equipe de resposta de incidentes, autoridades nacionais, estratégia nacional, entre outros que compõe a NIS, possivelmente será a própria agência reguladora que está prevista para ser adicionada a Lei de Proteção de Dados Pessoais do Brasil, e que possivelmente terá uma cooperação entre o Ministério Público, NIC.br, CGI.br.

[29] Diretiva (EU) 2016/1148 – **o Parlamento Europeu e do Conselho, de 6 de julho de 2016, relativa a medidas destinadas a garantir um elevado nível comum de segurança das redes e da informação em toda a União.** 2016. [Em linha]. [Consult 30 nov. 2018]. Disponível em: https://eur-lex.europa.eu/legal-content/PT/TXT/?uri=CELEX% 3A32016L1148&fbclid=IwAR0WHdWXgUpURnPF_ifq_MCDxlcB9n7wBsTimO-kpJB6vpdNKp_Bg3rCqyM

[30] CNCS – Contro Nacional de Cibersegurança de Portugal – **Transposição da Diretiva NIS/SRI.** 2018. [Em linha]. [Consult. 30 nov. 2018]. Disponível em: https://www.cncs.gov.pt/transposicao-da-diretiva-nissri/

[31] Idem – Ibidem.

Estabelece requisitos de segurança	Não
Aborda sobre tratamento de dados	Apenas com a Lei de Proteção de Dados Pessoais, Lei 13.709/2018.
Traz definições de redes, nuvem, risco, incidente, entre vários outros termos de suma importância para o entendimento comum.	Apenas possui algumas definições, na Lei do Marco Civil da Internet, como: internet e provedores; E na Lei de Proteção de Dados Pessoais, onde traz definição de dados, dados sensíveis. Nada comparado.
Quadro de estratégia nacional	Não
Plano de continuidade	Não

Essa legislação não é direcionada para o ambiente digital da internet, mas em alguns casos ainda caberá o entendimento. A legislação brasileira traz determinações conforme a Sua Constituição da República, muito embora nada muito técnico, sendo basicamente conceitual, como a citada Lei do Marco Civil da Internet:[32]

> Art. 3º A disciplina do uso da internet no Brasil tem os seguintes princípios:
> I – garantia da liberdade de expressão, **comunicação** e manifestação de pensamento, nos termos da Constituição Federal;
> Art. 4º A disciplina do uso da internet no Brasil tem por objetivo a promoção:
> IV – da adesão a padrões tecnológicos abertos que permitam a **comunicação**, a acessibilidade e a interoperabilidade entre aplicações e bases de dados.

> Art. 16. Na provisão de aplicações de internet, onerosa ou gratuita, é vedada a guarda:
> I – dos registros de acesso a outras aplicações de internet sem que o titular dos dados tenha consentido previamente, respeitado o disposto no art. 7º; ou
> II – de dados pessoais que sejam excessivos em relação à finalidade para a qual foi dado consentimento pelo seu titular.

[32] Lei 13.965/2014 – **Lei do Marco Civil da Internet**. 2014. [Em linha]. [Consult. 30 nov. 2018]. Disponível em: http://www.planalto.gov.br/ccivil_03/_ato2011-2014/2014/lei/l12965.htm

E o Código Brasileiro de Telecomunicações:[33]

> Art. 4º Para os efeitos desta lei, constituem serviços de telecomunicações **a transmissão, emissão ou recepção de símbolos, caracteres, sinais, escritos, imagens, sons ou informações de qualquer natureza, por fio, rádio, eletricidade, meios óticos ou qualquer outro processo eletromagnético.**Telegrafia é o processo de telecomunicação destinado à transmissão de escritos, pelo uso de um código de sinais.Telefonia é o processo de telecomunicação destinado à transmissão da palavra falada ou de sons. (grifo nosso)

> Art. 6º Quanto aos fins a que se destinam, as telecomunicações assim se classificam:
>
> c) serviço limitado, executado por estações não abertas à correspondência pública e destinado ao uso de pessoas físicas ou jurídicas nacionais. Constituem serviço limitado entre outros:
>
> 1) o de **segurança**, regularidade, orientação e administração dos transportes em geral; (grifo nosso)

> Art. 29. Compete ao Conselho Nacional de Telecomunicações:
>
> d) adotar **medidas que assegurem a continuidade dos serviços de telecomunicações**, quando as concessões, autorizações ou permissões não forem renovadas ou tenham sido cassadas, e houver interêsse público na continuação dêsses serviços; (grifo nosso)

A seguir prosseguiremos com a perceção conclusiva diante desta escrita.

Conclusões

O mundo vem caminhando rapidamente diante de todo esse processo acelerado de transformação digital, proporcionado pelo surgimento do ciberespaço, tendo como berço os processos revolucionários industriais, como a eletricidade, computadores, internet, inteligência artificial, robótica e a internet das coisas.

[33] Lei 4.117/1962 – **Lei Brasileira das Telecomunicações**. 1962. [Em linha]. [Consult. 30 nov. 2018]. Disponível em: http://www.planalto.gov.br/ccivil_03/leis/L4117.htm

Todo esse processo catalisa a globalização fazendo com que povos de Estados distintos tenham uma troca econômica, política, cultural, etc., massificado pelo espaço cibernético. Se esse espaço cibernético traz tantas pessoas para o seu meio, o Estado deve se preocupar em manter o seu povo seguro, proporcionado por medidas técnicas, educacionais, regulatórias para que estes incorporem uma cultura de paz dentro deste novo espaço.

A cada momento surgem novos acordos de cooperação visando o bem comum de todos, seja entre Estado-Estado, Estado-Empresa Privada, Empresa Privada-Polícia, todos de Estados distintos. Esses acordos buscam melhorar e fortalecer a relação entre nações, e nesse ponto legislações começam a trazer em suas leis, de forma praticamente unânime, a aplicação extraterritorial, assim como por algumas vezes trazendo Softlaws como um padrão de aplicação técnica para determinada legislação.

Muito embora as Constituições, tanto Brasileira quanto Portuguesa, já busquem semelhantemente garantir as liberdades individuais de seus povos, através do direito a privacidade, intimidade, personalidade, imagem, inviolabilidade das comunicações e correspondências, ainda assim não se consegue um pensamento técnico visando a tecnologia para se conseguir atingir essas garantias no ambiente cibernético.

O Brasil demorou a se adaptar ao ambiente cibernético e ainda assim vem desenvolvendo lentamente aparato legal direcionado direcionadas ao ambiente cibernético, como o Artigo 154-A e 218-C do Código Penal Brasileiro. Já Portugal vem se adequando ao ambiente cibernético, tanto através de legiferação interna quando pela transposição de diretiva, como também pela ratificação de convenções, como por exemplo, a Convenção de Budapeste. Para que, de forma técnica, a União Europeia busque transpor medidas para garantir a comum e total segurança de redes e de informação, foi publicada a Diretiva NIS/SRI, diferentemente das leis presentes no Brasil.

Cada vez mais a tecnologia evolui e mesmo o direito possuindo as dificuldades para acompanhar através de legiferação, deve se manter atento, constante e correndo ao máximo para conseguir, visto que a amplitude e possibilidades ascendidas pelo ciberespaço surgirão cada vez mais, e a cultura de paz nesse ambiente conflituoso é de extrema importância para os povos e os Estados do mundo.

Referências

CASTELLS, Manuel – **A Galáxia da Internet**: Reflexões sobre a Internet, os negócios e a sociedade; Tradução Maria Luiza X. de A. Borges. Rio de Janeiro: Zahar, 2003. ISBN: 978-85-7110-740-3.

CNCS – Contro Nacional de Cibersegurança de Portugal – **Transposição da Diretiva NIS/SRI**. 2018. [Em linha]. [Consult. 30 nov. 2018]. Disponível em: https://www.cncs.gov.pt/transposicao-da-diretiva-nissri/

CONSTITUIÇÃO da República Portuguesa de 1976, de 10 de abril. 4ª ed. Coimbra: Almedina, 2017. ISBN 978-972-40-6867-1. p. 05.

CONSTITUIÇÃO Federal Brasileira de 1988, de 05 de Outubro. [Em linha] [Consult. 20 Set. 2017]. Disponível em http://www2.camara.leg.br/legin/fed/consti/1988/constituicao-1988-5-outubro-1988-322142-publicacaooriginal-1-pl.html

CONVENÇÃO de Budapeste. 2001. [Em linha]. [Consult. 06 dez. 2017]. Disponível em http://www.mpf.mp.br/atuacao-tematica/sci/normas-e-legislacao/legislacao/legislacoes-pertinentes-do-brasil/docs_legislacao/convencao_cibercrime.pdf

DECLARAÇÃO Universal dos Direitos Humanos. 1948. [Em Linha]. [Consult. 19 set. 2018] Disponível em: https://www.ohchr.org/EN/UDHR/Documents/UDHR_Translations/por.pdf

Decreto-Lei 2.848/1940, de 7 de dezembro – Código Penal Brasileiro. 1940. [Em linha]. [Consult 01 dez. 2018]. Disponível em: http://www2.camara.leg.br/legin/fed/declei/1940-1949/decreto-lei-2848-7-dezembro-1940-412868-normaatualizada-pe.doc

EUROPEAN Comission – **Crisis & Terrorism**. 2014. [Em linha]. [Consult. 15 dez. 2017]. Disponível em https://ec.europa.eu/home-affairs/what-we-do/policies/crisis-and-terrorism_en

GLOBAL Risks Landscape 2018 – **Forum. 2018**. [Em linha]. [Consult. 19 nov. 2018]. Disponível em: https://www.zurich.com/en/knowledge/articles/2018/01/the-global-risks-landscape-2018

INTERNET Archive – **WaybackMachine**. 2017. [em linha]. [Consult. em: 28 nov. 2017]. Disponível em https://archive.org/web

LEI 4.117/1962 – **Lei Brasileira das Telecomunicações**. 1962. [Em linha]. [Consult. 30 nov. 2018]. Disponível em: http://www.planalto.gov.br/ccivil_03/leis/L4117.htm

LEI Nº 11.829, de 25 de novembro de 2008. **Altera a Lei nº 8.069, de 13 de julho de 1990 – Estatuto da Criança e do Adolescente, para aprimorar o combate à produção, venda e distribuição de pornografia infantil, bem como criminalizar a aquisição e a posse de tal material e outras condutas relacionadas à pedofilia na internet**. Disponível em: <http://www.planalto.gov.br/ccivil_03/_ato2007-2010/2008/lei/l11829.htm>. Acessado em: 10 mai. 2018.

LEI 13.965/2014 – **Lei do Marco Civil da Internet**. 2014. [Em linha]. [Consult. 30 nov. 2018]. Disponível em: http://www.planalto.gov.br/ccivil_03/_ato2011-2014/2014/lei/l12965.htm

LEI 13.709/2018, de 14 de Agosto. **Dispõe sobre a proteção de dados pessoais e altera a Lei nº 12.965, de 23 de abril de 2014 (Marco Civil da Internet).** [Consult. 27 set. 2018]. Disponível em: http://www2.camara.leg.br/legin/fed/lei/2018/lei-13709-14-agosto-2018-787077-publicacaooriginal-156212-pl.html

LEI N 13.718/2018, 34 de setembro – **Crimes de importunação sexual**. [Em linha]. [Consult. 01 dez. 2018]. Disponível em: https://www2.camara.leg.br/legin/fed/lei/2018/lei-13718-24-setembro-2018-787192-publicacaooriginal-156472-pl.htmlMAGALHÃES, Filipa Matias; PEREIRA, Maria Leitão – **Regulamento Geral de Proteção de Dados.** p. 24.

MASSENO, Manuel David – **O Cibercrime no Brasil, perspetiva deste o Direito Internacional**. 2018. [Em linha]. [Consult. 01 dez. 2018]. Disponível em: https://www.academia.edu/4950168/O_Cibercrime_no_Brasil_perspectivas_desde_o_Direito_Internacional?fbclid=IwAR2MSCucVPk1HxJNGVuGw9EAd0jCyTi15_U3D5B70YWHbumVqDCatX2TKNk

MENDES, Francico Schertel; CARVALHO, Vinicius Marques de – **COMPLIANCE**: Concorrencia e combate a corrupção. São Paulo: Trevisan Editora, 2017. ISBN 978-85-9545-006-6. p. 31.

NASSER, Salem Hikmat – **Fontes do direito internacional**: um estudo sobre a softlaw. 2 ed. São Paulo: Atlas, 2006.

PECK PINHEIRO, Patricia. **DireitoDigital.** 6. ed. São Paulo: Saraiva, 2016. P. 67

POLICARPO, Poliana; BENNARD, Edna – **Cibercrimes na E-Democracia**.

RODRIGUES, Katitza – **The U.S. CLOUD Act and the EU**: A Privacy Protection Race to the Bottom Et. Al. Electronic Frontier Foundation. 2018. [Em linha]. Acessado em 05 jul. 2018. Disponível em https://www.eff.org/deeplinks/2018/04/us-cloud-act-and-eu-privacy-protection-race-bottom

RONCZKOWSKI, Michael R. – Terrorism and Organized Hate Crime: Intelligence Gathering, Analysis and Investigations. 4. Ed. Kindle Edition. ISBN 978-1138703469.

SHWAB, Klaus – **A Quarta Revolução Industrial**. Ed. 1. São Paulo: Edipro, 2016. ISBN 978-85-7283-978-5. P. 12-13

THEGUARDIAN – **WannaCry**: Hackers withdraw L108,000 of Bitcoin Rasom. 2017. [Em linha]. [Consult. 16 dez. 2017]. Disponível em https://www.theguardian.com/technology/2017/aug/03/wannacry-hackers-withdraw-108000-pounds-bitcoin-ransom

TAPSCOTT, Don; TAPSCOTT, Alex. **Blockchain Revolution**: How the Technology Behind Bitcoin Is Changing Money, Business, and the World. New York: Penguin Random House, 2016. ISBN 978-02-412-3785-4.

TI Inside – **Compliance Digital**: O que é e como afeta o trabalho de TI. 2017. [Em linha]. [Consult. 15 dez. 2017]. Disponível em http://convergecom.com.br/tiinside/seguranca/artigos-seguranca/25/04/2017/compliance-digital-o-que-e-e-como-afeta-area-de-t/

ZERN, Howard; GOHAR, Ali – **Restorative Justice**. 2003. [Em linha]. [Consult. 19 nov. 2018]. Disponível em: https://www.unicef.org/tdad/littlebookrjpakaf.pdf.